bup
BERLIN UNIVERSITY PRESS

# Die Gewalt des einen Gottes

## Die Monotheismus-Debatte zwischen Jan Assmann, Micha Brumlik, Rolf Schieder, Peter Sloterdijk und anderen

Herausgegeben von Rolf Schieder

Berlin University Press

**Die Gewalt des einen Gottes**
Die Monotheismus-Debatte zwischen Jan Assmann,
Micha Brumlik, Rolf Schieder, Peter Sloterdijk und anderen
Herausgegeben von Rolf Schieder

Erste Auflage im April 2014

Quellenhinweise am Schluss des Bandes


*Ausstattung und Umschlag*
Groothuis / groothuis.de
*Satz und Herstellung*
Dittebrandt Layout&Satz, Baden-Baden
*Schrift*
Borgis Joanna MT
*Druck*
Beltz Bad Langensalza GmbH
ISBN 978-3-86280-067-4

# Inhalt

## Vorwort

Dieses Buch ist Jan Assmann gewidmet. Seiner Initiative verdankt sich die neue Monotheismus-Debatte, die hier dokumentiert wird. Nicht mit Kommunikationsabbruch reagierte er auf die harsche Kritik, die ihm aus dem Monotheismuskapitel meines Buches »Sind Religionen gefährlich?« entgegenschlug; vielmehr regte er mit der ihm eigenen Liebenswürdigkeit und Irenik an, unsere Positionen noch einmal im Bemühen darum zu reformulieren, einander differenzierter wahrzunehmen und besser zu verstehen. Dankbar nahm ich das Angebot an. Uns beiden lag daran, falsche Fronten, die sich im öffentlichen Diskurs zu verselbständigen drohten, zu beseitigen. Uns bewegte auch die Sorge, dass eine unterkomplexe Lesart der These vom Zusammenhang zwischen jüdischem Monotheismus und (politischer) Gewalt antisemitischen Diskursen Vorschub leisten könnte.

Jan Assmann ist ferner dafür zu danken, dass er eine Reihe namhafter Wissenschaftler für eine Wiederaufnahme der Debatte gewinnen konnte. Jüdische Autoren kommen zu Wort. Alttestamentler, Religions- und Islamwissenschaftler vertiefen mit großer Sachkenntnis die Diskussion. Peter Sloterdijk ergreift die Gelegenheit zur Zuspitzung seiner These, dass nicht die Anzahl der Götter, sondern die spezifische Art und Weise der Formation eines Volkes das Sinai-Narrativ so wirksam werden ließ. Klaus Müller macht auf konfessionsspezifische Unterschiede aufmerksam: dem auf Entscheidung drängenden Protestantismus stellt er eine auf Integration setzende katholische Theologietradition gegenüber. Besonderer Dank gilt

Thierry Chervel, der »seinen« Perlentaucher – also das Internetprotal »www.perlentaucher.de« – als Debattenforum zur Verfügung stellte.

Wichtiger als die Genese ist freilich die Frage nach der Geltung des hier Vorgetragenen. Was ist das Neue an der neuen Monotheismusdebatte? Was ist ihr Ertrag? Es steht einem Herausgeber nicht zu, die Argumentation renommierter Autorinnen und Autoren zu bewerten. Auch auf eine die Aufmerksamkeit des Lesers lenkende Zusammenfassung der einzelnen Beiträge wird hier verzichtet. Sie sprechen alle für sich selbst und bedürfen einer zusätzlichen Lesehilfe nicht. Auf einige bemerkenswerte Konvergenzen kann an dieser Stelle aber aufmerksam gemacht werden.

1. Die Instrumentalisierung der Monotheismusdebatte zur Pflege antijudaistischer Klischees weisen alle Autoren ausdrücklich und strikt zurück. Damit ist einer Lesart widersprochen, die zumal in der massenmedialen Rezeption der Thesen Jan Assmanns hin und wieder aufschien und die beträchtliches Unbehagen in der jüdischen Gemeinde hervorrief. Die neue Debatte macht aber auch deutlich, dass der Begriff des »Antisemitismus« seine analytische Kraft zu verlieren scheint. Er ist zu einem zivilreligiösen *Anathema* geworden. Das macht ihn für eine akademische Debatte unbrauchbar. Neue Begriffe sind notwendig, die über alte Singularisierungsstrategien und neue Schuldabwehrreaktionen aufklären.
2. In den letzten Jahren ist die Sensibilität dafür gewachsen, dass wir es bei den Schriften des sogenannten Alten Testamentes vorderhand nicht mit einem Teil der christlichen Bibel zu tun haben, sondern mit der Heiligen Schrift des Judentums. Die voreilige Nostrifizierung des Tenach hatte in der Christentumsgeschichte stets eine ambivalente Wirkung: zum einen waren Christen geneigt, sich als die rechtmäßigen Erben der Verheißungen des Bundes Gottes

mit seinem Volk zu fühlen; zugleich aber blickte man herablassend auf die Heiligen Schriften der Juden als eine defizitäre und überholte Weise, Gott zu verehren. Bis heute gefallen sich christliche Gelehrte darin, in der hebräischen Bibel einen kritikwürdigen »Tun-Ergehen-Zusammenhang« und eine grausame »Gesetzlichkeit« zu entdecken, die dem neutestamentlichen Glauben an das Evangelium von Jesus Christus prinzipiell unterlegen sei. Die auch in der hebräischen Bibel zu findende Dialektik von Gesetz und Gnade wie auch die von Gerechtigkeit und Liebe wird zu Ungunsten des Judentums dualistisch zum Stillstand gebracht. Die neuere Exegese – zumal der Paulusbriefe – entlarvt diese Hermeneutik als das, was sie ist: eine schreckliche, herablassende Vereinfachung. Demgegenüber erweist sich die rabbinische Hermeneutik als weitaus weniger anfällig für eine dogmatische Sistierung der Rezeptionsmöglichkeiten Heiliger Schriften.

3. Unmissverständlich machen die exegetisch ausgerichteten Beiträge in diesem Band darauf aufmerksam, dass es sich bei Mose um eine literarische Figur handelt. Seine literarische Karriere als politischer Führer und Gesetzgeber erreichte ihren Höhepunkt in der Zeit nach dem Exil. Als Protagonist einer idealisierten Ursprungserzählung wird er zur zentralen Identifikationsfigur eines Volkes, dessen Zusammenhalt weder geographisch noch politisch gesichert war. Mit dieser Spätdatierung des Sinai-Narrativs lässt sich der Übergang vom Polytheismus zum Monotheismus im alten Israel in den Kontext kulturgeschichtlicher Entwicklungen jener Großmächte einzeichnen, die Israel nicht nur politisch, sondern auch religionskulturell beeinflussten. Die Durchsetzung monotheistischer Vorstellungen hatte eine doppelte und durchaus paradoxe Wirkung: einerseits stabilisierte sie das eigene monarchisch organisierte Gemeinwesen politisch-theologisch, andererseits aber kam damit auch das Postulat der Universalität des *einen*, aber nicht unbedingt

des *eigenen*, eines jedenfalls politisch nicht mehr instrumentalisierbaren Gottes in die Welt.

4. Umso erklärungsbedürftiger ist dann freilich die enorme Wirkungsgeschichte des Sinai-Narrativs zumal für die westliche Welt. Der Begriff »Monotheismus« ist ebenso eine Erfindung der frühen Neuzeit wie die Vorstellung einer *res publica Hebraeorum*, einer vermeintlichen Staatenbildung des Volkes Israel im 2. Jahrtausend v. Chr. durch einen Bundesschluss am Sinai. Politische Philosophen und Theologen der frühen Neuzeit verknüpften den theologischen und den politischen Diskurs auf eine bis heute wirksame Weise. Gegen die gängige These, dass sich das moderne politische Denken durch die Emanzipation von biblisch-christlichem Gedankengut konstituiert habe, spricht bereits die schlichte Beobachtung, dass wir in den Schriften von Thomas Hobbes, Samuel Pufendorf, Hugo Grotius und John Locke weitaus mehr biblische Zitate finden als in den mittelalterlichen Werken von Petrarca und Machiavelli. Das Alte Testament, zumal der Bundesschluss am Sinai, erschien den politischen Philosophen der frühen Neuzeit als eine vorbildliche Verfassung, nach der auch ein modernes Gemeinwesen gestaltet werden könne. Im Zentrum steht ein Gesetz, das durch einen Bundesschluss des Volkes in Geltung gesetzt wird. Ein König ist überflüssig, denn Gott selbst regiert durch sein Gesetz. Aber auch der Gedanke, dass einem Gemeinwesen die Aufgabe der Redistribution von Gütern zukam – es mithin für die Wohlfahrt des Volkes verantwortlich ist –, schien in den Erzählungen und Vorschriften der Thora vorgebildet zu sein. Eric Nelson hat in seiner 2010 erschienen Untersuchung »The Hebrew Republic. Jewish Sources and the Transformation of European Political Thought« auf diesen Sachverhalt luzide aufmerksam gemacht.
5. Ebenfalls in der frühen Neuzeit setzte sich eine Religionsform durch, die man mit Jan Assmann in der Tat als »religio duplex« bezeichnen kann. Es handelt sich um eine

Glaubensweise, die sowohl die geschichtlich gewachsene, politisch gewollte und öffentlich praktizierte Religionskultur anerkennt, zugleich aber auch Raum für eine private, Konfessionsschranken überschreitende, tendenziell universale Religiosität einfordert. Dieses Projekt der Anerkennung einer öffentlichen wie einer individuellen Religion ist bis auf den heutigen Tag nur dort politisch verwirklicht, wo das Menschenrecht auf individuelle Religionsfreiheit durch staatliche Gewalt geschützt wird – ein Zustand, der seiner weltweiten Durchsetzung immer noch harrt.

6. Es ist also kein Zufall, dass die Debatte über den Monotheismus und seinen Preis immer auch eine Debatte über die religiös-politische Verfasstheit unserer Gemeinwesen ist. Die Vermutung ist nicht abwegig, dass in einer Welt, in der Bürgerinnen und Bürger kosmopolitisch leben und denken, die Plausibilität eines Kosmotheismus, wie er sich beispielsweise im Glauben an die Menschenrechte zur Geltung bringt, zunimmt. Zugleich wird dann aber die Frage virulent, wie die Respezifikation eines kosmotheistischen Glaubens in den traditionellen monotheistischen Frömmigkeitstraditionen gelingen kann, die nach wie vor die Kraft des Tradierens von starken Überzeugungen besitzen.
7. Mit der Durchsetzung des Monotheismus stellt sich auch die Frage der Gewalt. Wem wird höchste Gewalt zugeschrieben – vor allem aber, wie werden Staatsgewalt und göttliche Macht aufeinander bezogen. Im Grundgesetz der Bundesrepublik Deutschland beispielsweise stehen beide Gewalten nicht in einem Verhältnis der Konkurrenz. Alle Staatsgewalt geht zwar vom Volke aus, dieses aber sieht sich seinerseits in einer besonderen Verantwortung vor Gott. Der Begriff der Gewalt ist semantisch nicht nur negativ belegt. Ein ausschließlich kritisch-ablehnendes Verständnis von Gewalt als zerstörerische Kraft übersieht, dass zumal in politischen Kontexten die Ausübung von Gewalt die Voraussetzung politischer Ordnung ist. Die Frage ist mithin, wie Gewalt als

Ordnungsfaktor zur Geltung gebracht und Gewalt als destruktive Willkür begrenzt werden kann. Um diese Frage kreist auch die Monotheismusdebatte: Wie viel revolutionäre und wie viel das Bestehende stabilisierende Kraft hat eigentlich die Vorstellung von einem ewigen und lebendigen Gott, der Herr über alle sterblichen und nur auf Zeit gewählten Herren ist? Die Urteile darüber gehen weit auseinander, Einigkeit herrscht aber darin, dass die Machtfrage für die Gottesfrage wie für die Frage nach der politischen Ordnung zentral ist.

Die Monotheismusdebatte kann sich hitzige Streitereien über die Interpretation ausgewählter Bibelstellen künftig ersparen. Es geht weder um ein exegetisches noch um ein historisches Problem. Die Debatte wird eigentlich über die Konstitutionsbedingungen des Religiösen unter neuzeitlichen Bedingungen geführt – und darüber, ob und wie unter diesen Bedingungen überhaupt noch geglaubt werden kann. Ein Zurück in animistisch-polytheistische Vorstellungen ist uns unwiederbringlich verstellt. Ist ein Glaube des Menschen an sich selbst eine Alternative? Die Antwort auf diese Frage wird davon abhängen, welchen Preis man dafür zu bezahlen bereit ist. Die Auswirkungen eines totalitären »Monohumanismus« (P. Sloterdijk) im 20. Jahrhundert stimmen viele nachdenklich. Als christlicher Theologe würde ich die Aufgabe für das 21. Jahrhundert so formulieren: Gesucht wird ein Gott, der die Unantastbarkeit der Würde des Menschen zu garantieren vermag und der zugleich im menschlichen Selbstbewusstsein ein Gespür für das Unverfügbare wach hält. Nicht eine Gottebenbildlichkeit des Menschen wäre dann zu behaupten, vielmehr wäre eine Theologie zu entwickeln, in der die Selbstbestimmung Gottes zur Menschlichkeit den Menschen zu seiner Menschlichkeit befreit. Das sind nun freilich binnentheologische Überlegungen, die keinen Anspruch auf Allgemeinheit erheben.

Allen Leserinnen und Lesern sei aber ans Herz gelegt, die Vielfalt der Meinungen, den Reichtum des Wissens, und den Scharfsinn der Urteile jedes einzelnen Beitrages zu prüfen und gegebenenfalls zu genießen. Dass und wie die einzelnen Beiträge aufeinander bezogen sind, erschließt sich bei der Lektüre selbst. Ich danke allen, die dazu beigetragen haben, dass die Debatte zwar kontrovers, aber immer mit Aufmerksamkeit und Respekt für andere Positionen geführt wurde. Die Haniel-Stiftung, die seit vielen Jahren die Publikation religionspolitisch relevanter Bücher unterstützt, hat auch dieses Buch finanziell ermöglicht. Sandra Bütünley, Sebastian Kühl und Juliane Stork haben wichtige editorische Hilfe geleistet. Gottfried Honnefelder hat in gewohnt souveräner Weise das Publikationsprojekt als Verleger betreut.

## Die Monotheismusthese, oder: Ist Mose für religiöse Gewalt verantwortlich?

Rolf Schieder

Die Monotheismusthese lautet: Die sogenannten monotheistischen Religionen sind intrinsisch gewalttätig, die sogenannten polytheistischen Religionen intrinsisch friedfertig. Diese These ist falsch, vielfach widerlegt und gefährlich. Warum wird sie trotzdem weiterhin behauptet und von den Medien[1] begierig kolportiert? Die letzten Erfahrungen mit polytheistischer Symbolik haben wir in Deutschland mit den Symbolen der auf germanische Götterwelten zurückgreifenden rassistischen Blut-und-Boden-Religion der Nationalsozialisten gemacht. Ihr sind sechs Millionen Monotheisten zum Opfer gefallen. Glaubt man aber den Erfindern und Verkündern der Monotheismusthese, dann waren es ausgerechnet die Juden, die den Monotheismus erfunden und so religiöse Gewalt in die Welt gebracht haben.

### *Ein unzureichender Begriff und seine Folgen*

Bereits begriffsgeschichtlich ist das problematisch, denn der Begriff »Monotheismus« ist im Wesentlichen eine Erfindung des deutschen Idealismus. Er wurde nicht als analytischer, sondern als programmatischer Begriff eingeführt. Im Hegel zugeschriebenen »Ältesten Systemprogramm des deutschen Idealismus« aus dem Jahre 1796 heißt es: »Monotheismus der Vernunft und des Herzens, Polytheismus der Einbildungskraft und der Kunst, dies ist's, was wir bedürfen.«[2] Die erste Erwähnung des Begriffs wird dem englischen Theologen Henry More zugeschrieben, der den Unitariern in seinem Apokalyptik-Kommentar vorwirft: »Sie zerstören die Verehrung des Sohnes Gottes unter dem ignoranten Vorwand des Monotheismus.«[3] Positiv wurde der Begriff hingegen von den britischen Deisten verwendet. Er sollte einen als vernünftig angenommenen Glauben an einen letzten Grund für die Existenz aller Dinge bezeichnen. Wer glaubt, dass es Naturgesetze gibt, der muss auch an einen Gesetzgeber glauben. Im 19. Jahrhundert führte in Deutschland der Theologe F.D.E. Schleiermacher den Begriff an prominenter Stelle in seine Glaubenslehre ein.[4] Zuvor hatte ihn schon Schelling kritisch gegen den Pantheismus Spinozas verwendet. Der Monotheismus ist für Schleiermacher deshalb fundamental, weil nur über den Glauben an den einen, »unendlichen« Gott das fromme Selbstbewusstsein sich in seiner Endlichkeit in dessen Unendlichkeit aufgehoben wissen kann. Fetischismus wie Polytheismus können in ihrer Partikularität und Begrenztheit unmöglich ein Gefühl der Anschauung des Unendlichen im Endlichen evozieren, weil diese ja selbst endliche, verfügbare, letztlich beliebige Objekte der Anbetung sind, so dass diese Anbetung über die Selbstanbetung nicht hinauskommt.[5] Für Auguste Comte ist der Monotheismus der entscheidende Motor der Modernisierung gewesen, dessen Rationalität und revolutionäre Kraft dem Fetischismus und dem Polytheismus gegenüber überlegen sei.

Der Begriff steht also im 18. und 19. Jahrhundert für eine optimistische, aufgeklärte Frömmigkeit – ein Optimismus, den Schopenhauer und Nietzsche kritisch kommentierten. Der Monotheismus sei nicht nur monoton, sondern auch intolerant. An Schopenhauer und Nietzsche knüpfen die heutigen Vertreter der Monotheismusthese an. Die Selbstverständlichkeit, mit der das Judentum, das Christentum und der Islam mit einem programmatischen Begriff des frühen 19. Jahrhunderts als hinreichend charakterisiert erscheinen, ist atemberaubend.

Keine der drei Religionen hat sich jemals mit der Bezeichnung »monotheistisch« identifiziert – und das aus guten Gründen.

Nehmen wir das Christentum zum Beispiel. Aus der Sicht des Islam sind Christen Polytheisten. Sie glauben nicht nur an den Schöpfer des Himmels und der Erde, sondern auch an seinen Sohn und an einen Heiligen Geist. Der Arianismus, der die Göttlichkeit Jesu leugnet, wurde im altkirchlichen Dogma ausdrücklich zurückgewiesen. Christen beten nicht nur wie Jesus, sie beten auch zu ihm. Erik Peterson hat überzeugend nachgewiesen, dass der christliche Gottesbegriff mit der Bezeichnung »Monotheismus« unterbestimmt ist.[6] Der christliche Gott ist kein deistischer Uhrmacher, der als Gesetzgeber der Natur unveränderlich und ewig in sich ruht. Dieser Gott solidarisiert sich mit den leidenden Menschen, liebt, schließt Bündnisse, geht in die Geschichte seiner Schöpfung selbst ein, zeigt sich als Schöpfer, aber auch als Erlöser der Welt. Mit der Formulierung »monotheistisch« wird sein Wesen mehr verdunkelt als erhellt.

In bewusster Absetzung von der christlichen Trinitätslehre betont der Islam die absolute Transzendenz Gottes. Aber selbst mit muslimischen Theologen könnte man wohl darüber ins Gespräch kommen, ob die letztgültige Selbstoffenbarung Gottes im Koran zwar nicht als Fleischwerdung Gottes, aber doch als Buchwerdung Gottes zu verstehen ist. Auch im Islam läge dann eine Selbstentäußerung Gottes vor, eine Selbstentäußerung in die arabische Sprache. Und auch hier läge also eine Selbstverendlichung des Absoluten vor, eine Selbstentäußerung in die Sprache der Menschen. Von einem totalitären Gottesbild könnte auch hier keine Rede sein.

Und wie sieht es im Judentum aus? Der große Alttestamentler des 19. Jahrhunderts, Julius Wellhausen, stellt lakonisch fest: »Der Monotheismus war dem alten Israel unbekannt.«[7] Vielmehr herrschte im gesamten syro-palästinensischen Raum bis ins 9. Jahrhundert hinein eine bunte Mischung aus regionalen, städtischen und Familiengottheiten – JHWH war einer unter vielen Göttern, vermutlich ein Wettergott, der in den Bergen hauste. Wie schaffte er es zum einzigen Gott der Juden? Uwe Becker fasst den neuesten Stand der alttestamentlichen Forschung so zusammen: Die Gründung vieler kleiner Königtümer im 9. Jahrhundert machte die Einführung von Gottheiten notwendig, die in der Hauptstadt die Einheit des Königreiches repräsentierten, denn Religion und Politik bildeten damals noch eine Einheit. Ein Reich ohne einen Gott an seiner Spitze war undenkbar. JHWHs Karriere begann als eine Gottheit, die die Königreiche Israel und Juda religiös repräsentierte. Kult- und Machtkonzentration bedingten einander. Ohne Königtum kein Glaube an den einen und einzigen Gott JHWH.[8]

### *Die Erfindung des Gottesvolkes*

Dann ereigneten sich die Katastrophen der Zerstörung Israels im Jahr 722 und der Eroberung Judas im Jahr 587. Die drängende Frage lautete: Soll man mit dem Königtum auch den JHWH-Kult untergehen lassen, oder gab es einen Ort für JHWH jenseits des Königtums? Die Königreiche waren untergegangen, aber die theologische Idee eines idealen »Gottesvolk Israel« und seines Gottes JHWH wurde geboren.[9] Dieses Gottesvolk brauchte künftig weder einen König, noch einen Palast, noch ein Reich. Der Bund zwischen Gott und seinem Gottesvolk kompensierte den Verlust des Königtums nicht nur, er wies dem Volk vielmehr eine Rolle zu, die vormals nur dem König vorbehalten war. »Der Entmachtung des Königs aber entspricht eine Ermächtigung des Volkes. [...] Was zuvor nur dem König von seinen Hofpropheten zugesprochen wurde – Heil in den politischen Geschäften – wird nun auf das Volk als ganzes ausgedehnt. Ein in der damaligen Welt analogieloser Vorgang.«[10]

Das »Sch'ma Jisrael«, das Bekenntnis zu dem einen Gott ist ein politisches Bekenntnis: »Höre, Israel, unser Gott, JHWH ist einer, ein einziger! Und du sollst JHWH, deinen Gott, lieben von ganzem Herzen, von ganzer Seele und mit aller deiner Kraft.« (5. Mose 6,4). Der eine und einzige Gott verbürgt die Einheit des Gottesvolkes, das sich aus dem zerstörten Israel und dem zerstörten Juda nun zusammenfinden musste. Ein Gott für vormals zwei Königreiche, *ein einziger*, der bereit ist, sich an das Schicksal eines in vieler Hinsicht mittellosen Volkes zu binden.

Die Geschichte vom Auszug aus Ägypten erzählt, wie aus ängstlichen und unterdrückten Sklaven ein Volk mit einer eigenen Verfassung wird; einer Verfassung, die keinen König mehr braucht, weil das Volk selbst – jeder Einzelne – der Verfassung zustimmt. Einer Verfassung übrigens, die bis heute – wie es 5. Mose 6,7 empfiehlt – heranwachsenden Bürgerinnen und Bürgern des Gottesvolkes eingeschärft wird. Der Bund Gottes mit seinem Volk ist das Vorbild, an dem sich später Paulus orientieren wird und an dem sich viel später die Gründungsväter der Vereinigten Staaten von Amerika ausrichten werden. Für Hobbes und Rousseau ist Mose das Urbild eines vorbildlichen politischen Führers. Allerdings war Mose gerade kein König, kein Despot, sondern einer, der sein immer wieder murrendes Volk vierzig Jahre durch die Wüste begleitete, der mit JHWH ebenso verhandelte wie mit dem Volk, und der Macht abgab und Macht teilte, als ihm seine Umgebung signalisierte, dass das politische Geschäft zu viel für ihn werde (2. Mose 18,13-27).

Fassen wir zusammen: Nach dem Zusammenbruch der Königreiche Israel und Juda, also in der persisch-hellenistischen Zeit, steht das Judentum vor der enormen Herausforderung, eine politische Einheit bilden zu müssen, ohne auf ein Königtum zurückgreifen zu können. Da gelingt die sensationelle Transformation des ehemaligen Königskults in eine Volksreligion, in deren Zentrum der Bundesschluss zwischen

Gott und seinem Volk steht. Im 5. Jahrhundert v. Chr. erhält die Exoduserzählung als Ursprungsgeschichte von Israel als Gottesvolk ihre endgültige Gestalt. Die Moseerzählung ist eine »gewaltige Rückprojektion eines Idealbildes für das jüdische Gemeinwesen nach dem Exil«.[11] Die Wirkung der nachexilischen Exoduserzähung auf die politische Ideengeschichte der westlichen Welt kann gar nicht überschätzt werden.

### *Assmanns Unterscheidung*

Was hat das mit Jan Assmanns These zu tun, Mose habe den Monotheismus als Gegenreligion zum Polytheismus erfunden, ferner zwischen der einen wahren und vielen falschen Religionen unterschieden und zur gewalttätigen Vernichtung letzterer aufgerufen? Nichts. Assmann trägt Fragestellungen in die Exodusgeschichte hinein, die dort gar nicht behandelt werden. Das entspricht weder exegetischen, literaturwissenschaftlichen, noch geschichtswissenschaftlichen Standards. Folgende Schwächen weist Assmanns Erfindung einer »Mosaischen Unterscheidung« im Einzelnen auf:

1. Er ignoriert den präzisen politischen Sinn der Exoduserzählung.
2. Er drückt sich um eine historisch-kritisch belastbare Datierung der von ihm so genannten »Mosaischen Unterscheidung«. Er erzeugt bei historisch-kritisch ungeschulten Lesern den Eindruck eines raumzeitlich plausibel begründbaren Einflusses Echnatons auf Mose. Wie das historisch gedacht werden soll, und vor allem warum ein – uns nur als Fiktion bekannter – Mose sich ausgerechnet Echnaton zum Vorbild genommen haben soll, kann er nicht zeigen. Der einfache Bibelleser wird unterstellen, dass Mose tatsächlich in Ägypten gelebt und dort von einer latenten Strömung des Echnaton'schen Monotheismus beeinflusst worden sei.

Umgekehrt erfährt der Leser von Assmann nichts über die Motive der nachexilischen Verfasser der Exodusgeschichte, nämlich die Notwendigkeit der Erfindung eines königslosen Volkes ohne Land, das sich in ein unbekanntes Land aufmachen muss, von dem es nicht weiß, wo es sich befindet – und das mit Gott einen Bund schließt, in dem Gott sich ebenso wie das Volk an die Geltung des Gesetzes bindet.

3. Assmann trägt ganz und gar fremde Kategoriensysteme an die Texte heran. So erfindet er etwa den Begriff der »Gegenreligion«. Mose kämpft aber nicht gegen etwas, sondern für etwas: die Neukonstitution des Volkes Israel als verantwortliches Gottesvolk. Auch die Behauptung, Mose sei es um die Unterscheidung von »wahr oder falsch« gegangen, ist eine Eintragung Assmanns in die biblischen Texte. Das Gegensatzpaar, das die Exoduserzählung durchzieht, lautet nicht »wahr oder falsch«, sondern »frei oder unfrei«, »Sklaverei oder Emanzipation« – unter Betonung der Einsicht, dass gerade in der Freiheit die Geltung des Gesetzes unabdingbar ist.
4. Assmann liest die Texte der Hebräischen Bibel nicht wie Juden sie lesen, er liest sie so, wie Christen das Neue Testament lesen. Für Christen ist das Verhalten Jesu vorbildlich, Geschichten über ihn fordern deshalb zur Nachahmung auf. Wenn Juden die Hebräische Bibel lesen, dann fühlen sie sich nicht unmittelbar zur Nachahmung, sondern zum Nachdenken darüber aufgefordert, ob denn die Protagonisten sich dem Gesetz Gottes gemäß verhalten oder nicht. Jüdische Bibelleser lernen aus den Fehlern der Urväter. Deren Fehlverhalten hat selbstverständlich keine bindende, keine prinzipielle und keine handlungsleitende Bedeutung.

Beginnen wir mit diesem letzten und vielleicht wichtigsten Punkt. Die neutestamentlichen Erzählungen des Mensch gewordenen Gottessohnes rufen zur Nachahmung auf. Die Geschichten der Hebräischen Bibel dagegen rufen zum Nachdenken über das Gesetz auf. Das ist ein anderer hermeneutischer Zugang. Juden, die die Bibel lesen, lernen aus den Fehlern, die Menschen dort machen. Die gemeinsame Bibel-Lektüre in der Synagoge sei wie eine Aufführung von Macbeth oder wie eine Gruppentherapie-Sitzung – man erkenne, wozu Menschen fähig seien, so die jüdische Kulturwissenschaftlerin Marcia Pally gesprächsweise. Wer die Bibel liest, wird mit allen uns bekannten menschlichen Schwächen konfrontiert: Neid, Betrug, Lüge, Feigheit, Geilheit, Rachsucht, Mord – nichts Menschliches ist ihr fremd. Niemand hat Lust, wie Kain, Esau und Isaak, wie die Brüder Josephs, wie Aaron, wie David oder wie ein jähzorniger Mose zu handeln. Man weiß, dass die in der Bibel handelnden Menschen fehlbare Wesen sind, deren Verhalten im Lichte des Gesetzes beurteilt werden muss. Da gibt es viel zu diskutieren und viel zu bedenken: Mischna und Talmud legen von dieser reichen Gesprächskultur Zeugnis ab.

Wenn also Jan Assmann und Peter Sloterdijk in ihren jüngsten Veröffentlichungen, mit dem Gestus aufklärerischer Anklage gewalthaltige Texte der Hebräischen Bibel zitieren, so erklärt sich ihre moralische Entrüstung möglicherweise aus dem Faktum, dass sie einem hermeneutischen Trugschluss aufsitzen. Der Talmud und die Mischna selbst sind voll von Auseinandersetzungen und voll von Kritik am Verhalten einiger der Protagonisten der Hebräischen Bibel. Das soll an einem Beispiel ausführlicher begründet werden. Eine zentrale Rolle spielt für Jan Assmann und Peter Sloterdijk der folgende Text:

> »Und Mose trat in das Tor des Lagers und sprach: Zu mir, wer für den Herrn ist! Da sammelten sich alle Leviten um ihn. Er aber sprach zu ihnen: So spricht der Herr, der Gott Israels. Es lege sich ein jeder das Schwert an die Hüfte. Zieht hin und her im Lager von Tor zu Tor, und es töte ein jeder seinen Bruder, jeder seinen Freund und jeder seinen Verwandten. Und die Leviten handelten nach dem Wort des Mose. So fielen vom Volk an jenem Tag an die dreitausend Mann.« (2. Mose 32, 26-28)

Das ist ein grauenhafter Text. Das haben die Leser zu allen Zeiten so empfunden. Der Text ist eine späte Einfügung in die Sinaierzählung. Er taucht in der Rekapitulation der Sinaiereignisse in 5. Mose 9-10 bereits nicht mehr auf. Die Erzählung steht in eklatantem Kontrast zum sonstigen Verhalten des Mose. Sowohl vor, als auch nach dieser Textstelle will Mose ganz im Gegenteil Schaden vom Volk abwenden. Als Gott ankündigt, das Volk wegen des Goldenen Kalbes zu vernichten, will Mose ihn umstimmen:

> »Da besänftigte Mose den Herrn, seinen Gott, und sprach: Warum, Herr, entbrennt dein Zorn gegen dein Volk, das du mit großer Kraft und starker Hand aus dem Land Ägypten herausgeführt hast? Warum sollen die Ägypter denken: In böser Absicht hat er sie hinausgeführt, um sie in den Bergen umzubringen und sie vom Erdboden zu vertilgen. Lass ab von deinem glühenden Zorn, und lass es dich reuen.« (2. Mose 32,11.12)

Die Argumente des Mose überzeugen Gott. Die Hebräische Bibel konstatiert lakonisch: »Da reute es den Herrn, dass er seinem Volk Unheil angedroht hatte.« (2. Mose 32,14). Mose tritt später noch einmal vor den Herrn und spricht:

> »Ach, dieses Volk hat eine große Sünde begangen, Götter aus Gold haben sie sich gemacht. Nun aber, wenn Du doch ihre Sünde vergeben wolltest! Wenn aber nicht, so tilge mich aus deinem Buch, das du geschrieben hast.« (2. Mose 32,31.32).

## *Sloterdijks geschichtsphilosophischer Gewaltakt*

Zwischen diesen beiden Verhandlungsszenen findet sich die sekundäre Szene des oben zitierten Massakers. Jan Assmann interessiert sich für literarkritische Unterscheidungen ebenso wenig wie Peter Sloterdijk, der die Historizität der Textstelle mit Pathos behauptet: »In dem Mose-Wort: ‚Es töte ein jeder selbst den Bruder, Freund und Nächsten' (2. Moses [sic!] 32,27) hört man erstmals die Parole jenes Eifers für das Eine und den Einen, dessentwegen die Geschichte des Monotheismus über weite Strecken (namentlich in ihren christlichen und islamischen Redaktionen) als ein Bericht heiliger Rücksichtslosigkeiten gelesen werden muss. Am Berg Sinai wird eine moralisch neue Qualität des Tötens erfunden: Es dient nicht mehr nur dem Überleben eines Stammes, sondern dem Triumph eines Prinzips.«[12] Nichts von dem, was Sloterdijk hier behauptet, hält einer Überprüfung stand. Es ist angesichts des fiktionalen Charakters der Exoduserzählung völlig unerfindlich, was er mit »erstmals« meinen könnte. Der Kontext der Stelle zeigt ferner gerade einen kompromissfähigen und umkehrwilligen Gott, ebenso wie einen besonnenen, um sein Volk besorgten Mose. Was soll die Formulierung »Triumph eines Prinzips« bedeuten? Hier kommt kein Prinzip zur Anwendung. Hier wird etwas ganz und gar Verstörendes berichtet. Etwas, das ohne jede Parallele ist. Die Leser dieser Textstellen haben sie nie als etwas Prinzipielles verstanden. Vielmehr kostete es sie einige Mühe, sich auf das skandalöse Geschehen einen Reim zu machen.

Nur wer diese Stelle gewaltsam aus ihrem Kontext reißt, kann folgendes Szenario Sloterdijks ungerührt zur Kenntnis nehmen: »Für die Mehrheit der Zeitgenossen bleibt im Dunkeln, inwiefern in den sowjetischen und chinesischen Dramen eine Parodie der Religionsgeschichte seit der Zäsur am Sinai aufgeführt wurde. Der Ruf des Moses: ‚Es töte ein jeder selbst den Bruder, Freund und Nächsten' ist offensichtlich erst von den Menschheitsideologen des 20. Jahrhunderts in den größten Verhältnissen befolgt worden. Man musste bis zum Monohumanismus warten, um zu erleben, wie die hybriden Saaten des Monotheismus aufgingen.«[13] Es seien polemisch eifernde, intolerante »Gegenreligionen«, die bis heute ihre »Virulenz« entfalteten: »Der Blick geht hierbei von der antiägyptischen, antikanaanitischen und antibabylonischen Gegenreligion der Juden weiter zu der multiplen Gegenreligion der Christen…«[14]

– über die Gegenreligion der Jakobiner bis hin zum Kommunismus als eifernder Gegenreligion. »Selbst die faschistischen Bewegungen traten episodisch als national-apokalyptische Gegenreligionen auf, wobei ein antisemitisches, antichristliches und antikapitalistisches Eiferertum den Ton bestimmte.«[15] Ob es Peter Sloterdijk die Schamesröte auf die Wangen getrieben hat, als er das Junktim von »Gegenreligion des Mose« und »Gegenreligion des Faschismus« erfand? Kein Jude käme auf die Idee, dass es in 2. Mose 34,26-28 etwas zu »befolgen« gäbe. Mose ist kein Gottessohn, dessen Verhalten man zu kopieren hätte. Er ist, wie so viele Menschen in der Hebräischen Bibel, einfach nur menschlich – und das heißt: fehlbar. Sein im 2. Buch Mose berichtetes Verhalten hat es – wie gesagt – nicht einmal bis in die Parallelerzählung im 5. Buch Mose geschafft. Welcher Geist treibt einen deutschen Philosophen, daraus ein weltgeschichtlich-apokalyptisches Szenario am Beginn des 21. Jahrhunderts zu machen?

Das außergewöhnliche Massaker wird in der rabbinischen Literatur kontrovers diskutiert. Man fragte sich: Hat Mose im Affekt gehandelt? War sein Zorn so groß, dass er das politische Bewusstsein verlor? Vor allem aber: Gab es wirklich einen göttlichen Auftrag? Oder hat ihn Mose nur erfunden? Steht nämlich sonst in der Hebräischen Bibel das »So spricht der Herr« für sich allein, so findet sich in diesem Text die merkwürdige Formulierung: »Mose sprach zu ihnen: So spricht der Herr.« Was er aber sagt, wird nicht mehr berichtet. Vielmehr folgen auf das »so spricht der Herr« die Handlungsanweisungen des Mose. Haben wir es also mit einem frühen Fall der Instrumentalisierung Gottes für eigene Machtinteressen zu tun? Sprechen diese Besonderheiten dafür, dass ein eigenmächtiges Handeln des Mose vorliegt, der einen göttlichen Auftrag nur erfindet? Vor allem aber kritisieren die Rabbiner, dass hier ohne jedes Gerichtsverfahren und ohne jede vorherige Festlegung eines Strafmaßes gehandelt wurde. Befremdlich ist ferner, dass in allen anderen Fällen Gott selbst sein Volk straft, hier aber die

Leviten zum willkürlichen Töten aufgefordert werden, was eindeutig einen Konflikt mit 1. Mose 9,6 provoziert. Dort heißt es: »Wer das Blut eines Menschen vergießt, dessen Blut soll für den Wert des getöteten Menschen vergossen werden. Denn als Bild Gottes hat er den Menschen gemacht.«

Der eines eifernden Monotheismus unverdächtige N. Machiavelli stellt in seinen *Discorsi* unter Hinweis auf diese Stelle fest, dass man als Fürst, um Gesetze und Institutionen durchsetzen zu können, eben schon einmal eine beträchtliche Anzahl von Menschen töten müsse.[16] Mose als erster Machiavellist? Eine Reihe von Auslegern tendiert tatsächlich in diese Richtung. Es habe sich um eine Notstandsmaßnahme gehandelt, meint beispielsweise der mittelalterliche Kommentator Nachmanides.[17] Das klingt nach Carl Schmitt: Souverän ist, wer über den Ausnahmezustand bestimmt! Andere Kommentatoren loben die Tatsache, dass hier das Prinzip »ohne Ansehen der Person« zur Geltung gekommen sei. Das Recht gilt für alle, es ist universal, Freunde und Verwandte können von Strafandrohung und Strafverfolgung nicht ausgenommen werden. Dazu hätte es dann freilich eines rechtsstaatlichen Verfahrens bedurft. Genau das fehle aber, kritisieren andere.

Das grauenhafte Massaker der Leviten diente nicht dem Kampf gegen den Polytheismus, sondern diente einem politischen Zweck. In 2. Mose 19 hatte das ganze Volk einen Bund mit Gott geschlossen. Sie gelobten: »Alles, was der Herr gesagt hat, wollen wir tun.« Beim Gießen des Goldenen Kalbes ging es nicht um einen Rückfall in den Polytheismus, sondern um einen Vertragsbruch. In seinem Buch »Exodus and Revolution« weist Michael Walzer darauf hin, dass diese Textstelle in der Geschichte politischer Ideen zur Legitimation von Gewalt gegen sogenannte Konterrevolutionäre herangezogen worden sei. Wäre das Verhalten der Leviten aber zum Prinzip erhoben worden, dann wären Mose und die paar Leviten allein im gelobten Land angekommen. Die Revolution hätte ihre Kinder gefressen. »Die Verheißung gilt dem Volk – und das Volk kann sich nur graduell von Stufe zu Stufe aus der Gefangenschaft in die Freiheit entwickeln.«[18] Als die Israeliten den Berg Sinai verlassen, marschieren sie nicht zurück nach Ägypten, sondern weiter in Richtung auf ein unbekanntes Gelobtes Land. »Wenn die Israeliten auch zu halsstarrig waren, um allen Erfordernissen nachzukommen, so waren sie auch zu halsstarrig, um diese jemals ganz zu vergessen«[19] Im Bund am Sinai hat sich ein Volk aus freien Stücken dafür entschieden, dass eines künftig immer und überall gilt: »the rule of the law«. Der unsichtbare Gott zeigt sich in seinem Gesetz. Dieses Gesetz ist aber nicht der Feind individueller Freiheit, sondern ihr Garant. Aus eben diesem Grund ist die Exodusgeschichte zur Meistererzählung moderner rechtsstaatlicher Ideen geworden. Die Bundestheologie, die am Sinai erfunden wurde, war die Blaupause für neuzeitliche Gesellschaftsverträge.

### *Imperiale Romantik*

Die Frage ist noch offen, warum die Monotheismusthese trotz ihrer offensichtlichen Unhaltbarkeit so viel spontane Zustimmung findet. Auf welches aktuelle religionspolitische Problem scheinen Assmanns und Sloterdijks Thesen die Antwort zu sein? Sloterdijks Buch »Gottes Eifer« endet mit einem missionarischen Aufruf: Eine »Renaissance im Zeichen Ägyptens« sei nun an der Zeit. Statt das »Gift der Feinderklärung an alternative Kulte« zu versprühen, atmete Ägypten ein »helleres religiöses Klima«[20]. An die Stelle der stets kampfbereiten Gegenreligionen müsse nun ein toleranter, polytheistischer »Kosmotheismus« treten. Das ist religiöse Romantik. Sloterdijk könnte sich an »nahezu jedem klassischen ägyptischen Tempel« vom »Ritus des Niederschlagens der Feinde und des Zusammenhäufens ihrer abgeschnittenen Geschlechtsteile« überzeugen, denn auch im polytheistischen Ägypten ging man mit den Feinden der Ma'at im Interesse der Bewahrung der Schöpfung vor dem Chaos nicht gerade zimperlich um.[21] Und möchten wir tatsächlich in einer polytheistischen Welt leben, in der die Entstehung der Welt als Kampf der Götter vorgestellt wird und die Menschen in der beständigen Angst leben müssen, zwischen die Fronten zu geraten? Wie befreiend ist demgegenüber doch der biblische Schöpfungsbericht. Die Natur ist zwar Gottes Schöpfung, sie ist aber dem Menschen zum verantwortlichen Gebrauch anvertraut. Wie sollen sich eigentlich die Naturwissenschaften in einer kosmotheistischen Kultur entwickeln, wenn bei jedem neuen Forschungsprojekt erst die Genehmigungen der Priester an den jeweiligen Wasser-, Berg- und Wettergottheitenheiligtümern einzuholen sind?

Wer einen neuen »Kosmotheismus« propagiert, der hat vergessen, dass die Idee der freien Verantwortung des Individuums gegenüber seiner Welt keine Selbstverständlichkeit ist, sondern sich gerade der Überwindung des »Kosmotheismus« verdankt. In einer »Kosmotheologie« kommt es auf das Individuum nicht im Geringsten an. Im Sinaibund hingegen ist jeder Einzelne gefragt. Den Begriff »Kosmotheismus« hat Sloterdijk von Jan Assmann übernommen, der freilich seinerseits darauf hinweist, dass der Kosmotheismus als »Wiederkehr des Verdrängten« »in den verschiedenen neuen Kosmotheismen, von den Münchner Kosmikern bis zu ‚Hitlers Gott', zum Wicca-Kult und anderen New-Age-Religionen« »das Abendland immer wieder heimgesucht hat.«[22] Hier scheint zwischen Assmann und Sloterdijk Gesprächsbedarf zu bestehen. Ist »Kosmotheismus« nun Heimsuchung oder Heil? Andreas Kissler berichtet in einer Rezension des Buches von Sloterdijk in der Süddeutschen Zeitung vom 15. Dezember 2007, dass Assmann Sloterdijks Assmann-Rezeption für »etwas übertrieben« halte. Sloterdijk nehme ihn zu ernst. Der Rezensent weiter: »Peter Sloterdijk aber steht nun ohne Pointe da. Darauf nämlich läuft sein neuer Essay zu: auf ein Loblied der ‚Toleranzkultur ägyptischen Typs' zu Lasten der ‚Intoleranzkulturen des Nahen Ostens und Europas', des Judentums, des Christentums und des Islams.« Gegen eine ägyptophile Intellektuellenreligion ist nichts einzuwenden – sie hat eine lange und beeindruckende Tradition. Diese aber so zur Geltung zu bringen, dass man das Judentum, das Christentum und den Islam gewaltsam verzeichnet, so dass nur noch grausame Grimassen davon übrig bleiben, desavouiert die erträumte Religion gehörig. Wer sich so auf Kosten anderer profilieren muss, hat wenig Eigenes zu bieten.

Besonders bedrückend ist freilich der Umgang mit dem Judentum, das in Deutschland immer noch eine verunsicherte Minderheit ist, deren Friedhöfe immer noch geschändet werden und deren Synagogen und Gemeindehäuser in Berlin rund um die Uhr unter Polizeischutz stehen müssen. In einer solchen Situation wird dann unter Berufung auf Jan Assmann von Matthias Schulz im SPIEGEL folgende groteske Argumentation vorgetragen: Zwar behaupteten die Juden, sie hätten den Monotheismus erfunden. Diese Lüge sei nun mit Hilfe Jan Assmanns aber als solche entlarvt worden. Nicht Mose, wie einem immer weisgemacht werde, sondern der Pharao Echnaton sei der eigentliche Erfinder des Monotheismus. »Die Juden kupferten ab. Ihre Idee vom *einen* Gott stammt in Wahrheit – aus Ägypten.«[23] Was soll man dazu noch sagen? Da schiebt der Ägyptologe Assmann dem Mose eine »Mosaische Unterscheidung« in die Schuhe, weist aber zugleich darauf hin, dass ja eigentlich Echnaton der Erfinder des Monotheismus sei. Warum hat er sein Buch dann »Die mosaische Unterscheidung« und nicht »Echnatons Unterscheidung« genannt? Echnaton, Zoroaster, Thales – sie alle wären bessere Kandidaten für den Weltmeistertitel im Wettbewerb um den »Ersten Monotheisten« gewesen. Jetzt stehen die Juden auch noch mit dem Vorwurf des Plagiats da. Armer Mose! Er hatte auf dem Weg durch die Wüste wirklich andere Probleme als den Ägyptern den Monotheismus zu klauen und sich eine finstere Gegenreligion auszudenken. Sein Problem war jedenfalls nicht Polytheismus. Auch die letzten Redaktoren der Moseerzählung hatten wahrhaftig andere Probleme als eine »Gegenreligion« zu erfinden. Ihr Problem bestand nach der Zerstörung aller sichtbaren Zeichen der Macht Gottes darin, den Glauben an einen unsichtbaren Gott zu gewährleisten. Dieses Problem verschärfte sich nach der Zerstörung des Zweiten Tempels im Jahre 70 n. Chr. noch einmal. Das Judentum musste, ob es wollte oder nicht, an einen unbehausten Gott glauben. Einen Gott, der nichts dagegen hat, in einem Zelt anstatt in einem Tempel zu wohnen. Er ist ein Gott, der sein Volk nicht nur durch die Wüste am Sinai, sondern durch viele andere Wüsten begleitet. Es ist der Glaube an einen Gott gegen allen Augenschein. Die besondere Leistung des Volkes Israel besteht darin, dass es diesen Glauben durch alle Anfechtungen hindurch bewahrt hat. Wer an einen solchen Gott glaubt, der glaubt ihn selbstverständlich nicht als einen fernen, eisigen, verhandlungs- und kompromissunfähigen, gewalttätigen Gott.

Assmann wirft dem Judentum »Ikonoklasmus« und Bilderfeindlichkeit vor. Wer oft vertrieben wird, lernt, mit leichtem Gepäck zu reisen. Goldene Götterbilder passen schlecht in einen Rucksack. Goldene Götterbilder sind etwas für imperiale Großmächte, nichts für ein kleines, beständig von der Vernichtung bedrohtes Volk von Migranten. Nicht das Bild, sondern das Wort ist seines Gottes bevorzugtes Kommunikationsmittel. Dieser unsichtbare Gott hat keinen Tempel mehr, er wohnt in den Herzen seiner Gläubigen. Wie heißt es doch beim Propheten Jeremia: »Ich will mein Gesetz in ihre Mitte geben und in ihr Herz schreiben.« (Jer 31,33). Dieser Gott geht mit ins Exil, in die Diaspora, durch Pogrome und die Shoah. Nicht goldene Götterbilder repräsentieren diesen Gott. Jeder leidende Mensch ist ein Bild Gottes: Ecce homo!

### *Groll über die emotionalen Folgelasten der Shoah?*

Den Eindruck zu erzeugen, Israel sei im Vergleich zu seiner Umwelt gewalttätiger als andere Religionskulturen gewesen, widerspricht allen religionsgeschichtlichen Erkenntnissen. Keine der uns heute grausam erscheinenden Erzählungen der Hebräischen Bibel ist eine Besonderheit Israels. Im Gegenteil: Israel litt definitiv mehr unter den benachbarten polytheistischen Großmächten als diese unter Israel. Israel war in der Regel Opfer, selten Täter. Von Gewalt ist in der Hebräischen Bibel in der Tat die Rede. Gewalt wird aber nicht verherrlicht, vielmehr wird vor ihr gewarnt und versucht, Gewalt durch legitimierte Gewalt in die Schranken zu weisen.

Wie soll man eigentlich den Hinweis Assmanns deuten, dass die Androhungen bei Übertretung des Gesetzes in 5. Mose 28 eine »Vorwegnahme von Auschwitz«[24] seien? Was heißt »Vorwegnahme«? Hat es in der Hebräischen Bibel ein jüdisches Auschwitz gegeben? Waren die Juden die Ideengeber von Auschwitz? Tragen sie gar eine Mitverantwortung für die Shoah, wie es Sloterdijk nahelegt? Wie kommt man überhaupt auf die Idee, ein Junktim zwischen einem Text aus dem 5. Jahrhundert v. Chr. und Auschwitz herzustellen? Es scheint ein spezifisch deutsches Bedürfnis zu geben, dem Judentum Gewalttätigkeit zuzuschreiben. Soll damit das deutsche Schuldgefühl angesichts der Shoah reduziert werden? Wie tief der Groll über die moralischen Folgelasten aus der Shoah auf deutschen Intellektuellen lastet, zeigte die Paulskirchenrede von Martin Walser im Jahre 1998, auch er übrigens ein bekennender Polytheist. Hat der Zorn auf den Monotheismus und das romantische Lob des Polytheismus mit einem Schuldgefühl zu tun, gegen das man aufbegehrt?

Weil man den Juden missionarische Überwältigungsversuche nicht vorwerfen kann, wird ihr »Exklusivismus« und »Separatismus« als blockierte, dafür umso explosivere Gewalt gedeutet. Und wenn einem gar nichts mehr einfällt, dann kann man immer noch die Beschneidung kleiner jüdischer Jungs als kollektiv traumatisierenden Gewaltakt, als »blutiges Attentat«[25] deuten, das notwendig Gewalt gebiert.[26] Was für ein Szenario: Alle Beschnittenen – und dazu müssen wir auch die muslimischen Männer zählen – haben als potentiell gewalttätiger zu gelten als die christlichen und atheistischen Männer, die ein paar Quadratzentimeter mehr Haut an ihrem Penis haben. Empirische Evidenz darf die Theorie jedenfalls nicht beanspruchen. Wie absurd dürfen Theorien über das »Gewaltpotential des Monotheismus« eigentlich noch werden?

Ein weiteres Motiv für die Attraktivität der Monotheismusthese besteht für Religionsferne wohl darin, dass sie, die in den vergangenen Jahrzehnten an den sukzessiven Niedergang der Religion geglaubt hatten, nun mit einem gänzlich unvertrauten Phänomen konfrontiert sind. Nicht nur auf den Islam und das Judentum, auch auf das Christentum reagieren die der Religion Entfremdeten xenophob. Das Phänomen ist ihnen fremd und nicht ganz geheuer. Der Charme der Monotheismusthese besteht nun darin, dass man seine Angst vor dem Dschihadismus nicht offen äußern muss, sondern sich in seiner überkommenen Einstellung gegenüber den Religionen – nämlich als rückständig, unaufgeklärt und gefährlich – weiterhin gegenseitig vergewissern kann.

### *Der Traum vom Ende der Differenz*

Ein drittes Motiv hat mit Religion vorderhand nichts zu tun. Der Monotheismus wird auch deswegen kritisiert, weil er angeblich eine unerbittliche Haltung des »Entweder-Oder« erzeuge. Bereits dieses »Entweder-Oder-Denken« sei potentiell gewalttätig. Stattdessen müsse man zu einer Haltung des »Sowohl-als-Auch« fortschreiten. Nur so sei Friede auf Erden zu gewährleisten.[27] Man kann diese mit missionarischem Eifer vorgetragene Empfehlung auch für einen Liberalismus der Satten, Bequemen und Feigen halten, dem das Verlangen zugrunde liegt, »es müsse in allem Wandel doch beim Selben bleiben«.[28] Die Vorstellung, das Bekenntnis zu einem einzigen Gott ziehe notwendig die aggressive Vernichtung aller anderen Götter nach sich, ist absurd. Ein Mensch, der einen anderen Menschen einzigartig findet und nur mit diesem sein weiteres Leben teilen möchte, bringt deswegen doch nicht alle anderen attraktiven Frauen und Männer dieser Welt um. Im Gegenteil wird er dieses Glück und Wunder, dass ihm dieses einzigartige Wesen begegnet und geschenkt worden ist, jedem anderen Menschen auch wünschen.

Kann man sich eine Gesellschaft vorstellen, in der ein Paar vor den Traualtar tritt und statt »Ja!« »Sowohl als auch!« sagt? Oder Menschenrechte, die sowohl gelten als auch nicht? Richter, die nicht mehr Recht sprechen, sondern die Entscheidung lieber offen lassen? Ehepaare, die sowohl Kinder haben wollen als auch nicht? Die von Ulrich Beck propagierte »Sowohl-als-Auch«-Religion ist nicht nur eine Religion der Entscheidungsunfähigkeit, es ist auch eine Religion, die Differenz als zu anstrengend empfindet und sie deshalb gern einziehen würde. Der Pluralismus, der den »Sowohl-als-Auch«-Missionaren vorschwebt, ist ein nur noch virtueller Pluralismus, in dem alle prägnanten Positionen in eine selige dionysische Differenzlosigkeit aufgelöst worden sind.

Aus der Weigerung, sich eine polytheistische Götterwelt vorstellen zu wollen, folgt selbstverständlich keine Gewalttätigkeit. Gott ist im Himmel – du bist auf Erden! Das ist eine elementare Differenz, die jeden wahrhaft Gläubigen davor warnt, sich selbst zum Sprachrohr oder zum Schwert Gottes zu ernennen. Diese Differenz verhindert jede Anmaßung, in seinem Namen handeln zu können. Heilsgewissheiten und Wahrheitsansprüche sind nichts als Glaubensaussagen, deren Richtigkeit sich erst am Ende der Zeiten erweisen wird – oder aber dann, wenn es Gott selbst gefällt, es den Menschen zu offenbaren. Sein Geist weht bekanntlich wo er will. Von menschlichen Theologien lässt er sich jedenfalls nicht domestizieren. Wer sich also weigert, sich durch die Erfindung eines Götterhimmels selbst zu vergöttlichen, neigt nicht zu religiöser Gewalt – eher im Gegenteil.

## Anmerkungen

1 Ein besonders eindrückliches Beispiel findet sich bei Matthias Schulz: Das Testament des Pharao. Der Spiegel 52 (2006). Dort heißt es: »Offenbar stand Mose im Zusammenhang mit dem rätselhaften ‚Ketzer-Pharao' Echnaton.« Wie ist das angesichts der Tatsache, dass uns Mose nur als fiktionale Gestalt bekannt ist, möglich? Ferner liegen zwischen der Zeit der Endredaktion der Exoduserzählung und der Regierungszeit Echnatons etwa 800 Jahre. Kann eine Fiktion etwas erfinden?

2 Zit. bei Étienne Balibar: Monotheismus. Anmerkungen zu Ursprung und Gebrauch des Begriffs. In: Mittelweg 36, 5 (2006), 65-86, 74.

3 Ebd., 71.: »They destroy the worship of the Son of God under an ignorant pretense on monotheism.«

4 Friedrich Schleiermacher: Der christliche Glaube nach den Grundsätzen der Evangelischen Kirche im Zusammenhange dargestellt. (1830/31). Berlin [7]1960.

5 Ebd., 51f.

6 Erik Peterson: Der Monotheismus als politisches Problem. Ein Beitrag zur Geschichte der Politischen Theologie im Imperium Romanum. Leipzig 1935.

7 Julius Wellhausen: Israelitische und jüdische Geschichte. (1894). Berlin [10]2004, 29.

8 Vgl. Becker, Staatsreligion.

9 Vgl. dazu Reinhard G. Kratz: »Israel als Staat und als Volk«. In: Zeitschrift für Theologie und Kirche 97 (2000), 1-17.

10 Becker, Staatsreligion, 15.

11 Jan Christian Gertz: Mose und die Anfänge der jüdischen Religion. In: Zeitschrift für Theologie und Kirche 99 (2002), 3-20, 4.

12 Peter Sloterdijk: Gottes Eifer. Vom Kampf der Monotheismen. Frankfurt am Main 2007, 45.

13 Ebd., 199.

14 Ebd., 209.

15 Ebd., 210.

16 N. Machiavelli: The Discourses. Harmondsworth 1970, 486. Zit. bei Michael Walzer: Exodus and Revolution. New York 1985, 59f.

17 Dieser und weitere Belege bei Walzer: op.cit., 159.

18 Ebd., 69. »The promise is for the people, and the people can only move in gradual stages from bondage to freedom.«

19 Ebd., 70. »And if the Israelites were too stiff-necked to live up to all of its requirements, they were also too stiff-necked ever to forget it entirely.«
20 Sloterdijk, Gottes Eifer, 211.
21 Vgl. Christoph Markschies: Antike ohne Ende. Berlin 2008, 133.
22 Jan Assmann: Die Mosaische Unterscheidung oder der Preis des Monotheismus. München – Wien 2003, 164.
23 Matthias Schulz: Das Testament des Pharao. In: Der Spiegel 52 (2006).
24 Jan Assmann: Religion und kulturelles Gedächtnis. München 2000, 72.
25 So die Formulierung in dem oben erwähnten SPIEGEL-Artikel.
26 Vgl. Franz Maciejewski: Psychoanalytisches Archiv und jüdisches Gedächtnis. Freud, Beschneidung und Monotheismus. Wien 2002.
27 Vgl. Ulrich Beck: Der eigene Gott. Friedensfähigkeit und Gewaltpotential der Religionen. Frankfurt/M. 2008.
28 Theodor W. Adorno: Negative Dialektik. (1966). Frankfurt/ M. [3]1982, 361. Für diesen Literaturhinweis danke ich Karsten Fischer.

## Monotheismus und Gewalt. Eine Auseinandersetzung mit Rolf Schieders Kritik an »Moses der Ägypter«

Jan Assmann

Als ich in den 1990er Jahren das Buch »Moses the Egyptian«[1] schrieb, konnte ich nicht ahnen, dass ich eine Debatte über den Monotheismus und dessen »intrinsische Gewalttätigkeit« lostreten würde. Mein damaliges Anliegen war eine diskursgeschichtliche Analyse von Texten, die Mose als Ägypter behandeln. Dabei ergab sich ein Bogen, der sich von Echnaton bis Sigmund Freud spannen ließ. Dieses Buch gab dann aber den Anstoß zu Debatten, die Themen in den Vordergrund stellten, die für mich ursprünglich eher am Rande lagen, und die mich in ihrer Radikalität und Polemik selbst überrascht haben.[2] Die bislang schärfste Abrechnung mit »meinen Thesen«, die sich als solche überhaupt erst im Verlauf der Debatte herausbildeten und an denen ich allenfalls eine Koautorschaft geltend machen kann, findet sich in dem Buch »Sind Religionen gefährlich?« (Berlin 2008) von Rolf Schieder.[3] Da die seit nunmehr 17 Jahren laufende Debatte wichtige Grundfragen hervorgebracht, aber auch zu automatischen Prozessen der Vergröberung und Verformung geführt hat, scheint mir der Zeitpunkt gekommen, die wichtigsten Kritikpunkte aufzugreifen und dazu zusammenfassend Stellung zu nehmen. Ich halte diese Debatte nicht für ein Unglück oder eine Gefahr, sondern sehe im Gegenteil einen Gewinn darin, dass theologische Themen in den letzten 15 Jahren zum Gegenstand allgemeiner intellektueller Auseinandersetzung geworden sind. Deshalb nehme ich

Schieders Buch hier zum Anlass, die wichtigsten Punkte der Kontroverse zusammenzustellen und meine Position in diesen Punkten so klar wie möglich darzustellen.

Ich beginne mit der »Monotheismus-These« selbst: »Die sogenannten monotheistischen Religionen sind intrinsisch gewalttätig, die sogenannten polytheistischen Religionen sind intrinsisch friedfertig.« (S. 69) Drei Punkte gilt es hier vorab zu klären:

1. Von welcher Art Gewalt ist hier die Rede? Rolf Schieder scheint darunter jede Art von Gewalt zu verstehen. Die »Monotheismus-These« liefe dann auf die Behauptung hinaus, die polytheistischen Gesellschaften seien friedfertig gewesen und die Gewalt sei erst mit den monotheistischen Religionen in die Welt gekommen. Wir wissen natürlich, dass die Geschichte der Menschheit, soweit sie sich anhand der Quellen zurückverfolgen lässt, voller Kriege und Gewalt war. Das gilt auch für die Religionen mit ihren blutigen Opferbräuchen und grausamen Initiationsfoltern. Dieser Art von Gewalt haben die monotheistischen Religionen sogar eher entgegengewirkt. Dennoch ist mit den monotheistischen Religionen eine bestimmte Form von Gewalt zuallererst in die Welt gekommen: *die Gewalt im Namen Gottes.* Das ist die Gewalt, mit der die Welt – die westliche und die östliche – heute konfrontiert ist und die uns, besonders nach den Ereignissen des 11.9.2001, beschäftigt, wenn es um die Frage »Sind Religionen gefährlich?« geht. Diese Gefahr ist nicht dadurch aus der Welt zu schaffen, dass man die »Monotheismus-These« überzieht und damit der Lächerlichkeit preisgibt. Im Übrigen – das sei ausdrücklich betont – haben sich die religiösen Autoritäten in Judentum, Christentum und Islam große Mühe gegeben, auch diese Form von Gewalt zu bändigen und in dieser Hinsicht viel erreicht.
2. Was bedeutet in diesem Zusammenhang »intrinsisch gewalttätig«? Intrinsisch« soll heißen, dass die Gewalt den monotheistischen Religionen (und nur ihnen) inhärent ist.

Ich sehe ein, dass das eine harte Behauptung ist, die notwendigerweise den Protest der christlichen Theologen auf sich ziehen muss.[4] In dieser pauschalen Form möchte ich sie auch nicht stehen lassen. Der Begriff »inhärent« – das muss ich hier präzisieren – ist nur im Sinne einer Implikation, einer angelegten *Möglichkeit* gemeint und *nicht im Sinne einer logischen Konsequenz,* die früher oder später mit Notwendigkeit eintreten muss. Die Quelle dieser *potentiellen Gewalt* sehe ich in dem, was ich die »mosaische Unterscheidung« genannt habe. Auf diese offenbar ganz besonders anstößige Kategorie wird noch mehrfach einzugehen sein. Gemeint ist die Unterscheidung zwischen wahr und falsch im Bereich der Religion, die einer Unterscheidung entspricht, die etwa Parmenides, Platon und Aristoteles in den Bereich des Denkens eingeführt haben. Sie beruht auf einem emphatischen Wahrheitsbegriff, der die Kategorie der Unvereinbarkeit impliziert. Was als wahr gelten soll, schließt alles aus, was damit unvereinbar ist. So ist mit der Vorstellung eines wahren Gottes die Verehrung von anderen Götter und deren Bildern unvereinbar. Die Unterscheidung schließt keineswegs aus, dass andere Religionen andere Götter weiterhin anbeten. Im Rahmen einer auf einem solchen Wahrheitsbegriff basierenden Religion entfaltet sich eine Orthodoxie, die für die eigene Gruppe das Falsche festlegt und ausmerzt. Im Kern handelt es sich also um eine Gewalt, die nach innen wirkt und sich gegen die Abtrünnigen aus den eigenen Reihen richtet.

3. Wie sind die Begriffe »mono-« und »polytheistisch« zu verstehen? Schieder spricht von »sogenannten monotheistischen und sogenannten polytheistischen Religionen«; er hat Recht, sich von diesen konventionellen Begriffen zu distanzieren; sie dienen der schnellen Verständigung unter Gesprächsteilnehmern, die wissen, was damit gemeint ist, aber haben darüber hinaus wenig erklärende Aussagekraft. Zwar bekennen sich die »monotheistischen« Religionen zur

Einheit und Einzigkeit Gottes, daher handelt es sich um eine Selbstbezeichnung und nicht nur um eine Fremdzuschreibung von außen und es scheint vernünftig, bis auf weiteres an diesem Begriff festzuhalten. »Polytheismus« aber ist eine reine Fremdzuschreibung; keine »polytheistische« Religion bekennt sich in vergleichbarer Weise zur Vielheit des Göttlichen. Polytheismus ist eine Bezeichnung von außen, die – obwohl als vermeintlich neutrale Ersetzung der bis dahin gebräuchlichen Ausdrücke »Paganismus« (Heidentum) und »Ido(lo)latrie« (Götzendienst) im 17. Jh. eingeführt – einen polemischen Beigeschmack hat. Daher sollte man den Begriff »Polytheismus« durch einen inhaltlich prägnanteren ersetzen; ich habe dafür den Ausdruck »Kosmotheismus« vorgeschlagen, auf den ich abschließend noch näher eingehen werde. Der wichtige Unterschied ist nicht der zwischen Einheit und Vielheit, sondern der zwischen Gott und Welt.

### *Das Verhältnis von Israel und Ägypten bzw. Theologie und Ägyptologie*

Ein weiterer Punkt, der vorab geklärt werden sollte, betrifft meine fragwürdige Kompetenz in theologischen Dingen. Wie kommt ein Nicht-Theologe dazu, sich mit einer neuartigen Lesung der Exodus-Geschichte in eine theologische Debatte einzumischen? Zwei Dinge glaube ich in die Diskussion einbringen zu können, die neues Licht auf die Bedeutung dieser Überlieferung werfen können. Das *erste* ist meine nun über fünfzigjährige Beschäftigung mit ägyptischer Religion. Wenn es kein historischer Zufall, sondern von grundlegender symbolischer Bedeutung ist, dass die Israeliten gerade aus Ägypten – und nicht aus Babylonien oder von den Hethitern, Philistern, Kanaanäern – befreit werden mussten, um in das Gottesbündnis einzuziehen und zum Gottesvolk zu werden, wenn also »Ägypten« für die Gegenwelt steht, gegen die durch den revolutionären Akt der Befreiung etwas Neues errichtet werden soll, dann kann es nicht schaden, sich in dieser Gegenwelt mit ihren Gottesvorstellungen, ihrem Menschenbild und ihrer politischen Organisation etwas besser auszukennen als das Nichtägyptologen möglich ist. Das gilt insbesondere für ein vertieftes Verständnis des »Polytheismus«, dessen Bild bei westlichen Theologen, Philosophen und Religionswissenschaftlern noch immer vor allem von der griechischen Religion geprägt ist. Die Griechen sind aber ein Sonderfall, weil ihre Gottesvorstellungen in ästhetischer Umgestaltung in Form von Epen, Tragödien, Vasenmalereien und Skulpturen auf uns gekommen sind. Hier ergibt sich das Bild einer von Rivalität und Konflikt bestimmten irreduziblen Vielheit sehr differenzierter und ausgeprägter Einzelcharaktere. Ganz anders im Alten Ägypten: hier ergibt sich ein Bild, das einerseits durch die Vorstellung der ursprünglichen Einheit der aus einem Urgott hervorgegangenen Welt inklusive Götterwelt und andererseits durch die unauflösliche Verflechtung von Götterwelt und pharaonischer Zentralherrschaft geprägt ist. Das ist die Welt, aus der die Israeliten nicht nur ausziehen, sondern die auch von Gott mit zehn schweren Plagen geschlagen oder geradezu zerschlagen wird. Das *zweite* ist die gemeinsam mit Aleida Assmann entwikkelte Theorie des kulturellen Gedächtnisses und, in deren Rahmen, die Methode der Gedächtnisgeschichte.[5] Hier geht es um die Geschichtsmächtigkeit von Erinnerung. Die Frage, mit der die Gedächtnisgeschichte z.B. an die Exodusgeschichte herangeht, ist nicht »Was ist wann wirklich geschehen?«, sondern »wie, wann, warum, von wem und in welcher Form wird die Geschichte erzählt?«. Das klingt zunächst vielleicht nach altvertrauten Fragestellungen der Redaktions- und Rezeptionsgeschichte, geht aber in dem entscheidenden Punkt darüber hinaus, dass die Dynamik der Erinnerung mit den Vorgängen des Vergessens, der Verformung, Verdrängung, und der Wiederkehr des Verdrängten methodisch einbezogen wird.

### *Mose und Echnaton*

Diese Zugangsweise lässt sich an den Gestalten von Mose und Echnaton erläutern, die überdies im Zentrum der von meinem Buch »Moses der Ägypter« provozierten Missverständnisse stehen. Mose ist eine reine Figur der Erinnerung. Alles, was wir über ihn wissen, ergibt sich aus dem, was die Bibel über ihn berichtet. Echnaton dagegen ist eine reine Figur der Geschichte. Keine Erinnerung, keine Tradition konnte sich an diesen verfemten König heften, der die traditionellen Götterkulte abgeschafft, eine neue, in gewisser Weise monotheistische Sonnenreligion an ihre Stelle gesetzt hat, und nach seinem Tod einer radikalen *Damnatio Memoriae* unterworfen wurde. So wie es Mose nicht als historische Figur gibt, die aus unabhängigen Quellen zugänglich wäre, so gibt es Echnaton nicht als Erinnerungsfigur.

Mein Buch »Moses der Ägypter« hat nun bei vielen Lesern den Eindruck erweckt, ich verträte die These, dass Mose ein Ägypter und überdies von Echnaton beeinflusst war, dessen in Ägypten ausgemerzten Sonnenmonotheismus er den Hebräern gebracht habe. Diese These vertrete aber nicht ich, sondern Sigmund Freud in seinem letzten Buch »Der Mann Moses und die monotheistische Religion« (1939).[6] Ich sehe überhaupt keinen historischen Zusammenhang zwischen Echnaton, der um die Mitte des 14. Jhs. wirkte, und Mose, der uns als eine Figur der Erinnerung erst in den im 7. und 6. Jh. entstehenden Büchern der Tora und einigen Psalmen entgegentritt. In der Ereignisgeschichte haben Mose und Echnaton nichts miteinander zu tun. In der Gedächtnisgeschichte dagegen sind sie schon früh zusammengebracht worden, und zwar bei Manetho, einem ägyptischen Autor des frühen 3. Jhs.v.Chr., bzw. bei Josephus Flavius (Ende 1. Jh.), der uns Manethos Text überliefert hat. In diesem Text begegnet uns ein Ägypter namens »Osarsiph«, der sich als Führer und Gesetzgeber einer aufständischen Gruppe ägyptischer Aussätziger »Moses« genannt haben soll. Diese Passage, die Josephus auf den Exodus bezog, kann nur ein Ägyptologe als eine verschobene Gedächtnisspur von Echnaton und der Amarnazeit entziffern.[7]

Das Thema meines Buches ist jener Strang der mosaischen Gedächtnisgeschichte, der auf das Ägyptertum des Mose abhebt. Die Bibel geht auf diesen Punkt nicht näher ein; sie gibt dem zweifellos ägyptischen Namen[8] eine hebräische Etymologie, erwähnt kurz Moses Adoption durch eine ägyptische Königstochter, überspringt seine Erziehung als Prinz und lässt ihn auf schnellstem Wege zu seinen Landsleuten zurückkehren. In der Bibel ist Mose ein Hebräer. Zum Ägypter wird er bei außerbiblischen (aber zweifellos vom Buch Exodus abhängigen) Geschichtsschreibern, von Hekataios von Abdera (Ende 4.Jh.v.Chr.) bis Tacitus (1.Jh.n.Chr.), und auf seine ägyptische Erziehung wird Bezug genommen z.B. in der Apostelgeschichte (7,22) und bei Philo von Alexandrien (De vita Mosis). Dieser zunächst eher marginale Aspekt eines ägyptischen oder ägyptisierten Mose gewann in der Aufklärung eine enorme Bedeutung und gipfelte in der These, dass der biblische Monotheismus aus Ägypten stammt. Zwar wusste man nichts von Echnaton, aber man erschloss aus Plutarch, Diodor, Jamblich und anderen griechischen Quellen eine ägyptische Geheimreligion, die man sich als einen esoterischen Mono- oder Pantheismus vorstellte.[9] In diese Mysterien sei Mose als Prinz eingeweiht worden. Erst Freud konnte dann in dieser Debatte den Trumpf des neuentdeckten Echnaton mit seinem Sonnen-Monotheismus ausspielen und damit Gedächtnis- und Ereignisgeschichte kurzschließen. In »Moses der Ägypter« habe ich versucht, diese Debatte zu rekonstruieren und ihre theologische Agenda herauszufinden. Worum ging es diesen Autoren, die Mose in ethnischer oder kultureller Hinsicht zu einem Ägypter machten? Meine Antwort lautete, in Kurzform: es ging um die Aufhebung der »mosaischen Unterscheidung«.

### *Die mosaische Unterscheidung*

Der Begriff der »mosaischen Unterscheidung« hat bei den Theologen wohl den meisten Unmut ausgelöst. In meiner Deutung geht es hier, wie gesagt, um die Einführung der Unterscheidung von »wahr« und »falsch« in die Religion. Hier erheben sich sofort drei Einwände: 1. Was hat Mose, als historische oder literarische Figur, mit einer Unterscheidung zu tun, von der in den Texten doch gar nicht die Rede ist (S.84)? 2. Warum, wenn nicht Mose, sondern Echnaton der erste gewesen sein soll, der diese Unterscheidung getroffen und gewaltsam umgesetzt hat, nenne ich sie dann nicht die Echnaton'sche Unterscheidung (S.84)? 3. Im Buch Exodus geht es nicht um den Unterschied von »wahr« und »falsch«, sondern von »frei« und »unfrei« (S.75).

Der erste Einwand lässt sich leicht ausräumen. Der Gottesbund, der am Sinai geschlossen werden soll, konfrontiert das Volk mit der Entscheidung für oder gegen das Bündnis. Entscheiden kann man sich nur, wo eine Unterscheidung vorliegt.[10] Das Bündnis zieht eine Grenze und definiert Zugehörigkeit. Diese Grenze nenne ich die »mosaische Unterscheidung«. Darunter verstehe ich eine gedächtnisgeschichtliche Kategorie. Erst innerhalb der sich auf Mose beziehenden und im Laufe der Jahrhunderte mächtig entfaltenden Gedächtnisgeschichte ist diese Unterscheidung zum Tragen gekommen und hat vermutlich erst mit der Christianisierung der Alten Welt und der Vernichtung des Heidentums die Welt verändert.[11] Zum zweiten Einwand nur soviel: mit Echnaton hat sich keine Gedächtnisgeschichte verbunden. Daher eignet sich sein Name nicht zur Identifizierung einer gedächtnisgeschichtlichen Kategorie. Der dritte Einwand ist der wichtigste und triftigste. In der Exodusgeschichte geht es nicht um Wahrheit und Lüge, sondern um Unterdrückung und Befreiung. Die Ägypter werden nicht mit Plagen geschlagen, weil sie falsche Götter anbeten, sondern weil sie die Kinder Israels nicht freilassen.

Das ist vollkommen klar, und ich kann mir vorstellen, dass mir schon die deuteronomistischen und priesterschriftlichen Bearbeiter der Exodusüberlieferung diesen Einwand gemacht hätten. Natürlich muss den Theologen, die den historischen Sinn der Texte erschließen, das Begriffspaar »wahr« und »falsch« als ein Anachronismus erscheinen. Diese Deutung ergibt sich erst im weiteren Horizont der in die Jahrhunderte ausgreifenden Gedächtnisgeschichte, in der die Unterscheidung zwischen wahrer und falscher Religion, wahrem Gott und falschen Götzen immer schärfer hervortritt; angefangen bei der vielleicht sekundär in die Sinai-Erzählung eingeschobenen Episode mit dem Goldenen Kalb bis hin zur hellenistischen *Weisheit Salomonis.* Darüber hinaus muss betont werden, dass sich die Begriffe Freiheit und Wahrheit keineswegs ausschließen. Der Begriff einer »wahren Religion« ist zunächst völlig leer, er muss erst inhaltlich gefüllt werden. Die wahre Religion macht frei, befreit von der Unterdrückung von Menschen durch Menschen: das ist zweifellos die Botschaft der Exodus-Erzählung. Der politische Begriff der Freiheit ist aber nicht zu trennen von den religiös besetzten Begriffen der Bindung (»Bund«) und des Gesetzes. Im Dekalog, der ja wohl unzweifelhaft die Mitte und den Höhepunkt des Buches Exodus bildet, geht es nicht mehr um politische Befreiung, sondern um die ethischen Grundsätze der wahren Religion: keine anderen Götter, keine Bilder, kein Missbrauch des Namens, den Sabbat heiligen, Vater und Mutter ehren, nicht morden, nicht stehlen, nicht ehebrechen, nicht falsches Zeugnis ablegen, nicht begehren. Von jetzt an geht es nicht mehr um Freiheit, sondern um Bindung und Treue (*emunah*), und es ist kein Anachronismus, damit den Begriff der Glaubenswahrheit und der Offenbarung zu verbinden.

### *Religiöse Gewalt*

Wogegen die erst im Rahmen des Gottesbundes denkbare spezifisch religiöse Gewalt sich richtet, wird mit der Episode des Goldenen Kalbes (Ex 32) deutlich gemacht. Hier tritt erstmals in der Exodusgeschichte die Vorstellung des Götzendienstes als der falschen Religion in den Vordergrund. Die Strafaktion, die Mose daraufhin durchführt, indem er von den Leviten 3000 Mann niedermetzeln lässt, ist der (nicht historisch, sondern narratologisch) erste Fall religiöser Gewalt. Damit setzt Mose ein Zeichen der Abschreckung, das die mit dem Bund gezogene Grenze zwischen Bundestreue, der wahren Religion, und Abfall (zu falschen Göttern) drastisch unterstreicht. Von Gewalt ist im Buch Exodus schon vorher die Rede. Pharao lässt die Israeliten in der gewalttätigsten Weise unterdrücken. Mose erschlägt einen Ägypter, als er mitansehen muss, wie dieser einen Hebräer quält. Gott schlägt die Ägypter mit zehn furchtbaren Plagen und lässt das Heer der Verfolger im Schilfmeer ertrinken. Das ist politische Gewalt, die mit schwerer Unterdrückung und revolutionärer Befreiung einhergeht. Erst im Rahmen des Gottesbundes, der am Sinai gestifteten, auf Treue gegründeten Religion, kommt es zu religiöser Gewalt, Gewalt im Namen Gottes. Diese Form von Gewalt kann es erst geben auf dem Boden der Unterscheidung zwischen wahrer und falscher Religion bzw. Treue und Abfall (»Sünde«).

Das ist aber eine Gewalt, die sich – wie bereits oben angedeutet – nach *innen* richtet. Erschlagen werden die eigenen Leute. Darin unterscheide ich mich von Peter Sloterdijk, der in seinem Buch »Gottes Eifer. Vom Kampf der drei Monotheismen« diese eifernde Gewalt im Namen Gottes ganz selbstverständlich auf die jeweils *anderen* Religionen bezieht.[12] In den biblischen Texten geht es natürlich nie um den Kampf zwischen den konkurrierenden Monotheismen, die es noch nicht gibt, sondern immer nur um den »Eifer« gegen die Abweichler in den eigenen Reihen sowie gegen die »Kanaanäer«, worunter wohl vor allem die noch nicht zur neuen Religion konvertierten Hebräer und sonstigen Mitbewohner des Landes zu verstehen sind.[13]

Schieder, der genau wie der Prophet Hosea das Gebot der Bundestreue am Modell der Ehe erläutert, macht darauf aufmerksam, dass jemand, der einem einzigen Menschen treu sein will, doch deswegen nicht »alle anderen attraktiven Frauen und Männer dieser Welt umbringt.« (S.87) Diese *reductio ad absurdum* bezieht sich auf Gewalt nach außen. Bei den biblischen Fällen religiöser Gewalt geht es aber um Gewalt nach innen, und die ist eine Sache der Eifersucht, die auch im Modellfall Ehe schon manche Opfer gefordert hat. Eifersucht, hebräisch *qin'ah*, ist eine Eigenschaft, die Gott als *El-qanna'*, den »eifersüchtigen« Gott des Fremdgötter- und Bilderverbots, und die menschlichen »Eiferer« (*qana'îm*) in einer Spiegelbeziehung verbindet, wie sie z.B. in Num 25,11 explizit betont wird:

> »Der Priester Pinhas, der Sohn Eleasars, des Sohnes Aarons, hat meinen Zorn von den Israeliten abgewendet dadurch, dass er sich bei ihnen für mich ereiferte. So musste ich die Israeliten nicht in meinem leidenschaftlichen Eifer umbringen.«[14]

Das ist religiöse Gewalt. Nicht die von Gott in seinem leidenschaftlichen Eifer geschickte Pest, der 24 000 Menschen zum Opfer gefallen waren, ist das Neue, dafür gibt es Beispiele genug in den »heidnischen« Religionen. Deren Götter bedienen sich dafür aber nicht menschlicher Eiferer, die sich die göttlichen Affekte zu Eigen machen, sondern schlagen selbst zu. Den Eiferern, denen wir uns bis heute – und in zunehmendem Maße – konfrontiert sehen, lässt sich mit Schieder die »elementare Differenz« entgegenhalten, »die jeden wahrhaft Gläubigen davor warnt, sich selbst zum Sprachrohr oder zum Schwert Gottes zu ernennen. Diese Differenz verhindert jede Anmaßung, in seinem Namen handeln zu können.« (S.88) Dann legt sich aber die Frage nahe, warum im Alten Testament und in der weiteren Kirchengeschichte diese Differenz so oft und geradezu systematisch missachtet wurde.

Damit sind wir zur Frage der »intrinsischen Gewalttätigkeit« zurückgekehrt, von der Schieder (wie viele andere Theologen) nichts wissen will. Dass ich sie nicht als eine notwendige Konsequenz, sondern nur als eine mögliche, aber abwendbare Gefahr verstehe, habe ich schon gesagt. Was in der Unterscheidung zwischen wahrer und falscher Religion angelegt ist, ist nicht Mord und Totschlag, aber doch die Idee der Unvereinbarkeit. Was in einem neuen, emphatischen, auf Offenbarung gegründeten Sinne als wahr gelten soll, schließt alles aus, was damit unvereinbar ist. Im Horizont eines solchen Wahrheitsbegriffs entfaltet sich eine Orthodoxie, die das Falsche festlegt und ausmerzt. Dass das Gefühl der Unvereinbarkeit unter bestimmten Umständen in Intoleranz, und Intoleranz in Gewalt umschlagen kann, ist kaum zu bestreiten. Diese »Umstände« gilt es kritisch zu beleuchten. Das ist der Punkt, in dem ich das »Risiko« bestimmter Religionen sehe.

### *Die mosaische Dialektik: Gegenreligion, Negation und Ikonoklasmus*

Weil dieser neue Religionstyp historisch (aber nicht notwendig) mit der Abwertung der anderen Religionen sowie der eigenen Vergangenheit als Heidentum verbunden ist, habe ich ihn als »Gegenreligion« gekennzeichnet. Schieder wendet gegen diesen Begriff ein, dass »Mose doch nicht gegen, sondern für etwas kämpft« (S.75). Das lässt sich aber nicht trennen. Die Pointe der neuen Religion, wie sie in den Büchern Exodus bis Deuteronomium entworfen wird, ist doch gerade, dass dieses »für« ein entsprechendes »gegen« dialektisch impliziert. Indem sich Mose unermüdlich für sein Volk und für den Gottesbund einsetzt, kämpft er zuerst im Zeichen politischer Gewalt gegen den Ägypter, den er erschlägt, als er mitansehen muss, wie ein Hebräer gequält wird, dann in Jahwehs Auftrag gegen Pharao und sein Volk, das mit zehn Plagen geschlagen wird, und schließlich, nach dem Bundesschluss, im Zeichen religiöser Gewalt, gegen die Abtrünnigen, die um das Goldene Kalb tanzen. Mose kämpft gegen das, was mit der Wahrheit, für die er sich einsetzt, unvereinbar ist und ist darin ein Vorbild aller gottesfürchtigen, bündnis- und gesetzestreuen Israeliten.

Was ich mit dem Begriff »Gegenreligion« bezeichnen will, ist die Negationskraft oder antagonistische Energie der neuen Religion, wie sie etwa im Ersten Gebot mit dem Verbot der Verehrung anderer Götter zum Ausdruck kommt. Bei Echnaton äußert sich diese antagonistische Energie in der Verfolgung der traditionellen Götterwelt und ihrer Kulte, in der Bibel dazu auch in expliziter sprachlicher Ablehnung. Diese antagonistische Energie findet ihren konkretesten, handgreiflichsten Ausdruck im Bilderverbot und dessen Umsetzung, im Ikonoklasmus. Rolf Schieder versteht das als einen Vorwurf, den ich dem Judentum mache.[15] Eine gewisse Bilderfeindlichkeit wird man wohl dem Judentum im Hinblick auf das Bilderverbot nicht gut absprechen können. Aber wieso »werfe« ich das »dem Judentum vor«? In der Ablehnung der Bilder sehe ich in der Tat einen der entscheidenden Punkte der alttestamentlichen Theologie und versuche ihn in seiner Radikalität ernst zu nehmen und zu verstehen. Rolf Schieders pragmatische Erklärung »wer oft vertrieben wird, lernt mit leichtem Gepäck zu reisen. Goldene Götterbilder passen nicht in einen Rucksack« (S. 85) genügt mir da nicht. Es gibt ja durchaus portable Bilder, die auch ein wanderndes Volk leicht im Gepäck mitnehmen kann. »Für« und »gegen« lassen sich in der neuen, auf Unterscheidung und Entscheidung beruhenden Religion nicht trennen. Die Theologen neigen aus verständlichen Gründen dazu, das »für« zu vereinseitigen. Ich wollte mit einem Blick von außen, als Ägyptologe und Kulturwissenschaftler, Licht auf das »gegen« werfen. Das bedeutet nicht, dass ich mich »gegen« den Monotheismus wende, sondern dass ich verstehen will, *wogegen* die neue Religion, die wir abkürzend Monotheismus nennen, sich wendet und was sie als

»Ägypten«, »Heidentum« (*avodah zarah, eidololatreia, Paganismus, jahiliya*), Häresie, Ketzerei verabscheut.

### *Ein neuer Kosmotheismus?*

Abschließend möchte ich noch einmal auf das Thema Polytheismus/ Monotheismus zurückkommen und in aller Deutlichkeit betonen, dass mir nichts ferner liegt als den Monotheismus zu denunzieren und den Kosmotheismus zu propagieren (S.82). Mir geht es in allererster Linie darum, die Wende vom einen zum anderen zu verstehen, die die Tora in narrativer Form als »Auszug aus Ägypten« darstellt. Das Begriffspaar »Polytheismus – Monotheismus« hat hier einiges verdunkelt. Sehr viel näher kommt dem, worum es inhaltlich geht, der ebenfalls im 17. Jahrhundert entwickelte Gegensatz von »natürlicher Religion« und »positiver« (gesetzter, gestifteter) oder »Offenbarungsreligion«. Natürliche Religionen entstehen aus dem Bewusstsein der symbiotischen Einbettung der menschlichen Existenz in eine als übermächtig und insofern verehrungswürdig empfundene Welt und Umwelt, die zwar in einer differenzierten Vielheit wie den Himmelskörpern, Tieren, Bäumen, Flüssen und Quellen Gestalt gewinnt, aber von einem einzigen ur-göttlichen Ursprung dieser Vielheit ausgeht und schon in der Antike in der Idee einer einzigen alles durchwaltenden Gottheit aufgeht. Diese Einheit von Gott und Welt hat der Monotheismus aufgesprengt, indem er scharf zwischen Gott und Welt unterschied und Gott aus seinen innerweltlichen Manifestationen sowie den Menschen aus seiner symbiotischen Weltabhängigkeit emanzipierte. In dieser Emanzipation sehe ich vor allem den Sinn des Bilderverbots, das sich ja auf die Abbildung von Tieren bezieht, und des damit verbundenen Gebots des *dominium terrae*, das fordert, sich die Erde untertan zu machen, anstatt sie anzubeten. Der Gegensatz von Monotheismus ist also, so gesehen, nicht Polytheismus, sondern Monismus. Ich habe daher anstelle von Polytheismus den Ausdruck »Kosmotheismus« ins Gespräch gebracht, den ich bei dem Philosophen Jacobi (mit Bezug auf Spinoza) gefunden habe.[16] Hinter dem Gegensatz von Monotheismus und Polytheismus steht also in letzter Instanz der Gegensatz von *scriptura* (im Sinne von schriftlich kodifizierter Offenbarung) und *natura* (im Sinne von religiös gedeuteter Natur). Die Kategorie der emphatischen, d.h. ein Drittes zwischen wahr und falsch ausschließenden, Wahrheit hängt in ihrem religiösen Verständnis unmittelbar mit dem Begriff der Offenbarung zusammen. In der natürlichen Religion gibt es diesen Wahrheitsbegriff nicht, hier herrscht das Prinzip des »Sowohl-Als auch«. Die Ägypter konnten in ein und demselben Text die Weltentstehung als Schöpfung und als Emanation oder Selbstverwandlung Gottes ansehen. Der Himmel erscheint als Kuh, Frau oder Wasserfläche, die Sonne in Falken-, Käfer-, Widder- oder Menschengestalt. Dieses von dem Ägyptologen und Assyriologen Henri Frankfort als »multiplicity of approaches« bezeichnete Prinzip bildet den genauen Gegensatz zur »mosaischen« Unterscheidung.

### *»Sowohl-Als auch«: von der Unvereinbarkeit zur Vereinbarkeit*

»Sowohl-Als auch« ist das Thema des letzten Abschnitts des Kapitels, in dem sich Rolf Schieder mit mir auseinandersetzt, und der als »Der Traum vom Ende der Differenz« überschrieben ist. »Der Monotheismus«, schreibt er, »wird auch deswegen kritisiert, weil er angeblich eine unerbittliche Haltung des ‚Entweder-Oder' erzeuge. Bereits dieses ‚Entweder-Oder-Denken' sei potentiell gewalttätig, weil anderes nichtend. Stattdessen müsse man zu einer Haltung des ‚Sowohl/Als auch' fortschreiten. Nur so sei Friede auf Erden zu gewährleisten.«[17] (S. 87) Die Gegenüberstellung von »Sowohl-Als auch« und »Entweder-Oder« ist eine hervorragende Charakterisierung dessen, worum es bei der Wende vom »heidnischen« Kosmotheismus zum biblischen Monotheismus ging. Für die heidnischen Religionen musste man sich nicht entscheiden. Zur ägyptischen, babylonischen oder griechischen Religion konnte man nicht konvertieren. Die Gottheiten waren ineinander übersetzbar, hier gab es kein »Zeus oder Amun«. Hier gab es jene Unterscheidung nicht, die eine Entscheidung fordert und die Menschen mit einem »Entweder-Oder« konfrontiert. Damit war allerdings noch lange kein Friede auf Erden gewährleistet. Die Abwesenheit religiöser Gewalt bedeutet nicht das Fehlen sozialer und politischer Gewalt.

Nun geht es bei diesem »Sowohl-Als auch« nicht darum, sowohl Jahwe als auch Marduk anzubeten, sowohl Christ als auch Muslim zu sein, sowohl dem eigenen als auch fremden Göttern zu folgen, sowohl die eigene als auch andere Religionen zu praktizieren. Es geht vielmehr darum, *sowohl* die eigene Religion zu praktizieren, *als auch* die anderen Religionen in ihrem je eigenen Wahrheitsbezug anzuerkennen und zu respektieren. Das Problem ist nicht der Monotheismus im Sinne der Verehrung eines einzigen Gottes, sondern die Vorstellung der Offenbarung als einer schriftlich kodifizierten Wahrheit, die exklusiv, einem einzigen Volk, einer einzigen Gruppe gegeben, und doch zugleich von universaler, alle Menschen angehender Geltung sein soll. Dieses Problem hatte Moses Mendelssohn schon im 18. Jahrhundert im Sinne eines »Sowohl-Als auch« von Offenbarungs- und natürlicher Religion lösen wollen: jeder Mensch gehört einer bestimmten (partikularen) Religion wie Judentum, Christentum, Islam, Buddhismus usw. an und zugleich einer universalen, natürlichen »Menschenreligion«. Gott hat in Wort und Schrift den *Juden* eine »historische Wahrheit« offenbart, die ewigen oder »Vernunftwahrheiten« aber *allen Menschen* in »Natur und Sache«, also Schöpfung und Geschichte.[18] Auch Lessing plädiert für ein »Sowohl-Als auch« von natürlicher und Offenbarungsreligion. »Die beste geoffenbarte oder positive Religion ist die, welche die wenigsten conventionellen Zusätze zur natürlichen Religion enthält.«[19] Die Ringparabel in »Nathan der Weise«, deren Vorstufen bis ins 8. Jh. zurückreichen, läuft auf eine ähnliche These hinaus. Jeder soll seine bestimmte Religion praktizieren, als ob sie die wahre wäre, in voller Anerkennung der Möglichkeit, dass die Wahrheit bei einer anderen liegt oder vielmehr: dass die Wahrheit verborgen ist und alle Religionen sie auf ihre Weise anstreben. Da es Religion nun einmal nur im Plural gibt und geben wird, ist diese Form des »Sowohl-Als auch« – sowohl Treue zum Eigenen als auch Respekt vor dem Anderen – eine vernünftige Lösung.[20] Diese Form schafft die Differenz nicht ab, sondern respektiert sie im Hinblick auf etwas Übergreifendes, das man im 18. Jh. »natürliche Religion« nannte und das sich heute in erster Linie mit dem Begriff der Menschenrechte verbindet.[21]

Warum Wahrheit in Gewalt umschlagen und was Religion überhaupt mit Gewalt zu tun haben sollte, ist nicht einzusehen.[22] Im Gegenteil scheint Religion das einzige Mittel zu sein, das dem Menschen gegeben wurde, Gewalt – soziale und politische – einzudämmen und sich gegen sie zur Wehr zu setzen. Diese große und unverzichtbare Aufgabe kann Religion nur erfüllen, wenn sie ihrerseits auf jede Art von Gewalt verzichtet und ihre zivilisierende, humanisierende Kraft mit den ihr eigenen (anstatt mit politischen) Mitteln ausübt.

Wenn es wirklich so ist, dass ich in »Moses der Ägypter« und »Die mosaische Unterscheidung« bei einigen meiner Leser den Eindruck erweckt habe, dass

- Mose ein Ägypter war,
- er von Echnaton beeinflusst wurde und dessen Monotheismus übernommen hat,
- dieser Monotheismus inhärent gewalttätig ist und die Gewalt in eine bis dahin friedfertige polytheistische Welt gebracht hat,
- ich einer »romantischen Polytheismussehnsucht« anhänge und einen neuen Kosmotheismus propagiere, dann möchte ich diesen Unsinn hier in aller Deutlichkeit widerrufen.

## Anmerkungen

1 »Moses the Egyptian. The Memory of Egypt in Western Monotheism«, Cambridge (Mass.) 1997; dt. »Moses der Ägypter. Entzifferung einer Gedächtnisspur«, München 1998. Schieder bezieht sich daneben auch auf »Die Mosaische Unterscheidung oder Der Preis des Monotheismus«, München 2003.

2 Die Reihe von Tagungen und Disputationen zu den Themen dieser Debatte setzt sich immer noch fort. In Wien fand im Mai 2012 eine öffentliche Tagung mit dem Fundamentaltheologen Jan-Heiner Tück und dem Orientalisten Rüdiger Lohlker statt (http://www.henning-klingen.de/2012/05/23/assmann-debatte-reloaded/ oder http://media.theologischekurse.at/archive/20), die im Oktober 2013 mit anderen Teilnehmern fortgesetzt wurde. Die letzte Nummer der französischen Zeitschrift Incidence war dem Thema «Figures de Moïse dans la philosophie politique» gewidmet und beschäftigte sich vor allem mit meinen Thesen. Vgl. auch Simon Dalton, Monotheism, Mnemohistory and Jan Assmann [Kindle Edition]. (http://www.amazon.de/Monotheism-Mnemohistory-Jan-Assmann-ebook/dp/B007SKF0G). Besonders hohe Wellen schlug 2006 ein *Spiegel*-Artikel von Matthias Schulz, von dem ich mich in einem nicht abgedruckten offenen Leserbrief und einem Interview in der *Welt* distanzierte.) Eine Zusammenfassung der Debatte bis 2008 gibt Johannes Thonhauser, Das Unbehagen am Monotheismus. Umriss und Analyse der Debatte um Jan Assmanns Thesen zur »Mosaischen Unterscheidung«, Tectum Verlag 2008.

3 Seitenzahlen beziehen sich im Folgenden auf dieses Buch. Schieders Auseinandersetzung mit Moses der Ägypter, in Verbindung mit Peter Sloterdijk, »Gottes Eifer. Vom Kampf der drei Monotheismen« (2007) und Ulrich Beck, »Der eigene Gott. Von der Friedensfähigkeit und dem Gewaltpotential der Religionen« (2008) findet sich vor allem auf den Seiten 69-88.

4 Vgl. hierzu besonders Norbert Lohfink, »Gewalt und Monotheismus: Beispiel Altes Testament«, http://www.sankt-georgen.de/leseraum/lohfink23.pdf (nicht im Druck erschienen).

5 Moses the Egyptian, 1-22; Moses der Ägypter, 17-43.

6 Neuausgabe Stuttgart 2010, mit einem Nachwort, in dem ich die Fragwürdigkeit der Freudschen Rekonstruktionen beleuchte.

7 Nach Manetho spielt die Geschichte unter einem König Amenophis und seinem Ratgeber Amenophis Paapis. Damit ist, was Josephus nicht wissen konnte, Amenophis Sohn des Hapu gemeint, der unter Amenophis III., dem Vater von Echnaton lebte. Hinter »Osarsiph«, der mit seinen Aufständischen und ihren Jerusalemer Verbündeten Ägypten für 13 Jahre tyrannisierte, indem er die Tempel zerstörte und die heiligen Tiere am Spieß braten ließ, verbirgt sich (wie inzwischen auch aus anderen Spuren klar wurde) der vergessene Ketzerkönig Echnaton.

8 »Mose« ist ein unendlich häufiger ägyptischer Namensbestandteil und heißt »geboren von«, meist in Verbindung mit einem Gottesnamen, so wie griechisch »genes« in Diogenes (äg. Amunmose) oder Hermogenes (äg. Thutmose), kommt aber auch ohne Gottesnamen, als »Mose« vor.

9 Diese Konzeption und ihre Erfolgsgeschichte im 17. und 18. Jahrhundert behandelt mein Buch Religio Duplex: Ägyptische Mysterien und europäische Aufklärung, Berlin 2010.

10 Diese Unterscheidung wird auch symbolisch vollzogen. Ein Bündnis wird im Hebräischen (wie auch im Griechischen) nicht »geschlossen«, sondern »geschnitten«.

11 Das hat jetzt Guy Stroumsa in seinem Buch »Das Ende des Opferkults. Die religiösen Mutationen der Spätantike«, Berlin 2011, herausgearbeitet.

12 Da mich Schieder auch für Sloterdijks kühne Ausweitungen einiger meiner Gedanken verantwortlich macht (»Assmanns und Sloterdijks Thesen«, S.82) muss ich diesen Unterschied betonen. Ich beziehe mich ausschließlich auf die Ursprungssituation, in der es die anderen Monotheismen noch nicht gibt, Sloterdijk dagegen hat eher die heutige Situation im Blick.

13 Das geht deutlich aus Dtn 13 und 20 hervor, wo für abtrünnige und kanaanäische Städte die gleiche Behandlung (der »Bann«) vorgeschrieben wird, während man mit äußeren Feinden normal verfahren soll. Im ersten Fall darf nichts am Leben gelassen und keine Beute gemacht werden, im zweiten kann man Beute machen und Sklaven nehmen.

14 Der Eiferer Pinhas hat keinen Ausländer, sondern seinen Landsmann Zimri erschlagen, weil der sich mit einer Midianiterin einließ. Daraufhin ließ Gott von der Pest ab, der schon 24 000 Israeliten zum Opfer gefallen waren, weil sie mit den Moabitern ein Fest zu Ehren des Lokalgotts Baal Pe'or gefeiert hatten. Pinhas machte sich Gottes Eifersucht zu Eigen.

15 »Assmann wirft dem Judentum ‚Ikonoklasmus' und Bilderfeindlichkeit vor.« (S. 85)

16 Siehe hierzu schon meine vor 20 Jahren erschienene Schrift »Monotheismus und Kosmotheismus. Ägyptische Formen eines ‚Denkens des Einen' und ihre europäische Rezeptionsgeschichte«, Sitzungsberichte der Heidelberger Akademie der Wissenschaften, Heidelberg 1993.

17 Das richtet sich nicht explizit gegen mich, sondern gegen Ulrich Beck, der in seinem Buch »Der eigene Gott« dafür eintritt, die eigene Religion mit den Augen der anderen sehen zu lernen. Allerdings wird dann auch Beck einige Seiten später als »Assmann-Gläubiger« apostrophiert (S.191), und ich muss einräumen, dass ich mich in der Tat in einem anderen Buch (»Religio Duplex«, 2010) ziemlich in Ulrich Becks Sinne mit diesem Problem beschäftigt habe. Ich hätte das Buch ebenso gut auch »Sowohl–Als auch« nennen können.

18 Moses Mendelssohn, »Jerusalem. Über religiöse Macht und Judentum« (1783), und »Vorrede zu Manasseh Ben Israels ‚Rettung der Juden'«. Nach den Erstausgaben neu ediert, kommentiert und mit einem Nachwort versehen von David Martyn, Aisthesis-Verlag Bielefeld 2001.

19 Aus dem Fragment »Über die Entstehung einer geoffenbarten Religion«, Werke VII, 283.

20 Der Ringparabel hat Rolf Schieder ein eigenes Unterkapitel gewidmet (S. 200-210), dessen These »Ohne die Fähigkeit der Religionen zur kritischen Selbstreflexion kann es unter pluralistischen Verhältnissen keinen Religionsfrieden

geben« (S.200) ich voll und ganz unterschreibe, und auch sonst stoße ich in seinem Buch auf Formulierungen, die in dieselbe Richtung weisen. Hier besteht viel Gemeinsamkeit und auf jeden Fall kein Grund zu polemischen Schlammschlachten.

21 Mit diesen Postulaten renne ich offene Türen ein, vgl. von jüdischer Seite Jonathan Sacks, »The Dignity of Difference« und von christlich-katholischer Seite die Schrift »Nostra Aetate«.

22 S. hierzu Klaus Müller, »Gewalt und Wahrheit. Zu Jan Assmanns Monotheismuskritik«, in: Peter Walter (Hg.), »Das Gewaltpotential des Monotheismus und der dreieine Gott«, Freiburg 2005, 74-82.

## Der Mann Mose und die mosaische Religion. Eine kleine Bibelkunde

Bernhard Lang

Die Debatte um Jan Assmanns Beiträge zur Interpretation des Alten Testaments und der mosaischen Religion bedarf einer biblischen Rückbindung: Erstens, weil die Debatte ohne Kenntnisnahme der ihr zugrunde liegenden Befunde von niemand mehr nachvollzogen werden kann; zweitens, weil eine Parteinahme – z. B. für oder gegen die Verwendung des Ausdrucks »mosaische Unterscheidung« – sich naturgemäß am biblischen Befund orientieren muss.

Gegliedert sind die folgenden Ausführungen in drei Teile. Der erste gibt einen Überblick über die mit Mose verknüpften biblischen Überlieferungen; das heute übliche Verständnis dieser Traditionen wird vermerkt. Der zweite Teil vergleicht die mosaische Religion (wenn wir sie so nennen wollen) mit einer anderen, nichtmosaischen Form der biblischen Religion. Ein knapper Schlussteil fasst den sich ergebenden Befund zusammen.

### *I. Die mit Mose verknüpften biblischen Überlieferungen*

Mose ist keine historische Gestalt, über die wir verlässliche Kunde haben; als Gestalt der althebräischen Sage steht er im Mittelpunkt von Erzählungen über die Frühzeit des Volkes Israel. Was wissen wir über die Frühzeit dieses Volkes? Was über Mose? Was über die Religion, die in der Bibel mit seinem Namen verbunden ist?

### *Wie ist das Volk Israel entstanden?*

Streng genommen gibt es keine sichere Antwort auf diese Frage. Es gibt jedoch eine Modellvorstellung, die sich in der heutigen Forschung großer Beliebtheit erfreut; sie rekonstruiert die »Ethnogenese« (Volkwerdung) der Bewohner des antiken Palästina, indem sie archäologische Befunde auswertet. Wie bei allen Völkern der Geschichte ist das Bewusstsein einer kulturellen und politischen Zusammengehörigkeit auch im Fall des alten Israels allmählich entstanden. Im wenig zugänglichen palästinischen Bergland – ungefähr zwischen Jerusalem im Süden und der Jesreelebene im Norden – entstanden zwischen 1150 und 1000 v. Chr. Hunderte von Dörfern mit jeweils 100 bis 250 Einwohnern. Über die Herkunft dieser Bewohner ist wenig bekannt. Wahrscheinlich haben sich Migranten in die Berge zurückgezogen. Einige mögen aus den Steppen- und Wüstengebieten gekommen sein, andere aus der Küstenebene, wo sie von den sich damals ansiedelnden Philistern verdrängt worden waren. Alle haben sich der Kontrolle der z. T. noch bestehenden bronzezeitlichen Städte Kanaans, der Herrschaft der sich neu etablierenden Philister und der Herrschaft der Ägypter entzogen. Die Ägypter verloren in jener Zeit die Kontrolle über ihre früheren vorderasiatischen Besitzungen. In diesem Milieu scheint sich allmählich – zweifellos unter der Führung einer Elite – das Bewusstsein einer Zusammengehörigkeit gebildet zu haben. Man sprach dieselbe Sprache – das Hebräische. Im entstehenden Volk sind verschiedene Erzählungen über die Vergangenheit lebendig. Einige sagten: Unsere Vorfahren waren Krieger – sie haben die kanaanitischen Städte besiegt; hier leben Erinnerungen weiter an den Sieg von bäuerlichen Milizen, die als bewegliche Infanterie die schwerfälligen bronzezeitlichen, von zwei Pferden gezogenen Streitwagen besiegen konnten. Andere erzählten: Unsere Vorfahren waren von den Ägyptern zu Bauarbeiten herangezogen worden, konnten sich dieser Aufgabe jedoch durch Flucht entziehen. Wieder andere erzählten von dem von ihren Vorfahren – und ihnen selbst – verehrten Gott Jahwe, der in der Wüste einen heiligen Berg besaß. Aus solchen Überlieferungen haben sich die verschiedenen Ursprungssagen entwickelt, die das Volk Israel an einem heiligen Berg in der Wüste, in einer Art Bauernaufstand gegen die kanaanitischen Städte oder in einer Flucht aus Ägypten entstehen lassen. Wie in vielen frühen Völkern wird der politische Zusammenhalt durch Verwandtschaftsbegriffe ausgedrückt: Wer zusammengehört, leitet sich von gemeinsamen Vorfahren her – letztlich vom Stammvater Jakob, der zugleich den Namen Israel trägt. Aus solchen Geschichten haben Israels Erzähler die Ursprungsgeschichten zusammengesponnen, die wir in den Büchern Genesis, Exodus und Josua finden. In der Genesis herrscht das genealogische Thema vor, im Buch Exodus wird von Mose, einer Flucht aus Ägypten und einem Gottesberg in der Wüste berichtet, während das Buch Josua kriegerische Eroberungsgeschichten enthält.

### *Was wird von Mose berichtet? War Mose Ägypter?*

Der Held der Bücher Exodus, Levitikus, Numeri und Deuteronomium trägt einen ägyptischen Namen. Hier ist seine Geschichte: Moses Kindheit steht im Zeichen der Gefährdung. In Ägypten in einer Zeit geboren, als die Ägypter ihr israelitisches Gastvolk durch Tötung der neugeborenen Knaben auszurotten suchen, wird er von seinen Eltern in einem Binsenkorb im Nil ausgesetzt, doch von einer ägyptischen Prinzessin gefunden und großgezogen. In seiner Jugend erinnert sich Mose seiner Herkunft, erschlägt einen Ägypter, der Israeliten gepeinigt hat – und entzieht sich durch Flucht in die Wüste der Bestrafung. Von Gott aus einem brennenden Dornbusch angesprochen, erhält er den Auftrag, sein Volk aus Ägypten zu befreien. Das gelingt erst, nachdem Gott schlimme Plagen über Ägypten gebracht hat – Ungeziefer, eine Viehseuche, vom

Himmel fallender Hagel, mehrtägige Finsternis, der plötzliche Tod jeder Erstgeburt. Die Flucht des Volkes zieht Verfolgung durch ägyptisches Militär nach sich. Gott rettet die Israeliten, indem er die Ägypter in einem See ertrinken lässt, während die Hebräer diesen trockenen Fußes durchqueren. War Mose in seiner Jugend ein Held, so ist er nun, in seinen reifen Mannesjahren, ein frommer Kultstifter, der am Berg Sinai mit dem Gott Jahwe verkehrt und dem Volk Gottes heiliges Gesetz überbringt – ein Gesetz, das vor allem den Bau eines transportablen Zeltheiligtums regelt. Nach dem Sinaiereignis führt Mose sein Volk vierzig Jahre lang durch die Wüste, dem verheißenen Land Palästina entgegen. In seinem Greisenalter wandelt sich Moses Rolle noch einmal: Aus dem frommen Kultstifter wird nun der politische Gesetzgeber. In langen Reden erklärt er eine Staatsverfassung, die eine strenge monotheistische Gottesverehrung ebenso vorschreibt wie sie die Einsetzung eines Königs vorsieht, der im heiligen Gesetzbuch die Richtschnur seines Handelns hat. Mose stirbt im Alter von 120 Jahren.

Die Mose-Erzählung lässt sich als Gemisch aus Überlieferungen unterschiedlicher Herkunft entschlüsseln: (1) Mose könnte Ägypter gewesen sein. Sein ägyptischer Name steht stellvertretend für das ägyptische Element im Völkergemisch, aus dem das Volk Israel entstanden ist. Eine Parallele findet sich in der Geschichte von Sinuhe, dem Helden einer bekannten, literarisch wertvollen altägyptischen Erzählung (ca. 1900 v. Chr.): Sinuhe flieht aus Ägypten, um Schwierigkeiten zu entgehen; in Vorderasien wird er von einem Magnaten aufgenommen, dessen Tochter er heiratet. Doch die übrige Erzählung verläuft anders.[1] (2) Aus dem Zweistromland stammt das Vorbild der Kindheitsgeschichte des Mose: Dort wird die Aussetzung eines späteren Herrschers in einem verpichten Binsenkorb von König Sargon erzählt. Die Erzählung von Mose als Gesetzgeber orientiert sich an babylonischer Überlieferung, die König Hammurabi als Gesetzgeber feiert. (3) Die Alleinverehrung des einen Gottes stammt nicht aus einer fremden, sondern aus der israelitischen Religion; ihre Durchsetzung wurde im 6. bis 4. Jahrhundert v. Chr. durch die monotheistische Religion Persiens begünstigt.

### *Hat Mose den Monotheismus eingeführt?*

Die Religionen der Umwelt des alten Israel waren polytheistisch. Sie beruhten auf der Verehrung einer Vielzahl von Göttinnen und Göttern, die für verschiedene Bereiche der Natur oder des menschlichen Lebens zuständig waren. Im westlichen Vorderasien galt El als weiser Vater der Götter, Hadad (auch Baal genannt) als Wetter- und Regengott, Anat als Kriegsgöttin, Ischtar (Astarte) als Liebesgöttin. Mit der Verehrung solcher Gottheiten machte Mose Schluss.

Dem biblischen Bericht zufolge hat das Volk Israel seine neue Religion durch einen Akt göttlicher Gesetzgebung erhalten (Bücher Exodus und Levitikus). Ort dieses Geschehens ist der Berg Sinai, an dem sich das Volk versammelt, um, von Mose angeführt, das göttliche Gesetz in Empfang zu nehmen. Am Fuß des heiligen Berges erlebt das Volk ein gewaltiges, mit Erdbeben verbundenes Gewitter. Aus dem Donner spricht Jahwe und erlässt die Zehn Gebote (Exodus 20): Nur Jahwe allein darf verehrt werden; seine bildliche Darstellung ist verboten und der Sabbat ist als Ruhetag zu halten. Weitere Gebote werden auf dem heiligen Berg nur noch Mose, nicht mehr dem ganzen Volk verkündet. Gott gibt genaue Anweisungen zum Bau eines transportablen Zeltheiligtums, dem Vorbild eines später zu errichtenden Tempelhauses, in dem Gott – der einzige Gott – residiert.

Die Gesetzgebung wird durch zwei Ereignisse unterbrochen: den »Bundesschluss« und die Verehrung des »Goldenen Kalbs«. In einer öffentlichen Feier schließt Jahwe einen Bund mit dem Volk: Gott sagt seinen Schutz zu, während das Volk verspricht, Gottes Geboten treu zu bleiben. Während Mose auf dem Gottesberg eine aus zwei Tafeln bestehende Bundesurkunde erhält, fällt das Volk von Gott ab, indem es die goldene Skulptur eines Stieres herstellt, um dieser göttliche Verehrung zu erweisen. Damit ist das Gebot der Bildlosigkeit verletzt und der Bund mit Gott gebrochen: Erzürnt, zerbricht Mose die Tafeln, lässt das Götzenbild zerstören und dreitausend Schuldige töten. Mit der Zerstörung des Götzenbildes ist der Gottesbund wieder hergestellt. Mose erhält von Gott neue Tafeln (vielleicht mit dem Text der Zehn Gebote). Vierzig Jahre lang bleibt Mose der Führer des Volkes, der auf einer Wanderung durch die Wüste seinem Volk die monotheistische Religion einschärft.

Der Wortlaut der Bibel erweckt den Eindruck, die Religion Israels sei gleichsam mit einem Paukenschlag in die Welt getreten und habe einen Stifter gehabt – Mose; ihm sei es gelungen, seinem Volk innerhalb von wenigen Jahren eine monotheistische Religion zu geben. Manche Forscher glaubten, im biblischen Religionsgesetz das Erbe der kurzlebigen monotheistischen Religionsreform des Pharao Echnaton (um 1340 v. Chr.) zu erkennen; so Sigmund Freud in *Der Mann Moses und die monotheistische Religion* (1939). Viel spricht gegen diese Annahme. Nach heutiger Auffassung ist die biblische Darstellung als Offenbarungsdichtung zu beurteilen: Um 500 v. Chr. wurde in dem damals – nach dem babylonischen Exil – neu erbauten zweiten Jerusalemer Tempel ein bildloser monotheistischer Kult eingerichtet. Zur Vorgeschichte des Monotheismus gehört die Verkündigung von Propheten wie Hosea im 8. und Deutero-Jesaja im 6. Jahrhundert sowie das Vorbild der persischen Religion Zarathustras. An die Verkündigung solcher Propheten anknüpfend, wurde der Mythos der Sinai-Offenbarung geschaffen. Dieser soll der neu eingeführten Kult- und Religionsordnung Gewicht und Autorität verschaffen – was zweifellos gelungen ist.

### *Ist der Gott des Mose ein Zelot?*

Ein Zelot ist ein Eiferer in Religionsdingen. Er liebt die Frommen und hasst die Religionsverächter. Von dieser Art ist auch der Gott des Mose. Ein prominenter biblischer Text legt Gott eine entsprechende Selbstbeschreibung in dem Mund: »Ich bin Jahwe, dein Gott, der dich aus Ägypten geführt hat, aus dem Sklavenhaus. Du sollst neben mir keine Götter [wörtlich: anderen Götter] haben. Du sollst dir kein Gottesbildnis machen, keinerlei Abbild von etwas, was oben im Himmel, auf der Erde unten oder im Wasser unter der Erde ist. Du sollst dich nicht vor ihnen [Göttern] niederwerfen und dich nicht verpflichten, ihnen zu dienen. Denn ich, Jahwe, dein Gott, bin ein *zornmütiger* (oder: zelotischer, emotionaler) Gott (*'ēl qannā'*): Bei denen, die mir feind sind, ahnde ich den Frevel der Väter an den Söhnen und an der dritten und vierten [Generation]; doch erweise ich meine Huld der Gemeinde derer, die mich lieben und auf meine Gebote achten.« (Deuteronomium 5,6–9[2])

Damit ist die gestellte Frage – ist der Gott des Mose ein Zelot? – eigentlich schon beantwortet. Doch das soeben angeführte Zitat aus den Zehn Geboten enthält ein Übersetzungsproblem. Die geläufige Wiedergabe von *'ēl qannā'* mit »eifersüchtiger Gott« ist nach heutiger Einsicht verfehlt.[3] Von Eifersucht kann nur dann geredet werden, wenn sich Liebe und Hass auf dieselbe Person oder denselben Personenkreis bezieht; im Dekalog jedoch wird zwischen zwei Personenkreisen unterschieden – den Gehorsamen, die geliebt werden, und die ungehorsamen, denen Gottes Zorn gilt. Das Wort *qannâ* entstammt einem kriegerischen Zusammenhang; gewöhnlich bedeutet es »zornmütig« und verweist auf das Gefühl der Wut, das der Krieger empfindet, wenn er auf den Feind losstürmt. Entsprechend heißt es im Buch Exodus: »Jahwe ist ein Krieger, Jahwe ist sein Name« (Exodus 15,3), ein Satz, der ursprünglich gelautet haben mag: »Jahwe ist ein Krieger, der Zornmütige (*qannā'*) ist sein Name.« Dieser Sinn ist noch erhalten in der

Gebotsformulierung: »Du sollst dich nicht niederwerfen vor einem anderen Gott, denn der Zornmütige (*qannā'*) ist der Name Jahwes, ein zornmütiger Gott (*'ēl qannā'*) ist er« (Exodus 34,14). Im Dekalog haben wir es mit einem Echo des zornmütigen Kriegsgottes zu tun. Daher ist die Formulierung aus dem Dekalog wie folgt wiederzugeben: »Denn ich, Jahwe, bin ein zornmütiger (oder: emotionaler) Gott: Bei denen, die mir feind sind, ahnde ich den Frevel der Väter an den Söhnen (usw.).«

Gott charakterisiert sich – nach unserer Auffassung – zwar nicht im Dekalog als »eifersüchtig«, jedoch gibt es einen Propheten, der Gott nach dem Bild eines eifersüchtigen Ehemanns zeichnet. Dieser Prophet erzählt folgende Geschichte: Es war einmal ein Scheich, der, von seinen Dienern begleitet, in der Wüste spazieren ging. Da hörte er das Schreien eines Säuglings, und siehe: da lag ein kleines Mädchen, noch blutig von der Geburt, von seinen Eltern verlassen. Der Scheich nahm sich des Kindes an und ließ es in seinem Haus aufwachsen. Aus dem Kleinkind wurde eine junge Frau von betörender Schönheit, so dass der Scheich sich in sie verliebte, sie zur Ehefrau nahm und als seine Lieblingsfrau reich beschenkte und sie ein Landgut verwalten ließ. Dort nimmt sie sich Liebhaber und wird so ihrem Manne untreu. Als der Scheich die Untreue seiner Frau bemerkt, wird er zornig. Sein Zorn kann sich zu rasender Wut steigern, doch manchmal redet er sie zärtlich an, um sie zurückzugewinnen – und malt sich eine neue Zeit der Liebe aus. Typisch für den eifersüchtigen Mann ist das Schwanken zwischen dem Vorsatz, die Frau zu bestrafen, und der Überwältigung durch zärtliches Gefühl.

Die Geschichte findet sich beim Propheten Hosea, der sie als Parabel über das Verhältnis zwischen Gott und sein Volk erzählt (Hosea 2). Im 8. Jahrhundert v. Chr. bekennt sich der Prophet Hosea zu einer Theologie, die auf zwei Grundsätzen beruht: (1) Der Gott Jahwe ist allein für das Volk Israel zuständig und mit seinem Volk eng verbunden. (2) Das Volk Israel darf nur diesen Gott verehren, nicht noch zusätzlich andere Götter. Vielleicht war Hosea historisch der erste, der die Forderung nach ausschließlicher Verehrung erhoben hat; jedenfalls ist nicht sicher, ob es diese Forderung bereits vor Hosea gab. In der märchenartigen Geschichte erläutert der Prophet den Anspruch Jahwes auf sein Volk – und stattet Gott mit allen Gefühlen aus, die man bei Verliebten findet. Gott kann also als eifersüchtig dargestellt werden. Er wird eifersüchtig in dem Augenblick, als sein Volk »fremdgeht«, indem es sich mit andern Göttern einlässt.

### *Sind religiöse Vergehen strafbar?*

In der Bibel finden wir nicht nur ein ausgeprägtes System religiöser Vorschriften; auch von Überwachung und Strafe ist die Rede. Nach dem Buch Deuteronomium, stilisiert als Abschiedsrede des Mose, besteht für alle Israeliten Zwangsmitgliedschaft in der Religionsgemeinschaft: Wer zum Volk Israel gehört, ist gleichzeitig Mitglied der Gemeinde. Jedes Mitglied soll den einen Gott aus ganzem Herzen und mit ganzer Kraft verehren. Wer davon abweicht, indem er anderen Göttern Opfer darbringt oder andere zu solchem Tun verführt, macht sich strafbar. Wer von dem Vergehen erfährt, muss den Übeltäter oder die Übeltäterin anzeigen – selbst dann, wenn es sich um den eigenen Sohn oder Ehepartner handelt. Wird der Angezeigte für schuldig befunden, wird er durch Steinigung getötet (Deuteronomium 13).[4]

Gelegentlich erfahren wir in den biblischen Erzählungen auch vom Vollzug solcher Strafen. Ein Beispiel bietet die Episode vom Holzsammler: Erzählt wird von einem Mann, der an einem Sabbat Holz sammelte; da am Sabbat jegliche Arbeit verboten ist, trifft den Mann die härteste Strafe: »Da führte die ganze Gemeinde den Mann vor das Lager hinaus und steinigte ihn zu Tod, wie es Jahwe Mose befohlen hatte« (Numeri 15,36).

Nach diesem Muster verfuhr auch Paulus, als er – vor seiner Bekehrung zum Christusglauben – Christen verfolgte und bestrafen ließ: »Er drang in ihre Häuser ein, schleppte Männer und Frauen fort und lieferte sie ins Gefängnis.« An der Hinrichtung zumindest eines Christen wirkte er mit (Apostelgeschichte 8,1-3). In der Synagoge der neutestamentlichen Zeit gab es neben der Todesstrafe auch andere Sanktionen für geringere Vergehen. Für seine christliche Predigt in jüdischen Gemeinden wurde Paulus, der sich als Jude betrachtete, mehrfach mit 39 Hieben gegeißelt, einmal sogar gesteinigt, eine Maßnahme, die er – fast ein Wunder – überlebte (2 Korinther 11,24).

Das mosaische Strafwesen hat lange nachgewirkt. In der frühen Kirche gab es zwar zunächst wenig Anlass, eine dem mosaischen Strafrecht entsprechende religiöse Disziplin zu entwickeln. Für Gemeinden, deren Mitglieder aus dem Judentum kamen (und nicht aus dem Heidentum), belegt jedoch bereits das Neue Testament Ansätze eines Strafwesens. Nach dem Matthäusevangelium soll Jesus selbst die öffentliche Zurechtweisung von Sündern in der Gemeindeversammlung angeordnet haben – wobei unklar bleibt, an welche Art von Sünde gedacht ist (Matthäus 18,15-17). Um kirchliche Disziplin einzuschärfen, erzählt die Apostelgeschichte von einem Ehepaar, das tot umfällt, als es Petrus in einer Geldsache belügt (Apostelgeschichte 5,1-11). Unter der Maske heiliger Ordnung wird Schrecken verbreitet. Inquisition und kirchliche Zensur haben hier ihren Ursprung. Religiöse Gemeinschaften verlangen auch heute von ihren Mitgliedern Wohlverhalten und Konformität; wer den Anforderungen nicht genügt, kann bestraft werden. Bis heute sind die Kirchen damit beschäftigt, ihr Strafrecht zu überprüfen – oder ganz auf ein solches zu verzichten.

### *Die Absonderung*

Die mit Mose und der Sinai-Gesetzgebung verknüpfte Überlieferung macht das Volk Israel zu einem besonderen Volk, das sich in die Welt der anderen Völker nicht einfügen will. Es sondert sich von den anderen Völkern bewusst ab und legt Wert auf seine Sonderstellung. Die Bibel legt die entsprechenden Spitzenaussagen stets einem Nichtisraeliten in den Mund. Die fiktive Fremdperspektive wird zur Selbstbeschreibung genutzt:

Der nichtisraelitische Seher Bileam: »Sieh, ein Volk, es wohnt für sich und rechnet sich nicht zu den Völkern. « (Numeri 23,9)

Der Perser Haman: »Es gibt da ein Volk, das ist zerstreut und abgesondert von den Völkern in allen Provinzen deines Königreichs. Und ihre Gesetze unterscheiden sich von denen jedes anderen Volks.« (Ester 3,8; Königreich = Persisches Reich)

Zu diesen biblischen tritt ein außerbiblischer Beleg; er wird als Gebot überliefert, das Abraham seinen Nachkommen nach der Art eines Testaments vermacht haben soll:

Abraham: »Trenne dich von den Völkern und iss nicht mit ihnen und handle nicht nach ihrem Werk und sei nicht ihr Gefährte, denn ihr Werk ist Unreinheit und alle ihre Wege sind befleckt und Nichtigkeit und Abscheulichkeit.« (Jubiläenbuch 22,16)[5]

Trenne dich von den Völkern und iss nicht mit ihnen! Das Verbot der Tischgemeinschaft dient als Symbol für die Trennung; es steht für viele weitere Verbote wie das Verbot der Teilnahme am nichtjüdischen Götter- und Herrscherkult sowie die Ablehnung der Ehe zwischen Juden und Nichtjuden. Dramatisiert wird das Thema Mischehe in einer biblischen Erzählung: Der jüdische Priester und Schriftgelehrte Esra – vielleicht eine fiktive Gestalt – reist aus der Diaspora nach Jerusalem, um dort nach dem Rechten zu sehen. Zu seinem Entsetzen findet er viele Mischehen vor, die er aufzulösen befiehlt. Der »heilige Same« jüdischer Männer darf nicht in den Schoß nichtjüdischer Frauen gelangen (Esra 9,2). Eine solche auf Separatismus bedachte Haltung tritt oft in Völkern auf, die sich vor der kulturellen Überfremdung durch andere Völker mit fremder Kultur zu schützen suchen. Beispiele sind Bewegungen, die sich gegen die Kolonialherrschaft der Griechen (in der Antike) oder der Europäer (im 20. Jahrhundert) auflehnten. Sie entwickeln Strategien der Selbstbehauptung, der einem klaren Grundsatz folgt: »Wir müssen die Türe schließen, denn das Eigene kann nur dadurch geschützt werden, dass wir uns von den Fremden fernhalten. Wer andere nachahmt und ihre Sitte übernimmt, begeht Verrat an der Überlieferung der Väter! Leiste also Widerstand gegen das Fremde, ziehe dich in die eigene Kultur zurück!«

Die separatistische Haltung des jüdischen Volkes – oder genauer: seiner radikalen Kreise[6] – spiegelt sich auch im Zeugnis nichtjüdischer Autoren der Antike. Dafür zwei Beispiele:

Diodor: »Sie führten seltsame Bräuche ein – sie pflegen mit keinem anderen Volk (*ethnos*) Tischgenossenschaft und sind keinem mit Wohlwollen zugeneigt.« (Diodor, *Historische Bibliothek* 34/35, 1; 1. Jahrhundert v. Chr.)[7]

Philostratos: »Die Juden sind abgefallen, nicht von den Römern allein, sondern von den Menschen überhaupt; denn ein Volk, das ein ungeselliges Leben erfunden hat und die Tischgenossenschaft mit anderen ablehnt und die Gemeinschaft der Trankopfer, Gebete und Brandopfer, ein solches Volk ist durch einen weiteren Abstand von uns getrennt als Susa und Baktra und darüber hinaus die Inder.« (Philostratos, *Apollonius von Tyana* V, 33; ca. 237 n. Chr.)

Separatismus ist verständlich als Notmaßnahme in einer Zeit, in der ein Volk um sein Bestehen und seine Identität bangt. Ist mosaischer Separatismus die einzige Option, welche die Bibel anbietet? Diese Frage lässt sich beantworten, wenn wir nichtmosaische Bibeltexte mit mosaischen Texten vergleichen.

## *II. Mosaische und nicht-mosaische Religion im Alten Testament. Ein Vergleich*

Bibelleser pflegen die Heilige Schrift als einheitliches Werk zu betrachten, als Buch mit einer einzigen, in sich kohärenten religiösen Botschaft. Die heilsgeschichtliche Betrachtungsweise, die Neues auf Altes folgen ließ, ermöglicht zwar bestimmte Differenzierungen, doch diese gelten als eher unbedeutend. Die Bibelübersetzung Martin Luthers hat dem Postulat der Einheitlichkeit Verständnis Vorschub geleistet, indem sie den Glaubensbegriff des Neuen Testaments auch für die Wiedergabe bestimmter Wörter des Alten Testaments einsetzte und so die gesamt Bibel zu einem Buch des Glaubens machte – des Glaubens und des gläubigen Gehorsams. Dieser Vorstellung von einer monosemantischen, in sich einheitlichen Heiligen Schrift widerspricht die Bibelwissenschaft seit mehr als einem Jahrhundert mit guten Gründen. Die mosaische Religion – so lautet eines ihrer wichtigsten Ergebnisse – stellt nur eine religiöse Option unter mehreren dar. Schon unser erster Hinweis auf die Erzählung vom Goldenen Kalb weist in diese Richtung. Erst recht die Religion der Propheten Amos und Jesaja sowie die Erzählung von Josef und seinen Brüdern, die anschließend zum Vergleich herangezogen werden.

### *Warum tanzte Mose nicht um das Goldene Kalb?*

Die Erzählung vom Goldenen Kalb hat folgenden Inhalt (Exodus 32): Das Volk Israel hat sein Lager am Fuße des heiligen Berges aufgeschlagen, während sich Mose vierzig Tage lang auf dem Berg von Gott über die Religionsordnung instruieren lässt. Während dieser Zeit wird Kritik am Religionsgesetz des Mose laut. Vom Volk gedrängt, lässt der Priester Aaron das goldene Bildwerk eines Stieres herstellen. Nun hat das Volk, was es will: Eine bildliche Darstellung seines Gottes in Gestalt eines jungen, kräftigen Stiers. Gefeiert wird das Stierbild in einem ausgelassenen Fest. Als Mose zurückkehrt, hört er den fröhlichen Lärm und sieht die Tänze. Der Zorn packt ihn. Sofort greift er ein: Mose vernichtet das Stierbild und lässt jene, die sein Gottesgesetz auch weiterhin nicht bedingungslos annehmen wollen, von einer priesterlichen Miliz niedermetzeln. 3000 Menschen müssen auf diese Weise ihr Leben lassen.

Warum tanzte Mose nicht mit? Die von der modernen Forschung gegebene Antwort lautet: Der Erzählung liegt die Auseinandersetzung zwischen zwei Religionsparteien im alten Israel zugrunde. Die Mose-Partei setzt sich für schriftliches Gesetz und Bildlosigkeit des Jahwekults ein, die Aaron-Partei verehrt Jahwe in Gestalt einer Stierskulptur, Symbol von Fruchtbarkeit und kriegerischer Aggression, aufgestellt in den Tempeln der Städte Bet-El und Dan. Die biblische Erzählung ist aus dem Blickwinkel der Mose-Partei geschrieben, jener Partei also, der das Judentum bis heute in der Ablehnung bildlicher Darstellungen Gottes folgt. Die Opposition gegen Mose hat Sigmund Freud stark beschäftigt. Der biblische Text, so mutmaßt er in *Der Mann Moses und die monotheistische Religion* (1939), verschweige die Rache der Opposition an dem überstrengen Volkserzieher: Mose habe seine Autorität nicht lange erhalten können; er sei von seinen Gegnern ermordet worden.

### *Der Gott des Mose und der Gott von Jerusalem*

Jeden, der sich mit der biblischen Geschichte beschäftigt, irritiert zunächst eine eigentlich ganz einfache historische Tatsache: Das Volk der Bibel war mehrere Jahrhunderte lang politisch gespalten – es gab nicht einen König, sondern zwei Könige, einen im Süden Palästinas, in Jerusalem residierend, und einen im Norden des Landes, mit der Hauptstadt Samaria. Dieser Doppelheit entspricht auch die unterschiedliche Ausprägung der Religion in den beiden Teilen des Landes – es gab nicht *einen* Jahweglauben, sondern zwei Formen desselben: einen Jerusalemer Jahwismus und einen Jahwismus des Nordens. Im Jerusalemer Tempel wurde Jahwe menschengestaltig dargestellt, als auf einem Thron sitzende männliche Gestalt. In den Nordreichheiligtümern der Städte Dan und Bet-El wurde Jahwe durch ein Stierbild repräsentiert. (Das Bilderverbot gab es in alter Zeit noch nicht; es wurde wohl erst um 500 v. Chr. eingeführt, so dass der damals neu erbaute Jerusalemer Tempel keine bildliche Darstellung Gottes mehr enthielt.) Den beiden Formen des Jahwekults entsprachen auch verschiedene Mythologien.[8]

Der im Süden verehrte Jahwe hat sich den Berg Zion (den Tempelberg von Jerusalem) als Wohnstatt erwählt; wie wir aus den Büchern Jesaja, Micha und Amos wissen, gilt der Gott von Jerusalem als Herr der ganzen Welt. Als Gott, der über Recht und Gerechtigkeit unter den Menschen wacht, bestraft er die Völker, wenn sie sich vergehen. Das Recht, an dem er sich orientiert, ist in keinem Buch aufgezeichnet. Als natürliches Recht – oder Naturrecht, wie wir heute sagen – bedarf es keiner Verschriftlichung.

Dem Universalismus des Gottes vom Zion steht der Partikularismus des Gottes gegenüber, der im Nordreich verehrt wird. Dieser Gott hat das Volk Israel aus allen Völkern erwählt und aus Ägypten geführt; er ist der Schutzgott des mit ihm fest verbundenen, geradezu verbündeten Volkes. Das von Gott erlassene Gesetz gilt nicht für die ganze Welt, sondern allein für Israel. In der Spätzeit des Alten Testaments wird dieses Gesetz aufgezeichnet und in einem Katalog von zehn Geboten – dem Dekalog – zusammengefasst. Mit dem Gott des Nordreichs eng verbunden ist der Name des Mose; in der großen Offenbarungsdichtung der Bücher Exodus und Deuteronomium ist Mose der Vermittler des göttlichen Gesetzes an das Volk Israel.

### *Eine nicht-mosaische Erzählung: Josef und seine Brüder*

Von Jakob (dem Erzvater, von dem sich alle Israeliten herleiten) als Lieblingssohn verwöhnt, zieht sich Josef den Neid seiner Brüder zu. Sie nehmen ihn gefangen und verkaufen ihn in die Sklaverei; dem Vater berichten sie, ein wildes Tier habe ihn zerrissen. Die Erzählung enthüllt jedoch alsbald einen tieferen Grund für das Geschick Josefs: Gott hat es so gefügt, und zwar zu einem ganz bestimmten Zweck. Dieser stellt sich erst nach langer Zeit heraus. Josef kommt nach Ägypten, wo ihn der Hofbeamte Potifar als Hausverwalter beschäftigt. Dessen Frau will den schönen hebräischen Jüngling verführen, doch Josef lässt sich nicht darauf ein. Erzürnt behauptet sie, Josef habe versucht, sie zu vergewaltigen. Josef kommt ins Gefängnis. Nachdem er die Träume von Mitgefangenen zutreffend erklärt hat, wird er als Weiser bekannt. Als er die Träume Pharaos deuten kann – Träume über eine Abfolge von sieben fetten und sieben mageren Jahren –, hat er seine Lebensprüfung bestanden. Pharao macht ihn zum ersten Minister des Landes. Während einer Zeit guter Ernten legt er gewaltige Vorratsmagazine an, die zur Versorgung der Bevölkerung in der anschließenden Notzeit dienen. Bald enthüllt sich der Plan der Vorsehung: Josef kann die von der Hungersnot betroffenen, vor ihm als Bettler stehenden Brüder mit Nahrungsmitteln versorgen, sich mit ihnen versöhnen und die ganze Familie nach Ägypten holen.

Die Josefsnovelle (Genesis 37–50) versteht sich selbst als Lehrstück über Gottes verborgene Vorsehung, die das Böse zum Guten wendet. Modernen Lesern wie Voltaire erscheint sie als kunstvoll gestaltetes philosophisches Märchen, das Großzügigkeit und Bereitschaft zur Vergebung als Eigenschaften des wahren Weisen feiert. In seinem *Philosophischen Wörterbuch* (1764) hebt Voltaire Josefs moralische Überlegenheit über Odysseus hervor: Während Odysseus die Freier seiner Gemahlin Penelope in einem Blutbad auslöscht, vergibt Josef seinen

Brüdern. Die kunstvoll gestaltete Erzählung hat die Phantasie vieler Leser angeregt. Der Koran erzählt die Geschichte nach, und Thomas Mann hat die biblische Erzählung als Grundlage seines umfangreichsten – vierbändigen – Romans gewählt: *Joseph und seine Brüder* (1933–1943). Josef ist nicht nur Liebling seines Vaters Jakob, sondern seit biblischer Zeit auch Favorit der Schriftsteller und Leser.

### *Mose ist zornig, Josef freundlich. Warum?*

Unterschiedlichere Menschen lassen sich kaum denken: Josef, von heller, freundlicher Sinnesart, ein Mann, der mit allen auskommt. Seinen Brüdern, die ihn in die Sklaverei verkauft hatten, kann er verzeihen. Mose, verschlossen und zornig, hadert mit jedem, der ihm Widerstand entgegensetzt – dem König von Ägypten, den Unzufriedenen in seinem eigenen Volk, den Übertretern des göttlichen Gebots. Als Mose das von Aaron angefertigte Goldene Kalb sieht, entbrennt sein Zorn, er zerschmettert die von Gott erhaltenen Schrifttafeln, lässt das Goldene Kalb zerstören und 3000 Menschen töten (Exodus 32). Woher der Unterschied? Bei der Antwort hilft uns das Begriffspaar »offene Gesellschaft« – »geschlossene Gesellschaft« (Karl Popper). Letztere schließt sich nach außen ab, lässt keine Berührung mit fremden Kulturen zu und ist auf strenge, autoritäre Reglementierung aller Lebensbereiche bedacht. Die offene Gesellschaft dagegen ist anderen Kulturen gegenüber aufgeschlossen; auch lässt sie ihren Mitgliedern Spielräume für individuelle Entfaltung. Josef ist ein Mann der offenen Gesellschaft, der als Gouverneur segensreich in einem fremden Land – in Ägypten – wirkt. Als Vertreter des geschlossenen Gesellschaftstyps verlässt Mose Ägypten und besteht darauf, die Israeliten von allen Völkern zu trennen. Mose beharrt auf Separatismus, Gesetz und priesterlicher Religion in einer öden Wüstenlandschaft, wo das Leben auf das Wesentliche beschränkt bleibt. Josef steht für Offenheit, Versöhnung, Freundschaft und großzügige Philanthropie in einem Land, das für grüne Weiden, fette Kühe, Wasserreichtum, Fische und legendäre Ernteerträge berühmt war. Ägypten galt als Land, wo Menschen an Fleischtöpfen sitzen und sich sattessen. Statt von einem Exodus aus Ägypten berichtet die Josefsgeschichte von einem umgekehrten Auszug – aus Palästina nach Ägypten.

Der Josefserzählung liegt ein Verständnis des Volkes Israel als einer geschlossenen Gesellschaft so fern als möglich. Das zeigt sich an einem bemerkenswerten Detail der Erzählung. Als Josef seine Brüder in Ägypten empfängt und sie bewirtet, wird eine besondere Tischordnung eingehalten: Die Ägypter, zu denen auch Josef zählt, essen getrennt von den hebräischen Gästen. Das wird so begründet: »Die Ägypter können nämlich nicht gemeinsam mit den Hebräern essen, weil das bei den Ägyptern als unschicklich gilt« (Genesis 43,32). Gibt es also Anzeichen für eine »ägyptische Unterscheidung«: Nicht die Hebräer oder Israeliten verstehen sich als geschlossene Gruppe mit Sonderbräuchen, sondern die Ägypter? Was wie die Mitteilung eines ethnographischen Kuriosums aussieht, könnte eine versteckte Polemik enthalten – nicht gegen die Ägypter, sondern gegen Israeliten, die in übertriebener Weise Speise- und Reinheitstabus beachten. Im Jubiläenbuch aus dem 2. Jahrhundert v. Chr. wird folgende Weisung als Gebot Abrahams überliefert: »Trenne dich von den Völkern und iss nicht mit ihnen und handle nicht nach ihrem Werk und sei nicht ihr Gefährte, denn ihr Werk ist Unreinheit und alle ihre Wege sind befleckt und Nichtigkeit und Abscheulichkeit« (Jubiläenbuch 22,16). Solche separatistische Option aber ist der Josefsgeschichte ebenso fremd wie das Verbot des Konnubiums zwischen Juden und Nichtjuden: Josef selbst heiratet Asenat, die Tochter eines ägyptischen Priesters (Genesis 41,45). So wird Josef eine doppelte Identität zugeschrieben: Er ist Hebräer und Ägypter zugleich.

Mose und Josef sind alternative Gründergestalten des Judentums.[9] Mit Mose verbinden sich tragische Züge: Durch Mose wird dem Volk ein Gesetz gegeben, dessen Forderungen es nicht gerecht werden kann und an denen es scheitern wird. Auf dem Geschehen lastet Schwere und Tragik. Statt tragischer Weltsicht herrscht in der Josefs-Novelle eine positive Weltauffassung: Letztlich ist die Welt gut, vermag sie doch selbst dem entwurzelten Menschen nach mancher Verwicklung eine Heimat zu bieten. Verfeindete Brüder können einander vergeben und sich versöhnen. Diese Weltauffassung ist nicht nur poetisch und erfreulich, sondern gleichzeitig dem Ethos der Verantwortung verpflichtet (und nicht dem mosaischen Ethos des Gehorsams).

### *Josefsmärchen und Mosesage*

Die unterschiedliche, geradezu gegensätzliche Stimmung der beiden Erzählungen – Josefs Optimismus und Moses Ahnung von Tragik – verweist auf unterschiedliche literarische Gattungen, deren sich die biblischen Autoren bedienen: Märchen und Sage. Um deren Botschaft zu entziffern, können wir auf eine Interpretation zurückgreifen, die Max Lüthi, der bekannte Erforscher der europäischen Volkserzählung, vorgeschlagen hat.[10]

Nach Lüthi drücken sich in Märchen und Sage unterschiedliche Weltauffassung aus, genauer: unterschiedliche Auffassungen über den Ort des Einzelnen in der Gesellschaft, begleitet von einer bestimmten Sicht des Übernatürlichen. Das Weltbild der Sage lasse sich als partikularistisch und provinziell bezeichnen. Dementsprechend sei die Welt der Sage von einem eingeschränkten geographischen Horizont bestimmt, dessen Bewohnerschaft sich von anderen deutlich abgrenze und auf eine genau festgelegte Identität bedacht sei. Jenseits der vorfindlichen Welt liege das Reich des Übernatürlichen, das sich gelegentlich in spektakulären wunderhaften Ereignissen kundtue – ein Reich, dem man mit Scheu, aber auch mit größtem Interesse begegne. Heilig und profan seien genau und streng geschieden. Das Weltbild des Märchens sei dagegen universalistisch geprägt. Das Fehlen geographischer und ethnischer Schranken erlaube es dem Helden des Märchens, in die weite Welt zu wandern, wo er der Möglichkeit nach mit jedermann interagieren könne. Gelegentlich könne sich der Held auf übernatürliche Helfer stützen; nicht zuletzt darauf beruhe seine Zuversicht. Das Übernatürliche sei selbstverständlicher Bestandteil einer einheitlichen Welt, in der es sich einer ruhigen und fast unbemerkten Anwesenheit erfreue. Vom Übernatürlichen werde deshalb kaum Notiz genommen. Während die Sage eine heilige und eine profane Welt einander gegenüberstelle, kenne das Märchen keinen Unterschied zwischen beiden.

Aus dem Blickwinkel Lüthis erscheint die Geschichte des Mose als Nationalsage. Sie beschreibt die schwere Bedrängnis einer Volksgruppe, präsentiert ihren Helden als Visionär, Propheten und Mittler zwischen menschlicher und göttlicher Welt, und berichtet mehrfach von wunderhaftem göttlichem Eingreifen. Die Höhepunkte sind die Ertränkung von Pharaos Kriegswagen im Meer und Gottes Offenbarung des Gesetzes an Mose auf dem Berg Sinai, ein Vorgang, der die Hebräer und ihren Gott in einem bleibenden Bund zusammenschließt. In dieser Erzählung bleibt Mose von seinem Volk, den Israeliten, getragen; obwohl göttlich erwählt, erscheint er in erster Linie als Mitglied und Repräsentant der Gemeinschaft. Thema dieser Sage ist letztlich das Volk und nicht Mose als Einzelperson; und die Erwählten erscheinen als eng und bleibend mit Gott als ihrem Herrn verbunden. Die Sage erhebt Anspruch auf Wahrheit: Die in ihr agierenden Personen haben wirklich gelebt, die geschilderten Ereignisse haben stattgefunden, wenn auch in ferner Vergangenheit. Unverkennbar sind auch die tragischen Züge: Durch Mose wird dem Volk ein Gesetz gegeben, dessen

Forderungen es nicht gerecht werden kann und an denen es später scheitern wird.

Bei der Geschichte von Josef, erzählt in Gestalt eines Märchens, ist die Lage völlig anders. Ihr Held weist viele Eigenschaften jenes kumulativen Porträts auf, das Lüthi vom Märchenhelden erstellt: Als zentrale Gestalt wird er nie von anderen übertroffen, obwohl er der jüngste Sohn seiner Eltern ist; seine bösen Brüder beneiden ihn und suchen ihm zu schaden; er verlässt seine Familie und zieht in die weite Welt, um nie wieder zurückzukehren; wenn benötigt, genießt er Gunst und Hilfe unsichtbarer Mächte, die ihn durch die unbekannte und gefährliche Welt geleiten und ihn beschützen; in einer Welt lebend, der er letztlich vertrauen kann (obwohl er sie nie ganz versteht), zweifelt er niemals an diesen freundlichen Mächten und verlässt sich frohen Sinnes auf ihr rechtzeitiges Eingreifen zu seinen Gunsten; ein dauernder Kontakt zu oder Bund des Helden mit übernatürlichen Mächten besteht nicht, obgleich sich der Held von guten Mächten geborgen weiß und ihrem geheimen Plan vertraut; ohne Absicht handelt er stets genau richtig, um zu Erfolg, Reichtum und Glück zu gelangen. Anders als der Held der Sage, der sich stets mit seinem Volk identifiziert, bleibt Josef während des größten Teils der Erzählung eine von der Gemeinschaft isolierte Gestalt – jemand, der allein und in eigener Verantwortung handelt. Demzufolge befindet er sich in einer besseren Lage, mit anderen eine Beziehung einzugehen, tatsächlich sogar mit fast allen Menschen, denen er begegnet. Die universelle Offenheit des Märchenhelden, eine Tugend, die ihm kaum selbst bewusst ist, macht ihn zu einem geselligen und zugänglichen Menschen. Die Josefserzählung enthält zahlreiche Züge des Märchens. Wie alle Märchen erfordert auch die biblische Erzählung keinen Glauben an die Geschichtlichkeit des Erzählten oder an die Existenz ihres Helden und jener, mit denen er zu tun hat.

### III. Ergebnis

Die mit der Gestalt des Mose verbundenen biblischen Überlieferungen bilden einen innerlich zusammenhängenden, bis heute in Judentum, Christentum und Islam nachwirkenden Komplex. Man mag von der mosaischen Religion sprechen, ohne damit diese auf eine historisch fassbare Gründergestalt zurückzuführen. Die mosaische Religion ist die Religion eines Volkes, das sich von anderen abgrenzt, ihre Gesetze als von Gott geoffenbarte Lebensordnung begreift, religiösen Konformismus fordert und zwischen »wahr« und »falsch«, zwischen orthodox und häretisch unterscheidet.

Doch so sehr die mosaische Überlieferung unser Bild von der Bibel auch prägt, sie kann nicht beanspruchen, die einzige Religion zu sein, die sich in den Schriften der hebräischen Bibel spiegelt. Ihr stehen andere Religionskonzepte gegenüber, denen das Unterscheidungskonzept fremd ist; als Beispiele angeführt wurden die universalistischen Jahwereligion der Propheten Jesaja und Amos sowie die Religion der Josefserzählung, die Gott als Helfer des Helden und seiner Familie charakterisiert, jedoch ihren Lesern weder rechten Glauben noch genaues Befolgen von Verhaltensregeln – Orthodoxie oder Orthopraxie – abverlangt. Nicht nur die mosaische Religion, sondern auch die anderen biblischen Religionsauffassungen wirken in den Religionen nach, die sich auf die Bibel berufen. Auch die Vielfalt nachbiblischer Theologien in Judentum, Christentum und Islam beruht letztlich auf der Vielfalt der biblischen Theologien selbst.

Anmerkungen

1 »Sinuhe: Flucht und Heimkehr«, in: *Altägyptische Dichtung*. Ausgewählt, übersetzt und erläutert von Erik Hornung, Stuttgart: Reclam 1996, 28–47.

2 Zur Übersetzung dieser Stelle vgl. Bernhard Lang, *Buch der Kriege – Buch des Himmels. Kleine Schriften zur Exegese und Theologie*, Leuven: Peeters 2011, 105.

3 Vgl. Bernhard Lang, Le dieu de l'Ancien Testament est-il un dieu jaloux? Essai de réponse, in: Hedwige Rouillard-Bonraisin (Hg.), *Jalousie des dieux, jalousie des hommes*, Turnhout: Brepols 2011, 159–171.

4 Vgl. Bernhard Lang, George Orwell im gelobten Land. Das Buch Deuteronomium und der Geist kirchlicher Kontrolle, in: Ernst Walter Zeeden und Peter Thaddäus Lang (Hg.), *Kirche und Visitation*, Stuttgart: Klett Cotta 1984, 21–35.

5 Klaus Berger (Übersetzer), Das Buch der Jubiläen, in: Werner-Georg Kümmel u.a. (Hg.), *Jüdische Schriften aus hellenistisch-römischer Zeit*, Gütersloh: Gütersloher Verlagshaus 1981, Bd. 2, 273–576, hier 347.

6 Gruppen, die sich von allen Juden absondern, die keine strikt separatistische Lebensweise pflegen, sind Pharisäer (deren Name »Separatisten« bedeutet), Essener, Therapeuten und die Qumran-Bruderschaft. Wer sich mit dem Thema jüdischer Absonderung beschäftigt, stößt immer wieder auf Studien über Qumran; vgl. Aharon Shemesh, The Origins of the Laws of Separatism: Qumran Literature and Rabbinic Halacha, *Revue de Qumran* 18 (1997), 223–241.

7 Mit Kontext angeführt von Bezalel Bar-Kochva, *The Image of the Jews in Greek Literature*, Berkeley: University of California Press 2010, 442.

8 Vgl. Francolino J. Gonçalves, Fondements du message social des prophètes, in: André Lemaire (ed.), *Congress Volume Lubljana 2007*, Leiden: Brill 2010, 597–620.

9 Bernhard Lang, Die Religion der Leviten und ihre Gegner – Alternativen zu einer archaischen Lebenshaltung im Alten Testament, in: Jan Assmann und Harald Strohm (Hg.), *Echnaton und Zarathustra. Zur Genese und Dynamik des Monotheismus*, München: Fink 2012, 161–180.

10 Max Lüthi, *Volksmärchen und Volkssage. Zwei Grundformen erzählender Dichtung*, 2. Aufl., Bern: Francke 1966, bes. 22–48 und 49–56; ders., *Es war einmal. Vom Wesen des Volksmärchens*, 2. Aufl., Göttingen: Vandenhoeck & Ruprecht 2008, bes. 107–119 (»Der Märchenheld«).

# Von der Weisheit des Glaubens an den einen Gott – eine Skizze zu historischen Anfängen und theologischen Ausgestaltungen des Monotheismus im Alten Testament

Markus Witte

Der folgende, aus der Perspektive eines Alttestamentlers verfasste Beitrag zur Monotheismusdebatte hat zwei Schwerpunkte: Ein erster Teil informiert über die literatur- und religionsgeschichtliche Problematik der Verknüpfung der alttestamentlichen Moseüberlieferung mit der Frage nach den Anfängen des israelitisch-jüdischen Monotheismus. Ein zweiter Abschnitt widmet sich dem Nachdenken über die Einheit und Einzigkeit Gottes in den alttestamentlichen Weisheitsschriften. Diese werden in den kultur- und religionswissenschaftlichen Diskussionen über den biblischen Monotheismus oft viel zu wenig berücksichtigt, obgleich sie den ältesten *innerbiblischen* kritischen Diskurs über den Glauben an den *einen* Gott darstellen. Zugleich bieten die alttestamentlichen Weisheitstexte vielfältige, philosophisch und theologisch weiterführende Denkfiguren, die weniger in der Gefahr stehen, so missverstanden zu werden wie manch eine Erzählung aus der Moseüberlieferung, die einer (post)modernen Religionskritik, welche die Grundregeln historischen und rezeptionsgeschichtlichen Arbeitens ausblendet, immer wieder als Beleg für die dem Glauben an den *einen* Gott Israels inhärente Gewalt und für den Charakter des Alten Testaments als eines Buchs von Gewalt herhalten muss.[1] So geht es im Folgenden nicht um »Monotheismus ohne Mose«[2], sondern um »Monotheismus auch mit anderen«, näherhin mit jüdischen Weisheitslehrern aus der Zeit des Zweiten Tempels, die ihre Vorstellungen von dem einen Gott in den Büchern Hiob, Sprüche Salomos/Proverbien, Prediger Salomo/Kohelet, Ben Sira/Jesus Sirach und Weisheit Salomos/Sapientia Salomonis niedergelegt haben. Wollte man diesen literatur- und theologiegeschichtlichen Zugang aus rezeptionsgeschichtlicher Perspektive erweitern, so müsste man unbedingt auch vom »Monotheismus mit Abraham« sprechen, gilt dieser doch schon in einzelnen jüdischen Schriften aus hellenistischer Zeit als erster Monotheist[3] – eine Vorstellung, die sich dann auch im Koran niedergeschlagen hat[4] und bis in die Neuzeit in Darstellungen jüdischer Theologie, z.B. bei Max Dienemann (1875–1939), begegnet:

> »Nach der Überlieferung ist Abraham derjenige, der als erster den einen Gott erkannt hat, seine Offenbarung empfing, ihn bewusst bekannt hat und seine Verehrung der der vielen Götter entgegenstellte … untrennbar verbindet sich mit der Einzigkeit Gottes die Gewissheit, dass er der Inbegriff alles Guten ist, die Quelle aller Sittlichkeit, die höchste Vollkommenheit; so wird die Einzigkeit zur Einheit … Die Einheit Gottes zu bekennen und zu verkünden, ist der Sinn des israelitischen Seins, darin ruht die Bestimmung und Sendung Israels.«[5]

Doch dies wäre ein Essay für sich.[6]

## 1. Mose und der Monotheismus

### *Mosebilder*

Kennzeichnend für die kultur- und religionsgeschichtlich orientierte Monotheismusdebatte ist nach wie vor der Rekurs auf die Figur des Mose. Eine solche Fokussierung ist angesichts des Umfangs, des Selbstverständnisses sowie der überragenden Auslegungs- und Wirkungsgeschichte der entsprechenden biblischen Texte im Bereich der Bücher Exodus bis Deuteronomium vollkommen verständlich. Gleichwohl ist das Bild von Mose als Stifter der Verehrung des Gottes Jhwh/Jahwe[7] und damit als Vater des jüdischen, christlichen und islamischen Glaubens an *einen* Gott erst eine nachbiblische, über Jahrhunderte entwickelte und tradierte Fiktion. Der rezeptions- und ideengeschichtlichen Würdigung der Figur des Mose ist daher eine literarische, religionsgeschichtliche und theologische Relativierung zur Seite zu stellen. Wie jüdische Religion mehr ist als die »mosaische Religion«, auch wenn die zentralen Bestimmungen jüdischer Identität und Weisungen jüdischen Lebens narrativ als durch Mose vermittelt gelten, so ist das Alte Testament, sei es nun in seiner hebräisch-aramäischen Gestalt, sei es in seiner umfangreicheren griechischen Gestalt, viel mehr als ein Buch von Mose, auch wenn diesem in seinem Teil, dem Pentateuch, literarisch eine besondere Rolle zukommt.

Für die nachhaltige Charakterisierung Moses als Religionsstifter und seine Verbindung mit dem Monotheismus sind drei Faktoren verantwortlich:

1) die im 5./4. Jh. v. Chr. entstandene Rede von der »Tora des Mose« (Jos 23,6; Mal 3,22; Dan 9,11; Esr 7,6; Neh 8,1 u.a.),
2) die in hellenistisch-römischer Zeit darauf aufbauende Vorstellung von der Abfassung des Pentateuchs/der Tora/der »Fünf Bücher Mose« durch Mose,
3) eine Fokussierung auf die Tora als Zentrum der Hebräischen Bibel und eine daraus folgende erst wirkungs- und forschungsgeschichtlich greifbare Reduktion der vielfältigen in der Hebräischen Bibel bzw. dem Alten Testament versammelten Theologien auf eine »mosaische Religion«.

Vor allem in weiten Teilen kulturwissenschaftlicher und öffentlicher Debatten wirken diese drei Faktoren noch stark nach. Differenzierte literarische und religionsgeschichtliche Analysen der biblischen Texte, kritisch ausgewertete archäologische Befunde, aber auch ein kritischer Umgang mit der Rezeptionsgeschichte schlagen sich hier kaum nieder. So werden in diesem Diskurs nach wie vor die biblischen Texte oft nur paraphrasiert, die literarischen und die historischen Ebenen bzw. die erzählte Zeit und die Zeit der Erzähler nicht sauber voneinander unterschieden und die Komplexität der über Jahrhunderte gewachsenen literarischen Überlieferung nivelliert. Die Bestimmung der jeweiligen historischen und religiösen Funktion, Situation und Tendenz der literarischen Konstruktionen und Fiktionen wird dabei häufig überlagert von ahistorischen Stereotypen oder von Fragen, die den entsprechenden Quellentexten historisch und sachlich fremd sind. Der grundlegende Unterschied zwischen den biblischen (literarischen) Mosebildern, dem historischen Mose, dem nachbiblischen erinnerten und konstruierten Mose sowie den historisch-kritisch ermittelten Mose-Figurationen kommt dabei dann nicht in den Blick.[8]

Bereits eine genaue Lektüre der Mosetexte in den Büchern Exodus bis Deuteronomium, der sehr wenigen Belege für Mose in den Psalmen[9] und in der prophetischen Literatur[10] sowie der Stilisierungen des Mose in deuterokanonischen/apokryphen Schriften[11] lässt aber schon ein Dreifaches erkennen:

1) Mose trägt in der biblischen Überlieferung vielfältige, mitunter widersprüchliche sowie auf unterschiedliche soziokulturelle Hintergründe und pragmatische Funktionen verweisende Rollen. Er erscheint als Priester und Prophet, militärischer Führer und Zauberer, Gesetzesmittler und Wundertäter, fürbittender Stellvertreter und endzeitliche Heilsgestalt, idealer Herrscher und demütiger Beter, wunderbar geretteter Held und kleinlauter Zweifler. Im nicht kanonisch gewordenen jüdischen Schrifttum aus hellenistisch-römischer Zeit (*Artapanos*; *Eupolemos*; *Philo*; *Flavius Josephus*) kommen die Rollen des Kulturbringers, Weisen, Philosophen und Erfinders hinzu.[12] Diese Rollen sind Mose – analog zu anderen großen Figuren des Alten Orients und der klassi-

schen Antike – im Laufe der literarischen Überlieferungen stufenweise zugewachsen.[13] Die Figur des Mose ist dabei vielfach so übermalt worden, dass (s)eine historische Gestalt kaum noch zu ermitteln ist, auch wenn aus methodischen Gründen kein Anlass besteht, daran zu zweifeln, dass im 12. Jh. v. Chr. ein ägyptisierter Semit namens Mose, der im Rahmen einer Flucht von Semiten aus Ägypten als Anführer auftrat, lebte.[14] Die Vielfältigkeit der biblischen und nachbiblischen Mosebilder verbietet die Reduktion der Mosefigur auf *einen* Wesenszug, wie z.B. den des religiösen Eiferers (Ex 32,19), des »demütigsten aller Menschen« (Num 12,3) oder eben des Begründers des Glaubens an einen Gott (*Flavius Josephus*, Jüdische Altertümer, I,2).

2) In der Moseüberlieferung spiegeln sich unterschiedliche theologische Strömungen und religiöse Gruppen *innerhalb* des alten Israel und des frühen Judentums. So wurde die Mosefigur im Laufe der israelitisch-jüdischen Literatur- und Religionsgeschichte immer wieder zu einer Projektionsfläche für verschiedene Theologien kultischer, rechtlicher und weisheitlicher Herkunft und Prägung. Im Deuteronomium, in der priesterschriftlichen Schicht des Pentateuchs und in den von diesem beeinflussten Passagen in den Büchern Exodus bis Numeri zeigen sich nicht nur narrativ unterschiedliche Mosebilder, sondern auch soziologisch unterschiedliche religiöse Kreise im alten Israel und Juda mit je eigenen Schwerpunkten in ihrer Rede von Gott und in ihrer religiösen Identitätskonstruktion. Diese Texte sprechen alle von demselben Gott Jahwe/Jahu/Jah, betonen aber jeweils unterschiedliche Aspekte seiner Erfahrungs-, Wirk- und Darstellungsweisen. So kann beispielsweise Jahwe als der in seiner Herrlichkeit im Tempel und im Vollzug des Kultes (Opfer, Fest und rituelle Reinheit) erfahrbare allein Heilige erscheinen oder als der in der Tora und in seinem Namen, d.h. der in der Lektüre und Befolgung der Tora sowie im Gebet erlebbare Stifter eines Gesetzes, welches das Leben schützt.

3) Mose ist gemäß der in der Wüste außerhalb Kanaans/Israels/Palästinas spielenden Offenbarungserzählungen in Ex 3; 6 und 19 nicht der Begründer der Verehrung dieses Gottes Jahwe, vielmehr gehen ihm mit den Vätern (Abraham, Isaak, Jakob und Josef, vgl. Gen 11,26–50,26) Generationen von Jahweverehrern in Kanaan voraus (vgl. Ex 6,2f. sowie Gen 12,8).[15] Die heutige literarische Abfolge von Vätergeschichte (im Buch Genesis) und Mosegeschichte (in den Büchern Exodus bis Deuteronomium), die auf einer älteren literarischen Stufe (8./7. Jh. v. Chr.) als eine Art Auszugs-Einzugs-Erzählung nur Teile aus den Büchern Exodus, Numeri und Josua umfasste, verdankt sich erst einer sekundären redaktionellen Vereinigung zunächst getrennter alternativer Gründungsmythen des alten Israel und Juda im 6./5. Jh. v. Chr.[16] Dennoch spiegelt sich in der Erzählfolge Genesis – Exodus das religionsgeschichtlich plausible Phänomen einer von Mose unabhängigen, *binnenpalästinischen* israelitischen und judäischen Jahweverehrung.

Die im Schatten von Aufklärungsphilosophie und Romantik entstandene historisch-kritische Bibelwissenschaft geht bis heute diesen drei genannten Beobachtungen in vielfältigen literatur- und religionsgeschichtlichen Untersuchungen nach. Sie versucht die unterschiedlichen literarischen und theologischen Profile der entsprechenden Texte in ihren jeweiligen historischen Kontexten zu bestimmen, religionsgeschichtliche Entwicklungen innerhalb der Jahweverehrung aufzuzeigen sowie die dabei wirksamen kulturellen und politischen Faktoren zu beschreiben. Dass die in der Forschung erzielten Ergebnisse über weite Strecken hypothetisch, mitunter auch widersprüchlich sind, liegt an dem komplexen literarischen Befund der biblischen Texte. Als durchgehend unter fremdem Namen (pseudepigraph) abgefasste, jeweils auf neue Erfahrungen reagierende und an neue Situationen angepasste Traditions- und Fortschreibungsliteratur entziehen sich diese Texte oft einer genauen Datierung. Zumeist lassen sie sich nur in eine religions- und theologiegeschichtlich bedingte relative Chronologie bringen. Der Beginn einer umfassenderen hebräischen Literalität im 9./8. Jh. v. Chr., d.h. mindestens 300 Jahre nach der mutmaßlichen Lebenszeit des Mose, und die ältesten Fragmente biblischer Texte aus Qumran aus dem 3./2. Jh. v. Chr. bilden die absoluten Eckdaten.

### *Anfänge der Jahweverehrung*

Die Frage nach dem biblischen Monotheismus führt unweigerlich zur Frage nach den Anfängen der Jahweverehrung. Diese wiederum ist eng verknüpft mit der Frage, welchem Göttertyp sich Jahwe ursprünglich und in seinen religionsgeschichtlichen Wandlungen zuweisen lässt und wie er sich in die Welt der Götter Israels/Palästinas, Syriens, Ägyptens, Mesopotamiens und Kleinasiens insgesamt einfügt.[17] Die vom textlichen und archäologischen Befund her mögliche Palette reicht von einem Sturm- und Gewittergott über einen Wettergott bis hin zu einem Sonnengott. In allen Fällen liegen wesentliche Bezüge zu einem Kriegsgott vor. Insofern gehören zu Jahwe wie zu jedem anderen antiken und altorientalischen Gott natürlich auch gewalttätige Wesenszüge. Dabei ist unbestritten, dass zwischen den genannten Klassifikationen Überschneidungen bestehen und dass die Verehrung Jahwes als universalem Schöpfer, Lenker der Geschichte und Herrn über Leben und Tod erst das Ergebnis einer sukzessiven Kompetenzerweiterung ist und in ihrer Endgestalt ein Produkt der theologischen Reflexion der persisch-hellenistischen Zeit darstellt. Das alte Israel partizipierte stets an den kulturellen und religiösen Entwicklungen in Mesopotamien, Kleinasien, Syrien und Ägypten, nahm diese, mitunter zeitversetzt, auf und modifizierte sie. Die Frage nach der ältesten Jahweverehrung kann daher nur im Zusammenspiel von alttestamentlicher Exegese sowie altorientalischer Religionsgeschichte, Epigraphik und Ikonographie beantwortet werden.

Die ältesten datierbaren Belege für eine Jahweverehrung bieten Inschriften aus dem 9./8. Jh. v. Chr.: die Stele des Königs Mesa aus dem östlich des Jordans gelegenen Moab,[18] Votivinschriften aus dem im Negev befindlichen *Kuntillet ʿAǧrūd*[19] und die Grabinschrift Nr. 3 von *Ḫirbet al-Kōm*[20]. Mose kommt in ihnen, wie auch in allen anderen bis heute bekannten althebräischen, aramäischen, phönizischen oder gar ägyptischen Inschriften nicht vor. Zu diesen ältesten inschriftlichen Belegen für Jahwe treten theophore Personennamen auf althebräischen Siegeln und in den ältesten Kernen der Überlieferungen über Samuel, Saul und David aus dem 10./9. Jh. v. Chr. (1Sam – 2Sam) hinzu, die das Element -jah/Jeho-/Jo- enthalten, wie Adonija, Jehonathan/Jonathan oder Joab.

Die mutmaßlich ältesten *literarischen* und für die religionsgeschichtliche Profilierung Jahwes auswertbaren Texte finden sich in der israelitischen Kultlyrik, wie sie sich im Alten Testament in den sogenannten Jahwe-König-Psalmen (Ps 29; 47; 93–99) erhalten hat[21] – *nicht* aber in der Moseüberlieferung, deren literarische Anfänge im ausgehenden 8. Jh. liegen und die ihre entscheidende literarische Prägung erst zwischen dem 7. und dem 4. Jh. v. Chr. erfahren hat.[22]

Den ältesten Texten zufolge war Jahwe ursprünglich ein Wettergott, ähnlich wie der in Nordsyrien im 2./1. Jt. v. Chr. verehrte Baal/Hadad. Ob Jahwe ein ursprünglich aus Syrien/Palästina stammender Gott ist oder ob er erst von einer nach Palästina einwandernden Gruppe von Jahweverehrern, einer vermeintlichen »Mose-Schar«, mitgebracht wurde, lässt sich angesichts der Quellenlage gegenwärtig nicht entscheiden. Einiges deutet aber darauf hin, dass die Verehrung Jahwes als eines Wettergottes im Kontext einer Regenfeldkultur, mithin im syrisch-palästinischen Kulturland ihren Anfang genommen hat.[23] Die im Kontext der literaturgeschichtlich jungen (dabei literarisch vielschichtigen) Erzählung von den Erscheinungen

Jahwes am Sinai beschriebenen Phänomene wie Feuer, Gewitter und Erdbeben (Ex 19) sind typische, ortsunabhängige Elemente einer Theophanieschilderung. Die alttestamentlichen Notizen der Erscheinungen Jahwes am Sinai[24] belegen ebenso wenig wie die Inschriften aus *Kuntillet 'Ağrūd*, in denen u.a. der Segen von »Jahwe und seiner Aschera« erbeten wird, eine *ursprüngliche* Lokalisierung Jahwes im nordarabischen/edomitischen Raum. Sie deuten lediglich darauf hin, dass sich dort Jahwe (auch) gezeigt hat und zu einer bestimmten Zeit dort (auch) kultisch verehrt wurde.[25] Die spätbronzezeitlichen ägyptischen Ortsnamenslisten aus Amarah-West und aus Soleb tragen nach jüngsten Untersuchungen für die Rekonstruktion der frühen Jahweverehrung nichts aus.[26] So ist eine eindeutige Antwort auf die Frage nach dem historischen Anfang und Ursprung der Verehrung Jahwes gegenwärtig nicht möglich. So viel ist aber deutlich: Weder literarisch noch historisch steht Mose am Anfang der Jahweverehrung, auch wenn er in der Geschichte ihrer literarischen Ausgestaltung sowie in der nachbiblischen Rezeption eine wichtige Rolle spielt.

### *Auf dem Weg zum Jahwe-Monotheismus*

Bereits die alttestamentliche Forschung des 19. Jh. hatte erkannt, dass der im Alten Testament vertretene Jahwe-Monotheismus das Ergebnis einer sehr langen religionsgeschichtlichen Entwicklung ist. Innerhalb dieser stieg der zunächst lokal begrenzt und im Kontext weiterer Götter und Göttinnen in (Mittel-)Palästina verehrte Jahwe aufgrund unterschiedlicher politischer, wirtschaftlicher und kultureller Faktoren und mittels der stufenweisen Einbettung von Wesenszügen und Handlungsbereichen anderer Gottheiten zum einen und einzigen universalen Königs- und Weltengott auf.

Die historischen Anfänge einer alleinigen Verehrung (»Monolatrie«) Jahwes als Gott einer »Israel« genannten mittelpalästinischen Bevölkerungsgruppe, die aber die Existenz anderer Götter nicht ausschließt (Ex 22,19), *könnten* noch in der vorstaatlichen Zeit (12./11. Jh. v. Chr.) liegen und im Zusammenhang mit dem Verständnis Jahwes als Garanten des Rechts (Ex 22,20–26) stehen.

Eine entscheidende Rolle spielte dann aber nach der Etablierung von zwei überregionalen Königtümern in Israel und Juda die Konzentration des Staats- und Tempelkultes dieser beiden Königtümer auf Jahwe seit dem 9./8. Jh. v. Chr. Davon blieb die Verehrung weiterer Gottheiten (vor allem der Göttin Aschera) neben Jahwe im Bereich der sogenannten familiären Religion, mitunter auch des offiziellen Kults Israels und Judas,[27] zunächst unberührt. Außerhalb Judas hielt sich die Verehrung einer Göttin Anat-Jahu neben Jahu (Jahwe) z.B. im Judentum auf der Nilinsel Elephantine noch bis ins 5. Jh. v. Chr. Im Staatskult Israels und Judas hingegen wurde seit dem 8. Jh. v. Chr., begleitet von einer neuassyrisch beeinflussten (aramäisch vermittelten) Übertragung solarer Vorstellungen auf Jahwe (»Solarisierung Jahwes«), zunehmend die Verehrung anderer Götter und Göttinnen ausgeblendet, um nach dem Untergang des Reichs Israel 722 v. Chr. in Juda durch für das Deuteronomium verantwortliche Theologen im 7./6. Jh. v. Chr. theoretisch weiterentwickelt zu werden. Der Anteil der königszeitlichen israelitischen und judäischen Prophetie (8.–6. Jh. v. Chr.) an dieser Entwicklung,[28] vor allem eines (historisch aber kaum greifbaren) Hosea im 8. Jh. v. Chr. ist – im Gegensatz zur früheren Forschung, die hier die eigentlichen theologischen Ursprünge der Jahwe-Monolatrie und des Jahwe-Monotheismus sah – schwer zu bestimmen. Da die alttestamentlichen Prophetenbücher bis ins 3. Jh. v. Chr. fortgeschrieben wurden, könnten sich monolatrisch oder gar monotheistisch zu verstehende Stellen auch erst einer entsprechend späten Ergänzung verdanken.

Seine wichtigsten Impulse verdankt der Jahwe-Monotheismus dem Zusammenbruch des Königreichs Juda und damit des Staatskultes im 6. Jh. v. Chr. Im Schatten des babylonischen Exils (587–520/515 v. Chr.) und der jüdischen Diaspora wurde im Kreis jüdischer Eliten die Vorstellung einer nicht mehr an den Tempel in Jerusalem gebundenen ortsunabhängigen und weltweiten Jahwe-Verehrung entwickelt. Als ein wesentlicher Katalysator wirkten dabei die Begegnungen der jüdischen Eliten zum einen mit der babylonischen Marduk-Religion, die im 7./6. Jh. v. Chr. eine Fokussierung auf die alleinige Verehrung Marduks erlebte,[29] zum anderen mit dem auf den Gott Ahura-Mazda konzentrierten persischen Zoroastrismus. Aus dem Vergleich Jahwes mit den Göttern des Alten Orients schlossen jüdische Theologen des 6./5. Jh. v. Chr. auf die absolute Unvergleichlichkeit Jahwes (Jes 40,18). Weltgeschichtliche Vorgänge wurden nun als Handlungen des *einen* geschichtlich handelnden Weltengottes Jahwes gedeutet. Die Stilisierung Jahwes als des *einen* Schöpfers von Himmel und Erde, Mensch und Lebensraum[30] erfüllte angesichts der Erfahrung des Chaos, wie es sich in der Zerstörung des Jerusalemer Tempels manifestierte, eine tröstende und eine apologetische Funktion: das Vertrauen auf Jahwe zu stärken und Jahwe als allen anderen Schöpfergottheiten des Alten Orients überlegenen Gott darzustellen.

Am Ende des babylonischen Exils stand nicht die Restitution des davidischen Königtums mit dem irdischen König als Stellvertreter Jahwes (Ps 2,7), sondern der theologisch reflektierte Gedanke von der Einzigartigkeit des himmlischen Königs Jahwe[31]: Als Schöpfer, als Lenker der Geschichte und als Gott Israels kann Jahwe nur ein einziger Gott sein (Mal 1,11). Diese Idee ging auch mit der Wiedererrichtung des Jerusalemer Tempels, der – unbeschadet eines zum Ende des 2. Jh. v. Chr. bestehenden samaritanischen Jahwe-Tempels auf dem Garizim – in persischer und hellenistischer Zeit zum Mittelpunkt der Jahwe-Religion wurde, nicht mehr verloren. In einzigartiger Weise korrelieren hier die Phänomene von Konzentration und Expansion, d.h. die Entwicklung der wesentlichen das

Judentum tragenden theologischen Konzeptionen auf dem geographisch kleinen Raum Jerusalems und seines Umlandes einerseits und die Entstehung einer sich über den gesamten vorderen Orient, Kleinasien und später den ganzen Mittelmeerraum erstreckenden jüdischen Diaspora andererseits. Das vielleicht noch aus dem 7. Jh. v. Chr. stammende *Šᵉmaʿ Jiśrāʾel* (Dtn 6,4–5), das ursprünglich gegenüber einer Verehrung Jahwes in unterschiedlichen Manifestationen und an unterschiedlichen Orten (»Polyjahwismus«, vgl. Ex 20,24; 2Sam 15,7 und die Inschriften von *Kuntillet ʿAǧrūd*) die Einheit Jahwes betonte, wurde nun im Sinne der Einzigkeit Jahwes verstanden, der dementsprechend den Titel »der Eine« erhielt (Sach 14,9; Hi 31,15). Mit diesem Titel (»der Eine«) trat Jahwe schließlich in Konkurrenz zu den hellenistischen Ein- und Allgottheiten, sei es Zeus, Sarapis oder Isis, die ebenso als »ein Gott« angerufen werden konnten.[32] Die Auseinandersetzung jüdischer Weiser und Schriftgelehrter mit den Universalansprüchen hellenistischer Herrscher und mit den von diesen propagierten Allgottheiten gab dem Jahwe-Monotheismus zentrale Impulse. Am literarhistorischen und am sachlichen Ende steht dann nach dem alttestamentlichen Zeugnis die Erwartung, dass künftig alle Welt den einen und einzigen Gott Jahwe erkennen und verehren werde (Jes 2,2–3; Zeph 2,11; Sach 14,9.16).

Charakteristisch für den durchaus pluralen[33] Jahwe-Monotheismus in der Zeit des Zweiten Tempels (520/515 v. Chr. – 70 n. Chr.) ist die Entfaltung einer Engellehre und Dämonologie. So konnte der im Himmel thronende Jahwe in persischer und hellenistischer Zeit mit himmlischen Wesen umgeben werden.[34] Dadurch sollte seine Majestät unterstrichen, seine Transzendenz hervorgehoben und – gegenüber einer wachsenden Zahl von bösen Engeln und Dämonen (vgl. *1Henoch* 6–9) – seine Güte betont werden (vgl. Tob 3,16; 12,15). Der Monotheismus blieb dabei gewahrt, erhielt aber leicht dualistische Züge (vgl. *Jubiläenbuch* 17,15–18 in Aufnahme und Modifikation von Gen 22).[35]

Flankiert wurde die Betonung der Einheit und Einzigartigkeit Jahwes durch die ambivalente Beurteilung älterer, auch in der Jahweverehrung ehemals geübter Praktiken und zeitgenössischer nichtjahwistischer Kulte. Dem Monotheismus trat in persischer und hellenistischer Zeit die Götter- und Mythenkritik zur Seite (Jes 44,9–20). Dabei wurde die Auseinandersetzung mit anderen Göttern in einer Ausweitung des Bilderverbots, das ursprünglich nur auf die Anfertigung eines Kultbildes im Rahmen der Jahweverehrung zielte (Ex 20,4–5), wesentlich über die Polemik gegen deren Kultbilder geführt.[36] Das Bilderverbot zeigt sich hier theologisch als ein Korrelat des Alleinverehrungsgebots[37] und ist soziologisch Ausdruck der religiösen Abgrenzung und Identitätsbildung des Judentums der persischen und hellenistischen Zeit. Je weiter im antiken Judentum die Tora ins Zentrum des Glaubens trat, desto stärker fiel die Kritik an Kultbildern aus. Dabei nahm die Tora als die nun autoritative Vergegenwärtigung Gottes selbst die Rolle eines Kultbildes an (vgl. 1Makk 3,48). Begleitet wurde diese Form des schriftbezogenen Kultes durch beißenden Spott an den Götterbildern der das Judentum umgebenden Religionen (Bar 6; Sap 13–15; DanBel). In hellenistisch-römischer Zeit löste dies einerseits Befremden bei den zeitgenössischen Kulten aus, andererseits stieß es in paganen philosophischen Kreisen auch auf gewisse Sympathie.[38] Dabei ist zu beachten, dass das Bekenntnis zu Jahwe als dem einen Gott auch dort, wo es sich polemisch gegen die Götter bzw. Götzen der anderen Völker richtet, zunächst einmal im Zusammenhang der Bestimmung einer jüdischen Identität steht und Ausdruck einer religionsinternen Grenzziehung ist.

Auch wenn die Anfänge des Jahwe-Monotheismus wie die Anfänge der Jahweverehrung historisch ungewiss sind und der Jahwe-Monotheismus im Raum der altorientalischen Religionen letztlich analogielos ist, so gilt dem Alten Testament als ein Ursprung der Alleinverehrung Jahwes das Wesen dieses

Gottes selbst.[39] Jahwe ist der *'el qannā'*, der um sein Ziel eifernde Gott.[40] Dabei bezieht sich Jahwes Eifer auf die Absolutheit seiner Beziehung zu seinen Verehrern und Verehrerinnen und auf die Unbedingtheit seiner Anerkennung. Im Eifer Jahwes drücken sich seine Liebe und Heiligkeit aus. Insofern Liebe und Heiligkeit aber durch Ausschließlichkeit, Einheit, Einzigartigkeit und Personalität charakterisiert werden, ist – theologisch betrachtet – in Jahwe selbst die Vorstellung seiner Alleinverehrung und damit der Keim für einen praktischen Monotheismus angelegt. In den Weisheitsbüchern des Alten Testaments, die alle aus der Zeit des Zweiten Tempels stammen und damit am Ende der skizzierten religionsgeschichtlichen Entwicklung der israelitisch-jüdischen Jahweverehrung des 1. Jt. v. Chr. stehen, wird die Einheit und Einzigkeit des Gottes Jahwe nun vielfältig reflektiert.

## 2. Die theologische Ausgestaltung des Jahwe-Monotheismus in der Weisheit[41]

### *Die alttestamentliche Weisheit als Theologie*

Zu den Weisheitsbüchern des Alten Testaments gehören zum einen die in der Hebräischen Bibel überlieferten Bücher Hiob, Proverbien/Sprüche Salomos und Kohelet/Prediger Salomo, die im Judentum und im Christentum einen kanonischen Status genießen, zum anderen die Bücher Ben Sira/Jesus Sirach und Sapientia Salomonis/Weisheit Salomos, die über das alexandrinische Judentum Eingang in die Griechische Bibel (Septuaginta) gefunden haben und so an das Christentum weitergegeben wurden. Aus literatur- und religionsgeschichtlichen Gründen sind diese als deuterokanonisch (so im Katholizismus) oder als apokryph/»verborgen« (so im Protestantismus) bezeichneten Bücher mit den Weisheitsbüchern der Hebräischen Bibel zusammen zu betrachten. Alle fünf genannten

Weisheitsschriften lassen sich innerhalb des Alten Testaments am ehesten als Theologie im engeren Sinn bezeichnen. So wird die Rede über Gott in diesen Bücher gekennzeichnet von Reflexionen und Dialogen, Definitionen, Argumentationen und Kritik.

Die Weisheitsschriften reflektieren verschiedene Arten der *Gotteserkenntnis*, wie die sich aus Alltagserfahrung speisende und durch Tradition vermittelte, die durch besondere Inspiration gewonnene oder die mittels einer speziellen Offenbarung geschenkte Erkenntnis Gottes. In gewissem Sinn können die Weisheitsbücher als ein kritischer Dialog zwischen Erfahrungs-, Inspirations- und Offenbarungstheologien gelesen werden.[42]

In der Weisheit kommt die *gelebte Religion* als der Ort, an dem die Einzigkeit Gottes im Alltag und im praktischen Vollzug eine Rolle spielt, vielfältig und kritisch zur Sprache. So gehören zu den weisheitlichen Reflexionen sentenzenhafte, narrative und traktatähnliche Ausführungen über die Gestaltung der Gottesbeziehung in Gebet und Opfer, Gelübde und Divination, Kultbild und heiliger Schrift oder Tempelbesuch und Totenkult.

Die alttestamentliche Weisheit besitzt eine besondere *theologiegeschichtliche Bedeutung* im Alten Testament. Sie ist ein Sammelbecken der unterschiedlichen Traditionen des antiken Israel und integriert – mit jeweils graduellen Differenzen – Vorstellungen aus der mythischen, juridischen, kultisch-rituellen, prophetischen und historiographischen Überlieferung in ihr Nachdenken über den als Garant einer gerechten Weltordnung vorausgesetzten, bestrittenen oder erhofften Schöpfergott. Dabei bleiben in dieser großen Zusammenschau alttestamentlicher Theologien in den Weisheitsbüchern religions- und sozialgeschichtlich sowie textpragmatisch bedingte Unterschiede erhalten.

Zu der inneralttestamentlichen Bedeutung der Weisheitsbücher tritt deren *hermeneutische Relevanz* für die jüdische und christliche sowie die spätantike Religionsgeschichte insgesamt. Gerade die Weisheitsbücher vermittelten, zumal in ihrer griechischen Gestalt, wesentliche Elemente der israelitisch-jüdischen Gottesvorstellungen an die pagane Welt und lieferten dem Christentum wichtige Denkfiguren für seine Theologie. Daher liegt es nahe, die gegenwärtige Monotheismusdebatte einmal aus der Perspektive der alttestamentlichen Weisheit zu beleuchten.

Die Vorstellung, dass Gott einer und einzig ist, wird in den alttestamentlichen Weisheitsbüchern vorausgesetzt. Hans-Peter Müller hat in diesem Zusammenhang auf religionsphänomenologischer Basis von dem latent monotheistischen Charakter der gesamten alttestamentlichen (und altorientalischen) Weisheit gesprochen und diesen auf deren Verankerung in einer Urheber- oder Hochgottreligion zurückgeführt. Hinzu kommt aber, dass die Weisheitsbücher, wie sie in ihrer Endgestalt aus dem ausgehenden 3. Jh. v. Chr. (so im Fall Hiobs, der Proverbien und Kohelets), dem frühen und mittleren 2. Jh. v. Chr. (so im Fall des hebräischen, aber nur fragmentarisch erhaltenen Originals und der jüngeren griechischen Übersetzung des Sirach-Buches) und dem ausgehenden 1. Jh. v. Chr. (so im Fall der Sapientia) vorliegen, religionsgeschichtlich alle im Schatten des nun monotheistisch verstandenen *Šᵉmaʿ Jiśrāʾel* (Dtn 6,4–5) und des in späten Schichten des Deuteronomiums anzutreffenden exklusiven Monotheismus (Dtn 4,39) stehen. Durch die Theologie der Weisheitsbücher zieht sich zudem leitmotivisch das Thema der Gerechtigkeit des *einen* Gottes.

So bewegt sich die weisheitliche Reflexion der Einzigkeit Gottes – bei allen literaturgeschichtlichen Unterschieden – zwischen zwei Polen: Auf der eine Seite steht der Glaube an den *einen* Schöpfer und damit an *eine* Sinn stiftende, Leben erhaltende und Wirklichkeit bestimmende Macht. Auf der anderen Seite steht die Erfahrung der Zerstörung von Leben, die über den Glaubenden von außen hereinbricht und die dann als von dem *einen* Gott verursachter Bruch seiner Gemeinschaft mit dem Menschen, mithin als Ungerechtigkeit wahrgenommen und versprachlicht wird.

### *Die theologische Reflexion der Einzigkeit Gottes im Buch Hiob*

Der unverschuldet ins Elend gestürzte, moralisch und religiös integere Hiob ist nicht nur ein Gleichnis für den Umgang mit dem Leid, sondern auch ein Bild für die Frage nach dem Wesen Gottes. Schon der Name »Hiob« deutet das theologische Grundproblem an: »Wo ist der Vater?« D.h.: Wo ist der göttliche Schöpfer, der Garant der Weltordnung, der Stifter und Wahrer von Gerechtigkeit? Die Antworten, die das Buch Hiob auf diese Fragen gibt, fließen zusammen in der Vorstellung, dass Gott *einer* ist, der sich letztlich jedem menschlichen Maßstab entzieht, ohne dass sich der Mensch diesem Gott und seiner Verantwortung vor ihm entziehen könnte. Dementsprechend fällt in Hiobs großem Unschuldsbekenntnis in Kap. 31 die Bezeichnung Gottes als »der Eine« (Hi 31,15). Dabei wird in Hi 31,15 (wie in Prov 14,31) aus der gemeinsamen geschöpflichen Herkunft von dem *einen* Gott die ethische Verpflichtung zur Wahrung des Rechts ökonomisch und sozial Benachteiligter abgeleitet.[43] Hier zeigt sich, wie auch an anderen Stellen außerhalb der Weisheit, das ethische Potential, das im Alten Testament der Vorstellung von der Einzigkeit Gottes innewohnt. In außerkanonischen jüdischen Schriften aus hellenistisch-römischer Zeit ist diese Idee weiter ausgeführt (vgl. *Aristeasbrief* 139), um bei Hermann Cohens (1842–1918) Ableitung der Einheit der Moral aus der Einheit Gottes zu gipfeln.[44]

Die Vielheit der Gottesbezeichnungen im Buch Hiob – *El*, *Eloah* und *Elohim* (alle zumeist einfach mit »Gott« übersetzt), *Schaddai* (im Gefolge der Septuaginta und der Vulgata häufig mit »Allmächtiger« wiedergegeben) und schließlich in den Überschriften der Gottesreden *Jahwe* – fließt in der aus Dtn 6,4 bekannten Gottesbezeichnung »der Eine« zusammen (Hi 23,13; 31,15). Diese Vielfalt, zu der auf einer späten Redaktionsstufe in Hi 28,28 noch *Adonaj* (»Herr«) hinzukommt, ist weder ein Hinweis auf ein ursprünglich polytheistisches Milieu der Hiob-Dichtung noch ein Beispiel für einen »idealtypischen Monotheismus«[45]. Es handelt sich vielmehr um eine dichterische Varianz zur Vermeidung des Jahwe-Namens im Mund der Weisen, zumal wenn diese gemäß ihrer Herkunftsorte (vgl. Hi 2,11) mindestens Nichtisraeliten, nach einer schon in der Septuaginta und im babylonischen Talmud nachweisbaren Problematisierung gar als Nichtjuden anzusehen sind. Vielleicht steht zusätzlich das priesterschriftliche Konzept (6./5. Jh. v. Chr.) der gestuften Offenbarung Gottes, als *Elohim* vor der Welt, als *El* bzw. *El Schaddai* vor den Erzvätern (vgl. Gen 17,1) und als *Jahwe* vor Mose, im Hintergrund (vgl. Ex 6,2f.),[46] wenn Hiob in seinem die Dichtung eröffnenden Versuch, die Schöpfung zu negieren (vgl. Hi 3,4), Gott als *Eloah* anspricht, wenn im Dialog mit den Freunden zusätzlich *El*, *Elohim* und *Schaddai* auftauchen und wenn die als Theophanie gekennzeichneten Gottesreden in der Überschrift (Hi 38,1; 40,6) das Tetragramm aufweisen. Doch wie in der Priesterschrift *El* und *Schaddai* den einen und einzigen Gott bezeichnen, so verbirgt sich hinter all diesen Bezeichnungen im Buch Hiob der eine und einzige Gott.

An keiner Stelle des Buches Hiob werden die Frage nach dem Leid, das Hiob überfällt, oder der Weg, der aus dem Leiden führt, dualistisch aufgelöst.[47] Ob nun der Satan Hiob mit Aussatz schlägt (Hi 2,7) oder ein Fürspracheengel potentiell einen Wandel Gottes bewirkt (Hi 33,23–26) – es ist letztlich der eine und einzige Gott, der handelt (Hi 2,3; 42,10). In allen literarischen Schichten des Hiob-Buches und in den von ihnen vertretenen verschiedenen Deutungen des Leidens, sei es als Strafe für bewusste oder unbewusste Sünden, als Mittel der Bewährung, Prüfung oder Erziehung des Gerechten bzw. als Existential und als Geheimnis, steht die Alleinwirksamkeit dieses Gottes, auch in der Gewalt gegenüber Hiob, außer Frage.

Das zeigen die Klagen Hiobs gegen den als Feind erfahrenen und als Freund erhofften Gott (vgl. Hi 6; 16; 19) ebenso wie Hiobs erster Satz im Buch »Jahwe hat es gegeben, Jahwe hat es genommen – gelobt sei der Name Jahwes« (Hi 1,21), der variiert in Hi 2,10 aufgenommen wird: »Das Gute haben wir von Gott erhalten und sollten das Böse nicht auch annehmen?« Hiob, das Paradigma des leidenden Menschen spricht hier das aus, was gemäß seinem literarischen Pendant in der Genesis, Adam, zum Wesen des Menschen als Gegenüber des *einen* Gottes gehört, nämlich wie dieser, zwischen Gut und Böse unterscheiden und beides (er-)leben zu können (Gen 3,22; 6,5).

Als Reaktion auf die durch den vierten Dialogpartner Hiobs, Elihu, vertretene Theologie des gerechten Schöpfergottes (vgl. Hi 35,13; 36–37) sind Hiob (sekundär) hymnenähnliche Beschreibungen von Gottes Schöpfer- und Geschichtsmacht in den Mund gelegt.[48] Sie zielen darauf, die begrenzte Gotteserkenntnis des Menschen und das geheimnisvolle Schöpferwirken des einen Gottes zu konstatieren (Hi 26,14). Gott ist einer – *wie* aber diese Einheit zu beschreiben ist, das entzieht sich auch den Weisen (Hi 28,28). Selbst der poetische Rekurs auf den einst vom Wettergott niedergerungenen Chaosdrachen oder die vor Gott zitternden Refaim/Totengeister,[49] mithin die Wiederbelebung des Mythos, reicht nicht zur Beschreibung dieser Einheit. Gott und seine Einheit sind ein Mysterium.

### *Die theologische Reflexion der Einzigkeit Gottes im Buch Kohelet*

Der doxologisch-resignativen Bestimmung der Einheit und Einzigkeit Gottes in den jüngsten Schichten des Hiob-Buches steht die zu diesen annähernd zeitgleiche Bezeichnung Gottes ausschließlich als *Elohim* (»Gott«) bzw. *ha-Elohim* (»der Gott/die Gottheit«) bei Kohelet zur Seite. In der Konzentration auf diese Bezeichnung, bei der bewusst auf die Verwendung des

Jahwenamens verzichtet wird, spiegelt sich wie in kaum einer anderen alttestamentlichen Schrift die Tendenz zur Abstraktion und Entmythisierung des Gottesbegriffs.[50] Gott als *einer* kann gemäß Kohelet nur als »Gott« bezeichnet werden. Dieser ist in der grundsätzlich schöpfungstheologisch ausgerichteten Theologie Kohelets dezidiert die alles bestimmende Wirklichkeit.[51] Wo sich Gottes Einheit und Einzigkeit schon in der Bezeichnung zeigen,[52] kommen Mythologie und Götterkritik nicht vor.

Dabei steht der Gott Kohelets der Welt, welcher er ein umfassendes, aber nicht unbegrenztes Eigenleben gewährt, distanziert, aber nicht apersonal oder beziehungslos gegenüber: Er ist Garant des Rechts, in diesem Leben und – gemäß jüngerer Einschreibungen in das Buch[53] – auch jenseits der Grenze des Todes. Gott ermöglicht Leben und lässt in seiner Freiheit den Menschen punktuell Glück erleben. Im Erleben dieses Glücks, in der Erfahrung, dass Gott alles schön gemacht hat »zu seiner Zeit«, wie es Koh 3,11 in charakteristischer Modifikation des priesterschriftlichen Votums aus Gen 1,31 formuliert, schenkt Gott dem Menschen Anteil an seinem Wesen. In Momenten des Glücks partizipiert der Mensch an der »Ewigkeit« (hebr. *ʿôlām*, griech. αἰών), an der Zeit Gottes, und damit an Gott selbst.

Gleichfalls in Weiterführung des priesterschriftlichen Konzepts der Schöpfungstage (Gen 1,1–2,4) und dem daraus – wie aus der gesamten Theologie der Priesterschrift – ablesbaren Verständnis Gottes als Herrn der Zeit reflektiert Kohelet die Vielheit menschlicher Zeiterfahrungen (Koh 3). Die Vielfalt der in Koh 3 beispielhaft genannten Zeiterfahrungen von Geburt und Tod, Liebe und Hass, Krieg und Frieden ist aber kein Spiegel einer vielfältigen Götterwelt (wie z.B. in den griechischen und römischen sowie altorientalischen Religionen). Auch ist Gott selbst nicht die Zeit – er steht ihr als der allein Ewige vielmehr gegenüber und schenkt Erfahrungen seiner selbst in der Zeit. Allein diese Erfahrungen Gottes in der Zeit verleihen der für Kohelet im Gegensatz zur älteren Weisheit uneindeutig gewordenen Zeit ihre Eindeutigkeit. So steht Kohelet für die im Rahmen der Reflexion über die Einheit und Einzigkeit Gottes philosophisch, religionsgeschichtlich und theologisch immer wieder erforderliche Bestimmung des Verhältnisses Gottes zur Zeit.

### *Die theologische Reflexion der Einheit und Einzigkeit Gottes in den Proverbien*

In Prov 8,22–36 erscheint innerhalb eines theologisch hochkomplexen Schöpfungs- und Weisheitsliedes die Weisheit personifiziert als ein schon vor der eigentlichen Schöpfung von Gott geschaffenes Wesen, gewissermaßen als vorweltliche Zeugin der Schöpfertätigkeit Jahwes, als Mittlerin des Lebens und als Liebling oder als Werkmeisterin Gottes, die selbst vor diesem spielt (Prov 8,30). Die als Selbstprädikation der Weisheit gestaltete Rede ist – neben den Himmelsszenen im Buch Hiob (1,6–12; 2,1–7) – innerhalb der Weisheitsbücher der Hebräischen Bibel die deutlichste Reflexion über die Einheit und Einzigkeit Gottes. Dabei handelt es sich hier religionsgeschichtlich nicht um die Integration einer ehemaligen Göttin der Weisheit in den Jahweglauben oder um eine Erweiterung des Verfügungsbereichs Jahwes. Vielmehr liegt hier die poetische Personifikation eines ethischen und religiösen Ideals vor, parallel zur personifizierten Gerechtigkeit (Prov 12,28; 13,6), Torheit (Prov 9,13) oder Gottlosigkeit (Prov 13,6). Phänomenologisch entspricht dies der Vergöttlichung der *Eirene/pax* (»Frieden«) oder der *Tyche/fortuna* (»Glück«) in der paganen Welt des Hellenismus.[54] Bei allen Anleihen an der ägyptischen Ma'at-Mythologie ist die personifizierte Weisheit der Proverbien ebenso wenig eine Göttin wie in den Seitenstücken in Hi 28, Sir 24 oder Sap 7 und 10: Sie erfährt keine kultische Verehrung, ist vielmehr vollständig von Jahwe her bestimmt und trägt allein in Sprachbildern göttliche Züge.

Dabei spiegelt Prov 8 die innere Dynamik des einen Gottes Jahwe wider. Das Motiv von der Lebendigkeit Gottes, das sonst im Alten Testament fast ausschließlich in seiner geschichtlichen Relation zu Israel oder zum einzelnen Glaubenden erscheint, ist hier gewissermaßen protologisiert (vgl. die »urgeschichtlichen« Reden Gottes zu sich selbst in Gen 1,26; 3,22). Sodann personifiziert Prov 8 die Möglichkeit der Teilhabe des Menschen an dem *einen* Gott. Die Gottesfurcht, die den Frommen als solchen kennzeichnet (vgl. Hi 1,1; Prov 1,7), gewinnt hier Gestalt. Die Weisheit wird zum leibhaftigen Lockmittel Gottes auf dem Weg zu einem erfüllten Leben: So leistet »Frau Weisheit« textpragmatisch einen göttlichen Dienst der Animation, wenn der Weg zu Gott über die Liebe zu ihr führt.[55] Theologisch füllt Prov 8 eine Leerstelle, die Kohelets Abstraktion und Transzendierung des *einen* Gottes hinterlässt.

Dass damit im Gegenzug zumindest tendenziell der Glaube an den *einen* Gott aufgeweicht und der Weise zur Verliebtheit in die Weisheit verführt werden könnte, haben wohl die Autoren des Weisheitsliedes in Hi 28 befürchtet. Auch hier ist die Weisheit eine selbstständige Größe, und im Gegensatz zu Prov 8 hat sie sogar ein höheres Maß an vorweltlicher Existenz. Denn sie wird nicht nur als Anfang des Handelns Gottes (Prov 8,22) bezeichnet, sondern es wird auch von ihrer Ausmessung durch Gott gesprochen, was ihren Bestand schon voraussetzt (Hi 28,23). Aber in Hi 28 bleibt die Weisheit allein Gott vorbehalten – dem Menschen gilt wie bei Kohelet die Gottesfurcht als die ihm gemäße Form der Weisheit (Hi 28,28). Die Vitalität, die »Frau Weisheit« in Prov 8 kennzeichnet, ist in Hi 28 verflogen. Die Weisheit schenkt auch in Hi 28 Teilhabe an dem *einen* Gott, doch erscheint sie hier rematerialisiert.

Nochmals verwandelt tritt die personifizierte Weisheit in Sir 24 auf. Hinsichtlich ihrer Selbstständigkeit als durch den Kosmos spazierende und Wohnung suchende Größe sowie hinsichtlich ihres um den Frommen werbenden Charakters übertrifft die »Weisheit« Sirachs die von Prov 8. Noch stärker als diese berührt sie sich mit der ägyptischen Allgöttin Isis in den zeitgenössischen Isis-Aretalogien.[56] Dabei vollzieht sich in Sir 24 ein entscheidender Wandel: Die kosmische Weisheit lässt sich auf dem Zion, der Stätte des Jerusalemer Tempels, nieder und inkarniert sich in der Tora (Sir 24,23). Der steinerne Ort der Präsenz und Repräsentation des *einen* Gottes wird zum Ort der steten Anwesenheit der Weisheit. Das schriftgewordene Wort des *einen* Gottes wird – ähnlich wie in den weisheitlichen Torapsalmen (Ps 1; 19; 119) – zum Mittel der Teilhabe an dem *einen* Gott.

Typisch für das Sirach-Buch verschmelzen hier Universalität und Partikularität des Handelns des *einen* Gottes. Als Vermittlerin zwischen Gott und Welt dient die Tora, die Ben Sira in Weiterführung einzelner vom Deuteronomium und vom Ezechiel-Buch geprägter Formulierungen und in Anlehnung an stoische Vorstellungen das »Gesetz des Lebens« nennt (Sir 17,11; 45,5).[57] Denn dieses bildet die Grundlage allen Lebens und schenkt in der einmal offenbarten Schrift vom Sinai *dem* Menschen erfülltes Leben, der in ihm liest und seine Gebote bewahrt. Ben Sira hat hier den Nerv der Sinai-Perikope (Ex 19 – Num 10) sehr gut getroffen. So steht im theologischen Zentrum gerade der Erzählungen von Ex 19–20 und 32–34 das Verständnis von Gott als »barmherzig und gnädig und geduldig und von großer Gnade und Treue« (Ex 34,6), der mittels der Tora Freiheit und Leben ermöglicht: Das dabei geschilderte Szenario, zu dessen Ausgestaltung die Autoren mit dem Motiv des »Bundes«[58] auch in modifizierter Weise auf die vorderorientalische Vertragswelt zurückgreifen, unterstreicht die Heiligkeit und Verbindlichkeit des Geschehens. Was für moderne Leser befremdlich klingt, ist in seinem ursprünglichen Kontext Ausdruck göttlicher Macht und menschlichen Selbstverständnisses, hier verdeutlicht durch das prototypische »Israel in der Wüste«, das die Erfahrung reflektiert, stets hinter den Ansprüchen seines Gottes zurückzubleiben und letztlich doch nicht aus der Gnade dieses Gottes zu fallen – eines Gottes, von dem es nicht loskommen kann, weil er der eine und einzige Gott ist. Ben Sira steht in dieser Tradition und übersetzt sie für die hellenistische Welt: Mittels des Gedankens von der Inkarnation der kosmischen Weisheit in der *einen* Tora Gottes ist die Vorstellung von der Transzendenz, Einheit und Einzigkeit Gottes bewahrt, mit dem Glauben an seine Gegenwart in der Welt verknüpft und ein die Generationen überbrückender Weg zur Teilhabe an Gott aufgewiesen.

Schließlich spricht die Sapientia Salomonis in einer weiteren Modifikation des Motivs der personifizierten Weisheit von der σοφία als »Ausfluss der göttlichen Herrlichkeit« und »Abglanz des ewigen Lichts« (Sap 7). Als für Gott selbstständig in der Geschichte handelnde Größe (Sap 10) trägt die Weisheit nun Züge einer Hypostase. Die Weisheit, »die alles vermag« (Sap 7,27), repräsentiert den *einen* Gott in seinem von *Pronoia* (»Vorsehung«) (Sap 6,7; 14,3) geprägten Handeln in der Schöpfung und in der Geschichte. Diese von Gott selbst als ihrem Führer geleitete Weisheit (Sap 7,15) schenkt nicht nur Teilhabe an dem *einen* Gott, sondern bewirkt diese in der einen Welt (Sap 10,1–11,1). Die Welt findet ihre Einheit darin, dass sie Eigentum Gottes ist, dessen Liebe über alles ergeht (Sap 11,24–26) und dessen unvergänglicher Geist in allem ist (Sap 12,1). Die im Deuteronomium angelegte Begründung der Einheit Israels aus der Einheit Gottes, der sich Israel in Liebe zuwendet (Dtn 7),[59] ist damit universalisiert. Der Monotheismus erweist hier eine »menschheitsverbindende Kraft«[60].

## *Die theologische Reflexion der Einzigkeit Gottes im Buch Jesus Sirach*

Die Vorstellung von der Allwirksamkeit Gottes, die in der Sapientia ein Kriterium des Göttlichen und der Einheit Gottes ist, hat ihr begriffliches Seitenstück in der Anrede Gottes als

»Gott/Herr des Alls« in Sir 36,1. Im Hintergrund dieser Gottesprädikation, die für die christlich-dogmatische Ausbildung der Rede von der Allmacht Gottes wichtig wurde, stehen a) die biblische Anrede Gottes als »Herr des ganzen Landes/der ganzen Erde« (Jos 3,11; Ps 97,5), b) der möglicherweise von der Septuaginta geprägte Gottestitel *Pantokrator*/Allherrscher (Sir 42,17; 50,14.17), c) griechisch-hellenistische Gottesvorstellungen sowie d) die Verehrung von Zeus-Sarapis als kosmischem All- und Ein-Gott, die von den seit 301 v. Chr. in Ägypten und über weite Teile des östlichen Mittelmeerraumes herrschenden Ptolemäern gefördert wurde.[61]

In gedanklicher Weiterführung der Totalitätsaussagen Kohelets und vermutlich in Parallele zu göttlichen Titeln in der griechisch-hellenistischen Welt wird mit der Anrede Gottes als »Herr des Alls« in Sir 36,1–22(17) ein Gebet[62] eröffnet, das beispielhaft Grundzüge der Rede von Gott im Alten Testament in eine Theologie der Einzigkeit des personalen Gottes überführt: Das Handeln dieses Gottes ist bezogen auf Israel als sein Volk im Kontext aller Völker, spiegelt die Herrschaft des *einen* Gottes und relativiert jegliche menschliche Herrschaft,[63] zieht die Erkenntnis des *einen* Gottes durch Israel nach sich (V. 5[4]) und zielt auf eine künftige universale Gotteserkenntnis (V. 22[17]). Die *eine* heilige Stadt Jerusalem erscheint als Brennpunkt des kosmischen Handelns dieses Gottes, der den doppeldeutigen Titel »Gott der Ewigkeit/Gott der Welt« trägt (Sir 36,22)[64]. Gerade der Aspekt der kommenden Erkenntnis des einen Gottes spiegelt den dynamischen und eschatologischen Charakter des biblischen Monotheismus (vgl. Sach 14,9).[65]

Mit der kombinierten Aufnahme der aus dem Deuteronomium bekannten Geschichts- und Toratheologie sowie der priesterschriftlichen Heiligkeitskonzeptionen wahrt Ben Sira hier, wie im Selbstlob der Weisheit (Sir 24) oder im Lobpreis der Väter (Sir 44–49), in der Rede von dem einen, einzigen und zugleich universalen Gott den Bezug zum konkreten Handeln Gottes in Vergangenheit, Gegenwart und Zukunft. Auch als »das All/das Alles«, wie Ben Sira Gott am Ende eines Schöpferlobes einmal nennt (Sir 43,27)[66], bleibt der *eine* Gott ein Gegenüber zur Welt, was Jan Assmann vollkommen zu Recht als wesentliches Kennzeichen des Monotheismus bezeichnet hat.[67] Der große Hymnus in Sir 42,15–43,33 zeigt, dass der alttestamentliche Monotheismus gerade keine »Entzauberung der Welt« bewirkt, sondern zum staunenden Lob des Schöpfers anleitet (vgl. Ps 8; 104).

Ben Siras starke Betonung der Identität und Universalität Gottes (vgl. Sir 42,19–21) führt nicht zu einer Verflüssigung der göttlichen Einheit oder zu einer Entpersonalisierung Gottes. Denn das Wesen dieses Gottes, den Ben Sira betend »mein Vater« (Sir 51,1) und »Herr meines Leben« nennt (Sir 23,1.4), ist Gerechtigkeit (Sir 18,2). Gerechtigkeit ist aber bei Ben Sira, wie in den anderen alttestamentlichen Schriften, immer als eine *personale* Beziehung, als eine heilvolle Lebensgemeinschaft gedacht: Gerechtigkeit Gottes heißt Gemeinschaft mit Gott.[68] Ebenso wenig nivelliert Ben Sira den alttestamentlich vor allem durch die prophetische Überlieferung geprägten Glauben an ein von Gott gesetztes Ziel der Geschichte, wenn er – gleichfalls in Aufnahme stoischer Gedanken[69] – das Böse als notwendiges Gegenüber des Guten interpretiert und Negativerfahrungen in das Handeln des einen vorsorgenden Gottes integriert (Sir 33/36,14–15). Auch hier ist es so, dass die Einheit Gottes die Einheit der Geschichte definiert, die nach Ben Sira (wie im Pentateuch angelegt) durch eine Kette von göttlich gestifteten »Bünden« strukturiert, sowie im Akt des steten Erinnerns vom Menschen aktualisiert und in der gottesdienstlichen Feier am Jerusalemer Tempel (Sir 50) angeeignet wird.

### *Die theologische Reflexion der Einzigkeit Gottes in der Sapientia Salomonis*

Zweimal wurde in der israelitisch-jüdischen Religionsgeschichte ausdrücklich die theologische Auseinandersetzung um die Verehrung Jahwes im Bild und damit verbunden um die religiöse Bilderverehrung geführt: einmal nach 587 v. Chr. im Zusammenhang der Kompensation des Verlustes der Repräsentationen Jahwes im Tempel mittels Konzentration auf Name und Wort des bildlos zu verehrenden Gottes (Dtn 4–5), die durch entsprechende Götzenpolemik (Jes 40,18–25; 46,1f.) begleitet wurde (S. 91), dann nochmals im 3./2. Jh. v. Chr. im Schatten der religiösen Pluralisierung Syrien-Palästinas, die durch eine fortschreitende Urbanisierung und die Religionspolitik der Seleukiden und Ptolemäer bedingt wurde. Für die Sprüche Salomos, Hiob, Kohelet und Ben Sira, die zwischen diesen Epochen entstanden sind, ist die Auseinandersetzung mit der Verehrung anderer Götter oder Götterbilder kein Thema.

Anders sieht das im jüngsten (deutero-)kanonischen Weisheitsbuch, der Sapientia, aus. So wird in Sap 13–15 der aus Jes 40–55 bekannte Spott über die Götzenbilder aufgenommen und argumentativ weitergeführt. Vor dem Hintergrund der hellenistisch geprägten Metropole Alexandria mit ihrer Vielfalt in der Stadt präsenter Götterbilder und Kulte sowie angesichts des Aufblühens des römischen Herrscherkultes fühlt sich die Sapientia zu einer prinzipiellen Verteidigung des jüdischen Glaubens an den einen und einzigen, damit bildlos zu verehrenden Gott herausgefordert.

Diese Argumentation erfolgt in drei Schritten: 1) Die Verehrung kosmischer Elemente oder meteorologischer Phänomene als Götter sei zwar angesichts von deren Schönheit verständlich, aber unvernünftig, da hier die Schöpfung mit dem Schöpfer verwechselt werde (Sap 13,1–9). 2) Noch unvernünftiger sei die Verehrung von Verstorbenen oder Herrschern, da hier Menschen zu Göttern erklärt würden, mithin der Unterschied zwischen Gott und Mensch übersehen werde (Sap 14,15f.). 3) Den Gipfel der Unvernunft bilde die Verehrung von Gott oder Göttern im Bild, zumal in Tiergestalt wie im zeitgenössischen Ägypten, da hier vergessen werde, dass der sterbliche Mensch nur Totes, also keinen Gott bilden könne (Sap 15,17).

Im Gegenüber zur Einheitsideologie der hellenistisch-römischen Herrscher findet die exklusiv verstandene Einheit Gottes ihr Profil: »Denn es ist kein Gott außer dir, der sich um alles sorgt« (Sap 12,13)[70]. Die Einheit und Einzigkeit des bildlos zu verehrenden *einen* Gottes wird hier, neben Lebendigkeit, Güte, Wahrhaftigkeit, Langmut, Erbarmen und Allherrschaft zum Kriterium des Göttlichen schlechthin (Sap 15,1). In Verlängerung und Ausweitung der Begründung für das Bilderverbot in Dtn 4,15f. wird die Bildlosigkeit der Gottesverehrung historisch begründet – den Bildern mangelt es an Ursprünglichkeit (Sap 14,12f.)[71] – und anthropologisch gewichtet: Götterbilder sind letztlich Feinde des Lebens, weil sie vom eigentlichen Gott des Lebens wegführen, der in seiner Lebendigkeit nicht zu fassen ist, schon gar nicht im Bild (Sap 14,27–31). Wo Lebendigkeit und Liebe als Zeichen des *einen* Gottes erscheinen, ist es nur folgerichtig, dass der Tod keine Grenze darstellt, der Mensch vielmehr auf Unsterblichkeit hin geschaffen ist (Sap 2,23), die freilich nur der Gerechte erhält (Sap 3,1). So begründen hier die Einheit und Einzigkeit Gottes die Einheit und Einzigkeit des Lebens, das den Tod überdauert.

Unabhängig von der Frage, ob die Sapientia der religiösen Praxis ihrer Umwelt gerecht wird, steht ihre kritische Theologie – neben der Verankerung in der Tora – in der religionsphilosophischen Tradition eines Xenophanes von Kolophon (etwa von 570–470 v. Chr.) einerseits und der mit dem Euhemerismus verbundenen Vorstellung von der sekundären Vergottung herausragender Menschen andererseits[72]. Zugleich spiegelt die Sapientia das schon im Blick auf Hi 31,15 und Prov 14,31 angesprochene rationale und ethische Potential des Glaubens an den *einen* Gott.

### *Der weisheitliche Monotheismus des Alten Testaments in gesamtbiblischer Perspektive*

Die alttestamentlichen Weisheitsbücher reflektieren über das Wesen Gottes unter der Voraussetzung des Glaubens an den einen und einzigen Gott Jahwe. Dabei leuchten, entstehungsgeschichtlich, gattungsmäßig und textpragmatisch bedingt, unterschiedliche Aspekte auf, die für die gesamtbiblische Rede von der Einheit und Einzigkeit Gottes von zentraler Bedeutung sind.

Wo infolge des Leidens des Gerechten die Gerechtigkeit Gottes in Frage gestellt wird, wie im Fall Hiob, führt dies nicht zu einer Auflösung der Einheit und Einzigkeit Gottes. Diese werden vielmehr durch die Suche nach dem *einen* Gott, der Gutes und Böses bewirkt, der Gewalt ausübt und Leben schenkt (Hi 5,18), verfestigt. Indem der in seiner Integrität bis ins Mark getroffene Hiob unbedingt an Gott festhält, wahrt er die Einheit und Einzigkeit Gottes, der letztlich in seinem Handeln, auch in seiner Offenbarung (Hi 42,5), ein Geheimnis ist: ein Mysterium in personaler Relation. Paulus nimmt diesen Gedanken auf, wenn er die Ausführungen über Gottes Handeln an Israel im Verhältnis zu seinem Handeln in Christus mit einem hymnischen Mischzitat aus vor allem weisheitlichen Texten der jüdischen heiligen Schriften beschließt (Röm 11,33–36).

Wenn infolge einer Abstraktion des Gottesbegriffs der Name Gottes verschwindet und das Appellativum zum Namen wird, wie bei Kohelet, ist einerseits die Einheit und Einzigkeit Gottes offensichtlich; andererseits wird, sofern die Vorstellung von der Transzendenz, Personalität und Weltbezogenheit Gottes nicht aufgegeben wird, die Frage nach der Erfahrbarkeit und Teilhabe Gottes aufgeworfen. Kohelet beantwortet sie unmythologisch mittels der Qualifikation glücklicher Zeiten als Gotteszeiten (Koh 3,13; 5,17; 8,15). Wenn die Zeit ihre Einheit in Gott findet, dann gilt dies im gesamtbiblischen Horizont auch für die neutestamentliche Vorstellung von der Erfüllung der Zeit (Gal 4,4).

Prov 8 greift zur Stilfigur der poetischen Personifikation der Weisheit, artikuliert damit nebenbei die sich durch das israelitisch-jüdische Schrifttum ziehende Vorstellung von der inneren Dynamik Jahwes und gestaltet die Weisheit zur göttlichen Mittlerin des Lebens. Bei Ben Sira ist dies zur Vorstellung von der Inkarnation der Weisheit in der Tora transformiert und in der Sapientia zur Idee der selbstständigen Wirkkraft der Weisheit weitergeführt. Beide Linien der Teilhabe an dem *einen* Gott mittels der gestaltgewordenen Weisheit finden ihre Fortschreibung im Neuen Testament: Ben Siras mit der Tora identifizierte Weisheit erlebt in den Inkarnationschristologien in Mt 11,28–30 oder in Joh 1 eine Repersonalisierung.[73] Die weisheitliche *Imago*-(»Bild«)-Theologie der Sapientia wird in Kol 1,15–20 auf die Christus-Ikone angewandt.

Ben Siras Allgott, der in der griechischen Gestalt des Buches auch den in der Theologie des hellenisierten Judentums in Ägypten entstandenen Titel des *Pantokrators*/Allherrschers annimmt, tritt den zeitgenössischen Allgottheiten Isis, Zeus-Sarapis u.a. sowie den sich zu Göttern stilisierenden Herrschern gegenüber. Der Monotheismus erweist sich hier als radikale Kritik an menschlichen Universal- und Herrschaftsansprüchen, aber auch an von Menschen ausgeübter Gewalt. Dabei bewahrt Ben Sira die Spezifika der Rede von dem *einen* Gott Israels, dessen Wesen sich in seinem Handeln an Israel zeigt: Zur Einheit und Einzigkeit Gottes gehört die *eine* heilige Stadt mit dem *einen* Tempel und der *einmal* offenbarten Tora, von der Heil und Leben der Völker ausgehen. Lukas schreibt diese Theologie aus der Perspektive des Handelns Gottes in Jesus Christus fort (Apg 1,8).

Wo Lebendigkeit und universale Liebe die entscheidenden Kriterien von Göttlichkeit sind, wie in der Sapientia, erscheint die Verehrung kosmischer Elemente als Götter und von Götterbildern als Unvernunft und Lebensfeindlichkeit. Ein solcher

Monotheismus relativiert geradezu Gewalt, Leid und Tod. Die Einheit und Einzigkeit Gottes ist hier auf eine einzigartige Basis gestellt. Wenn in der Theologie der Johanneischen Schule Gottes Liebe zur Welt sich in der Gabe seines *einen* Sohnes zeigt (Joh 3,16) und Gott selbst die Liebe ist (1Joh 4,8), dann liegt dies im Fluchtpunkt der Vorstellung eines das Leben liebenden und damit der Welt ihre Einheit und Einzigartigkeit schenkenden Gottes (Sap 11,26).

## 3. Fazit

Die Figur des Mose und die alttestamentliche Moseüberlieferung tragen – entgegen ihrer überragenden wirkungs- und erinnerungsgeschichtlichen Bedeutung im Judentum, Christentum und (etwas eingeschränkt) im Islam – angesichts ihrer relativ späten literarischen Entstehung sowie ihrer vielfachen theologischen Überformung für die *religionsgeschichtliche* Rekonstruktion der Anfänge des israelitisch-jüdischen Monotheismus und für die innerbiblische *theologische* Entfaltung des Glaubens an den einen Gott eher wenig aus. Über weite Strecken steht die literarische Ausgestaltung der Moseüberlieferung, zumal im Deuteronomium, bereits unter dem Einfluss eines Jahwe-Monotheismus, der seine wesentlichen theoretischen Impulse erst dem Zusammenbruch des auf Jahwe konzentrierten judäischen Staatskultes 587 v. Chr., der Begegnung jüdischer Eliten in der Diaspora mit dem babylonischen Marduk-Kult und dem persischen Zoroastrismus sowie der jüdischen Auseinandersetzung mit den Universalansprüchen hellenistischer Könige und der von diesen geförderten Verehrung von All- und Ein-Gottheiten verdankt.

Für die *theologische* Ausgestaltung des Jahwe-Monotheismus kommt den alttestamentlichen Weisheitsschriften eine besondere Bedeutung zu. Die theologische Leistungsfähigkeit der alttestamentlichen Weisheit zeigt sich generell in ihrer Dialogizität und ihrer Kraft zur Integration und Transformation genuin israelitisch-jüdischer Theologien *und* paganer religiöser Vorstellungen. Im Blick auf die Frage nach dem Monotheismus erweitern die weisheitlichen Texte die alttestamentliche Rede von dem *einen* Gott erheblich aufgrund ihrer kritischen Reflexionen des Verhältnisses zwischen dem Glauben an den einen, allwirksamen Gott und den Erfahrungen von Leid und Ungerechtigkeit. Mittels ihrer monotheistisch begründeten Ethik relativieren die Weisheitsschriften Thesen wie die von einem dem Monotheismus inhärenten Gewaltpotential. Der hier erfolgte Rekurs auf die alttestamentlichen Weisheitsbücher ist also keineswegs ein Ausweichen vor der Frage nach dem Verhältnis von »Monotheismus und Gewalt«, sondern, wie Jan Assmann formuliert hat, die Anwendung eines »Weitwinkel-Objektivs«[74]. Dass Gott auch Gewalt übt, gehört für die Weisheitsschriften wie für andere biblische Texte zu seiner Gottheit, wenngleich die als ungerecht erfahrene Gewalt als Entfremdung von Gott und Mensch erscheint (Hi 13,24). Letztlich überwiegt aber auch hier, wie im gesamten Alten und Neuen Testament, die Vorstellung, dass Gottes Barmherzigkeit größer ist als sein Zorn (Sir 18,11–14), ja dass Gott selbst der Barmherzige schlechthin ist, wie es Ben Sira auf den Begriff bringt (Sir 30,19) und wie es im Schatten des biblischen Monotheismus Judentum, Christentum und Islam bekennen.[75] Wo das Alte Testament Anlass zur realen gewalttätigen Durchsetzung der Verehrung des einen Gottes Jahwe gegeben hat und immer wieder geben könnte,[76] ist einerseits auf die religionsgeschichtlichen Kontexte entsprechender Aussagen, deren geschichtliche Bedingtheit und deren identitätsstiftender Funktion zu verweisen, andererseits auf die den entfalteten Jahwe-Monotheismus prägende Vorstellung, dass 1) der eine Gott allen Kriegen ein Ende bereiten wird,[77] 2) der eine Gott ein »Freund des Lebens«[78] ist und 3) die Menschheit darin ihre Einheit findet, dass der Einzelne ebendiesen einen Gott und den Nächsten liebt.[79]

## Anmerkungen

1 Zu einer intensiven exegetischen und theologischen Auseinandersetzung mit dem Stereotyp des gewalttätigen Gottes des Alten Testaments siehe Janowski, Bernd: Ein Gott, der straft und tötet? Zwölf Fragen zum Gottesbild des Alten Testaments, Neukirchen-Vluyn 2013, sowie knapp Hartenstein, Friedhelm: Ein zorniger und gewalttätiger Gott? Zorn Gottes, »Rachepsalmen« und »Opferung Isaaks« – neuere Forschungen, in: Verkündigung und Forschung 58 (2013), S. 110–126.

2 So – allerdings mit Fragezeichen – Assmann, Jan: Monotheismus ohne Mose?, in: https://www.perlentaucher.de/cdata/K5/T29/A8079/janassmann2.pdf (7.3.2013, Zugriff am 19.12.2013).

3 Vgl. Jdt 5,6–9; *Jubiläenbuch* 11,16–12,14; *Apokalypse Abrahams* 1–8.

4 Vgl. Sure 2,124–135; 6,74–84 u.a., vgl. Hagemann, Ludwig: Art. Abraham, in: Khoury, Adel Theodor/Hagemann, Ludwig/Heine, Peter: Islam-Lexikon, Bd. 1, Freiburg u.a. 1991, S. 32–35.

5 Dienemann, Max: Einfluß des Judentums auf die Weltkultur, in: Die Lehren des Judentums nach den Quellen, hg. v. Verband der deutschen Juden (1928–1930), neu hg. v. Walter Homolka, Bd. III, S. 399, München 1999.

6 Ego, Beate: Abraham's Faith in the One God – A Motif of the Image of Abraham in Early Jewish Literature, in: Lichtenberger, Hermann/Mittmann-Richert, Ulrike (Hg.): Biblical Figures in Deuterocanonical and Cognate Literature, Deuterocanonical and Cognate Literature Yearbook 2008, Berlin/New York 2009, S. 337–354.

7 Die Aussprache des sogenannten Tetragramms Jhwh als Jahwe ist philologisch erschlossen. Im Judentum wird, wohl seit der hellenistischen Zeit, aus Scheu vor der Heiligkeit Gottes der Name nicht mehr ausgesprochen und dafür eine Ersatzbezeichnung gewählt, zumeist Adonaj (»Herr«, wörtlich »meine Herren«), was ursprünglich ein Titel war; siehe dazu Rösel, Martin: Adonaj – warum Gott »Herr« genannt wird, Forschungen zum Alten Testament 29, Tübingen 2000.

8 Vgl. dagegen: Otto, Eckart (Hg.): Mose. Ägypten und das Alte Testament, Stuttgarter Bibelstudien 189, Stuttgart 2000, 9–16.

9 Ps 77; 90; 99; 103; 105; 106.

10 Jes 63,12; Jer 15,1; (Hos 12,14); Mi 6,4.

11 Sir 45,1–6; Sap 10,16–11,2.

12 Vgl. dazu Otto, Eckart: Mose: Geschichte und Legende, München 2006, S. 81–91, und Bloch, René: Moses und der Mythos. Die Auseinandersetzung mit der griechischen Mythologie bei jüdisch-hellenistischen Autoren, Journal for the Study of Judaism Supplements 145, Leiden/Boston 2011.

13 Vgl. Donner, Herbert: Geschichte Israels und seiner Nachbarn in Grundzügen. Teil 1: Von den Anfängen bis zur Staatenbildungszeit, Grundrisse zum Alten Testament 4/1, 3., durchgeseh. Aufl., Göttingen 2000, S. 123–133.

14 Vgl. Smend, Rudolf: Mose als geschichtliche Gestalt, in: Historische Zeitschrift 260, 1995, S. 1–19.

15 Eine an der Endgestalt des biblischen Textes orientierte »synchrone« Lektüre kann dementsprechend, wie eingangs zitiert, zu der Folgerung kommen, Abraham sei der »erste Monotheist« gewesen.

16 Vgl. Schmid, Konrad: Erzväter und Exodus. Untersuchungen zur doppelten Begründung der Ursprünge Israels innerhalb der Geschichtsbücher des Alten Testaments, Wissenschaftliche Monographien zum Alten und Neuen Testament 81, Neukirchen-Vluyn 1999; Kratz, Reinhard G.: Die Komposition der erzählenden Bücher des Alten Testaments. Grundwissen der Bibelkritik, Uni-Taschenbücher 2157, Göttingen 2000, S. 286–304; Gertz, Jan Chr. (Hg.): Grundinformation Altes Testament. Eine Einführung in Literatur, Religion und Geschichte des Alten Testaments, 4., durchgeseh. Aufl., Uni-Taschenbücher 2745, Göttingen 2010, S. 288–293.

17 Vgl. Köckert, Matthias: Wandlungen Gottes im antiken Israel, in: Berliner Theologische Zeitschrift 22 (2005), S. 3–36; Levin, Christoph: Integrativer Monotheismus im Alten Testament, in: Zeitschrift für Theologie und Kirche 109 (2012), S. 153–175.

18 Zum Text siehe Weippert, Manfred: Historisches Textbuch zum Alten Testament, Grundrisse zum Alten Testament, Göttingen 2010, S. 242–248.

19 Zum Text siehe Renz, Johannes: Handbuch der Althebräischen Epigraphik, Teil 1: Text und Kommentar, Darmstadt 1995, S. 47–64.

20 Zum Text Renz, Johannes: Handbuch der Althebräischen Epigraphik, Teil 1: Text und Kommentar, Darmstadt 1995, S. 199–211.

21 Vgl. Müller, Reinhard: Die frühe Jahweverehrung im Spiegel der ältesten Psalmen, in: Berliner Theologische Zeitschrift 30 (2013), S. 89–119.

22 Vgl. Otto, Eckart: Mose: Geschichte und Legende, München 2006; Berner, Christoph: »Mein Gott von Ägypten her« (Hos 13,4) – Der Exodus als Ursprungsdatum der Jahwe-Verehrung Israels?, in: Berliner Theologische Zeitschrift 30 (2013), S. 62–88.

23 Vgl. Pfeiffer, Henrik: Die Herkunft Jahwes und ihre Zeugen, in: Berliner Theologische Zeitschrift 30 (2013), S. 11–43.

24 Vgl. Ex 19 – Dtn 34; Dtn 33,2; Ri 5,4f.; Ps 68,9.

25 Vgl. Pfeiffer, Henrik: Die Herkunft Jahwes und ihre Zeugen, in: Berliner Theologische Zeitschrift 30 (2013), S. 11–43.

26 Vgl. Adrom, Faried/Müller, Matthias: Das Tetragramm in ägyptischen Quellen – eine Bestandsaufnahme, in: Berliner Theologische Zeitschrift 30 (2013), S. 120–141.

27 Siehe dazu Pietsch, Michael: Die Kultreform Josias, Forschungen zum Alten Testament 86, Tübingen 2013, S. 239–329.

28 Vgl. jüngst wieder Pietsch, Michael: Die Kultreform Josias, Forschungen zum Alten Testament 86, Tübingen 2013, S. 486–491.

29 Zum Phänomen eines »Summodeismus« bzw. »integrativen Monotheismus« in den altorientalischen Religionen siehe Koch, Klaus: Monotheismus und politische Theologie bei einem israelitischen Profeten im babylonischen Exil (2003), in: Ders., Der Gott Israels und die Götter des Orients. Religionsgeschichtliche Studien II, hg. v. Friedhelm Hartenstein/Martin Rösel, Forschun-

gen zur Religion und Literatur des Alten und Neuen Testaments 216, Göttingen 2007, S. 314; Levin, Christoph: Integrativer Monotheismus im Alten Testament, in: Zeitschrift für Theologie und Kirche 109 (2012), S. 169ff.

30 Vgl. Gen 1,1–2,4; Ps 8; 104; Hi 38f.; Jes 40,12; 45,18.

31 Vgl. Jes 43,10–11; 44,6; Dtn 4,35.39; 32,39.

32 Vgl.: Schrage, Wolfgang: Unterwegs zur Einzigkeit und Einheit Gottes. Zum »Monotheismus« des Paulus und seiner alttestamentlich-jüdischen Tradition, in: Evangelische Theologie 61 (2001), S. 194; Markschies, Christoph: Heis Theos – Ein Gott? Der Monotheismus und das antike Christentum, in: Krebernik, Manfred/Oorschot, Jürgen van (Hgg.): Polytheismus und Monotheismus in den Religionen des Vorderen Orients, Altes Testament und Alter Orient 298, Münster 2002, S. 209–234.

33 Wie plural die *gelebte* Jahwe-Religion (noch) in der Perserzeit aussehen konnte, hat jüngst Christian Frevel anhand des materialen Befundes in Juda/Jehud gezeigt. Frevel, Christian: Der Eine oder die Vielen. Monotheismus und materielle Kultur in der Perserzeit, in: Schwöbel, Christoph (Hg.): Gott – Götter – Götzen, Veröffentlichungen der Wissenschaftlichen Gesellschaft für Theologie 38, Leipzig 2013, S. 238–265.

34 Vgl. Hi 33,23; Tob 3,16; 12,12.15.

35 Siehe dazu auch Koch, Klaus: Monotheismus und Angelologie (1994), in: Ders., Von der Wende der Zeiten. Beiträge zur apokalyptischen Literatur. Gesammelte Aufsätze 3, hg. v. Uwe Gleßmer/Martin Krause, Neukirchen-Vluyn 1996, S. 219–234, und Schrage, Wolfgang: Unterwegs zur Einzigkeit und Einheit Gottes. Zum »Monotheismus« des Paulus und seiner alttestamentlich-jüdischen Tradition, in: Evangelische Theologie 61 (2001), S. 193.

36 Vgl. Jes 46,1; Jer 50,2.38; 51,47.52; Dan 5.

37 Vgl. Jes 40,18–20; 44,9–11; 46,5–8.

38 Vgl. Hengel, Martin: Judentum und Hellenismus. Studien zu ihrer Begegnung unter besonderer Berücksichtigung Palästinas bis zur Mitte des 2. Jh.s v. Chr., Wissenschaftliche Untersuchungen zum Neuen Testament, 3. Aufl., Tübingen 1988, S. 475; 540; 555.

39 Becking, Bob: Gottes Eifersucht als eine der Wurzeln des altisraelitischen Monotheismus, in: Schwöbel, Christoph (Hg.): Gott – Götter – Götzen, Veröffentlichungen der Wissenschaftlichen Gesellschaft für Theologie 38, Leipzig 2013, S. 292–303; Lang, B.: Mose und der zornmütige Gott, in: https://www.perlentaucher.de/cdata/K5/T29/A8079/bernhardlang.pdf (6.2.2013, Zugriff: 19.12.2.2013).

40 Vgl. Ex 20,5–6; 34,14; Num 25,11–13; Dtn 4,24; 5,9; 6,15.

41 Der folgende Abschnitt bildet eine auf die Frage des Monotheismus konzentrierte und gekürzte Fassung meines 2013 erschienenen Aufsatzes »Einheit und Vielheit Gottes im Spiegel der alttestamentlichen Weisheit«.

42 Vgl. Saur, Markus (Hg.): Die theologische Bedeutung der alttestamentlichen Weisheitsliteratur, Biblisch-Theologische Studien 125, Neukirchen-Vluyn 2012.

43 Vgl. Prov 17,5; 19,17; 22,2; 29,13.

44 Cohen, Hermann: Religion der Vernunft aus den Quellen des Judentums. Nach dem Manuskript des Verfassers neu durchgearbeitet und mit einem Nachwort versehen von Bruno Strauß, Frankfurt/M. 1929, S. 180; vgl. Koch, Klaus (2004); Vom Mythos zum Monotheismus im alten Israel, in: Ders., Der Gott Israels und die Götter des Orients. Religionsgeschichtliche Studien II, hg. v. Friedhelm Hartenstein/Martin Rösel, Forschungen zur Religion und Literatur des Alten und Neuen Testaments 216, Göttingen 2007, S. 349.

45 So Knauf, Ernst Axel: Ist die Erste Bibel monotheistisch?, in: Oeming, Manfred/Schmid, Konrad (Hgg.): Der eine Gott und die Götter, Arbeiten zur Theologie des Alten und Neuen Testaments 82, Zürich 2003, S. 46.

46 Vgl. Knauf, Ernst Axel: Ist die Erste Bibel monotheistisch?, in: Oeming, Manfred/Schmid, Konrad (Hgg.): Der eine Gott und die Götter, Arbeiten zur Theologie des Alten und Neuen Testaments 82, Zürich 2003, S. 46; Witte, Markus: Vom El Schaddaj zum Pantokrator – Ein Überblick zur israelitisch-jüdischen Religionsgeschichte, in: Diehl, Johannes Friedrich/Witte, Markus (Hgg.): Studien zur Hebräischen Bibel und ihrer Nachgeschichte, Kleine Untersuchungen zur Sprache des Alten Testaments und seiner Umwelt 12–13, Kamen 2011, S. 213–220.

47 Zu den alttestamentlichen und frühjüdischen Versuchen das Theodizeeproblem unter Wahrung des Monotheismus nicht dualistisch zu lösen, sei es *theologisch* mittels der Vorstellung von den dunklen Seiten Gottes, *anthropologisch* mittels der Annahme der radikalen Freiheit des Menschen oder *apokalyptisch* mittels der Erwartung eines jenseitigen individuellen und kosmischen Gerichts siehe Koch, Klaus (2004); Vom Mythos zum Monotheismus im alten Israel, in: Ders., Der Gott Israels und die Götter des Orients. Religionsgeschichtliche Studien II, hg. v. Friedhelm Hartenstein/Martin Rösel, Forschungen zur Religion und Literatur des Alten und Neuen Testaments 216, Göttingen 2007, S. 352–354.

48 Hi 9,2–4; 12,7–13,2; 26,1–14; 28,1–28.

49 Hi 7,12; 9,13; 26,12 bzw. 26,5; 38,17.

50 Vgl. Müller, Hans-Peter: Neige der hebräischen Weisheit (1978), in: Ders., Mensch. Umwelt. Eigenwelt. Gesammelte Aufsätze zur Weisheit Israels, Stuttgart u.a. 1992, S. 143–168.

51 Koh 1,13; 3,10; 7,13–17; 8,17; 11,5.

52 Vgl. Hengel, Martin: Judentum und Hellenismus. Studien zu ihrer Begegnung unter besonderer Berücksichtigung Palästinas bis zur Mitte des 2. Jh.s v. Chr., Wissenschaftliche Untersuchungen zum Neuen Testament, 3. Aufl., Tübingen 1988, S. 485f.; Hornung, Erik: Das Denken des Einen, in: Krebernik, Manfred/Oorschot, Jürgen van (Hg.): Polytheismus und Monotheismus in den Religionen des Vorderen Orients, Altes Testament und Alter Orient 298, Münster 2003, S. 31f.

53 Koh 3,17; 8,5; 11,9; 12,14.

54 Vgl. Schroer, Silvia: Die göttliche Weisheit und der nachexilische Monotheismus, in: Wacker, Marie-Theres/Braulik, Georg (Hgg.): Der eine Gott und die Göttin. Gottesvorstellungen des biblischen Israel im Horizont feministischer Theologie, Quaestiones Disputatae 135, Freiburg u.a. 1996, S. 168.

55 Vgl. Feldmeier/Spieckermann 2011, Der Gott der Lebendigen. Eine biblische Gotteslehre, Topoi Biblischer Theologie 1, Tübingen 2011, S. 255.

56 Vgl. Marböck, Johannes: Weisheit im Wandel. Untersuchungen zur Weisheitstheologie bei Ben Sira, Bonner Biblische Beiträge 37, Bonn 1971, S. 49–54.

57 Vgl. Witte, Markus: »Das Gesetz des Lebens« (Sirach 17,11), in: Streib, Heinz/Dinter, Astrid/Söderblom, Kerstin (Hgg.): Lived Religion – Conceptual, Empirical and Practical-Theological Approaches (Festschrift Hans-Günter Heimbrock), Leiden/Boston 2008, S. 71–87.

58 Hebr. *b^erît* (»Verpflichtung«), griech. διαθήκη, lat. *foedus/pactum*.

59 Siehe dazu Feldmeier, Reinhard/Spieckermann, Hermann: Der Gott der Lebendigen. Eine biblische Gotteslehre, Topoi Biblischer Theologie 1, Tübingen 2011, S. 101–110; 126–148.

60 Koch, Klaus: Monotheismus und politische Theologie bei einem israelitischen Profeten im babylonischen Exil (2003), in: Ders., Der Gott Israels und die Götter des Orients. Religionsgeschichtliche Studien II, hg. v. Friedhelm Hartenstein/Martin Rösel, Forschungen zur Religion und Literatur des Alten und Neuen Testaments 216, Göttingen 2007, S. 319; ähnlich Koch: Vom Mythos zum Monotheismus im alten Israel (2004), in: Ders., Der Gott Israels und die Götter des Orients. Religionsgeschichtliche Studien II, hg. v. Friedhelm Hartenstein/Martin Rösel, Forschungen zur Religion und Literatur des Alten und Neuen Testaments 216, Göttingen 2007, S. 347; 349.

61 Vgl. Merkelbach, Reinhold: Isis regina – Zeus Sarapis. Die griechisch-ägyptische Religion nach den Quellen dargestellt, Stuttgart/Leipzig 1995, S. 4ff.; 74ff. und Witte, Markus: Vom El Schaddaj zum Pantokrator – Ein Überblick zur israelitisch-jüdischen Religionsgeschichte, in: Diehl, Johannes Friedrich/Witte, Markus (Hgg.): Studien zur Hebräischen Bibel und ihrer Nachgeschichte, Kleine Untersuchungen zur Sprache des Alten Testaments und seiner Umwelt 12–13, Kamen 2011, S. 229ff.

62 Aufgrund einer sehr früh im Überlieferungsprozess vorgefallenen Blattvertauschung erscheint das Gebet in der griech. Version des Sirach-Buchs als Sir 33,1–13a; 36,16b–22. Hinzu kommen unterschiedliche Verszählungen in den verschiedenen Ausgaben. Die hier vorgenommene Zählung folgt Reiterer, Friedrich V.: Zählsynopse zum Buch Ben Sira, Fontes et Subsidia ad Bibliam pertinentes 1, Berlin/New York 2003 und gibt in Klammern die Zählung in der Septuaginta-Ausgabe von A. Rahlfs/R. Hanhart (Stuttgart 2006/2013) an. Zu einer entsprechenden Übersetzung siehe Kaiser, Otto: Weisheit für das Leben. Das Buch Jesus Sirach übersetzt und eingeleitet, Stuttgart 2005.

63 In diesem Sinn ist die Gebetszeile in V. 12[9] zu verstehen, Gott möge das »Haupt der feindlichen Herrscher« vernichten.

64 Vgl. Gen 21,33; Jes 40,28; Tob 13,6.

65 Vgl. dazu knapp Koch, Klaus: Der hebräische Gott und die Gotteserfahrungen der Nachbarvölker. Inklusiver und exklusiver Monotheismus im Alten Testament, in: Ders., Der Gott Israels und die Götter des Orients. Religionsgeschichtliche Studien II, hg. v. Friedhelm Hartenstein/Martin Rösel, Forschungen zur Religion und Literatur des Alten und Neuen Testaments 216, Göttingen

2007, S. 11f., 35, und ausführlich im Blick auf das Neue Testament, speziell auf Paulus, Schrage, Wolfgang: Unterwegs zur Einzigkeit und Einheit Gottes. Zum »Monotheismus« des Paulus und seiner alttestamentlich-jüdischen Tradition, in: Evangelische Theologie 61 (2001), S. 190–203.

66 Vgl. Röm 11,36; 1Kor 12,6; 15,28.

67 Assmann, Jan: Monotheismus und Gewalt, in: https://www.perlentaucher.de/cdata/K5/T29/A8079/janassmann.pdf (29.1.2013, Zugriff am 19.12.2013).

68 Vgl. Witte, Markus (Hg.): Gerechtigkeit. Themen der Theologie 6, Uni-Taschenbücher 3362, Tübingen 2012, S. 37–40.

69 Vgl. Wicke-Reuter, Ursel: Göttliche Providenz und menschliche Verantwortung bei Ben Sira und in der frühen Stoa, Beihefte zur Zeitschrift für die Alttestamentliche Wissenschaft 298, Berlin/New York 2000, S. 36–38; 273.

70 Vgl. Dtn 4,35.39; 32,39; Jes 44,6; 45,5ff.; 46,9.

71 Vgl. Dtn 4,15–19.

72 Vgl. *Jubiläenbuch* 11,4–7; *Sibyllinische Orakel* III,547; 723 und dazu Hengel, Martin: Judentum und Hellenismus. Studien zu ihrer Begegnung unter besonderer Berücksichtigung Palästinas bis zur Mitte des 2. Jh.s v. Chr., Wissenschaftliche Untersuchungen zum Neuen Testament, 3. Aufl., Tübingen 1988, S. 164; 484.

73 Vgl. auch 1Kor 1,24.30; 2,1–16.

74 Assmann, Jan: Monotheismus ohne Mose?, in: https://www.perlentaucher.de/cdata/K5/T29/A8079/janassmann2.pdf (7.3.2013, Zugriff am 19.12.2013).

75 Witte, Markus: »Barmherzigkeit und Zorn Gottes« im Alten Testament am Beispiel des Buchs Jesus Sirach, in: Kratz, Reinhard G./Spieckermann, Hermann (Hgg.): Divine Wrath and Divine Mercy in the World of Antiquity, Forschungen zum Alten Testament II/33, Tübingen 2008, S. 196–198.

76 Vgl. dazu Koch, Klaus: Der hebräische Gott und die Gotteserfahrungen der Nachbarvölker. Inklusiver und exklusiver Monotheismus im Alten Testament, in: Ders., Der Gott Israels und die Götter des Orients. Religionsgeschichtliche Studien II, hg. v. Friedhelm Hartenstein/Martin Rösel, Forschungen zur Religion und Literatur des Alten und Neuen Testaments 216, Göttingen 2007, S.38.

77 Vgl. Ps 46,9f.; Jes 2,4.

78 Vgl. Ez 18,23.32; Sap 11,26.

79 Vgl. Lev 19,18; Mk 12,30–34.

## Monotheismus ohne Mose? Rückfragen an Markus Witte

Jan Assmann

Mit Recht warnt Markus Witte vor »der Ausblendung der Grundregeln historischer Kritik aber auch der Wirkungsgeschichte«, wenn in der Auseinandersetzung mit dem biblischen Monotheismus »manch eine Erzählung der Moseüberlieferung«, wie z.B. die Geschichte vom Goldenen Kalb, »symbolisch verzerrt und klischeehaft als Beispiel für den Charakter des Alten Testaments als eines Buchs von Gewalt verhandelt wird.« Natürlich dürfen solche Erzählungen, auch wenn sie keineswegs nur im Rahmen der Mose-Überlieferung vorkommen, nicht auf die Bibel als Ganzes hochgerechnet werden, in der sie, aufs Ganze gesehen, eher am Rande stehen und vermutlich aus bestimmten historischen – polemischen – Konstellationen heraus zu verstehen sind. Ebenso wenig geht es aber an, sie einfach apologetisch wegzuinterpretieren. Sie müssen etwas bedeuten, sonst stünden sie nicht im Kanon an so prominenter Stelle und würden sich nicht gerade im Zusammenhang der Mose-Überlieferung häufen. Wenn sie in der Rezeptionsgeschichte oft in symbolischer Verzerrung und klischeehaft als Argumente auftauchen, entweder um die Unterdrückung und Vernichtung kolonialisierter Völker zu rechtfertigen oder um den biblischen Monotheismus zu kritisieren, dann ist gerade historische Kritik gefordert, sie mit entzerrter Optik in den Blick zu fassen, aber nicht, die Augen vor ihnen zu verschließen.

Ein wichtiges Korrektiv ist hier sicher das Weitwinkel-Objektiv, das Markus Witte anstelle eines allzu einseitig auf die Mose-Überlieferung fokussierten Blicks auf die hebräische Bibel richtet. In diesem Weitwinkel-Blick zeigen sich vor allem drei Dinge:

- Innerhalb der Hebräischen Bibel nimmt Mose keineswegs die zentrale und dominierende Stelle ein wie sie ihm dann erst in der nachbiblischen Tradition zugewachsen ist.
- Die JHWH-Verehrung ist älter als die erst im 8./7. Jh. v. Chr. einsetzende Mose-Überlieferung und macht unabhängig von dieser einen Wandlungsprozess ihres Gottesbildes durch: vom Wettergott zum universalen Schöpfer und Lenker der Geschichte; Mose ist also nicht der Stifter dieser Religion.
- Die eigentlich theologische Arbeit am Gottesbild findet in der Weisheitsliteratur statt, in der die Exodus-Sinai-Landnahme-Tradition keine Rolle spielt und JHWH als Gott der Lebendigkeit, Freiheit und universalen Liebe erscheint.

Um es auf eine einfache Formel zu bringen: die Mose-Exodus-Erzählung der Bücher Exodus bis Deuteronomium vermittelt das Bild eines »revolutionären«, die Religionsgeschichte Israels und die übrigen biblischen Bücher, vor allem die weisheitliche Tradition, das Bild eines »evolutionären« Monotheismus.

Wer daher (wie ich selbst in einigen meiner diesbezüglichen Äußerungen) in toto den Ein-Gott-Glauben des antiken Israel als »revolutionären Monotheismus« und eine »Gegenreligion« bezeichnet, verstößt gegen die Grundregeln historischer Kritik, die in diesem Falle darin bestünden, den Gegenstand dieser Diagnose genauer anzugeben. Natürlich trifft sie weder auf die Religionsgeschichte Israels noch auf die Theologie des (gesamten) Alten Testaments zu, sondern bezieht sich allenfalls auf die Mose-Überlieferung. Von der kann Witte (wie vorher schon z.B. Klaus Koch in seinem Aufsatz über den »Tod des Religionsstifters«) zeigen, dass sie im Rahmen des Alten Testaments und der klassischen Epochen der israelitischen Religion und Literatur eher marginal war. Mose spielt außerhalb des Pentateuchs keine nennenswerte Rolle. Sein Aufstieg zur *der* Zentralfigur der jüdischen Religion und der Aufstieg seiner Lehre, der »Tora des Mose«, zu *dem* schlechthin definierenden Prinzip des Judentums und eines Lebens im Einklang mit Gott findet später statt und gehört in die spätere und hinsichtlich ihres Erfolgs und ihrer Durchsetzungskraft einmaligen Wirkungsgeschichte der Mose-Überlieferung. Von hinten her gesehen ist dieser Überlieferungskomplex, das »Erbe des Mose«, alles andere als marginal und strahlt als das normative Zentrum auf die gesamte Religion aus. Man wird dieses rezeptionsgeschichtliche Schicksal nicht einfach als symbolische und klischeehafte Verzerrung abtun können. Offenbar ist für diese Betrachtung ein anderes Instrumentarium nötig als das der historischen Kritik.

Meinen Zugang in »Moses der Ägypter« und »Die Mosaische Unterscheidung« würde ich als ideengeschichtlich charakterisieren. Die Protagonisten meiner Ideengeschichte heißen nicht Moses und Aaron und auch nicht Hilkia und Josia oder Ezra und Nehemia, sondern Moses Maimonides, John Spencer, Ralph Cudworth, William Warburton, Carl Leonhard Reinhold, Friedrich Schiller und Sigmund Freud. Im Rahmen dieses Diskurses ist die Tora des Mose längst zur Anweisung aller Anweisungen geworden, zum Ursprung des Monotheismus als der wahren, geoffenbarten, den Einklang von menschlichem Leben und göttlichen Willen stiftenden Religion. Erst in diesem Rahmen gibt ein Begriff wie »die mosaische Unterscheidung« einen Sinn. Die Frage ist, wie weit man sie in die Geschichte zurückprojizieren darf, ohne sich eines unhistorischen Anachronismus schuldig zu machen. Andererseits gilt eine Grundregel der Rezeptionsforschung: dass das Rezeptionsschicksal einer Idee, eines Textes, eines Werkes diesem selbst nicht ganz und gar äußerlich ist. Jedenfalls sollte man auf den Versuch nicht verzichten, zu prüfen, ob sich nicht im Licht der Rezeptionsgeschichte auch etwas zeigt, was in den originalen Befunden angelegt ist.

Markus Witte hat darauf aufmerksam gemacht, dass die Frage nach einem möglichen und wie immer im Einzelnen zu charakterisierenden Zusammenhang zwischen Monotheismus und Gewalt nicht an die Bibel insgesamt gestellt werden darf. Da gibt es, vor allem in der weisheitlichen Tradition, Gottesbilder, die von aller kritischen, antagonistischen, polemischen und ausgrenzenden Tendenz weit entfernt sind – auch wenn man vielleicht nicht ganz vergessen sollte, dass die bösartigste Verleumdung der »heidnischen«, bildverehrenden Religion in der »Weisheit Salomonis« steht und auch die Schwarzweißmalerei zwischen Gut und Böse einen charakteristischen Zug der biblischen Weisheit bildet. Hier fühlt man sich schon in der Nähe der »mosaischen Unterscheidung«. Aber generell hat Witte sicher Recht, wenn er feststellt, dass in der weisheitlichen Arbeit am Gottesbild die Mose-Exodus-Tradition keine Rolle spielt und Gott hier als der Inbegriff von Lebendigkeit, Freiheit und universaler Liebe erscheint. Die antike Weisheit ist nun einmal ein interkulturelles und internationales Phänomen, wodurch hier die die intra- und interkulturellen Differenzen und Antagonismen abgedunkelt werden.

Handelt es sich aber deswegen bei der Vorstellung eines revolutionären (und als solchen gewalt-affinen) Monotheismus um ein modernes Missverständnis? So interessant und wichtig es ist, sich die zumindest anfängliche Randständigkeit der Mose-und-Exodus-Überlieferung klar zu machen, gilt es doch im Blick zu behalten, dass diese Tradition, wie fiktional auch immer sie sein mag, keine *moderne* Fiktion und der Prozess ihrer wachsenden Dominanz und Verbindlichkeit eine Sache der (nach-)biblischen Antike und nicht der modernen Religionskritik ist. Der Widerspruch zwischen einer evolutionären Entwicklung der israelitischen Religionsgeschichte und den revolutionären Ideen von Bruch und Stiftung findet in der Bibel selbst statt und beschreibt eine innerbiblische Spannung und Dynamik. In der von Witte mit Recht angemahnten Weitwinkel-Perspektive gehen die politischen, kritischen, antagonistischen, kurz »revolutionären« Aspekte des biblischen Monotheismus verloren. So richtig und wichtig es ist, die Rekonstruktion der Religion Israels nicht auf den revolutionären Aspekt zu reduzieren, so verkehrt wäre es andererseits, diesen Aspekt aus dem Auge zu verlieren, ist es doch genau dieser Aspekt, in dem der israelitische Monotheismus in den darauf aufbauenden Religionen geschichtsmächtig wurde und uns bis heute und gerade heute beschäftigt. Der Eingott-Glaube Israels ist möglicherweise nicht als »Gegenreligion« angetreten, sondern erst im Laufe der Rezeptionsgeschichte des Mose-Mythos (frühestens ab der Joschijanischen Kultreform, wenn man die als historisch anerkennen will) dazu geworden. Wenn man allerdings die Forschungen von Morton Smith, Bernhard Lang, Manfred Weippert und anderen zur »Jahwe-allein-Bewegung« bedenkt, möchte man schon der JHWH-Monolatrie des 7. Jh. v. Chr. einen revolutionären Aspekt nicht absprechen.

Daher möchte ich in dankbarer Anerkennung der Korrekturen, die Markus Witte an meinem verengten Blick auf die Bibel angemeldet hat, an meiner Diagnose der »mosaischen« Religion, d.h. des mit der Figur des Mose verbundenen Aspekts der israelitischen Religion als einer Gegenreligion festhalten. Die mosaische, d.h. die von Mose gestiftete bzw. am Sinai empfangene und vermittelte Religion, so viel gebe ich gerne zu, ist eine Imagination der Gedächtnisgeschichte, der rekonstruktiven Arbeit an der Vergangenheit nach dem Zusammenbruch erst des Nordreichs, dann des Südreichs. In der Geschichte, soweit sie sich aus den archäologischen, epigraphischen und als Geschichtszeugnisse interpretierbaren literarischen Quellen erschließen lässt, hat kein Exodus (jedenfalls nicht in dem völkerwanderungsartigen Ausmaß des biblischen Berichts), keine Sinai-Offenbarung, keine Religionsstiftung in Form eines göttlichen Bundesschlusses, keine

40jährige Wüstenwanderung und keine Landnahme stattgefunden, ebenso wenig wie Massaker an den eigenen Leuten und an den Amalekitern, Hetitern, Hiwitern, Kanaanitern, Jebusitern, Kenitern, Girgasitern usw. Alle diese Motive (und damit auch die Frage der Gewalt, die uns in dieser Debatte beschäftigt) gehören vielmehr in die Literatur und ihre rekonstruktive Aufarbeitung der Vergangenheit. Wie konnte es aber zu diesem Widerspruch zwischen Geschichte und Gedächtnis kommen? Wie erklärt sich dieses polemische, revolutionäre Erinnerungsbild der israelitischen Glaubens- und Ethnogenese?

Das sind die Fragen, die ich an Markus Witte und die theologischen Kollegen zurückgeben möchte. Wittes Hinweis auf das Gottesbild der Weisheit hat unsere Debatte einen großen Schritt weitergebracht. Die revolutionären, polemischen, kritischen und potentiell gewaltträchtigen Aspekte der JHWH-Monolatrie, wie sie im Exodus-Mose-Mythos gebündelt auftreten, darf man nicht als *die* biblische Theologie insgesamt generalisieren. Man hat sie vielmehr im Rahmen der Mose-Überlieferung zu erklären. Möglicherweise gehören sie auch in diesem Rahmen einer bestimmten Textschicht und theologischen Tendenz an und dürfen wiederum nicht auf die gesamte Exodus-Sinai-Landnahme-Erzählung hochgerechnet werden. Ich könnte mir z.B. vorstellen, dass die kritischen Aspekte in der priesterschriftlichen Tradition eher ausgeblendet und in der deuteronomischen und deuteronomistischen Tradition dafür umso stärker herausgestellt werden. Da die Quellenscheidung vor allem in der US-amerikanischen alttestamentlichen Wissenschaft noch immer eine bedeutende Rolle spielt, wäre auch zu fragen, wie sich unter dieser Voraussetzung die »jahwistische« und die »elohistische« Quelle verhalten. Im Ganzen lassen sich ja auch schon in einer laienhaften Lektüre von 2.-5. Mose drei Tendenzen klar unterscheiden: eine befreiungstheologische (die man in den von manchen Spezialisten J und E zugeschriebenen Partien am deutlichsten spürt), eine bundestheologische (die man allgemein mit dem Deuteronomium und der deuteronomistischen Schule verbindet) und eine kulttheologische, die vollkommen eindeutig und unbestritten das Anliegen der Priesterschrift darstellt. Dies ist nur eine Vermutung, die ich an die Alttestamentler weitergeben möchte. Die befreiungstheologische Tendenz schwelgt in der Gewalt erst der Unterdrücker gegen die Unterdrückten (Ex 1) und dann der Unterdrückten (mit Gottes Hilfe) gegen die Unterdrücker (die zehn Plagen, die Vernichtung der Ägypter im Schilfmeer). Das ist politische Gewalt, wie sie mit einem revolutionären Prozess einhergeht. Im Rahmen der bundestheologischen Tendenz kommt es zu im engeren Sinne religiösen Formen von Gewalt: die Todesstrafe für bestimmte Übertretungen, z.B. der Sabbatruhe, der Bannfluch gegen die kanaanäischen Städte und die vom Gesetz abgefallenen Städte der Hebräer, die Strafaktion nach dem Goldenen Kalb und der Teilnahme am Fest des Baʿal Peʿor. Die kulttheologische Tendenz der Priesterschrift kennt wohl nur sakrifizielle Gewalt.

Diese Strömungen und Tendenzen müssten sich mit den sozialen und politischen Spannungen der Geschichte – der Loslösung des Nordreichs von Jerusalem, der assyrischen Katastrophe des Nordreichs, dem deuteronomi(sti)schen Widerstand gegen das Königtum mit seinem Frondienst, seinem synkretistischen Kult und seinen politischen Kompromissen, der assyrischen Unterdrückung und der babylonischen Katastrophe des Südreichs, den Konflikten nach der Rückkehr aus dem Exil (die Scheidung der Mischehen unter Esra und Nehemia) und vielem anderen mehr – in Verbindung bringen lassen. Hierüber würde man von den alttestamentlichen Spezialisten gerne mehr wissen. Diese Themen müssten sich doch ohne Apologetik und Polemik behandeln lassen. Wenn sie bislang nur unter Ausblendung der Grundregeln historischer Kritik und in symbolischer und klischeehafter Verzerrung zur Sprache kamen, dann ist die Anmahnung und Anwendung solcher Regeln nur umso willkommener.

## Im Schatten des Sinai. Fußnote über Ursprünge und Wandlungen totaler Mitgliedschaft

Peter Sloterdijk

### *Die integrale Einschwörung*

Ich will im Folgenden auf einige Momente der bekannten Sinai-Episode aus der Exodus-Erzählung des Pentateuchs etwas näher eingehen, um sie als Urszene der altjüdischen Antivermischungspolitik zu charakterisieren. Dass es sich bei der Sinai-Erzählung wie bei der gesamten Konstruktion des Exodus-Epos mitsamt seinen Irrfahrten, Rebellionen und Wundern weitgehend um literarische Fiktionen im Modus nachträglicher Prophezeiung handelt, wahrscheinlich zwischen dem 8. und dem 6. vorchristlichen Jahrhundert verfasst und nachexilisch überarbeitet, setze ich in aller Ruhe voraus. An Spekulationen über den möglichen Einschluss von Realitätsresten aus älteren Epochen in diesen Geschichten kann ich mich nicht beteiligen; daher ist für den vorliegenden Versuch auch die Frage nach der geographischen Identifizierung des Sinai-Schauplatzes – es soll hierzu vierzehn verschiedene Hypothesen geben – ohne Belang. Des Weiteren ist es im gegebenen Zusammenhang nicht weiter beunruhigend, dass Moses wohl kaum zwei von Gottes Finger beschriebene Steintafeln von der Berghöhe zum Lager des Volks herabgebracht haben kann. Der Münsteraner Alttestamentler Erich Zenger (1939-2010) hat hierzu das Nötige mit rührender Deutlichkeit geschrieben: »Hinter den Sinaigeschichten des Buches Exodus wird nicht ein wie immer geartetes einmaliges, empirisch greifbares Ereignis sichtbar: es gab historisch keinen Bundesschluß am Sinai [...] es gab keine Übergabe von Gesetzestafeln durch Gott an den Mose auf einem Berg Sinai. – Ja [...] es gab auch keine Anfertigung des Goldenen Kalbs durch die Mose-Leute oder sonstige Sinaibeduinen.«[1]

Man darf folgern, es habe mangels eines Goldenen Kalbs auch keine massenhafte Abschlachtung der Tänzer um das Kalb gegeben und keine anderen religiös motivierten Terrorhandlungen der Moses-Partei gegen das eigene Volk. Naturgemäß gab es auch keine Leviten, die sich bei der Niedermetzelung der Abtrünnigen hätten hervortun können. All die genannten Vorgänge haben ihren wahren Ort ausschließlich in den Erzählungen selbst. Die Erzählungen ihrerseits haben ihren vitalen Ort in den »israelogenen« Riten, das heißt in den volksstabilisierenden Opferhandlungen und Schriftlesungen, die sich zwischen dem 8. und dem 5. vorchristlichen Jahrhundert im Umfeld des Jerusalemer Tempelkults entfalteten – der sagenumwobene salomonische Tempel wurde nach Auskunft der jüngeren archäologischen Forschung erst zweihundert Jahre nach Salomons Tod, also um die Mitte des 8. Jahrhunderts, errichtet und diente bis zu seiner Zerstörung durch die Truppen Nebukadnezars II. um 586 als kultisches Zentrum des Landes. Weil den Sinai-Erzählungen keine historischen Wahrheitsbefunde zugeordnet werden können, ist der Betrachter gehalten, ihre symbolische Bedeutsamkeit bei der Einschwörung des Volks auf seine religiöse Verfassung umso höher zu veranschlagen.

In diesem Zusammenhang kommen wir endlich auf die Frage nach dem Zusammenhang von »Monotheismus« und Gewalt zu sprechen. Es wird sich am Wortlaut einiger kritisch zu beleuchtender Passagen erweisen, warum es nicht sehr sinnvoll ist, das Gewaltproblem weiterhin vorrangig an einem religionstheoretischen Konstrukt namens »Monotheismus«

festzumachen, auf dessen ausweichenden Sinn schon hingewiesen wurde. Stattdessen rückt die Untersuchung nun die Funktion des bundförmigen Singularisierungsprojektes samt seinen psychosozialen und moralischen Kosten in den Vordergrund.[2] Tatsächlich bietet die Erzählung vom Bundesbruch durch das Volk Israel während der Absenz des Moses auf dem Gottesberg, wie sie im Kapitel 32 des Buchs Exodus zu lesen ist, das unüberbietbare Paradigma eines durch den Singularisierungsvertrag motivierten Gewaltakts. Im Bericht hiervon findet sich einer der schlimmsten Sätze der Religionsgeschichte aller Zeiten. Als Moses, vom Berg zurückkehrend, das Volk unter »Lärmen und Jauchzen« beim Tanz um das Idol findet, stürzt er das Bildwerk um, lässt es verbrennen und zu Pulver zermahlen. Etwas mysteriös bleibt die Anordnung des Religionsführers, den Staub des zerstörten Kalbs ins Wasser zu schütten und die Israeliten zu nötigen, davon zu trinken.[3] Darauf beginnt eine beispiellose Schlächterei: »[26] Da stellte sich Moses an das Tor des Lagers und rief: ›Wer für den Herrn ist, trete her zu mir!‹ Da scharten sich alle Leviten um ihn. [27] Er sprach zu ihnen: ›So spricht der Herr, der Gott Israels: Es gürte ein jeder sein Schwert um die Hüfte! Zieht hin und her im Lager von Tor zu Tor! Es töte ein jeder selbst den Bruder, Freund und Nächsten.‹ [28] Die Leviten handelten nach des Moses Befehl. So fielen an jenem Tag vom Volk gegen dreitausend Mann.«[4]

Man hat zu Recht des Öfteren bemerkt, dass die dargestellte Gewaltentfesselung keine »extravertierte«, angriffskriegerische oder imperiale Stoßrichtung aufweist. Es handelt sich, im Gegenteil, um eine Entladung von »Gewalt nach innen« – man könnte beinahe von einem autogenozidalen Drama sprechen.

Hinsichtlich der Anzahl dreitausend, mit der die Summe der Getöteten beziffert wird, ist nicht leicht zu entscheiden, ob es sich um eine pragmatische oder eine symbolische Anzahl handelt. In jedem Fall beschreibt sie eine gewaltige Amputation am Körper des Moses-Volks. Ja, der Hinweis, dass die Leviten sich um Moses scharten, gibt der Vermutung Raum, es müsse sich – stets auf dem Schauplatz des Imaginären – um eine Vernichtungsaktion der mosestreuen Minderheit an der aaronhörigen Mehrheit gehandelt haben. Tatsächlich spricht der zitierte Passus davon, das Volk – man darf wohl ergänzen, das ganze Volk, die dienstfertigen Leviten ausgenommen – habe an dem Götzenfest teilgenommen. Nicht ohne Erstaunen nimmt man zur Kenntnis, dass es ausgerechnet Leviten sind, Angehörige einer priesterlichen Gruppe, die sich für die Ausführung des Gottesbefehls bereithalten. Der Einwand, es könne zu der damaligen Zeit noch keine Leviten gegeben haben, verfängt aufgrund des fiktionalen Status des Berichts nicht. Denn umso schwerer fällt die Beobachtung ins Gewicht, dass der Erzählung von der Ausmerzung zeitweilig abgefallener Volksmitglieder in Ermangelung des historischen Realgehalts ein herausragender symbolischer Charakter zukommt, um nicht von einer Dimension des Exemplarischen zu reden.[5] Der Gehorsam der Leviten gegen die mosaische Anweisung jedoch macht aus diesen Männern, wenn sie töten, keine Mörder. Zwar verstoßen sie massiv gegen das kurz zuvor förmlich kundgegebene fünfte Gebot (Exodus 20), doch steht ihr Tötungshandeln unter einem höheren Gesetz, es gehorcht gewissermaßen einem religiösen Notstandsrecht. Es scheint, die schwertführenden Leviten treten in die Nachfolge jener frühzeitlichen Heiligen Henker ein, deren überschriebene Spuren an mehreren Stellen des Alten Testaments in jüngerer Zeit – wie hypothetisch auch immer – entziffert werden konnten.[6]

Den entscheidenden Aufschluss hinsichtlich der autoplastisch-volkspädagogischen Bedeutung des levitischen Gemetzels erhalten wir aus dem Gesamtaufbau der Exodus-Szenen am Sinai. Ihre Form, die den Ablauf der Teilepisoden prägt, entspricht der klassischen narrativen Triade, die regelmäßig die Stationenfolge von Ausgangszustand, Störzwischenfall und Wiederherstellung durchschreitet. Das Gravitationszentrum der Geschichte liegt offenkundig in der durch Moses vermittelten Stiftung des Bundes zwischen Jahwe und Israel, auf dessen Leistungsfähigkeit als Mittel zur Singularisierung des Eigenen in der Kultkonkurrenz der vorderorientalischen Vielvölkersituation soeben hingewiesen wurde. In ihr erscheint Jahwe noch unter den Zügen eines unsichtbaren Stammeshäuptlings. Die Beziehung seiner Anhänger zu ihm gleicht noch mehr einer feudalrechtlich relevanten Angelobung von Gefolgsleuten an den Lehensherrn als einer spirituell vertieften Korrespondenz zwischen Gott und Volk oder gar zwischen Gott und Einzelseele.

Nachdem die Versuche Israels während der von David inaugurierten Königszeit (1012-597 v. Chr.) gescheitert waren, in das Konzert der regionalen Reichsbildungen zwischen Mesopotamien und Ägypten mit eigenen Staatsschöpfungen einzugreifen, musste sich den religiösen Führern des Volkes der verstärkte Rückgriff auf bundestheologische Denkfiguren aufdrängen. Freilich waren diese auch in der älteren prophetischen Literatur in okkasionellen Interventionen wachgehalten worden.

Durch die unglücksbedingte Hochkonjunktur der Bundestheologie nach der Katastrophe von 597 musste das Pathos der Abgrenzung eine enorme Steigerung erfahren – wie eben die Exodus-Erzählungen es bezeugen. Dies spiegelt sich in der Struktur der Sinai-Erzählung nachdrücklich wider. In ihr begegnet uns nicht nur der narrative Dreischritt vom Bundesschluss (Exodus 19-24) zum Bundesbruch (Exodus 32) und weiter zur Wiederherstellung des Bundes (Exodus 34), der für die erzählgesetzliche Abwicklung einer guten Geschichte obligat scheint. Die exorbitante Brutalität des Mittelteils, der den Einbruch der Störung abbildet, verrät darüber hinaus, wie sehr die Erzähler des Sinai-Dramas willens waren, sich in das von jeher virulente, nun aber abgründiger denn je zuvor aufklaffende Problem des Bundesbruchs zu versenken. Der hochstilisierte Bundesbruch am Sinai ist also nicht bloß eine kultgeschichtliche Episode, die der frommen Besinnung zu denken gibt. Er besitzt prototypischen Charakter. Der Gedanke an ihn – und an seine fortwährend drohende Wiederholung – entwickelt sich zu einer Obsession, mehr noch, er wächst zu einer Denk form heran, die ihren Anwendern geradezu verspricht, den Schlüssel zu den dunklen Wechselfällen der Geschichte Israels zu liefern.

Ich nenne das obsessiv wiederkehrende Bundesbruch-Motiv des Tanachs daher das Sinai-Schema. Es macht den Preis der Singularisierung Israels inmitten der intensiven kultischen und militärischen Völkerkonkurrenz fühlbar. In der fiktiven Urszene am Fuß des Gottesberges wurde der Motivzusammenhang zwischen dem Bundesbruch und dem standrechtlich vollzogenen Strafgericht mit archetypischer Wucht exponiert und für Übertragungen in beliebig weit entfernte Kontexte bereitgestellt. Es liefert den Prototypus eines »Tun-Ergehen-Zusammenhangs« – um an den unter Alttestamentlern beliebten Fachausdruck zu erinnern.[7] Mit Hilfe des Sinai-Schemas – Bundesbruch zieht Ausrottungsstrafe nach sich, mit dem »Rest« geht die Reise weiter – wurde die Geschichte Israels, vor allem wo sie, wie in der babylonischen Exilzeit, als Unglücksgeschichte erlebt oder gedeutet wurde, gleichsam vorwärts wie rückwärts lesbar. Während am Sinai die Ausrottungsstrafe dem manifesten Bundesbruch in Sichtweite und linearer Konsequenz folgt, lassen spätere, zunächst unbegreifliche Miseren des Volks nur den indirekten Rückschluss auf einen latent gebliebenen Bundesbruch zu – den erkennen in der Regel allein die Propheten und Priester, indem sie den Weg vom manifesten Strafleiden zum latenten Vergehen rückwärts abschreiten. Das Konzept der Sünde selbst, das vom Gang der jüdischen, christlichen und islamischen Ideen-, Gefühls- und Kultgeschichte nicht wegzudenken ist, trägt von Anfang an die Färbung der stets akuten Gefahr des Bundesbruchs. Im Grunde ist jede Sünde ein Rückfall in das Leben vor der sinaitischen Konversion. In jeder Einzelsünde wird die Primärsünde des

Verrats an der Bundespflicht, ja geradezu des Verrats an Gott, mehr oder weniger ausdrücklich aktualisiert.

Einer der frühen und typischen Anwendungen des Sinai-Schemas begegnet dem Leser der Bibel im 25. Kapitel des Buchs Numeri (Bamidbar). Dort wird berichtet, wie das Volk Israel beim Lager in Schittim (vermutlich im Ostjordanland) mit den »Töchtern Moabs Unzucht zu treiben« begann und an den Opfermahlzeiten der moabitischen »Götzen« teilnahm. Die Konsequenz ist vorhersehbar: »Der Herr sprach zu Moses: Nimm alle Volksverführer, und lass sie zu Ehren des Herrn angesichts der Sonne an Pfählen aufhängen [...]. Moses gebot den Richtern Israels: ›Es töte ein jeder die seiner Leute, die dem Baal-Peor anhingen!‹«[8] Auch hier wird wie am Sinai das generelle Tötungsverbot durch eine übergeordnete Tötungspflicht ersetzt – eine Exemtion, die in den gegebenen Fällen nicht aus der Kriegerethik folgt, sondern sich als unumgängliche Folge des Bundesbruchs aufzwingt. Ferner wird in demselben Zusammenhang berichtet, unter den Israeliten sei eine Seuche ausgebrochen, die 24 000 Menschen das Leben kostete. Die Plage, deren Strafcharakter rückwirkend erkennbar wird, kam erst an ein Ende, als Pinchas, ein Enkel des Priesters Aaron, die Quelle des Übels ausfindig machte, indem er einen Israeliten, der mit einer Midianiterin geschlafen hatte, mit seinem Speer durchbohrte. »Der Herr redete zu Moses: ›Pinchas [...] hat bewirkt, dass mein Grimm von den Israeliten abließ [...]. Siehe, ich verleihe ihm meinen Heilsbund. Ihm und seinen Nachkommen sei für immerwährende Zeit das Priesteramt vertraglich zugesichert dafür, dass er für seinen Gott geeifert und den Israeliten Sühne verschafft hat.‹«[9]

Dass die Jahrzehnte des babylonischen Exils von den Priestern Israels als Sühne für einen latenten chronischen Bundesbruch gedeutet wurden, versteht sich im Licht des Gesagten von selbst. Im Übrigen widerspricht die jüngere Forschung den Priestermärchen vom Seufzen des jüdischen Volks unter dem Joch der Gefangenschaft. Eine Vielzahl von Mitgliedern der israelischen Oberschicht fühlte sich an dem bunten Exilort recht wohl, fast wie in einem mesopotamischen New York, sie genossen dort Freiheiten aller Art; nicht ohne Grund blieben sie auch nach dem Niedergang Babylons im Lande. Erst nach dem arabisch-israelischen Krieg von 1948 wurden ihre modernen Nachkommen aus dem bald danach Irak genannten Gebiet vertrieben.

Vom Gesamtbefund des sinaitischen Schemas ist die kultisch explizit gemachte Pflicht zur Grausamkeit nicht wegzudenken, die bei der Exekution von strengen Gottes- bzw. Führergeboten demonstriert werden soll. So gebietet Moses den Kriegern bei dem Rachefeldzug gegen die verführerischen Midianiter die vollständige Auslöschung dieses Volks. Es erzürnt ihn, als er erfährt, dass das israelitische Heer lediglich alle Männer niedergemacht hatte, Frauen und Kinder jedoch in Gefangenschaft führen wollte. In seinem vom Bundesbewusstsein befeuerten Eifer besteht Moses darauf, auch sämtliche Knaben und alle erwachsenen Frauen zu töten und nur die jungfräulichen Mädchen zu verschonen: Die »lasst für euch am Leben!« (Numeri 31) Bei der folgenden Landnahme Israels werden die jüdischen Heere zur präventiven Ausrottung der ansässigen Bevölkerungen aus Amoritern, Kanaanitern, Perisiten, Hiwitern und Jebusitern angehalten, damit sie das noch labile Bundesvolk erst gar nicht dazu verführen können, »alle Gräuel nachzuahmen, die sie begingen, wenn sie ihren Göttern dienten«.[10] Die Gefahr des Bundesbruchs begleitet in wechselnden Graden von Explizitheit die weitere Geschichte des eiferpflichtigen Programmvolks. Im Umgang mit »Frevlern« und Verführern wird stets an die deuteronomistische Maxime »Du sollst sie nicht verschonen« erinnert.[11] Naturgemäß unterstehen auch die Grausamkeiten Yehuda Makkabis, des Sohnes des Priesters Mattatias, in seinen Vernichtungsaktionen gegen assimiliationsbereite Mitbürger während des Kampfs um jüdische Kultfreiheit im 2. Jahrhundert durchwegs den Grundsätzen der am Sinai kreierten Eiferkultur. Von

Yehudas Gewalttaten gegen Volksangehörige berichten die Makkabäer-Bücher im stolzen Ton.

Summarisch lässt sich sagen, dass die Mahnung zur unbedingten Bund-Bewahrung jederzeit die strikteste Kultpflicht mit sich bringt. Wer es versäumt, das Pessachfest zu feiern (es sei denn, er wäre auf Reisen und der Kultgemeinde fern), »soll aus seinen Volksgenossen ausgerottet werden«.[12] »Wer einem anderen Gott als Jahwe ein Schlachtopfer darbringt, an dem soll die Vernichtungsweihe vollstreckt werden.«[13] »Jeder, der am Sabbat eine Arbeit verrichtet, soll des Todes sterben.«[14] Diese Heftigkeiten gegen Frevler und Fremde sind nicht als Relikte titanischer Ungeschliffenheit im Text stehengeblieben. Man muss in ihnen bewusst gesetzte Mahnzeichen sehen. Sie dramatisieren den Zusammenhang zwischen einfacher Sünde und Bundesbruch: Die Gefahr der Apostasie steht immer schon im Raum. Die vielfach reflektierten und redigierten Brutalismen der Heiligen Schrift, die um das Jahr 400 v. Chr. ihre Endgestalt erreicht haben dürfte, sind nur aus ihrer religiösen Grammatik begreiflich zu machen. Hierzu hat man sich die psychopolitische Merkwürdigkeit zu vergegenwärtigen, dass in ihnen keineswegs eine heitere Primäraggressivität, ein unbefangener Expansionismus, ein naiver Ethnozentrismus zum Ausdruck kommen. Sie sind Derivate des prekären Vorrechts auf Strenge gegen sich selbst, das in positiver Wendung Erwählung heißt.

### *Phobokratie: Zur Proliferation des Prinzips totaler Mitgliedschaft*

Im Folgenden möchte ich die mehrfach geäußerte Vermutung wiederaufnehmen, dass die zitierten Gewaltreden zum größten Teil literarischer, performativer und evokativer Natur gewesen seien. Ich halte an der Annahme fest, sie bedeuteten nur heftige Verbalismen, denen in den meisten Fällen keine Realhandlungen entsprochen haben dürften. Religionspraktisch und ethnopädagogisch gesehen, gehören sie zu den Sprechakten der Einschwörung, kraft welcher sich das Volk Israel in seinen langen politischen Bedrängnis- und Versuchungszeiten auf die Grundlagen seiner »Sonderexistenz«[15] zu besinnen versucht. Nicht ohne Grund hat Jan Assmann in seiner Wiener Rede *Monotheismus und die Sprache der Gewalt*[16] auf die linguistischen Bedingungen des neuen, im Gottesbund fundierten *modus vivendi* hingewiesen. Dessen revolutionäre Neuheit ließ sich allein in einer Sprache der kollektiven Konversion artikulieren. Unter dem singularisierenden Effekt des Sinai-Schemas versucht sich erstmals ein ganzes Volk an der Seinsweise eines Eiferkollektivs bzw. von heilsbesorgten Verwirklichern des Gesetzes. Die Sprachformen dieses Daseinsmodus umfassen auf der einen Seite die Heilsverkündigung, die Segensrede, die Selbstbeglückwünschung und den Dankesspruch – ihnen verdankt die religiöse Weltliteratur einige der höchsten Dokumente theopoetischer Rede. Auf der anderen Seite verdichten sich die Gesten der Unheilsverkündigung, der Selbst- und Fremdverfluchung, der Drohrede und des Reuebekenntnisses (»das [richtige] Opfer für Gott ist ein zerknirschter Geist«[17]) zu einem Strom stetiger Selbstermahnung, ja Selbsterschrekkung. Zu Recht spricht Assmann davon, daß der »exklusive Monotheismus« – ich würde jetzt lieber sagen: die singularisierende Strategie in der Kult- und Völkerkonkurrenz – aus innerer Notwendigkeit einer »Semantik des Bruchs, der Abgrenzung, der Konversion« bedarf.[18]

Bruch, Abgrenzung und Konversion haben gemeinsam, dass sie Aspekte einer neuartigen Kultur der totalen Mitgliedschaft[19] darstellen. Zwar besitzen frühe Stämme und Völker insgesamt für ihre Mitglieder quasi von Natur aus den Charakter totaler Institutionen, außerhalb welcher sich sinnvolles Leben kaum vorstellen ließ – weswegen die Verbannung oft einer psychosozialen Todesstrafe gleichkam. Jedoch waren die alten ethnischen Formationen, wie die jüngere Ethnologie betont, gewöhnlich in viel höherem Maß für Wechselwirkungen mit anderen Völkern, für Absorptionen, Assimilationen und Vermischungen offen, als die romantische Unterstellung substantieller Ethnizitäten glauben wollte. Durch das Sinai-Schema wird – soweit man sieht, zum ersten Mal – ein Volk zu einer programmatischen totalen Institution überhöht, die ihren Angehörigen, zusammen mit dem striktesten Vermischungsverbot, die Pflicht zur integralen Mitgliedschaft an einem erhabenen kultisch-ethischen Projekt auferlegt.

Es ist in erster Linie dieser ethnogenetische Geniestreich, es ist diese singuläre Verwandlung einer zufälligen Ethnie aus bis dahin unauffälligen, »götzendienerischen« Stämmen in ein eiferndes Programmvolk unter dem einen Gott, auf welche das eindrucksvolle Phänomen der »Zeitüberdauer des Judentums«[20] zurückzuführen ist. Was man seit alter Zeit den »Zaun um die Thora« nennt und in jüngeren Tagen den Normenzaun um das jüdische Volk genannt hat, ist nichts anders als das Ergebnis der Anwendung des Sinai-Schemas auf das ethnische Substrat des Exodus-Volks, zu dem später – namentlich bei der Versammlung von Sichem[21] – eine Reihe von Nicht-Exodus-Stämmen hinzutraten.[22] Diese historisch imponierenden Effekte der Selbsteinzäunung des Judentums durch Schriftfrömmigkeit und Gesetzesgehorsam sind es, die Heinrich Heine zu der so eleganten wie tiefen Bemerkung inspirierten, für die Juden der Diasporazeit sei die Bibel ein »portatives Vaterland« gewesen.

Die sinaitische Singularisierungsstrategie besteht in der Hauptsache aus einer beachtlichen Anzahl von Selbstinklusionsmaßnahmen, die das Ziel verfolgen, eine möglichst unüberwindliche Innen-Außen-Differenz aufzurichten – eine Differenz, deren reine Durchführung doppelt gefährdet ist, von innen durch das jederzeit aktuelle Risiko des Abfalls, beginnend mit der Gleichgültigkeit gegen die Tradition, von außen durch Repressionen und Assimilationsangebote seitens fremder Mächte. Ein gut Teil des Religionsvolkslebens vollzieht sich als Streit am Zaun.

Wo der »Zaun« um das Volk in »Sonderexistenz« nicht nur durch wiederholte Verheißungen, sondern auch mit den Mitteln chronischer Selbstermahnung, ja sogar ständiger Selbstdrohung errichtet wird, wandelt sich die gewöhnliche politische Phobokratie, ohne die sich die Herausbildung größerer hierarchisch strukturierter Herrschaftssysteme von antiken Tagen an nicht vorstellen lässt, zu einer neuen Form von primär nach innen wirkender Furchtsteuerung. Sie erzeugt bei dem betroffenen Volk eine gewissermaßen autophobokratische Verfassung. In dieser geht die allgemeinreligiöse Scheu vor numinosen Dingen und vor der Rache der Götter in die Sonderform der Furcht vor dem Bundesbruch und seinen Folgen über. Da in diesem Regime virtuell jedes Vergehen, weil heilige Normen verletzend, vor dem Hintergrund der Bundesbruchdrohung gesehen werden kann, nehmen die Strafen auch in niedrigrangigen Angelegenheiten einen phobokratischen Charakter an. Im Buch Deuteronomium (Devarim) des Pentateuchs wird der Fall eines ungehorsamen und trunksüchtigen Sohns erörtert, mit dem wie folgt verfahren werden soll: Seine Eltern mögen ihn ergreifen und an das Gerichtstor bringen. »Dann sollen alle Männer seiner Heimatstadt ihn zu Tode steinigen. So sollst du das Böse aus deiner Mitte wegschaffen. Ganz Israel soll es vernehmen und sich fürchten.«[23] Im Klima generalisierter Phobokratie dringen die Wirkungen des Sinai-Schemas bis auf die Ebene von Alltagskonflikten vor. Die Spruchliteratur reflektiert dies in der Devise: »Die Furcht des Herrn ist der Beginn der Weisheit.«[24]

Im Wirkungsbereich des streng angewandten Sinai-Schemas gerät die Psyche der Gläubigen unter den Einfluss einer verwirrenden Doppelforderung, die man am besten als phobokratisches Paradoxon beschreibt. Dieses trägt nicht wenig zur Ausbildung jener religiös angespannten Innerlichkeit bei, die aus der ständigen Abarbeitung an unlösbaren Rätseln entspringt.[25] Die Gläubigen sehen sich unter dem Eindruck der sinaitischen Urszene mit der in sich selbst widersprüchlichen

Aufforderung konfrontiert, unbedingtes Vertrauen zu Gottes Erbarmen zu fassen, weil Gott sie andernfalls unbarmherzig vernichtet. Hieraus kann nichts anderes als ein Habitus entstehen, in dem die Furcht vor der Furcht das Vertrauen überformt. Die helle Seite des Glaubens lässt sich danach nur durch ein Wegdenken des Bedrohlichen gewinnen. Dieses Muster wirkt noch im Glaubensbegriff des Paulus nach.

Es wäre nun ein gravierender Fehlschluss, wollte man annehmen, die Wirkungen des Sinai-Schemas beschränkten sich auf die Religionsverfassung Israels in vormoderner Zeit. Wenn es tatsächlich gute Gründe gibt, von einer Gruppe eminenter monotheistischer Religionen und ihrem problematischen Verhältnis zur Gewaltfrage zu sprechen, so deswegen, weil die Grundstrukturen der sinaitischen Konstitution, wenn auch nicht in allen Hinsichten, so doch in einigen wesentlichen Elementen auf die Nachfolgereligionen des Judentums, namentlich das Christentum und den Islam, übergegangen sind. Die Geschichte des Christentums wie die des Islams ist bis zu einem gewissen Grad als die Wanderung des Sinai-Schemas durch expansive nichtjüdische Kollektivprojekte zu verstehen. In diesen erst kam es zu den bekannten massiven Gewaltfreisetzungen nach innen wie nach außen, die die Religionsgeschichte verdüstern. Daher scheint es sinnvoll, die Dreiergruppe der klassischen Monotheismen durch ihre gemeinsame Prägung durch das Sinai-Schema zu definieren, ungeachtet dessen, dass sich viele Theologen lieber mit dem postantisemitischen Phantombegriff der »abrahamitischen Religionen« angefreundet haben, dem sie so manche gute Stunde am ökumenischen Kamin verdanken. Tatsächlich verpasst man beim Rückgang auf Abraham als vorgeblichen Quellpunkt intermonotheistischer Gemeinsamkeiten die entscheidende ethnogenetische Pointe: Der von Jahwe mit Abraham in dessen neunundneunzigstem Lebensjahr geschlossene Bund atmet noch die Luft des Patriarchenmärchens, ihn umgibt, der dunklen Isaak-Geschichte zum Trotz, noch der Charme des vorsinaitischen Israel, dem Thomas Mann in seiner Joseph-Tetralogie das großartigste Denkmal gesetzt hat. Der Abraham-Bund wird als Heilszusage an einen frommen einzelnen formuliert, sosehr auch schon vom Segen einer unabsehbaren Nachkommenschaft die Rede ist. Es fehlt ihm noch das Element der sinaitischen Verschärfung, die mit der Kollektivoffenbarung am Gottesberg und mit der Einberufung eines ganzen Volks in den Gehorsams vertrag mit Gott wirksam wird.

Was Christentum und Islam mit dem Judentum gemeinsam haben, ist nicht die mythische Herkunft von einem Stammvater, sondern die neuartige ethnogenetische Form, die sie als Programmvölker mit prophetischen Skripten von den übrigen ethnischen Gruppierungen abhebt. Das sinaitische Programmvolk Israel findet seine wahren Verwandten und typologischen Nachfolger in dem pneumatischen Programmvolk, das christlich *ekklesia* heißt, und in dem koranischen Programmvolk, das sich als *umma wahidāh*, sprich als die eine Gemeinschaft der Muslime, konstituiert. Beide Neuvölker haben den Ausbruch aus der ethnischen Klausur des Judentums zur Voraussetzung.

Die drei theogenen Kollektive teilen miteinander den in der sinaitischen Verschärfung zuerst prägnant ausgeformten Zugriff auf das Leben ihrer Angehörigen im Modus der totalen Mitgliedschaft – ob dieser nun hebräisch *qana* heißt oder griechisch *zélos* oder arabisch *djihad*. Dies verrät sich nicht zuletzt in ihrer gemeinsamen tiefen Nervosität angesichts der Gefahr von Apostasie. Es wäre leichtsinnig, das Apostasieproblem in den resoluten Programmvölkern vom Muster des Kirchenaustritts in einer modernisierten Gesellschaft her aufzufassen. Tatsächlich betrachten auch die beiden Nachfolgereligionen des Judentums das Verlassen der Heilsgemeinschaft nach wie vor – dem Sinai-Schema folgend – als einen Bundesbruch, auch wenn die Bundespartner nicht mehr Jahwe und Israel sind, sondern der Dreieinige und sein Kirchenvolk oder Allah und seine muslimische Gemeinde. Es verwundert daher nicht, dass die totalen Programmkollektive in den Zeiten ihrer sozialen Vollmacht den »Abtrünnigen« oder Religionsmüden *de iure* ein Todesurteil hinterherschicken konnten, zumindest einen eschatologischen Fluch und eine von Herzen kommende Verwünschung. Noch der heutige Islam ist vom Problem der Apostasie (*ridda*) geradezu besessen, wie unter anderem ein fatales Urteil des Fatwa-Ausschusses der al-Azhar-Universität in Kairo (der angesehensten Institution des sunnitischen Islam) von 1978 bezeugt: Nach diesem sind noch heute Apostaten unter gewissen Umständen als Verräter an Allah zu töten. Zudem wird der Islam in diesen Tagen mehr denn je vom Argwohn gegen reale oder vermeintliche Blasphemien heimgesucht. Als Angehörige eines Eiferkollektivs, dessen Mitglieder die eigenen kulturellen Schwächen mit zunehmender Deutlichkeit verspüren, versäumen manche muslimische Eiferer heute keine Gelegenheit, sich von Ungläubigen beleidigt zu fühlen. Sie antworten auf die zum gut Teil eingebildeten oder herbeigewarteten Angriffe mit zelotischen Grenzverstärkungen.

Wer sich für Methoden zur Erzeugung von totaler Mitgliedschaft im frühen 21. Jahrhundert interessiert, braucht sich nur zu informieren über das Treiben von Taliban-Schulen in Afghanistan und von wahabitischen Ausbildungszentren in Saudi-Arabien, deren Abgänger vor allem in den Ländern Afrikas und Asiens als Glaubenskämpfer auffällig werden. Dass ähnliches in manchen Hinterhof-Moscheen Europas geschieht, lässt sich nicht mit Still schweigen übergehen. Der Interessent sollte sich allerdings auch kundig machen über die protestantischen Sekten-Universitäten in den USA, über Seminare der Pius-Brüder in der Schweiz, über Engelwerke und marianische Inbrunst-Vereine in Bayern sowie über die Geschäfte einer Unzahl totalitärer Kleinreligionen in aller Welt, die bei all ihren Verschiedenheiten das eine gemeinsam haben, dass sie, scheinbar altmodisch, nach dem »ganzen Dasein« ihrer Mitglieder greifen.

### *Metamorphosen der Mitgliedschaft*

Es liegt in der Natur moderner Gesellschaften, dass sie im Verlauf ihrer funktionalen Differenzierung die religiöse Semantik (wie die religiöse Ritualistik) von der Aufgabe der Kollektivsynthese entlasten. Modern sind Gesellschaften, sobald sie ihren Zusammenhang durch säkulare Medien und funktionenteilig verzahnte Subsysteme besorgen, ohne dass sie an irgendeiner Stelle ein wahres Selbst oder eine Kultmitte ausbilden müssten – nicht einmal in den Parlamenten und den Fachbereichen für Soziologie. Hierdurch befreien sie die Religion insgesamt zu ihrem »Kerngeschäft«: der Deutung des In-der-Welt-Seins als solchen – die sie in unentscheidbarer Konkurrenz mit der Kunst und der Philosophie betreibt –, der Schicksalsbewältigung und der Betreuung der letzten Dinge. Diese Befreiung wird von Gläubigen, die sich nostalgisch an vormoderne Verhältnisse erinnern, als Bedeutungsverlust erlebt. Die große Mehrheit der religiös Betroffenen dürfte die Aufhebung zudringlicher Kollektivierungen im Namen von aufgedrängter Kult- und Kirchenmitgliedschaft als Erleichterung begrüßt haben. Das zeigt: Die wirkliche oder systemische »Reformation« des religiösen Lebens konnte sich aus strukturellen Gründen noch nicht im Jahrhundert Luthers und Calvins ereignen, da jene Zeit lediglich alternative Formen der religiösen Totalerfassung hervorzubringen imstande war – wie die integristischen Zuspitzungen des Luthertums und des Calvinismus zeigen. Sie vollzog sich der Sache nach erst zwischen dem 18. und dem 20. Jahrhundert bei der Ausdifferenzierung der Religion zu einem »Subsystem« mit eigengesetzlichen Funktionen.

Dies ist die Reformation, der sich selbst die römisch-katholische Kirche nach erbittertem antiliberalem Widerstand nicht verweigern konnte. Allerdings zeigen sich in ihr auch nach dem historischen Kompromiss mit dem »Liberalismus«, den das Vaticanum II vollzog, unmissverständliche gegenreformatorische Tendenzen in Form von neosinaitischen Verschärfungen: Nicht zufällig hat Benedikt XVI. die Kirche jüngst an ihre wahre Identität als pneumatisches Volk von Zeugen erinnert und sie zu stärkerer Entweltlichung aufgerufen.[26] Da sie die Rolle einer kollektivbildenden Staatskirche seit langem nicht mehr spielen kann, steht für sie auf den Wegen der Entweltlichung nur noch die Selbstvergewisserung in einer vom Pneuma und Dogma animierten Parallelgesellschaft offen – spätere Öffnung zur Welt nicht ausgeschlossen.

Im Übrigen ist aus systemevolutionärer Sicht gut zu verstehen, warum in der Übergangsphase von traditionellen Gesellschaften mit religioider Einheitssemantik zu modernen Gesellschaften mit diskreten »Grundwerten«[27] zeitweilig – vor allem in der ersten Hälfte des 20. Jahrhunderts – das Problem der sogenannten Ersatzreligionen auftauchen musste: Was man den Nationalismus, den Totalitarismus, den Faschismus, den Kommunismus, den Fundamentalismus oder den Integrismus genannt hat, waren und sind in der Sache nichts anderes als mehr oder weniger verzweifelte Versuche, ältere Formen der Kollektivsynthese durch die allzuständige Religion mit neuen, halb willkürlichen Themen wie Nationalkultur, Vergesellschaftung der Produktionsmittel, Führerkult, Rassendifferenz oder Buchstabengläubigkeit nachzuspielen. Bei der systemischen »Reformation« übernahm die bürgerliche Kunstreligion trotz fragwürdiger Überspitzungen eine aufs Ganze gesehen produktive Rolle, weil in ihr am Umgang mit ästhetischen Kultobjekten der Übergang von der traditionellen zwangsmitgliedschaftlichen Kultübung zu spontanen dogmenlosen Verehrungen eingeübt werden konnte.

Der Strukturwandel des Religiösen in der Moderne kann die Formen totaler Mitgliedschaft nicht unberührt lassen, die sich nach dem ethnogenetischen Geniestreich im Zeichen des Sinai entwickelt hatten. Er affiziert daher auch die einstige fortlaufende Israelisierung Israels unter dem Ritualgesetz ebenso wie ihre Parallelen in den Programmvölkern der christlichen Kirchen und des Islam, die sich auf jeweils eigene Weise der stetigen Christianisierung der Christen und der Islamisierung der Muslime verschrieben hatten. Offenkundig hat sich im westlichen Judentum seit dem 18. Jahrhundert eine Emanzipation vollzogen, die über die Gemeinschaftszwänge der Vergangenheit und den chronischen Bundesbruchverdacht hinausführen. Auf dem jüdischen Weg in den ethischen Liberalismus kann die ernstgenommene Demokratie als Fortsetzung des Bundes mit anderen Mitteln gelten.[28]

Im Lauf der Modernisierung werden Konzepte wie Mitgliedschaft oder Zugehörigkeit einer tiefgehenden Revision unterworfen. Es sind im wesentlichen zwei Veränderungen des Sozialsystems, die dem Phänomen der totalen Mitgliedschaft in Religionsvolksgruppen die Grundlage entziehen – zum einen die eben genannte Freistellung der überlieferten Religion vom Geschäft der Kollektivsynthese (was eine Erledigung mancher Formen der vormals unausweichlichen »politischen Theologie« mit sich bringt[29]), zum anderen die progressive Erhebung der Individuen zu Trägern unveräußerlicher Grundrechte. Unter denen ragen das Recht auf Freizügigkeit und das Recht auf freie Religionswahl hervor.[30] Wenn es auch übertrieben ist, von einer Sakralisierung der Person in der Moderne zu sprechen, die Souveränisierung der Person ist nicht zu leugnen.[31] Indem die Souveränität der Person ein grundrechtlich verankertes Gegengewicht zur potentiell dämonisch übersteigerbaren Idee der Volkssouveränität bildet, löst sie *eo ipso* den Zugriff des Kollektivs auf die einzelnen auf und emanzipiert diese von der Zumutung totaler Volksangehörigkeit. Insgesamt wird der Volksbegriff zunehmend problematisch, ja, die Volkstümer selbst erscheinen immer öfter als Anachronismen, zuweilen nur noch als altehrwürdige Sperrgüter in den stofflichen und informatischen Flüssen der Weltgesellschaft. Beobachtungen dieser Tendenz hat Karl Marx in seinen noch immer anstößigen Bemerkungen zur Judenfrage antizipiert, in denen er einer Auflösung des abgesonderten Volks in einer durch Entfesselung der Produktivkräfte emanzipierten Menschheit das Wort redete.

Durch diese Entwicklungen ist virtuell das vom religionsvolkartigen Kollektiv ausgehende Ansinnen totaler Mitgliedschaft suspendiert. Mitgliedschaft wird in der modernen Gesellschaft einerseits prinzipiell optional, andererseits prinzipiell plural verstanden. Auf der Ebene moderner Grundrechtszusagen ist das Recht auf Verlassen einer Nation ebenso unstrittig wie die Aufgabe einer Kultmitgliedschaft: Auswanderung ist kein Landesverrat, Kirchenaustritt keine strafbare Apostasie, auch wenn letzterer mit Exkommunikation und mit dem Verlust des Rechts auf Zahlung von Kirchensteuer geahndet wird. Nur im Kriegsfall (genauer im Fall des Volkskriegs) regredieren moderne Nationalstaaten, sofern sie noch die allgemeine Wehrpflicht an wenden, in den Zustand opferpflichtiger Zwangskollektivität.

Vor dem Hintergrund des Strukturwandels von Mitgliedschaft wird das Fortbestehen älterer und renovierter Formen totaler Angehörigkeit zu einem Sonderproblem der Moderne. Auf dieses nehmen seit einiger Zeit die überwiegend begrifflich hilflosen Diskurse über die sogenannten religiösen Fundamentalismen Bezug. Auch die noch hilflosere Frage »Sind Religionen gefährlich?«, mit der sich mancher Theologe seines interessanten Berufs vergewissert, reagiert auf die nicht mehr zu verdrängende Tatsache, dass neben den komplizierten, doch oft erfolgreichen Lebensformen der liberalen Teil- und Mehrfachmitgliedschaft an ethnischen, religiösen, berufsständischen und sonstigen Kollektiven noch immer – oder schon wieder – Tendenzen zu monolithischen oder mono-mitgliedschaftlichen Lebensformen zu beobachten sind. In denen wird es beispielsweise fraglich, ob man wirklich und ohne Heuchelei Muslim *und* Bürger eines westlichen Nationalstaats sein könne.

Ich lese die Frage nach der alten oder neuen Gefährlichkeit von Religion als Ausdruck einer typisch modernen Problemlage, die als das Toleranzparadoxon zu beschreiben ist: Während unter der Vorherrschaft des Sinai-Schemas ein striktes Intoleranzgebot in Kraft war – als notwendige Implikation des Vermischungsverbots, des Assimilationsverbots und des Opfergemeinschaftsverbots –, gilt in der liberalen Ordnung der Dinge das Toleranzgebot, gleich ob mit oder ohne Rekurs auf die Ringparabel.[32] Dies schließt die Toleranz für die Intoleranten ein. Es spricht für die bewundernswerte Stärke des religionsliberalen *way of life*, dass er fast alle überständigen oder aus Neubildungen erwachsenden Formen des Eiferertums zu dulden willens ist. Allein dessen terroristische Überspitzungen sind von der Duldung ausgenommen. Der ethische Liberalismus erklärt die Vorliebe einzelner für Lebensweisen unter hohem normativem Selbstzwang zur Privatsache der Zwangliebenden und übt im Umgang mit ihren Bekundungen weitgehend Neutralität. Es gehört zur Ironie der Religionen in der Moderne, dass sie auch das Absolute zu einer Option machen. Dem häretischen Imperativ entgeht auch der um Orthodoxie Ringende nicht, nachdem nun selbst die Rechtgläubigkeit eine Wahl (*hairesis*) zu ihren Gunsten zur Voraussetzung hat.

Nirgendwo lässt sich die Belastbarkeit des liberalen Arrangements besser beobachten als im respektvollen Verhältnis des 1948 gegründeten, formal religionsneutralen Staats Israel zu seinen eifernden Mitbürgern, indem er die Ultraorthodoxen als Staatspensionäre aushält, obwohl manche von ihnen die Legitimität dieses Staats zum Teil mit religionsimmanent triftigen Argumenten bestreiten. Das ist, als hätte er trotz seiner überwiegend säkularen Orientierung Verständnis dafür, dass das tägliche Beachten von 365 Verboten und 248 Geboten altjüdischer Frömmigkeit ein Vollzeitberuf ist, der weder mit Erwerbstätigkeit noch Wehrdienst, noch politischen Ämtern verträglich ist. Nur eine Moderne, die auch ihre Verweigerer alimentiert, ist auf der Höhe ihrer selbst.

Nach dem Gesagten liegt auf der Hand, dass die Hauptarbeit bei der Auflösung von Traditionen totaler Mitgliedschaft durch den systemischen Umbau der modernisierenden Gesellschaft geleistet wurde, als diese im religiösen Bereich von politisch motiviertem Konfessionszwang auf freie Kultwahl umstellte. Dem entsprechen auf der politisch-sozialen Ebene der Strukturwandel des »Volks« zur »Bevölkerung« und das Absinken von völkischen Merkmalen zur Folklore. Die zuständigen Begriffe für Menschenverbände »nach den Völkern« lauten Masse, Mob, Multitude, schweigende Mehrheit.[33] In bezug auf diese Größen verstummt die Frage nach Gott und Göttern.

Der Umgang mit Intoleranz-Resten, die nach der Wende zur Subsystemisierung von Religion fortbestehen, bleibt eine offene Aufgabe. Diese dürfte mit der Formel »Zivilisierung der Religionen durch Bildung« annähernd richtig umschrieben sein.[34] Ob die neuerdings beliebten Fußballspiele zwischen Imamen und Pfarrern zu den wünschbaren Bildungsprogrammen dazu einen Beitrag leisten können, ist nicht sicher. Bildungswirksam sind die jüngst vermehrt zu hörenden Polemiken christlicher Theologen gegen den angeblichen postmodernen Polytheismus gewiss nicht. Die Verspottung der Erinnerung an den »Kosmotheismus« nichtmonotheistischer Religionen ist bildungswidrig. Zuverlässigere Zivilisierungsmethoden haben Religionsdenker zwischen dem 16. und dem 20. Jahrhundert vorgeschlagen, von denen einige mehr denn je informativ sind.

Fünf Ansätze hierunter verdienen gegenwärtig, wie mir scheint, eine besondere Betonung. An erster Stelle ist die Domestikation des Eiferertums im »Modus Erasmus« anzuführen, mit dem sich noch heute die Erinnerung an eine zivilisierende Synthese von humanistischen und christlichen Motiven verbindet. Nicht zufällig stehen Programme für ein erasmisches Europa im Fokus aktueller Bildungspolitik. Dem folgt das religionskritische Lehrstück des 17. Jahrhunderts im »Modus Spinoza«, bei dem erstmals die Aufhebung der eifersüchtig gehüteten lokalen Besitzstände an speziellen Offenbarungen in universal zugängliche philosophische Erkenntnis offensiv zur Sprache gebracht wird – nicht ohne Spott über die Kirchturmpolitik der historischen Religionen. An dritter Stelle nenne ich die große religionspsychologisch zivilisierende Intervention im »Modus James«, die sich in den Gifford-Lectures von 1901 bis 1902 zur *Vielfalt religiöser Erfahrung* präsentierte.[35] In seinem offenen Empirismus bot der Psychologe William James ein Beispiel dafür, wie das undogmatische Interesse an Religion, sei es als »Wille zum Glauben«, sei es als humanisierende Skepsis, dem Eifer der herkömmlichen religiösen Zwangskollektive den Rang abläuft. Von hoher zivilisierender Wirksamkeit könnten sich ferner die Beiträge zur Religionstheorie im »Modus Scholem« erweisen, der zumal im Judentum die Häresie als innerste Triebkraft religiöser Evolution aufdeckte und diese selbst als immerwährendes, unvermeidliches und schöpferisches Ringen zwischen häretischen und orthodoxen Kräften verstand.[36] Diese Optik dürfte sich auch beim Studium nichtjüdischer Religionssysteme bewähren. An der Wende vom 20. zum 21. Jahrhundert schließlich hat der zivilisierende Religionsdiskurs eine weitere Belebung im »Modus Assmann« erfahren. Durch ihn war zu lernen, wie sich, von ägyptischen Anfängen ausgehend, ein roter Faden aus Ideen über die Möglichkeit und Wirklichkeit der Doppelreligion durch die europäische Überlieferung hindurchzieht – die exoterische und die esoterische, die volkstümliche und die philosophische, die lokale und die menschheitliche, die äußere und die innere, die politische und die natürliche.[37]

Mit diesen Mentoren zur Seite ist die zerklüftete Landschaft der neuen Religionspolemiken mit etwas höherer Trittsicherheit zu durchqueren. Von ihnen ist zu lernen, dass Religion und Religionen – die man doch endlich besser als mentale und rituelle Übungssysteme begreifen sollte – von jeher und immer noch wichtige Manifestationen des dichterischen Wohnens von Menschen auf der Erde darstellen, gerade nachdem sie, wie ich meine, zum Vorteil aller, von ihren ethnogenen Funktionen weithin entlastet sind. Ich habe an anderer Stelle vorgeschlagen, die herkömmliche Disziplin Theologie aufzutrennen und eine Hälfte von ihr den Theaterwissenschaften bzw. der Poetik, die andere den allgemeinen Trainingswissenschaften zuzuschlagen – diese heißen allgemein, weil in ihnen sämtliche Kulturen und Kultivierungen dem Feld der aktiven und passiven Wiederholungs- und Übungsphänomene zugerechnet werden. Auf diesem Weg ließe sich die historische Mächtigkeit und bis heute spürbare Virulenz theopoetischer Leistungen des Menschengeists um vieles besser würdigen, als es jetzt in den Einzäunungen instituierter Fakultäten geschehen kann.

Zu den bemerkenswertesten Wirkungen der global tätigen Theopoesie gehört nicht zuletzt das Dasein der geschichtlichen Völker – und deren wie auch immer gebrochenes Fortleben in der Gegenwart. Friedrich der Große soll in einem Gespräch mit dem Grafen Reventlow gefragt haben: »Können Sie mir einen einzigen unwiderlegten Gottesbeweis nennen?« Darauf soll Reventlow geantwortet haben: »Jawohl, Majestät, die Juden!« Vielleicht wäre ein Gottesbeweis durch ein Volk zuviel verlangt, aber der Volksbeweis durch das Festhalten an einem Gott kann als erbracht gelten. Ob Volksbeweise eines Tages gewaltfrei erfolgen können, ja ob sie möglicherweise irgendwann nicht mehr benötigt werden, wird erst eine ferne Zukunft zeigen.

## Anmerkungen

1 Erich Zenger, Israel am Sinai. Analysen und Interpretationen zu Exodus 17-34, Altenberge: CIS-Verlag 1982, S. 125.

2 Von den »Kosten« und dem »Preis« gewisser religiöser Konstrukte sprechen in jüngerer Zeit auch Autoren wie Jan Assmann (*Die Mosaische Unterscheidung oder: der Preis des Monotheismus*, München: Hanser 2003) oder Elettra Stimilli (*Der Preis des Messianismus. Briefe von Jacob Taubes an Gershom Scholem und andere Materialien*, Würzburg: Königshausen & Neumann 2006).

3 Gelegentlich wurde versucht, die Dunkelheit dieses Passus durch einen Verweis auf das Fluchwasser-Ordal für untreueverdächtige Frauen nach Numeri 5,11-31 aufzuhellen, was die Verwirrung eher vergrößert als mildert – es sei denn, man bringt den Vorgang mit dem alttestamentlich üblichen Sprachspiel in Verbindung, das den Bundesbruch mit dem Ehebruch analogisiert.

4 Genesis 32, zitiert nach der Bibelübersetzung von Vinzenz Hamp, Meinrad Stenzel und Josef Kürzinger, Wien/St. Pölten: Buchgemeinschaft der Katholiken Österreichs 1966, S. 132.

5 Ebendiese symbolische und exemplarische Komponente des Dokuments streitet Rolf Schieder in seinen polemischen Bemerkungen zu meinen Hinweisen auf Exodus 32,27 in Gottes Eifer entschieden ab – mit unzureichenden Argumenten, wie mir scheint. In seinen Augen handelt es sich bei dem Moses-Befehl um eine politisch bedingte Einzelentscheidung ohne weitergehende Bedeutsamkeit. Er scheint das fatale Wort vom Töten der Brüder und Freunde für ein bedauerliches, aber situativ verständliches Kommando zu halten – wobei er den legitimatorischen Vorspruch »So spricht der Herr« mit Vorbedacht überliest. Ebenso überliest er den Folgesatz, in dem davon die Rede ist, wie den Tätern der Segen des Herrn erteilt wird. Schieder verkennt meines Erachtens die archetypische Mächtigkeit der Sinai-Szene im Kontext der Singularisierungsstrategie. Wenn er behauptet: »Die Leser dieser Textstelle haben sie nie als etwas Prinzipielles verstanden« (Rolf Schieder, Sind Religionen gefährlich?, Berlin: Berlin University Press 2008, S. 78), so sagt er nicht nur mehr, als er wissen kann, da Millionen Leser aus vielen Generationen sich in unbeobachtbaren Meditationen ihren Reim auf diesen »grauenhaften Text« (Schieder) gemacht haben; er verkennt vor allem die Schlüsselstellung bzw. die vorprägende Wirkung des Sinai-Geschehens für das Verständnis einer monotonen Serie von Episoden göttlichen Bestrafungshandelns und dessen Ergänzung durch zelotische Exekutionen, von denen das Alte Testament überquillt – bis hin zu den autogenozidalen Vernichtungszügen des Judas Makkabäus gegen assimilationswillige Juden in der Zeit seleukidischer Hellenisierungpolitik. Auch wenn das alles nur überhitzte priesterliche Literatur gewesen sein sollte, lässt sich der »prinzipielle«, besser: der programmatische und intentional volksformende Charakter der Schreckensgeschichten nicht abstreiten.

6 Hyam Maccoby, *Der Heilige Henker. Das Menschenopfer und das Vermächtnis der Schuld*, Stuttgart: Jan Thorbecke Verlag 1999.

7 Klaus Koch, »Gibt es ein Vergeltungsdogma im Alten Testament?« [1955], in: ders., *Gesammelte Aufsätze*, Band 1: »Spuren des hebräischen Denkens. Beiträge zu einer alttestamentlichen Theologie«, herausgegeben von Bernd Janowski und Martin Krause, Neunkirchen: Neunkirchener Verlag 1991, S. 65-103.

8 Numeri 25,4-5 (vgl. zur Übersetzung Fn. 20); vgl. zum Motiv des Aufhängens von Leichen an Pfählen Gunnar Heinsohn, *Die Erschaffung der Götter. Das Opfer als Ursprung der Religion*, Reinbek bei Hamburg: Rowohlt 1997.

9 Numeri 25,10 und 13.

10 Deuteronomium 20,18.

11 Deuteronomium 7,2.

12 Numeri 9,13.

13 Exodus 22,19 (hier zitiert nach der Übersetzung der Neuen Jerusalemer Bibel).

14 Exodus 31,14.

15 Erich Zenger, *Israel am Sinai*, a. a. O., S. 156.

16 Jan Assmann, *Monotheismus und die Sprache der Gewalt* [2006], Wien: Picus Verlag, 5. Auflage 2009.

17 Psalm 51,19.

18 Assmann, *Monotheismus und die Sprache der Gewalt*, a. a. O., S. 51.

19 Ich ziehe hier das Wort »Mitgliedschaft« alternativen Ausdrücken wie Angehörigkeit und Zugehörigkeit (englisch *belonging*) vor, um statt der possessiven Aspekte die der Teilhabe und Teilnahme zu betonen.

20 Vgl. Peter Daniel, *Zaun. Normen als Zaun um das jüdische Volk. Zum Phänomen der Zeitüberdauer des Judentums*, Wien: Edition Splitter 1995.

21 Josua 24.

22 Die Versammlung von Sichem ist unter anderem deswegen von Bedeutung, weil sie den ersten Fall von Bund-Erneuerung durch Bund-Erweiterung auf ehemalige Nichtmitglieder präsentiert, indes die Bund-Erneuerung am Sinai sich ausschließlich auf die Überlebenden der Kalb-Apostasie bezieht. Damit wird die mythische Qualität der Formel »aus Ägypten herausgeführt« vollends manifest: Sie bezieht sich nach Sichem mehrheitlich auf Gruppen, deren Nachkommen selbst auf der Ebene der Fiktion unmöglich am Exodus teilgenommen haben können.

23 Deuteronomium 21,21.

24 Psalm 111,10; vgl. für eine von Darwin inspirierte stressologische und mnemopolitische Interpretation des Zusammenhangs von Religion, Furcht und Schrecken Heiner Mühlmann, *Jesus überlistet Darwin*, Wien/New York: Springer 2007.

25 Vgl. hierzu den Abschnitt »Paradoxien und Passionen: Die Entstehung der Innenwelt durch chronische Überspannung«, in: *Du mußt dein Leben ändern*, a. a. O., S. 428 ff.

26 So in seiner Freiburger Konzerthausrede am 25. September 2011.

27 Niklas Luhmann, »Grundwerte als Zivilreligion: Zur wissenschaftlichen Karriere eines Themas«, in: ders., *Soziologische Aufklärung*, Band 3, »Soziales System, Gesellschaft, Organisation«, Opladen: Westdeutscher Verlag 1981, S. 293-308.

28 Wenn Avishai Margalit schreibt, »die meisten Juden« hätten heute »ihren Glauben verloren, ohne auch nur für einen Moment das Gefühl zu verlieren, Juden zu sein« (*Apostasie*, herausgegeben von Volker Drehsen, Tübingen: Mohr Siebeck 2012, S. 59), resümiert er das Resultat eines kollektiven Religionsverlusts, der nicht mehr als Apostasie bzw. Bundesbruch eingestuft werden muss, sofern die Betroffenen in einem Kontinuum ethnischer Loyalitäten und ethischer Grundorientierungen verblieben sind.

29 Als Erik Peterson im Jahr 1935 den Versuch unternahm, die aus dem Wesensbegriff der Kirche abgeleitete Unmöglichkeit der politischen Theologie zu beweisen, entging ihm die Tendenz zu deren Überflüssigwerdung durch den evolutionären Umbau der Gesellschaftsstruktur. Die Sicht auf den größeren Prozesszusammenhang wurde ihm so gut wie all seinen Zeitgenossen verstellt durch die Vorherrschaft der zeitüblichen politischen Ersatzreligionen sowie durch die verheerenden Kompromisse der real existierenden Kirchen

mit diesen nach 1933; vgl. Erik Peterson, »Der Monotheismus als politisches Problem« [1935], in: ders., *Theologische Traktate*, München: Kösel 1951, S. 45-148.

30 Vgl. dazu die Allgemeine Erklärung der Menschenrechte (1948), Artikel 13 und 18.

31 Hans Joas, *Die Sakralität der Person. Eine neue Genealogie der Menschenrechte*, Berlin: Suhrkamp 2011.

32 Peter Sloterdijk, *Gottes Eifer*, 7. Kapitel: »Die Ringparabeln«, a. a. O., S. 169-204.

33 Vgl. hierzu: Christian Borch, *The Politics of Crowds. An Alter-native History of Sociology*, Cambridge: Cambridge University Press 2012, Kapitel 8: »Postmodern conditions: The rise of the post-political masses«, S. 269 f. Im Anschluss an Überlegungen Michel Maffesolis über die »neuen Stämme« zeigt der Autor, wie weit der aktuelle Pluralismus der Idole von allen herkömmlichen theologischen Konzepten entfernt ist. Selbst der Ausdruck »Polytheismus« lässt sich für das Gewimmel hedonistischer Themenclubs und Fangemeinden nur noch metaphorisch verwenden.

34 Rolf Schieder, *Sind Religionen gefährlich?*, a. a. O., S. 274 f. Wie man den Gotteseifer mit Hilfe von mehrwertiger Logik, Stufendenken, Hermeneutik und Humor unter die Gewaltschwelle absenkt, habe ich im Kapitel 6 (»Die Pharmaka«) meines Essays über den Konflikt der drei Monotheismen andeutend dargestellt. Ich hätte noch die Veralltäglichung des Kults anführen können, die per se für Konvivialität und Entspannung sorgt.

35 William James, *Die Vielfalt religiöser Erfahrung. Eine Studie über die menschliche Natur, mit einem Vorwort von Peter Sloterdijk, Frankfurt am Main: Insel 1997.*

36 Scholems Forschungen widmeten sich besonders dem häretischen Messianismus und der Kabbala; vgl. Christoph Schmidt, *Der häretische Imperativ: Überlegungen zur theologischen Dialektik der Kulturwissenschaften in Deutschland*, Tübingen: Mohr Siebeck 2000. Schmidt bietet unter anderem eine aufschlussreiche Gegenüberstellung der theologischen Ideen Carl Schmitts und Gershom Scholems.

37 Jan Assmann, *Religio duplex. Ägyptische Mysterien und europäische Aufklärung*, Berlin: Verlag der Weltreligionen 2010.

## Mose, der Politiker. Die Sinaierzählung als ein Kapitel politischer Theologie

Rolf Schieder

Man kann Jan Assmann nicht genug dafür danken, dass er diese Debatte angeregt hat, mögliche Missverständnisse seiner erinnerungsgeschichtlichen Rekonstruktion der Figur des Mose ausgeräumt und in die Irre führende Interpretationen zurückgewiesen hat. Für Antijudaismus, Polytheismusromantik und billige Monotheismuskritik ist er als Gewährsmann nicht zu haben. In aller Deutlichkeit betont er in seinem ersten Perlentaucher-Essay, »dass mir nichts ferner liegt als den Monotheismus zu denunzieren und den Kosmotheismus zu propagieren.« In seinem Buch »Religio duplex. Ägyptische Mysterien und europäische Aufklärung« weist er auf die Gefahren eines eindimensionalen Monotheismus ebenso hin wie auf die eines eindimensionalen Kosmotheismus: »Genauso problematisch aber wie ein eindimensionaler Monotheismus, der die eigene Wahrheit nicht nur absolut, sondern auch universal setzt und nicht nur Gott, sondern auch Religion nur im Singular denken kann, wäre ein eindimensionaler Monismus oder Kosmotheismus, der jede personhafte Gottesvorstellung als Idolatrie verwirft.«[1] Aufklärungsfundamentalismus ist keine angemessene Antwort auf religiösen Fundamentalismus. Die Antwort ist Differenzierungskompetenz auch in religiösen Fragen, mithin die Verbesserung religiöser Bildung.

Mit der Figur einer Religion des »Sowohl-als-auch« zielt Jan Assmann nicht auf eine positive Religionen verachtende, elitäre Universalreligion. »Es geht vielmehr darum, sowohl die eigene Religion zu praktizieren, als auch die anderen Religionen in ihrem je eigenen Wahrheitsbezug anzuerkennen und zu respektieren.« Assmann identifiziert in allen Weltreligionen die Doppelstruktur einer »universalen, natürlichen Menschenreligion« und einer bestimmten, historisch gewachsenen positiven Religion. »Da es Religion nun einmal nur im Plural gibt und geben wird, ist diese Form des ‚Sowohl-als-auch' – sowohl Treue zum Eigenen als auch Respekt vor dem Anderen – eine vernünftige Lösung.« Religiöse Bildung hat ihr Ziel erreicht, wenn Treue zum Eigenen und Respekt vor dem Anderen sich nicht ausschließen, sondern einander bedingen.

### *Plädoyer für eine historisch-kritische Erinnerungsgeschichte*

Hilfreich sind auch Jan Assmanns Hinweise zur gedächtnisgeschichtlichen Methode, die er gemeinsam mit Aleida Assmann entwickelt hat. Die Gedächtnisgeschichte frage nicht danach, was sich wann tatsächlich zugetragen hat. Sie frage vielmehr danach, wer wie und warum die Erinnerung an ein Narrativ wachgehalten habe. Dabei wird über eine schlichte rezeptionsgeschichtliche Fragestellung hinaus die Dynamik des Vergessens und des Wiedererinnerns, der Verdrängung und der Wiederkehr des Verdrängten methodisch einbezogen. Es geht dann also bei »Moses der Ägypter« weder um die Rekonstruktion seiner Biographie noch um die historisch-kritische Rekonstruktion der Exoduserzählung als literarische Form. Es geht vielmehr darum, was die Leser und Hörer aus Mose gemacht haben. Dabei interessiert sich Jan Assmann vor allem für die Moserezeption in der Zeit der Aufklärung. Denn »dieser zunächst eher marginale Aspekt eines ägyptischen oder ägyptisierten Mose gewann in der Aufklärung eine enorme

Bedeutung und gipfelte in der These, dass der biblische Monotheismus aus Ägypten stamme.« In »Moses der Ägypter« begegnen wir also nicht dem biblischen Mose, sondern einer Symbolfigur, die für die moderne westliche Welt eine enorme Strahlkraft besessen hat und noch besitzt. Mose ist aus der religionsphilosophischen, vor allem aber der politischen Geschichte der westlichen Welt nicht wegzudenken. Luzide analysiert Jan Assmann in »Religio duplex« den Monotheismusdiskurs des 17. und 18. Jahrhunderts und die Rolle, die Mose als Ägypter darin spielt. Seine These lautet, dass mit der Erfindung eines ägyptischen Mose zwischen einem alle Konfessionen und Kulturen umfassenden Glauben an den einen Gott und einem partikularen Glauben, der auf bestimmten konfessionellen Traditionen beruht, einerseits unterschieden, zugleich aber die Synthese beider Glaubensweisen empfohlen wurde. Mose *als Ägypter* wurde zum Inbegriff eines aufgeklärten Monotheismus, der den ägyptischen Kosmotheismus und den biblischen Bundesgedanken gleichermaßen schätzte. Ich selbst möchte darüber hinaus daran erinnern, dass die Hochschätzung des Monotheismus im 17. Jahrhundert mit der Entstehung der Nationalstaaten koinzidiert – ein religionspolitischer Zusammenhang, der sich analog auch für die Entstehung des Monotheismus als Moment der politischen Machtkonzentration im 7. Jh. v. Chr. zeigen lässt.

Geschichte, so erinnert uns die Gedächtnisgeschichte, ist immer »gemachte Geschichte«. Die Inszenierung von Geschichte gehört heute zu den wichtigsten kollektiven Repräsentationsmechanismen. Erinnerung und Gedächtnis dienen weder der reinen Information, noch der bloßen Unterhaltung, sie wirken vielmehr als Verpflichtungsdiskurse. Die Erinnerung der Shoah in Deutschland ist ein sprechendes Beispiel. Die Verantwortung der Gedächtnisgeschichtler besteht dann freilich darin, sich selbst Rechenschaft darüber abzulegen, dass sie mit der Rekonstruktion von Erinnerungsgeschichte selbst an einem Faden weiterknüpfen, selbst bestimmte Diskurse verstärken und selbst bestimmte Interessen damit verbinden. Die Gefahr der Instrumentalisierung der Erinnerungsgeschichte hat Michel Foucault zur Forderung bewogen, »aus der Historie ein Gegen-Gedächtnis zu machen«.[2] »Der Französischen Revolution hat man die römische Toga umgehängt, der Romantik die Waffenrüstung des Ritters, der Wagnerepoche das Schwert des germanischen Helden. All das ist nur Flitterwerk, dessen Unwirklichkeit unsere eigene Unwirklichkeit durchscheinen lässt. [...] Der gute Historiker, der Genealoge weiß, was er von dieser Maskerade zu halten hat. [...] Anstatt unsere blasse Individualität mit den starken Identitäten der Vergangenheit zu identifizieren, geht es darum, uns in so vielen wiedererstandenen Identitäten zu *entwirklichen*.«[3]

Ihr kritisches Potential spielt die Erinnerungsgeschichte dann ganz aus, wenn sie sich noch einmal kritisch zur eigenen Rekonstruktion zu verhalten vermag. Die klassische historisch-kritische Methode kann ihr dabei insofern wertvolle Dienste leisten, als diese das erinnerte Material als Ergebnis eines komplexen Überlieferungsprozesses beschreibt. Die Differenz zwischen den Erinnerungsmotiven und dem erinnerten Gegenstand kann dann besonders plastisch herausgearbeitet werden.

In gebotener Kürze sei der Befund der historisch-kritischen Exegese zur biblischen Mosefigur noch einmal zusammengefasst. Über den historischen Mose gibt es keine verlässlichen Daten. Die ältesten Erzählungen von Israel in Ägypten und des Auszugs kannten Mose noch nicht. Auch war seine Person mit den frühen Erzählsträngen der Exodus-, Wüstenwanderungs-, und Sinaitradition nur locker verknüpft. Als Religionsstifter kommt er schon deshalb nicht in Frage, weil die Entwicklung der altisraelitischen Religion von den Vorgaben der altorientalischen Religionsgeschichte abhängig war. Der Alttestamentler Eckart Otto nimmt an, dass im 7. Jahrhundert eine Mose-Exodus-Tradition entstand, die zum einen der Kritik der Herrschaftsansprüche des assyrischen Königtums, aber auch der Kritik des israelitischen Königtums diente.[4] Dem

Bund, den der assyrische König mit dem Gott Assur schloss, wurde der Sinaibund gegenübergestellt, für den nun gerade kein König mehr notwendig war. Der Übergang vom Polytheismus zum Monotheismus war aufs engste mit der politischen Machtkonzentration und der Stärkung der Macht der Herrscher verknüpft, die für die Repräsentation der Einheit des Reiches einen Gott an ihrer Spitze benötigten. Auch JHWHs Karriere begann als eine Gottheit, die die Königreiche Juda und Israel religiös repräsentierte. Kult- und Machtkonzentration bedingten einander.

Nach den Katastrophen von 722 und 587 lautete aber die drängende Frage: Gibt es einen Ort für JHWH jenseits des Königtums? Mit der Bejahung dieser Frage war die theologische Idee eines idealen »Gottesvolk Israel« geboren.[5] Dieses Volk brauchte künftig weder einen König, noch einen Palast, noch ein Reich. Der Bund zwischen Gott und seinem Volk kompensierte den Verlust des Königtums nicht nur, er wies dem Volk vielmehr eine Rolle zu, die vormals nur dem König vorbehalten war. »Der Entmachtung des Königs aber entspricht eine Ermächtigung des Volkes. [...] Was zuvor nur dem König von seinen Hofpropheten zugesprochen wurde – Heil in den politischen Geschäften – wird nun auf das Volk als ganzes ausgedehnt. Ein in der damaligen Welt analogieloser Vorgang.«[6]

Die wirkliche Sensation der Sinaierzählung besteht also in der Transformation eines vormaligen Königskults in eine Volksreligion, in deren Zentrum ein Bundesschluss zwischen Gott und seinem Volk – ohne Vermittlung durch einen Herrscher – steht. Im 5. Jahrhundert v. Chr. erhält die Exoduserzählung als Ursprungsgeschichte von Israel als Gottesvolk ihre endgültige Gestalt. Die Moseerzählung ist eine »gewaltige Rückprojektion eines Idealbildes für das jüdische Gemeinwesen nach dem Exil«.[7] Die Wirkung der nachexilischen Exoduserzähung auf die politische Ideengeschichte der westlichen Welt ist kaum zu überschätzen – ein Vorgang übrigens, den man den Juden schwerlich zum Vorwurf machen kann.

### *Religio duplex oder theologia tripartita?*

Jan Assmann stellt die von ihm so genannte mosaische Gegenreligion in einen religionsgeschichtlichen Kontext und versteht diese als erbarmungslosen Kampf gegen die Anhänger eines Kosmotheismus. Der bibelexegetische Befund legt darüber hinaus die Einordnung in einen politikgeschichtlichen Kontext nahe. Die Sinaiperikope ist ein machtvoller Gegenentwurf zum altorientalischen Gottkönigtum. Aber auch für die politische Theorie der frühen Neuzeit bestand die Faszination der Mosefigur darin, dass er nicht als König, sondern als Staatsgründer und Gesetzgeber auftrat.

Die Kategorie, mit deren Hilfe Jan Assmann die Dynamik der Erinnerung an Mose den Ägypter zu erklären sucht, ist die einer *religio duplex*. Was ist damit gemeint? Den Begriff der »religio duplex« übernimmt Assmann von dem Philosophen Theodor Ludwig Lau (1670-1740), der damit auf die Doppelstruktur der Religion als einer Religion der Vernunft und einer Religion der Offenbarung aufmerksam machen wollte. Assmann kann in seinem Buch zeigen, dass die Doppelstruktur einer allgemeinen, vernünftigen, natürlichen und einer besonderen, geglaubten, historischen sich in fast allen Religionen finden lässt. Moses Mendelssohn etwa unterschied zwischen einer allgemeinen Menschheitsreligion und einem konfessionellen Glauben. Assmann macht auf die Unterscheidung zwischen Recht und Kult in der ägyptischen Religion aufmerksam. Aber auch in der Hebräischen Bibel ist diese Differenz zu finden: Nicht von einer Gottebenbildlichkeit der Juden ist in Genesis 1 die Rede, sondern von der Gottebenbildlichkeit aller Menschen. Und der Bund Noahs mit Gott gilt allen Menschen, nicht nur seinem auserwählten Volk. Die Unterscheidung zwischen einer allgemeinen und einer besonderen Dimension der Religion kann auch die Form der Differenz zwischen Esoterischem und Exoterischem, zwischen Mysterienkult und Volksreligion annehmen.

Man kann Assmanns »religio duplex« aber auch in den Debatten der deutschen Aufklärungstheologie identifizieren. Johann Salomo Semler (1725-1791) etwa unterschied zwischen einer privaten Religion und einer öffentlichen, wobei der privaten insofern ein Vorrang zukam, als diese die vom Individuum selbst verantwortete war, während die öffentliche Religion sich möglicherweise nur kirchlichen oder politischen Konventionen beugte. Dementsprechend setzte er sich für Gewissens- und Bekenntnisfreiheit ein und kritisierte die Gleichsetzung von Offenbarung und Heiliger Schrift, die für ihn selbstverständlich ein menschliches literarisches Dokument war. Friedrich Daniel Ernst Schleiermacher (1768-1834) definiert in seiner Religionsschrift »Über die Religion. Reden an die Gebildeten unter ihren Verächtern« (1799) Religion als »Anschauung und Gefühl«. »Anschauen will sie das Universum, in seinen eigenen Darstellungen und Handlungen will sie es andächtig belauschen, von seinen unmittelbaren Einflüssen will sie sich in kindlicher Passivität ergreifen und erfüllen lassen.« Warum gibt es dann aber so viele verschiedene Religionen? Schleiermachers Antwort klingt einleuchtend: »Dass ich's kurz sage: ein Individuum der Religion [...] kann nicht anders zustande gebracht werden als dadurch, dass irgend eine einzelne Anschauung des Universums aus freier Willkür [...] zum Zentralpunkt der ganzen Religion gemacht und alles darin auf sie bezogen wird.« Insofern ist für Schleiermacher jede positive Religion »in Beziehung auf das Ganze eine Häresis – ein Wort, das wieder zu Ehren gebracht werden sollte –, weil etwas höchst Willkürliches die Ursache ihrer Entstehung ist.« [8] Das Allgemeine der Religion kann nach Schleiermacher nur über die bewusste Entscheidung für eine partikulare Perspektive in den Blick kommen. Wer aus Angst vor der eigenen Endlichkeit und Partikularität sich für gar keine Perspektive auf Gott und die Welt entscheidet, bewahrt sich keineswegs eine höhere Allgemeinheit, sondern bleibt zeitlebens im Ungefähren. Die Dialektik der »religio duplex« lässt sich also gerade nicht nach der Seite eines Allgemeinen hin auflösen, demgegenüber das Besondere als defizitär zu gelten hat. Vielmehr kommt es darauf an, im Durchgang durch beide Perspektiven fundamentalistische Positionen zu überwinden.

Gerne stimme ich also Jan Assmann bei der Identifikation einer *religio duplex* zu. Ich möchte diese doppelte Struktur aber um eine Dimension ergänzen, die bei ihm zwar als *religio triplex* erwähnt wird, die er aber als ein zurückzuweisendes Anderes wahrnimmt: ich meine die zivilreligiöse Dimension in allen Religionen. Das Konzept der Zivilreligion ist erstmals von Marcus Terentius Varro (116-27 v. Chr.) entwickelt worden. Varro unterscheidet drei Arten von Theologie, die *theologia mythica*, die *theologia civilis* und die *theologia naturalis*.

Die Produzenten der mythischen Theologie sind nach Varro die Dichter und die Künstler. Sie erfinden Göttersagen, Götterdramen und Götterschicksale; sie fertigen Statuen, Götterbilder und religiöse Schmuckstücke an. Abnehmer dieser Theologie ist das einfache Volk. Sei es zu seinem Trost, sei es zu seiner religiösen Unterhaltung, sei es im Theater oder sei es beim privaten Ahnenkult: die mythischen Theologen bedienen die Interessen des Volkes an Religion – nicht besonders anspruchsvoll, aber das Leben erträglicher machend.

Auch die Ziviltheologie spricht das Volk an, nun aber nicht mehr als eine Ansammlung von Familien und Privatpersonen, die nach individuellem Trost und privater Anbetung suchen. Die Ziviltheologie zielt auf das Volk als Staatsvolk. Im zivilreligiösen Kult wird die Bevölkerung an ihre Pflichten als Staatsbürger erinnert – bis hin zur Pflicht, ihr Leben für den Staat zu opfern. Die Pflege der Zivilreligion obliegt dem Kultpersonal an den zivilreligiös funktionalisierten Heiligtümern. In den zivilreligiösen Begehungen inszeniert und repräsentiert das Gemeinwesen sich selbst, verkündet öffentlich seine Vision von sich selbst und fordert Opfer vom Volk. Höchster Repräsentant der Zivilreligion ist für Varro der göttliche Herrscher.

Die natürliche Theologie wird von den Philosophen gepflegt. Sie hat das Ziel, die Natur der Götter zu ergründen. »Ob sie – mit Heraklit – aus Feuer sind, oder – mit Pythagoras – aus Zahlen, oder – mit Epikur – aus Atomen, und noch anderes, was die Ohren leichter innerhalb der Schulwände ertragen können als draußen auf dem Marktplatz.«[9] Der Ort, an dem diese Theologie als Religionshermeneutik gepflegt wird, ist die Akademie. Augustinus, der uns die Religionstheorie Varros überliefert hat, ordnete die christliche Theologie der natürlichen Theologie zu. Denn das Interesse des Christentums sei es weder, die Pflege selbst gemachter Götter zu fördern, noch sich am Kaiserkult zu beteiligen. Theologie sei dezidiert ein Nachdenken über die Natur Gottes – und als solche alles Kultische transzendierend. Die vernünftige Theologie des Christentums müsse als ein Entmythologisierungsprogramm gegen alle volks- und zivilreligiösen Kulte verstanden werden.

Trotz dieser »Augustinischen Unterscheidung« zwischen einem wahren religionsphilosophischen Christentum und den falschen, ja schändlichen Volks- und Zivilreligionen hat es das Christentum nicht vermocht, diese auszumerzen. Ganz im Gegenteil: beide erfreuen sich bis heute regen Interesses. Nach dem Gewinn des Halbfinales der Fußballeuropameisterschaft 2008 rief der linke Außenverteidiger der deutschen Nationalmannschaft Philipp Lahm verschwitzt und begeistert ins Mikrofon: »Glaube ist alles!« Was in deutschen Kirchen undenkbar wäre, gelingt im Fußballstadion: Dort wird leibhaftig gebangt und gebetet, inbrünstig gesungen und geglaubt. Willig gibt man sich kollektiven Körperbewegungen und gemeinsamen Gesängen hin – Ekstase wird gesucht und gefunden. »Schalke ist meine Religion!« heißt es auf den blau-weißen Stolen, die die Fans anlässlich ihrer kultischen Begehungen am Samstagnachmittag tragen.

Die Volksreligion Fußball ist Opium für's Volk. George Batailles Definition der Religion als Transgression, als ekstatische Überschreitung alltäglicher Bewusstseinszustände, trifft auf den bekennenden Fan zu.

Kann man sich zur Volksreligion im Modus der Wahl verhalten, so zielen Zivilreligionen darauf, die Menschen eines Gemeinwesens umfassend in die Pflicht zu nehmen. Jean-Jacques Rousseau (1712-1778), der den varronischen Begriff im 8. Kapitel des IV. Buches seines berühmten Werkes »Du contrat social ou principes du droit politique« verwendet (»De la religion civile«), ging davon aus, dass der natürliche Mensch eine Wiedergeburt durchmachen müsse, die ihn erst befähige, Bürger zu sein. Die Anstalt, die aus Menschen Bürger macht, ist die öffentliche Schule – und so sind bis heute in Frankreich religiöse Symbole, die mit der öffentlichen *religion civile* konkurrieren, an öffentlichen Schulen unerwünscht. Rousseau hielt eine Zivilreligion für notwendig, weil die christliche Religion die religiöse Bindung der Bürger an den Staat eher behindere als fördere. So fühlten sich katholische Bürger in einem ständigen Loyalitätskonflikt zwischen Papst und politischem Gemeinwesen, und Protestanten glaubten, ein Bürgerrecht im Himmel (Phil. 3,20) zu haben, mithin über eine doppelte Staatsbürgerschaft zu verfügen. Rousseau gestand zwar jedem zu, seine eigene, private Religion zu pflegen. Er hielt aber die Bürger unter Androhung von Exil oder Todesstrafe für verpflichtet, sich zu zentralen zivilreligiösen Dogmen zu bekennen. Diese waren für ihn der Glaube an die Existenz eines mächtigen, klugen, wohltätigen Gottes, an ein ewiges Leben, an die Bestrafung der Bösen und die Belohnung der Guten, sowie an die Heiligkeit des Gesellschaftsvertrages.

Während Rousseau noch davon ausging, dass der Staat das Recht auf die Durchsetzung eines zivilreligiösen Bekenntnisses habe, muss unter den Bedingungen der Religionsfreiheit, die Zivilreligionsfreiheit einschließt, nach anderen Wegen gesucht werden, die Zustimmung der Bürgerinnen und Bürger zu ihrem Gemeinwesen auch aus religiösen Gründen zu gewährleisten. Den USA ist eine beeindruckende Lösung des Zivilreligionsproblems gelungen. Einerseits erklärt sich der Staat ausdrücklich für die Religions- und Weltanschauungskommunikation unzuständig, gleichzeitig aber zeigt er sich für einen religiös-weltanschaulichen Auftrag in Abhängigkeit von den Ergebnissen der Kommunikation auf dem religiös-weltanschaulichen Feld offen. Die gewährte Religionsfreiheit danken die amerikanischen Religionsgemeinschaften durch ihr Engagement für den Schutz nicht nur der religiösen, sondern auch der politischen Freiheiten des Landes. Der evangelikale Martin Luther King gilt zu Recht als Symbol und Beispiel einer Zivilreligion, in der Freiheit und Religion – wie Alexis de Tocqueville schon früh feststellte – einander stützten.

### *Das Licht des Schattens vom Sinai*

Meine über Jan Assmans erinnerungsgeschichtliche Rekonstruktion der Figur des Mose hinausgehende These lautet also: Die Wirkungsgeschichte des Mose ist wesentlich über seine zivilreligiöse Funktion vermittelt. Die Ereignisse am Sinai wurden – exegetisch durchaus nicht unzutreffend – als ein Kapitel politischer Theologie gelesen. Während Jan Assmann die Erinnerung an Mose als einen Ägypter im neuzeitlichen Bedürfnis verankert sieht, neben den positiven Religionen die Erinnerung an eine alle verbindende Menschheitsreligion zu pflegen, so füge ich dem die Erinnerung an Mose als Vorbild für die politische Theorie von der frühen Neuzeit bis in die Gegenwart hinzu. Dabei geht es nicht nur um die Figur des Mose als politischem Führer, sondern auch um die Idee eines *covenants*, eines Bundes, eines Gesellschaftsvertrages. Wenn denn »we, the people«, wie es in der amerikanischen Menschenrechtserklärung von 1776 heißt, sich von ihrem Schöpfer mit dem Recht ausgestattet empfinden, ihre politischen Angelegenheiten autonom zu ordnen, dann ist man dankbar für

»best-practise«-Beispiele. Die Exodusgeschichte wurde als ein solches empfunden.

### *Der Bundesgedanke in Thomas Hobbes' Leviathan*

Ein zentrales Dokument für die Bedeutung des Bundesgedankens in der frühen Neuzeit ist Thomas Hobbes »Leviathan«. Sein »Leviathan, or the Matter, Forme and Power of a Commonwealth Ecclesiastical and Civil« aus dem Jahre 1651 war einerseits ein Frontalangriff auf die katholische Kirche, die als »Reich der Finsternis« bezeichnet wird, er ist andererseits aber ein zivilreligiöses Dokument, das die Kenntnis der Gesetze des »natürlichen Reiches Gottes« zur Bürgerpflicht erklärt: »Zur völligen Kenntnis der bürgerlichen Pflichten fehlt nur noch, dass man die göttlichen Gesetze kennt. Denn ohne diese Kenntnis weiß niemand, ob ein an ihn gerichteter Befehl der bürgerlichen Gewalt dem göttlichen Gesetz widerspricht oder nicht, und so verstoßen wir entweder durch zu großen bürgerlichen Gehorsam gegen die göttliche Majestät, oder übertreten aus Furcht, gegen Gott zu verstoßen, die Befehle des Staates.«[10]

Wie aber ist die größtmögliche Übereinstimmung zwischen dem Reich Gottes und dem Reich des Leviathan zu gewährleisten? Hobbes nimmt – ganz im Sinne einer *religio duplex* – zwei Operationen vor. Zum einen unterscheidet er zwischen einem natürlichen Reich Gottes und einem prophetischen Reich Gottes. Im natürlichen Reich Gottes herrschen allein die Naturgesetze und die Gesetze der Vernunft. Diese hat Gott der Schöpfer den Menschen mitgegeben und alle Menschen sind befähigt, sie einzuhalten. Es gibt aber noch ein zweites Reich Gottes. Hobbes nennt es das »Reich Gottes kraft Bundes«[11]. Dieses Reich Gottes kam mit dem Bundesschluss am Sinai in die Welt. »In diesem Reich wählte das Volk Gott aufgrund eines mit ihm geschlossenen Vertrages zum König, und zwar auf sein Versprechen hin, ihnen das Land Kanaan zu geben.«[12] Im englischen Original spricht Hobbes übrigens durchgängig von »covenant« – auch wenn von der Erschaffung des Leviathan die Rede ist. Der Begriff »covenant« hat einen theologischen Oberton und sollte nicht mit »Vertrag«, sondern mit »Bund« übersetzt werden.[13]

Die Beziehung vom Alten zum Neuen Bund bis hin zur Idee eines kommenden Reich Gottes konzipiert Hobbes so: »Das Gottesreich ist ein bürgerliches Königreich, das zuerst in der Verpflichtung des Volks von Israel gegen jene Gesetze bestand, die ihnen Mose vom Berg Sinai bringen und die der amtierende Hohepriester später dem Volke vor den beiden Cherubim im Allerheiligsten verkünden sollte. Dieses Königreich sollte, nachdem es bei der Wahl Sauls verworfen worden war, nach Weissagung der Propheten durch Christus erneuert werden und um seine Erneuerung beten wir täglich, wenn wir im Vaterunser sagen: ‚Dein Reich komme.' [...].«[14]

Die Heilsgeschichte stellt sich für Hobbes also folgendermaßen dar: Alle Menschen sind Glieder eines natürlichen Reiches Gottes, die dort herrschenden Gesetze sind die Naturgesetze und die menschliche Vernunft. Dieses Vermögen reicht aus, um zur Vermeidung des Krieges aller gegen alle einen gemeinsamen Bund zu schließen. Dieser Bund kommt so zustande, dass jeder mit jedem in Folgendem übereinstimmt: »Ich autorisiere diesen Menschen oder diese Versammlung von Menschen und übertrage ihnen mein Recht, mich zu regieren, unter der Bedingung, dass du ihnen ebenso dein Recht überträgst und alle ihre Handlungen autorisierst.«[15] Dieser »covenant« ist die Geburtsstunde des Leviathan, »jenes *sterblichen Gottes*, dem wir unter dem *unsterblichen* Gott unseren Frieden und Schutz verdanken«.[16] Hobbes »Leviathan« blieb reines Konstrukt. Aus religionspolitischer Sicht ist das zu begrüßen. Sein katechontischer Leviathan wurde von der Geschichte schlicht überholt. Was sich aber durchgesetzt hat, ist die Idee des »covenant« – dies allerdings auf der anderen Seite des Atlantiks.

### *Die USA als »God's New Israel«*

Im Jahre 1630 wurde vor der Küste von Massachusetts der sogenannte »Arabella Covenant« geschlossen. Dieser Bund zielte nicht auf die Erschaffung des künstlichen Körpers eines sterblichen Leviathan aus Angst; er zielte auf die Bildung des »body of Christ«, des Leibes Christi, der von politischer Liebe, der Agape, lebt. Er wurde noch an Bord der »Arabella« von John Winthrop verfasst, dem späteren Gouverneur der Massachusetts Bay Colony, der ersten von England unabhängigen Kolonie auf amerikanischem Boden. Unter anderem heißt es dort: »Thus stands the cause between God and us. We are entered into Covenant with him for this work. [...] We shall find that the God of Israel is among us. [...] Consider that we shall be as a City upon a Hill, the eyes of all people are upon us. [...] Therefore let us choose life that we and our seed may live by obeying His voice and cleaving to Him, for He is our life and our prosperity.«

Anders als Hobbes scheut sich Winthrop nicht, unmittelbar und undialektisch an den Sinaibund anzuknüpfen. Die Exodus-Metaphorik drängte sich ja auch geradezu auf: Amerika war das gelobte Land, das neue Israel. Europa aber war Ägypten, das Land der Unfreiheit und der Unterdrückung. Der Exodus begann mit der Überfahrt über den Atlantik, die mit dem Zug durch das Rote Meer verglichen wurde. In der Wildnis Amerikas angekommen, erkannte man, dass dies noch nicht das Land war, in dem Milch und Honig floss. Dort traf man auf Gefahren, die man aus dem Zug des Volkes Israel durch die Wüste durchaus kannte. Und es war ein neuer Bundesschluss fällig – bewusst zitiert Winthrop am Ende seines »Model of Christian Charity« Mose. Kein amerikanischer Präsident hat es versäumt, an dieses zum ersten Mal von John Winthrop formulierte zivilreligiöse Bewusstsein zu appellieren. Jenseits aller Konfessionsgrenzen eint alle Amerikaner der Glaube, als von Gott auserwählte Nation eine besondere Mission in dieser Welt zu haben.

Die Erinnerung an den Exodus ist aus der politischen Ideengeschichte der USA schlechterdings nicht wegzudenken. Unterdrückung, Auszug, Wüstenerfahrung, Bundesschluss, gelobtes Land – jedes Kind kennt die Geschichte. Es ist die älteste politische Befreiungsgeschichte – und zugleich die am lebhaftesten erinnerte. Der Exodus ist keine Bildungsreise, auch keine Odyssee, denn eine Rückkehr ist nicht vorgesehen. Als sich das Volk aufmachte, wusste es nicht, wo es am Ende ankommen würde. Nach vierzig Jahren Wüstenwanderung erreicht eine neue Generation das gelobte Land, nicht nur Mose starb also in der Wüste. Von keiner ewigen Wiederkehr, keiner harmonischen Kosmotheologie, sondern vom Fortschritt mit all seiner Mühsal wird berichtet. Die Exoduserzählung unterscheidet sich von einer politischen Apokalyptik dadurch, dass das Volk nicht auf das Kommen eines himmlischen Messias wartete. Auch einen Satan kennt die Exoduserzählung nicht. Die Israeliten mussten sich selbst in Bewegung setzen, mit einem fehlbaren Mann an ihrer Spitze und mit dem Risiko, sich in die falsche Richtung aufgemacht zu haben. Oft genug murrte das Volk und sehnte sich zurück nach den Fleischtöpfen Ägyptens.

Deshalb lobt der politischen Philosoph Michael Walzer nachdrücklich die Vorzüge einer »Exoduspolitik«.[17] Der Exodus beginne mit einem konkreten Übel und ende (oder ende nie ganz) mit einem nur teilweisen Erfolg. Es gebe keinen Endkampf, es gebe nur eine Serie von Reformen, die einen langen Atem brauchen. Das Volk im Buch Exodus wird als ein zunächst furchtsames, dann murrendes, dann rückkehrwilliges, schließlich einen Bund mit Gott schließendes, diesen Bund immer wieder brechendes Volk beschrieben. Mit eben diesem Volk müssen die politischen Führer und Gott selbst auskommen – es gibt kein anderes. Das Volk aber ist bei allen seinen Schwächen der Träger der Verheißung und das Volk bestimmt das Tempo der notwendigen Transformationen.

### *Martin Luther King und Barack Obama als moderne Mosesfiguren*

Der schwarze Baptistenprediger Dr. Martin Luther King Jr. wurde am 4. April 1968 ermordet. Am Abend vor seinem Tod hielt er eine Ansprache in der Meason Temple Church in Memphis, Tennessee, die unter dem Titel *I've been to the mountaintop* bekannt geworden ist. Am Ende seiner Ansprache sagte er: »Wie jeder andere, würde auch ich gern ein langes Leben führen. Ein langes Leben hat seinen Wert. Doch das beunruhigt mich im Moment nicht. Ich möchte einfach Gottes Willen tun. Er hat mir erlaubt, auf den Berg zu steigen. Und ich habe hinüber geschaut und ich habe das gelobte Land gesehen. Ich werde vielleicht nicht mit euch dorthin gelangen. Aber ich möchte, dass ihr heute Abend wisst, dass wir, als ein Volk, ins gelobte Land einziehen werden. Und daher bin ich so glücklich heute Abend. Ich mache mir um nichts Sorgen. Ich fürchte niemanden. Meine Augen haben die Herrlichkeit des kommenden Herrn gesehen.«

Der Friedensnobelpreisträger und Bürgerrechtler identifiziert sich in seiner letzten Rede mit Mose – und er geht selbstverständlich davon aus, dass die Hörerinnen und Hörer seine Anspielung verstehen. Vom Berg Nebo aus blickte Mose in das Gelobte Land und starb, so erzählt es die Hebräische Bibel. Anders als Martin Luther King wurde Mose nicht ermordet – wenn das Murren des Volkes in der Wüste auch deutlich vernehmbar war. King nutzt die biblische Metaphorik zum eindringlichen Appell: über den Tod hinaus wird der Weg in das Gelobte Land der Freiheit und der Gerechtigkeit, des Endes des Rassismus und der Diskriminierung weiter gegangen werden. Und dieser Weg wird erst zu Ende sein, wenn der Traum Wirklichkeit geworden ist. »Nein, nein, wir sind nicht zufrieden und werden nicht zufrieden sein, bis Gerechtigkeit herabströmt wie Wasser und Rechtschaffenheit wie ein mächtiger Strom.«, heißt es in seiner berühmten Ansprache am 23. August 1963 auf den Stufen des Lincoln Memorial in Washington, D.C.

Vierzig Jahre nach der Ermordung des Bürgerrechtlers King wurde zum ersten Mal in der Geschichte der Vereinigten Staaten von Amerika mit Barack Obama ein Afroamerikaner zum Präsidenten gewählt. Die deutschen Medien sprachen angesichts der weltweiten Begeisterung davon, dass ihm geradezu messianische Erwartungen entgegenschlügen. Aber Obama stilisierte sich nicht als apokalyptischer Messias, sondern – ganz traditionell – als eine Mosefigur, die den Bund erneuert und das Volk auf seinem Weg in eine verheißene Zukunft führt. Die Inaugurationsfeierlichkeiten für amerikanische Präsidenten sind in zivilreligiöser Perspektive Bundeserneuerungsfeiern. Obama stellte in seinen beiden Inaugurationsansprachen den Gedanken des Unterwegsseins in den Mittelpunkt. Im gelobten Land sei man noch nicht angekommen, es müsse weiter daran gearbeitet werden. Bei seiner *Second Inaugural Address* im Jahr 2013 zitiert er zu Beginn die Unabhängigkeitserklärung aus dem Jahr 1776. Der Verheißung des Textes stellt er die Pflicht gegenüber, diese durch eigene Anstrengungen zu sichern: »While freedom is a gift from God, it must be secured by His people here on earth.« Obama lässt an dieser Stelle offen, wer »His people« ist – aber der an dieser Stelle einsetzende Applaus von Hundertausenden lässt vermuten, dass sich die hier Anwesenden zu »Seinem Volk« zählen. Der neue Präsident erinnert an die Zeiten des Bürgerkrieges: »We made ourselves anew, and vowed to move on together.« Gerade die Fähigkeit, die Herausforderungen »together« zu meistern, zeichne diese Nation aus – bis heute. »We, the people, believe that our obligations are not just to ourselves, but to all posteriority.« Erstaunlich konkret benennt Obama die globalen und innenpolitischen Herausforderungen. Er erinnert an die Pflicht, das Erbe der Väter weiterzugeben. »For our journey is not complete until our wives, our mothers and our daughters can earn a living equal to their efforts. Our journey is not complete until our gay brothers and sisters are treated like anyone else under the law. […] Our journey is not complete until all our children from the streets of Detroit to the hills of Appalachia to the quiet lanes of Newtown know that they are cared for and cherished and always safe from harm.« Dabei müsse man sich stets über Folgendes im Klaren sein: »We must act knowing that our work will be imperfect.« Der Eid, den er vor Gott und Volk abgelegt habe, unterscheide sich nur unwesentlich von der »Pledge of Allegiance«, die allen US-Bürgerinnen und Bürgern so vertraut sei. »They are the words of citizens and they represent our greatest hopes.« Alle stünden in der Pflicht zu handeln: »Let us, each of us, embrace with solemn duty and awesome joy what is our lasting birthright.« Mit dem Segenswunsch »God bless you and may He forever bless these United States of America.« schließt die zivilreligiöse Predigt.

Zivilreligion ist zweifellos die gefährlichste und problematischste Ausprägung von Religion, weil stets die politische Instrumentalisierung der Religion droht. Die politische Geschichte legt nahe, dass wir weiterhin mit ihrem Vorhandensein werden rechnen müssen. Zivilreligionskritik ist und bleibt also notwendig. Sie wird die Stärken und die Schwächen dieser Religionsform aufzeigen müssen – und Menschen daran erinnern, dass sie als Deutsche, Amerikaner, Chinesen, Koreaner immer auch Teile einer Menschheitsfamilie sind, die die Rechte anderer zu achten verpflichtet sind. Ob nun Mose im Affekt ohne jedes Gerichtsverfahren 3000 Mann ermorden lässt, wie wir aus Exodus 32,29-32 erfahren, oder ob in Guantanamo die Regierenden der USA das im eigenen Land geltende Recht mit Füßen treten: eine zivilreligiöse Legitimation für Menschenrechtsverletzungen müssen gerade religiöse Menschen verweigern.

## *Selbstsingularisierung?*
## *Einige Bemerkungen zu Peter Sloterdijks Definition des Judentums als »Programmvolk«*

Tuvia Tenebom hat in seinem 2012 erschienenen Buch »Allein unter Deutschen. Eine Entdeckungsreise« den Deutschen eine Obsession mit dem Judentum bescheinigt. Seinen Plan, sich eine Wohnung in Berlin zu kaufen, hat er nach seiner Reise durch Deutschland wieder aufgegeben. »Zum ersten Mal in meinem Leben fühle ich mich wie ein ‚Jude' – und das ist ein schreckliches Gefühl.« Gerade weil die Deutschen ihr Verhältnis zum Judentum zivilreligiös aufgeladen haben, werden die wenigen real existierenden Juden zu Repräsentanten des »homo sacer« (G. Agamben). Ob die Juden es wollen oder nicht: sie stehen immer auf dem Podest, sie sind immer entweder besonders großartig oder aber besonders schrecklich. Bisher ging die Forschung davon aus, dass diese Singularisierung des Judentums ein von außen an die Juden herangetragener Prozess gewesen ist. Tuvia Tenenboms zunehmende Vereinsamung auf seiner Reise durch das Land spricht für diese Lesart.

Beherzt stellt Sloterdijk nun die Gegenthese auf: Es seien die Juden selbst gewesen, die sich mit der Selbststilisierung als Gottesvolk von den anderen altorientalischen Ethnien abgesetzt hätten – und durch Gewalt und die Verbreitung von Angst und Schrecken einen Modus »totaler Mitgliedschaft« generiert hätten. Selbstisolation und die Errichtung striktester kultischer Zäune zu anderen Ethnien zeichne das Judentum aus. Diese fatale Selbstsingularisierung habe ihren Ursprung in der Sinaierzählung. Das Kapitel 32 des Exodusbuches biete das »unüberbietbare Paradigma eines durch den Singularisierungsvertrag motivierten Gewaltaktes«, heißt es in seinem Perlentaucher-Essay »Im Schatten des Sinai. Über Ursprünge und Wandlungen totaler Mitgliedschaft«. Mit der Gewaltandrohung der Sinaierzählung habe das Judentum eine Phobokratie errichtet. »Durch das Sinai-Schema wird – so weit man sieht, zum ersten Mal – ein Volk zu einer programmatischen totalen Institution überhöht, die ihren Angehörigen, zusammen mit dem striktesten Vermischungsverbot die Pflicht zur integralen Mitgliedschaft auferlegt. Es ist in erster Linie dieser ethnogenetische Geniestreich, es ist diese singuläre Verwandlung einer zufälligen Ethnie aus bis dahin unauffälligen ‚götzendienerischen' Stämmen in ein eiferndes Programmvolk unter dem einen Gott, auf welche das eindrucksvolle Phänomen der ‚Zeitüberdauer des Judentums' zurückzuführen ist.« Das klingt ein wenig so, als seien die Juden nicht nur die ersten Rassisten gewesen, sondern als hätten sie auch den Totalitarismus als politisches Programm erfunden. Allerdings verstrickt sich Sloterdijk schon rasch in einen Widerspruch, wenn er feststellt, dass auch das Christentum und der Islam das Sinai-Schema übernommen hätten. Da fragt man sich doch, wie es sein kann, dass ausgerechnet auf dem Boden eines dermaßen auf Abgrenzung und Selbstsingularisierung bedachten Volkes die universale Religion des Christentums entstehen konnte. Auch muss Sloterdijk im dritten Kapitel seines Essays zugeben, dass das moderne Judentum mit den von ihm identifizierten »Sinai-Schema« kaum noch etwas zu tun hat. Dies schreibt er aber nicht einer allen Religionen und so auch dem Judentum eigenen religiösen Evolution zu – vielmehr sieht er äußere Einflüsse am Werk, die alle Religionen gezwungen habe, ihre Mitgliedschaftsmodi modernen Erfordernissen anzupassen.

Gern stimme ich mit Sloterdijk darin überein, dass die Erzählung vom Bund am Sinai eine religions-, kultur- und politikgeschichtliche Sensation war. Zum ersten Mal in der Weltgeschichte stimmt ein Volk über seine Verfassung ab und verpflichtet sich auf ein Gesetz. Zum ersten Mal kommuniziert ein Volk ohne königliche Vermittlung mit Gott. Die Trennung von Herrschaft und Heil war damit prinzipiell vollzogen. Das Ende des Gottkönigtums war eingeläutet. Und als dann die Christen, damals noch eine jüdische Sekte, behaupteten, dass der wahre *Kyrios* nicht der göttliche Kaiser, sondern der in dessen Auftrag Gekreuzigte war, konnte sich auf Dauer ein Gottheit und Menschheit vermittelnder Herrscher nicht mehr halten. Das Christentum wurde mit dem Gedanken, dass Jesus Christus das Zeichen eines »Neuen Bundes« sei, in der Tat zu einer Gegenreligion, die ihre besondere Kraft aus der Überzeugung zog, dass die *civitates terrenae* eines Tages von der *civitas Dei* abgelöst werden würden. Das war und bleibt ein revolutionärer Gedanke – Jan Assmann hat in seiner Replik auf Markus Witte auf das revolutionäre Potential der Sinaiperikope hingewiesen. Deren semantische Prominenz in der Revolutionszeit der Neuzeit ist übrigens unübersehbar. Selbst die antiklerikalen französischen Revolutionäre ließen es sich nicht nehmen, ihre Menschenrechtserklärung auf zwei Tafeln, die ikonographisch an den Dekalog erinnern, zu publizieren.

Bei sorgfältiger Lektüre der Hebräischen Bibel ist Sloterdijks Behauptung schlicht nicht haltbar, dass der gesetzeswidrige Mord der Leviten im Auftrag des Mose am eigenen Volk als Teil eines »Sinai-Schemas« zu identifizieren sei, das sich nicht nur durch die Hebräische Bibel wie ein roter Faden hindurch ziehe, sondern auch im Christentum und im Islam fatale Folgewirkungen gezeitigt habe. Wenn dieser Gewaltakt eine solch prototypische Bedeutung gehabt haben soll, dann muss Sloterdijk erst einmal erklären, warum dieser angeblich für den Bundesgedanken so entscheidende Gewaltakt in der Nacherzählung des Sinai-Ereignisses in Dtn 9 keinerlei Erwähnung findet. Stattdessen legt doch das Studium der gesamten Hebräischen Bibel die Erklärung nahe, dass auch am Sinai das folgende Schema zur Anwendung kommt: das Volk schließt mit Gott einen Bund, das halsstarrige Volk bricht den Bund und Gott hält seinem Volk trotzdem die Treue. Dieses Schema setzt sich im Neuen Testament fort und wird seitdem als die gute Nachricht von einem treuen, mitleidenden und barmherzigen Gott von Generation zu Generation weitergegeben.

Man fragt sich ferner, was Sloterdijks Alternative zu einem »Programmvolk« ist? Alle modernen Demokratien haben selbstverständlich ein Programm. Sie formulieren Ziele, geben sich eine Verfassung und erlassen Gesetze, deren Übertretung – nolens volens – auch geahndet werden muss. Die Ausdifferenzierung des Gesellschaftssystems heißt doch nicht, dass das politische System selbst keinen Programmbedarf mehr habe. Die Wertedebatten der letzten Jahrzehnte offenbaren einen enormen Zivilreligionsbedarf. Für das Judentum wäre die Alternative zum Programmvolk im 5. Jahrhundert die Unterwerfung unter die Herrschaft der Perser, Griechen und Römer – deren Staatskulte eingeschlossen – gewesen. Und was wäre für uns heute die Alternative zum Programm des Verfassungsstaats? Die Eurozone? Ein neuer Geist des Kapitalismus? Völkerwanderung? Ökoapokalyptik? Émile Durkheim hat den »culte de l'individu« als die Zivilreligion der westlichen Moderne bezeichnet.[18] Auch dieser Kult entlässt die Individuen nicht in die Beliebigkeit, sondern fordert von ihnen, in eminenter Weise Individuen zu sein – verantwortungsbewusst, autark, autonom, zugleich solidarisch, empathisch, nachhaltig, umweltbewusst, gendersensibel – *you name it*. Mit andern Worten: die heute dem Individuum auferlegten Programme sind Legion. Der Prozess der Individualisierung befreit nicht nur zur Selbstwahl, er zwingt auch zur permanenten, programmatischen Selbstoptimierung. Die Agenten der Produktion dieser besseren Menschen sind die Kirchen und Religionsgemeinschaften nicht mehr. Auch die »Pastoralmacht des Staates« (Michel Foucault) scheint an seine Grenzen gekommen zu sein. Dass Manager großer Konzerne die Regel des Heiligen Benedikt studieren, um sich Rat bei der Formulierung der eigenen »mission« und der spezifischen »corporate identity« zu holen, mag auf eine kommende Phase der Instrumentalisierung der Religion durch die Ökonomie hinweisen. Vorläufig scheint mir noch Luc Boltanskis Diagnose erhellend zu sein, der meint, dass wir uns gegenwärtig wohl in der Vorhölle befinden.[19]

Sloterdijk liest die Gründung eines politischen Gemeinwesens am Sinai allein unter negativen Vorzeichen. Deshalb kann er den positiven Beitrag der Exoduserzählung für die Entstehung der modernen Welt nicht hinreichend würdigen. Es klingt bei ihm so, als seien die Religionen nur passive Opfer der Moderne gewesen. Der Blick in die angelsächsische Geschichte politischer Ideen zeigt aber, dass die Religionen selbst aktiv an der Hervorbringung der modernen Welt beteiligt waren. Dass sie sich dabei selbst auch verändert haben, versteht sich von selbst und müsste in einer Geschichte der Evolution der Religionen im Einzelnen dokumentiert werden. Robert N. Bellah hat kürzlich mit einer detaillierten Dokumentation begonnen.[20]

Dabei würde dann auch deutlich werden, dass Sloterdijks Vorschlag, die Theologie in Theaterwissenschaft und allgemeine Trainingswissenschaft aufzuspalten, dieser ihr Kostbarstes raubte. Denn Theologie ist in erster Linie Religionskritik. Als universitäre Disziplin besteht ihre Aufgabe nicht in der Pflege kultischer Handlungen, religiöser Rhetorik oder spiritueller Psychohygiene. Sie untersucht vielmehr die Religionsgeschichte historisch-kritisch und arbeitet an religionshermeneutischen Konzepten, die die religiöse Bildung nicht nur der religiös Musikalischen, sondern auch der religiös Unmusikalischen befördern kann. Religiöse Bildung ist Fundamentalismusprophylaxe.

### *Wie geht es weiter?*

Ich hoffe, es berührt Jan Assmann nicht unangenehm, wenn ich ihn als einen wahrhaften Brückenbauer – lateinisch: Pontifex – bezeichne. Stets hat er das Produktive von Auseinandersetzungen im Auge. Er denkt sich in die Perspektive anderer ein. Am Rückzug in die eigenen Zustimmungsmilieus ist er nicht interessiert. Wer ihm darin folgt, kann nicht nur Neues lernen, sondern auch das Profil der eigenen Position schärfen. Gerne würde ich mit ihm etwa über evolutionäre und revolutionäre Religionen weiter nachdenken.

Ein Beitrag aus dem Judentum steht noch aus – und auch der Beitrag einer Wissenschaftlerin. Schon jetzt aber möchte ich anregen, das Projekt einer umfassenden erinnerungsgeschichtlichen Rekonstruktion der Mosefigur ins Auge zu fassen. Diese Rekonstruktion müsste wohl als ein internationales Unternehmen konzipiert werden. Religionswissenschaftler und Theologen, Politikwissenschaftler und Kunstgeschichtler, Literaturwissenschaftler und Historiker sollten sich daran beteiligen. Vielleicht ließe sich ja auch das Pergamonmuseum in Berlin für ein großes Moseprojekt begeistern. Die Engführung auf die Frage nach dem Verhältnis von Monotheismus und Gewalt könnte überwunden und die ganze Breite der religionsgeschichtlichen, religionsphilosophischen, religionspolitischen und religionsästhetischen Wirkungen der Mosefigur und des Sinaibundes in den Blick kommen. Möglicherweise ließen sich ja sogar noch beim Betrachten von Hollywoodfilmen erinnerungsgeschichtliche Beobachtungen machen, die uns Aufschluss darüber geben, warum uns noch nach Jahrtausenden die Figur des Mose und das Exodusmotiv nicht loslassen.

Anmerkungen

1 Jan Assmann: Religio duplex. Ägyptische Mysterien und europäische Aufklärung, 2010, 373.
2 Michel Foucault: Von der Subversion des Wissens (1974), Frankfurt am Main 1987, 85.
3 Ebd.
4 Vgl. Eckart Otto: Art. »Mose«. In: Religion in Geschichte und Gegenwart, Band 5. Vierte Auflage, Tübingen 2002, 1534-1538.
5 Vgl. dazu Reinhard G. Kratz: »Israel als Staat und als Volk«. In: Zeitschrift für Theologie und Kirche 97 (2000), 1-17.
6 Becker, Staatsreligion, 15.
7 Jan Christian Gertz: Mose und die Anfänge der jüdischen Religion. In: Zeitschrift für Theologie und Kirche 99 (2002), 3-20, 4.

8 Zitiert nach Friedrich Schleiermacher: Über die Religion. Reden an die Gebildeten unter ihren Verächtern (1799). 6. Auflage. Göttingen 1967, 49 und 176.

9 Zit. bei Joseph Kardinal Ratzinger: Die Christenheit, die Entmythologisierung und der Sieg der Wahrheit über die Religionen. Paris 1999. http://ivv7srv15.uni-muenster.de/mnkg/pfnuer/Ratzinger-Wahrheit.html (25.10.2008).

10 Die folgenden Zitate stammen aus einer von Iring Fetscher herausgegebenen Ausgabe, der sich die Freiheit nimmt, bei der Übersetzung des Titels kurzerhand das Bürgerliche dem Kirchlichen voranzustellen: Thomas Hobbes: Leviathan oder Stoff, Form und Gewalt eines bürgerlichen und kirchlichen Staates. Frankfurt 1976, 271.

11 Ebd., 280.

12 Ebd., 312.

13 Vgl. Joachim J. Krause: Der Bund im Alten Testament und bei Hobbes. Eine Perspektive auf den Leviathan. In: Politisches Denken. Jahrbuch 2005, 2005, 9-39.

14 Hobbes, Leviathan, 316, 317.

15 Ebd., 134.

16 Ebd.

17 Michael Walzer: Exodus and Revolution. Basic Books 1985.

18 Vgl. Émile Durkheim: L'individualisme et les Intelectuels. In : Revue Bleue 10 (1898), 7-13.

19 Vgl. Luc Boltanski: Die Vorhölle. Eine Kantate für mehrere Stimmen. Bit Bildern von Christian Boltanski, 2011.

20 Robert N. Bellah: Religion in Human Evolution: from the Paleolithic to the Axial Age, 2011.

## Plädoyer für das Prinzip des »Sowohl – als auch«

Klaus Müller

Ich finde es gut, dass Jan Assmann in Reaktion auf eine harsche Kritik aus dem Lager der protestantischen Theologie durch Rolf Schieder nochmals der von ihm 1997/98 mit dem Buch *Moses the Egyptian / Moses der Ägypter*[1] ausgelösten Debatten einen Impuls zu differenzierterer Fortführung gibt. Das tut auch Not, weil einige Wahrnehmungen und Rezeptionen seiner Thesen zu vergröbernden Interpretationen und Fortschreibungen führten, die die ganze Debatte in eine Drift zogen, die überhaupt nicht in Assmanns Fokus lag und gegen die er sich zum Teil explizit verwahren musste. Mit dem SPIEGEL-Artikel von Matthias Schulz etwa vom 22. Dezember 2006 braucht man sich dabei gar nicht aufzuhalten. Jan Assmann hat dazu die nötigen Klarstellungen anbringen können (wenn auch nicht im SPIEGEL).[2] Anders nimmt sich das namentlich bei Peter Sloterdijk aus[3], der aus Assmanns Überlegungen zur intrinsischen, der Einführung der »wahr–falsch«-Unterscheidung geschuldeten, Gewalttätigkeit der monotheistischen Religionen eine veritable – sich durch mehrere Monographien ziehende – antimonotheistische Polemik formte.[4] Das verdeckt nahezu vollständig, dass im Zentrum von Assmanns Überlegungen weder die These einer prinzipiellen Gewalthaltigkeit der Monotheismen als solcher steht und auch nicht das Plädoyer für einen – dazu als heilsame Alternative erachteten – neuen Polytheismus oder Kosmotheismus. Vielmehr bilden den Konstruktionspunkt von *Moses der Ägypter* und aller diesem

Buch folgenden weiteren Ausdifferenzierungen ein Problem der religiösen Epistemologie und die Frage der mit diesem Problem verbundenen theologischen Denkformen. Das vermag aber nur wahrzunehmen, wer nicht überliest, was Assmann selbst als den Ausgangspunkt[5] seiner Überlegungen markiert: die Begegnung mit dem Frühidealisten Karl Leonhard Reinhold. Und durch den die hier laufende Debatte einleitenden Text von Jan Assmann fühle ich mich (auch gegen den diesbezüglichen Einwand von Johannes Thonhauser[6]) in der Ansicht bestärkt, dass dieser Ausgangspunkt zugleich den *systematischen* Dreh- und Angelpunkt von Assmanns Überlegungen bildet, sofern er eigens betont, dass ihm darum zu tun sei, gegen das kategorische »wahr–falsch« der mosaischen Unterscheidung »[…] das Prinzip des ‚Sowohl–Als auch'«[7] zur Geltung zu bringen. Genau darum aber ging es Reinhold. Beiläufig füge ich hinzu, dass ich an anderer Stelle in einer Auseinandersetzung mit Sloterdijks Transformation der Thesen Assmanns zu zeigen versuchte, dass dieses Prinzip in Gestalt des bekannten »et–et« gerade für die christliche Tradition in ihrer katholischen Ausformung seit je und bis heute nichts Fremdes ist[8] – darauf ist noch zurückzukommen.

Zunächst aber lohnt sich ein genauerer Blick auf Reinhold: Lange galt er, ähnlich wie Friedrich Heinrich Jacobi, als einer aus der zweiten Riege der Protagonisten der Sattelzeit der Modernen Religionsphilosophie, so sehr, dass er gegenwärtig regelrecht neu entdeckt und erschlossen wird[9], und das, obwohl schon länger offen gelegt ist, dass er zusammen mit Jacobi fast beiläufig – aber gewiss nicht zufällig – zugleich einen unersetzlichen Beitrag zur neuzeitlichen Theorie selbstbewusster Subjektivität geleistet hat.[10] Aber das war nicht seine einzige und vielleicht nicht einmal seine größte Leistung. Reinhold war zunächst Ordensmann und Priester, übrigens vor den späteren Konversionen einiger Romantiker der einzige Katholik in den Debatten der Sattelzeit der Religionsphilosophie. Er ist begeisterter Kantianer der ersten Stunde[11] und einige Zeit wohl der prominenteste deutsche Philosophiedozent. 1783, drei Jahre nach der Ordination, verlässt er die katholische Kirche, wird Freimaurer und Schwiegersohn von Christoph Martin Wieland und greift 1787 mit einer bis vor kurzem völlig vergessenen Schrift direkt in den Pantheismusstreit ein, für die Jan Assmann nicht ansteht, den Titel »[...] ‚Revolution', nicht im politischen, sondern im geistigen Sinne«[12] in Anspruch zu nehmen. Die Schrift trägt den Titel *Die Hebräischen Mysterien oder die älteste religiöse Freymaurerei*[13] und entstand im Rahmen eines Forschungsprojekts der Wiener Freymaurerloge *Zur wahren Eintracht* über antike Mysterienreligionen.[14] Obwohl in der Schrift weder die einschlägigen Termini wie »hen kai pan« oder All-Einheit noch die respektiven Namen Spinoza oder Lessing fallen, zielt Reinholds Schrift genau in die Mitte der hinter all dem stehenden Problemlage. Er möchte zeigen, dass schon Mose in Wahrheit die all-eine Gottheit verehrte, also Monist war, diesen Glauben und sein Geheimnis während seines Heranwachsens in Ägypten gelernt hatte, jedoch die Mitte des Mysteriums vor seinem eigenen Volk verbarg, weil es dieser Wahrheit (noch) nicht gewachsen war und sie darum in die Kategorien des nationalen Schutzgottes IHWH kleidete – das »duplex-religio«-Motiv also:[15] »Mit einem Worte! Bey den aus Aegypten gekommenen Hebräern war alles ägyptisch, von den goldenen und silbernen Geschirren, die sie heimlich mit auf den Weg nahmen – bis zur Weisheit ihres Führers und Gesetzgebers«[16], resümiert Reinhold, um daraus zugleich auf die biblisch artikulierte Vorrangstellung der Juden vor allen anderen Völkern zu schließen (die »goldenen und silbernen Geschirre« beziehen sich auf die biblische Erzählung Ex 12,35-36, gemäß der die Israeliten von den Ägyptern vor dem Auszug Silber- und Goldsachen forderten und sie auch bekamen). Diese Vorrangstellung sei gerade dann anerkannt, wenn man annehme, dass ganz Israel aus Eingeweihten bestehe, also in ihm die Geheimreligion der ägyptischen Elite Volksreligion geworden sei, wenngleich übersetzt in Ritual und Gebotskodex.[17] Für die Notwendigkeit dieser Übersetzungsleistung beruft sich Reinhold dabei zum einen auf John Spencer (1630–1693) und weit hinter diesen zurück auch noch auf den jüdischen Philosophen Mose ben Maimon (1135–1204), um die jüdische Schriftreligion mit ihrem Ge- und Verbotskatalog sowie dem kultischen Ritual als gottgewollte Anpassung der Wahrheit an die Fassungskraft des Volkes zu erklären – das sind die von Reinhold so bezeichneten »Kleineren Mysterien«. Zum anderen bezieht er sich unter dem Titel der »Größeren Mysterien« auf William Warburton und teilt dessen Überzeugung, dass sich mit der im Mysterium verborgenen Wahrheit des All-Einen, die ja nicht mehr gelehrt, sondern nur noch geschaut werden könne, buchstäblich kein Staat machen lasse, weil auf einer Religion der Vernunft kraft der völkischen oder Klassengrenzen überschreitenden Verfassung der Vernunft kein Staatswesen zu errichten sei[18]; dafür habe Mose die Bundestheologie des eifersüchtigen Sinai-Gottes konzipiert – als politisch notwendige Fiktion. Das habe Mose de facto, wenn freilich in bester Absicht, zum Verräter der ägyptischen Mysterien werden lassen, ganz entsprechend dem italienischen Sprichwort »traduttore – traditore«, dass der Übersetzer immer auch ein Verräter ist. Dabei ist durchaus der Doppelsinn von »Verrat« im Spiel, wie die zuspitzende Aufnahme der ganzen Thematik in Schillers Essay *Die Sendung Moses* (sic!)[19] belegt: Nicht nur Verrat von etwas, nämlich der Mysterienwahrheit des All-Einen, geschieht da, sondern auch Verrat an dieser Wahrheit, sofern Mose das, was die Eingeweihten des Mysteriums kraft ihrer Vernunft erkannten, zum Gegenstand blinden Glaubens gemacht habe[20], so schließt Schillers Referat.

Genau an der Überwindung dieser Kluft von Vernunft und Glaube war Reinhold mehr als alles gelegen, weil er im Gang des Pantheismusstreits eine Verschärfung des Konflikts zwischen Naturalismus und Supranaturalismus, ein Ausspielen der Vernunft gegen Intuition und Gottesgefühl wahrnimmt, durch das beide Seiten – Religion und Metaphysik als »Hauptwissenschaft«[21] der Philosophie – nur Schaden nehmen könnten, weil dadurch »Pfafferey und Despotismus«[22] (erneut) Boden gewännen, wie er später im ersten Abschnitt seines berühmtesten Werkes, den *Briefe[n] über die Kantische Philosophie* von 1790, befürchtet.[23] »Umbildung des blinden Glaubens in Vernunft, das ist sein Programm.«[24] Diese Vermittlungsabsicht erfüllt Reinhold durch eine zentrale These seiner *Hebräischen Mysterien*, der gemäß Gottes Namenskundgabe aus Ex 3,14, »Ich bin, der ich bin«, mit dem All-Einen der ägyptischen Mysterien koinzidiert. Das ergibt sich für ihn aus der unterstellten Deckungsgleichheit der biblischen Kennzeichnung, in Septuaginta-Griechisch »Ego eimi ho on«, die er als »Daseyn von sich selbst«[25] übersetzt, mit einer als ägyptisch aufgefassten, von Plutarch und Proklos überlieferten Inschrift aus einem Isis-Tempel (»Ich bin, was da ist«[26]), die durch Schillers Ballade *Das verschleierte Bild zu Sais*[27] berühmt wurde.

Um Reinholds Rekurs auf Sais angemessen zu verstehen, muss man aber beachten, dass ihm die – kantianisch gesprochen – kritizistische Pointe fehlt, die Schiller mit den Isis-Texten verband. Isis und ihr Schleier treten bei Reinhold stattdessen in eine religionshermeneutische Funktion ein: »Wem aus uns, meine Brüder! sind endlich die alten ägyptischen Inschriften unbekannt; die eine auf der Pyramide zu Sais: Ich bin alles, was ist, war und seyn wird, meinen Schleyer hat kein Sterblicher aufgehoben; und jene unter der Bildsäule der Isis: Ich bin, was da ist? Wer aus uns, meine Brüder! versteht nicht den Sinn dieser Worte so gut, als ihn vormals der ägyptische Eingeweihte verstehen mußte, und weiß nicht, daß damit das wesentliche Daseyn, die Bedeutung des Wortes Jehovah, beynahe wörtlich ausgedrückt ist?«[28]

Aufgenommen hat Reinhold die Isis-Formel mit größter Wahrscheinlichkeit über Warburton aus Ralph Cudworth; jedenfalls bietet sie dieser in einer Zusammenstellung mit einer Inschrift aus Capua, die ihre seltsame, sonst nicht nachzuvollziehende Doppelung in Reinholds Traktat erklärte.[29] Dass er damit dessen hermeneutisches Gefälle – »Isis durch JHWH deuten« – erneut umdreht in ein »JHWH durch Isis verstehen«[30], ist dabei genauso wenig ein Problem wie die Tatsache, dass Reinhold damit das Bestandstück einer ursprünglich theistisch-antispinozistischen Argumentation einem durch und durch spinozistisch-antitheistischem Diskurs implementiert – dem war schon längst durch eine seit etwa 1700 laufende Verschränkung von Platonismus- und Spinozismusdebatten, die wechselseitig eines durch das andere interpretierten, der Boden bereitet.[31] Zweierlei hatte Reinhold damit gewonnen – das Eine: »Wer zeigen konnte, daß auch die biblische Offenbarung auf nichts anderes als auf diese Kernsätze altägyptischer Mysterienweisheit hinauslief, riß die Schranken zwischen Christen, Juden, Muslimen und Heiden ein und legte eine Einsicht frei, die alle Menschen zu Brüdern macht. Wie bei Warburton ist auch für Reinhold die Sinai-Offenbarung nichts anderes als die Freilichtaufführung eines ägyptischen Initiationsritus, der nicht für einige Auserwählte, sondern für das ganze Volk veranstaltet wird«[32], bilanziert Assmann. Das Zweite: Wahrheit ist auf beiden Seiten, bei den Ägyptern und bei Mose. Und beide Weisen sind in Ordnung, solange nur die Wahrheit des Mysteriums unter der Einkleidung in die Riten und Kodizes nicht vergessen wird und verloren geht, denn dann bestünde »[...] das Geheimnis in nichts anderem mehr [...] als im Verbergen der Tatsache, daß es nichts zu verbergen gibt«[33] – und eben dem zu wehren, ist die Aufgabe der Philosophie als kritisch-aufklärender Ursprungsbesinnung. Andernfalls würden die Mysterien zu Geheimniskrämerei und Religion zu einem sacrificium intellectus[34], dem Jacobi'schen »salto mortale«[35]. Umgekehrt freilich heißt das, dass genau dies passiert, wenn Vernunft und Glaube dissoziiert werden. Wenn die philosophische Reflexion im Zentrum der Religion ausfällt, verkommt alles an ihr zum hohlen Ritual. Reinholds Intention, das wird an diesen Transfergedanken greifbar, geht in keiner Weise auf eine Nivellierung des Biblischen aus[36], sondern auf die prekäre Balance von Vernunft und Glaube, die zugleich konfessionelle und interreligiöse Konfliktquellen trocken zu legen vermag.[37]

Gewiss, die philologischen Standards nicht erst von heute hat Reinhold in seiner Auslegung des »aehjae ascher aehjae« (Ich-bin-der-ich-bin-da) gegen sich. Auch außerhalb der Exegese, namentlich der Philosophie, ist das bekannt, etwa bei Ernst Cassirer, wenn er diagnostiziert, dass die göttliche Ich-Prädikation wohl von Ägypten und Babylon ausgehe, aber sich erst dort vollende, wo alles andere verdrängend nur noch die persönlichen Fürwörter, also sprachanalytisch gesagt die sogenannten Indexicals, als Gottesbezeichnung übrig blieben.[38] Und erst recht widerspricht einer hermeneutischen Identifikation von JHWH- und Isis-Prädikation Erich Zengers Analyse, dass es sich linguistisch im Kern der Namenstheologie von Ex 3,14 um einen unvollständigen Kurzsatz handle – »Er erweist sich als…« –, der nach je neuer geschichtlicher Vervollständigung verlange, aber gerade so unbeschadet aller zugesagten Verlässlichkeit dieses Gottes zugleich seine Unverfüglichkeit wahre.[39] Dennoch hat Reinhold sprachlich und sachlich etwas Richtiges zumindest erahnt, denn: »IHWH bedeutet ursprünglich wahrscheinlich ‚Er weht' von *hawah*, ‚Er ist da' von *hajah*. Mit seinem Erscheinen wurden Phänomene wie Krieg, Stürme und Vulkanausbrüche verbunden«[40], steht also sprachlich für etwas Apersonales, und sachlich gesehen liest er – durchaus in Konvergenz mit der eben erwähnten Deutung Zengers – Ex 3,14 nicht als Namensoffenbarung und genauso wenig die Formel aus Sais, sondern beides vielmehr als Offenbarung einer alle bestimmte Bedeutung übersteigenden Namenlosigkeit – übrigens mit Rückverweis auf Hermes Trismegistos und einen nachgerade genialen Text des Cusaners aus *De docta ignorantia*: »Es ist ja einleuchtend, daß kein Name eigentlich dem Größten angemessen sein kann, da es das schlechthin Größte ist, zu dem nichts in Gegensatz tritt. Alle Namen sind nämlich aufgrund einer gewissen Besonderheit in der verstandesmäßigen

Erfassung den Dingen zugelegt, auf der die Unterscheidung der einen vom anderen beruht. Wo jedoch alles eines ist, da kann es keinen besonderen Namen geben. Hermes Trismegistos sagt darum mit Recht: ‚Da Gott die Gesamtheit der Dinge ist, so gibt es keinen ihm eigenen Namen, müsste doch Gott sonst mit jeglichem Namen benannt werden oder alles mit seinem Namen. Er umgreift ja in seiner Einfachheit die Gesamtheit aller Dinge. Gemäß seinem eigentlichen Namen – der für uns als unaussprechbar gilt und das Tetragramm ist [...] – müsste man ihn deuten als ‚Einer und Alles' oder ‚Alles in Eins', was noch besser ist. So haben wir oben die größte Einheit gefunden, die dasselbe ist wie ‚Alles in Eins'. Freilich noch gemäßer und zutreffender als ‚Alles in Eins' erscheint der Name ‚die Einheit'.' Deshalb sagt der Prophet [Sacharja 14,9; K.M.], daß ‚an jenem Tage Gott Einer sein wird und sein Name das Eine', und an anderer Stelle [Dtn 6,5; K.M.] ‚Höre Israel' (das bedeutet ‚der, welcher Gott mittels der Vernunft erschaut'), dein Gott ‚ist Einer'.«[41]

Reinhold also als Vordenker des »Sowohl – als auch« – und Jan Assmann sucht durch seine gedächtnisgeschichtliche Archäologie dieses Prinzip stark zu machen: nicht als Einladung zu einem Religionsrelativismus oder -synkretismus, sondern: »Es geht vielmehr darum, *sowohl* die eigene Religion zu praktizieren, *als auch* die anderen Religionen in ihrem je eigenen Wahrheitsbezug anzuerkennen und zu respektieren.«[42]

Ich bin nun schon des Längeren überzeugt, dass dieses Prinzip sehr wohl mit der christlichen Theologie kompatibel ist. Seinen tiefsten Grund hat das meines Erachtens darin, dass ein erheblicher Teil christlich-theologischer Traditionen seit der Frühzeit der Kirche bis in Theologien der Gegenwart hinein von einem monistischen, also dem All-Einheits-Motiv verpflichteten, Tiefenstrom durchzogen ist. Selbst in einer nur sehr groben Durchsicht komme ich unschwer auf eine dreistellige Zahl einschlägiger Positionen und Namen, die – völlig willkürlich ausgewählt – von Origines über den Cusaner, Giordano Bruno, einen Gutteil der Idealisten bis zu Karl Rahner, Paul Tillich und Alfred Delp reichen. Sekundiert wird diese philosophisch-theologische Zeugenkette zudem durch einen vergleichbaren Strang in der Belletristik, in den – wiederum völlig willkürlich ausgewählt – u. a. Angelus Silesius, Alexander Pope, Gotthold Ephraim Lessing, Ralph W. Emerson, Alfred Döblin, Halldór Laxness oder Les Murray gehören. In der Theologie wird diese Thematik, der es – mit einer Formel von Peter Strasser – darum zu tun ist, Gott als »zugleich persönlich und alles«[43] zu denken, mittlerweile unter dem Label des »panentheistic turn« diskutiert.[44] Jan Assmann trägt durch seine reichen Studien – unbeschadet auch kritischer Einwände, die sie seitens der Theologie in einigen Hinsichten auf sich ziehen können – auf herausragende Weise zur Sensibilisierung für die monistisch-kosmotheistischen Implikationen der monotheistisch-personalistischen Gottesdiskurse bei.[45]

In der Praxis schlägt sich das Prinzip des »Sowohl – als auch« darin nieder – wie Assmann eigens vermerkt –, dass jemand »[...] seine bestimmte Religion [so] praktizier[t], *als ob* [Herv. K.M.] sie die wahre wäre in voller Anerkennung der Möglichkeit, dass die Wahrheit bei einer andern liegt oder vielmehr: dass die Wahrheit verborgen ist und alle Religionen sie auf ihre Weise anstreben.«[46] Die Wendung »als ob«[47] markiert dabei das hermeneutische Prinzip der »naïveté seconde«[48], das durch Paul Ricœur bekannt geworden ist, aber bereits 1925 bei Peter Wust auftaucht[49] und dann in einem geschichtsphilosophischen Essay von Max Scheler aus dem Jahr 1928 begegnet.[50] »Zweite Naivität« besteht – bündig gesagt – darin, mit heiligen Texten so umzugehen, *als ob* sie wahr seien, ohne dass ihr fiktional-performativ-poetischer Charakter sie deswegen wahrheitsunfähig machte. Es geht darum, »[...] nicht nur die Geschichte, sondern auch ihr Erzähltwerden zu erzählen.«[51] So entsteht eine Brechung in der Kommunikation, die den Geltungsanspruch des Erzählten zwar einklammert, aber eben dadurch für den Rezipienten/ die Rezipientin den Raum für eine freie Stellungnahme zum Erzählten eröffnet, die ihn oder sie aktiv an der Wahrheitsfindung beteiligt. In normativen Kontexten – und religiöse Kommunikation ist häufig normativ – wird so die Gefahr der Appell-Allergie ausgeschaltet, und die Selbstbeteiligung der Adressatinnen und Adressaten an der Wahrheits- bzw. Normfindung beflügelt bekanntlich die Wahrheits- und Normverwirklichung. Es ist auch kein Zufall, dass dasjenige Buch, das ich – mit Sloterdijk – für »das heimliche Hauptwerk der modernen Theologie«[52] halte – Thomas Manns Romantetralogie *Joseph und seine Brüder* –, die monumentale Durchführung des »naïveté-seconde«-Prinzips am Thema »Ägypten–Israel«, also »Monotheismus versus Kosmotheismus«, darstellt und auf geniale Weise das »Sowohl – als auch«-Prinzip verkörpert.[53] Eine Kurzfassung dieses Programms findet sich in der aus dem Vollendungsjahr des *Josephs-Romans* stammenden Novelle *Das Gesetz*, geschrieben 1943, als Mann um einen Text über den Dekalog und seiner Pervertierung durch die Nationalsozialisten gebeten wurde. Die Novelle handelt vom Gesetzgeber Mose, aber unter den Bedingungen der Religionskritik, also so, dass die Gebote nicht von Gott offenbart werden, sondern Mose diesen Gott und seine Weisung gleichsam hervordenkt – aber zugleich kann der Mensch nach Manns Überzeugung auf keine andere Weise zum Sittlichen auf letztverbindliche Weise motiviert werden.[54] Im *Josephs-Roman* wird der Fiktionalitätstopos sogar an zwar nur wenigen, aber dafür umso prägnanteren Stellen metasprachlich artikuliert. In der für uns einschlägigen Spitzenpassage schreibt Mann über Abraham, von dem es schon im einleitenden *Vorspiel: Höllenfahrt* des ersten Bandes geheißen hatte, eine »Gottesnot«[55] habe ihn zum Verlassen seiner Heimat und zum Nomadendasein getrieben, Folgendes: »So hatte Abraham Gott entdeckt aus Drang zum Höchsten, hatte ihn lehrend weiter ausgeformt und hervorgedacht und allen Beteiligten eine große Wohltat damit erwiesen: dem Gotte, sich selbst und denen, deren Seelen er lehrend gewann. Dem Gotte, indem er ihm

Verwirklichung in der Erkenntnis des Menschen bereitete, sich selbst und den Proselyten aber namentlich dadurch, dass er das Vielfache und beängstigend Zweifelhafte auf das Eine und beruhigend Bekannte zurückführte, auf den Bestimmten, von dem alles kam, das Gute und das Böse, das Plötzliche und Grauenhafte sowohl wie das segensvoll regelmäßige, und an den man sich auf jeden Fall zu halten hatte. Abraham hatte die Mächte versammelt zur Macht und sie den Herrn genannt – ein für allemal und ausschließlich [...].«[56]

Man muss dabei die Doppelrichtung des Prozesses im Blick behalten: Durch das Hervordenken Gottes, durch welches Abraham »gewissermaßen [...] Gottes Vater«[57] wird, wird Gott ein Gott »im Werden«[58], aber was da wird, wirkt als durch und durch dringende Lebensmacht auf den Abraham und die Seinen zurück. Nochmals wörtlich: »Denn ihm gab Gott die Unruhe ins Herz um seinetwillen, dass er unermüdlich arbeite an Gott, ihn hervordenke und ihm einen Namen mache, zum Wohltäter schuf er sich ihn und erwiderte dem Geschöpf, das den Schöpfer erschuf im Geiste, die Wohltat mit ungeheuren Verheißungen. Einen Bund schloß er mit ihm in wechselseitiger Förderung, dass einer immer heiliger werden sollte im andern, und verlieh ihm das Recht der Erberwählung, Segens- und Fluchgewalt, dass er segne das Gesegnete und Fluch spreche den Verfluchten. Weite Zukünfte riß er auf vor ihm, worin die Völker wogten, und ihnen allen sollte sein Name ein Segen sein.«[59]

In der Tat entfaltet Mann in dieser Theologie der Fiktion, wie Jan Assmann resümiert, die Doppelgeschichte eines reziproken Selbstwerdens Gottes und des Menschen.[60] Den Mutterboden dieser »[...] Mythopoese des ,werdenden Gottes'«[61] – so der Titel einer Arbeit von Walter R. Corti – bildet dabei ein Traditionsstrom, der von Jakob Boehme über Hegel und Schelling, sodann Heine und Hebbel bis Rilke, Bergson, Whitehead und Teilhard de Chardin reicht. Im *Josephs-Roman* wird dazu das Mythische und das Geschichtliche, »Segen von unten und Segen von oben«[62], ineinander gespiegelt, ohne die »wahr-falsch«-Unterscheidung in Sachen Religion aufzugeben, wie Assmann eigens vermerkt. Und das Changieren der Erzählung »zwischen Finden und Erfinden«[63] eröffnet emanzipatorisch jenen Freiheitsraum, in dem allein unter den Bedingungen der Moderne Religion so etwas wie Bindekraft entfalten kann. Kein Wunder darum, dass neben dem Thema der Fiktionalität als einziges weiteres Motiv auf dieser reflexiven Metaebene der *Josephs-Romane* immer wieder auch dasjenige des Ichs bzw. des Subjektseins auftaucht[64] (mithin genau die Thematik, für die bereits eingangs auf die einschlägige Bedeutung von Reinhold hinzuweisen war). Und kein Wunder ebenso, dass Assmann die Pointe des ganzen Mammut-Projekts des Dichters in einer Wendung auf den Punkt bringt, die einst Fichte im Durchbruchspunkt seiner selbstbewusstseinstheoretischen Einsicht geprägt hat, wenn er (Assmann) formuliert, in der Literatur habe sich der Mensch bzw. die Gesellschaft »ein Auge eingesetzt«[65], durch das sie sich selbst beobachte und die Leitfrage bewussten Lebens nach dem eigenen Auftreten in der Welt narrativ zu modellieren vermöge.

Ohne konfessionelle Profilierungsabsicht im Hintergrund sei an dieser Stelle der Hinweis gestattet, dass das »Sowohl – als auch« primär (wenn auch nicht exklusiv) in der katholischen Tradition anzutreffen ist, und zwar nicht nur in Texten, sondern auch in der Ikonographie (etwa durch eine Unzahl ägyptisierender Anspielungen in der Ästhetik von Barockkirchen). Insofern ist nicht ganz verwunderlich, dass die in Teilen sehr polemische Assmann-Kritik des protestantischen Theologen Schieder am Schluss unter dem Titel *Der Traum vom Ende der Differenz* gerade über das »Sowohl – als auch« in einer nahezu perhorreszierenden Weise und mit schiefen Vergleichen vom Leder zieht.[66] Doch niemand, der oder die für das »Sowohl – als auch« plädiert, will die Differenz von Gott und Welt schleifen. Er/Sie macht lediglich mit dem Gedanken ernst, dass Differenzen überhaupt nur im Horizont des Gedankens einer

Einheit bzw. Ganzheit zu markieren sind. Es gibt – scheint mir – in Zeiten rasanter Religionsproduktivität wie heute gute Gründe, ein wohl begründetes Vernunftinstrumentar wie das »Sowohl – als auch«-Prinzip für die herausfordernde Aufgabe der »Religionshege« (ein Terminus des Münsteraner Juristen Janbernd Oebbeke) in Anspruch zu nehmen. Auch eher pamphletistische Invektiven wie in Daniele Dell´ Aglis Beitrag zu dieser Debatte, die sich weitgehend auf dem Niveau des *New Atheism* eines Christopher Hitchens bewegen[67], beirren mich nicht in dieser Überzeugung, weil ihnen mit ihrem Gegenvotum eines *Weder-Noch* jegliche Einsicht dafür mangelt, dass Religionen unerachtet ihrer permanenten Kritikbedürftigkeit auch Vernunftleistungen repräsentieren.

Gerade auf der Folie dieser Überzeugung bedarf es auch einer dezidierten Abweisung der Kritik am Kosmotheismus, wie sie Jan-Heiner Tück in seinem Debattenbeitrag formuliert. Tück behauptet, ein Religionskonzept, das kosmotheistische Dimensionen integriert, leide an offenbarungstheologischen, geschichtstheologisch-passiologischen und schöpfungstheologischen Defiziten.[68] Gemeint ist, dass ein solcher Ansatz weder ein sich Mitteilen Gottes denkbar sein lasse noch ein Anteilnehmen am Geschick der Geschöpfe bis hin zur Theodizeefrage noch für eine Gott-Welt-Differenz mit ihrem anthropologischen Freiheitsindex aufzukommen vermöge. Mir scheinen alle drei Einwände aus der Logik eines konsistenten All-Einheits-Denkens auflösbar: Die Ressourcen dafür finde ich in dem gegenwärtig mit Abstand elaboriertesten Konzept dieser Bauart, wie es Dieter Henrich über Jahrzehnte grundgelegt und vorangetrieben hat[69]:

So kurz wie irgend möglich gefasst: In einer von Parmenides und Heraklit herkommenden und über Spinoza und die Tübinger Frühidealisten führenden Spur denkt diese All-Einheits-Lehre das Endliche in einem Unbedingten einbegriffen und bejaht notwendig auch die intrinsische Konsequenz dieses Gedankens: »Was wirklich als das Absolute gedacht wird, kann zu Endlichem nicht in einer Relation von einem zum anderen stehen. Denn dann hätten beide aneinander eine Grenze, und es widerspräche sich, eines der Relata für absolut zu erklären. Wenn also nicht nur von dem einem Absolutem (sic!), sondern auch von Endlichem muss gesprochen werden können, dann wird das Endliche dem Binnenbereich des Absoluten zugeschrieben werden müssen.«[70]

Denkbar ist eine solche Lösung freilich nur, weil das All-Einheits-Denken derart verfasst ist, dass es gerade nicht alles Bestimmte, Differenzierte verschwinden lässt, wie Kritiker gern (und meist ohne Beleg) behaupten. Es wird geleitet von der transzendentallogischen Intention, Differenz nicht als ein Ursprüngliches in Geltung zu setzen, weil dieses nur auf der Folie einer Einheitsintuition überhaupt in seiner begrifflichen Struktur und Leistung fassbar wird, dabei aber schon kraft des »All-« in der »All-Einheit« eben Vieles eingeschlossen zu denken und in seiner Vielheit nicht auszulöschen (sonst bräuchte man gar nicht von »All-« zu reden!). Und wenn so das Viele von Wesen simultan mit dem auftritt, was über alle Differenzen hinaus greift als All-Eines, aus dem die Vielheit des Einzelnen überhaupt erst hervorgeht, ist dieses All-Eine in jedem Moment des Auftretens der Einzelnen der Vielheit in diesen gegenwärtig und verleiht ihnen zugleich in ihrer Einzelheit eine Bedeutung, »die auf nichts anderes relativ ist.«[71]

Dies geschieht genauer gesagt dadurch, dass die Einzelnen in ihrer je eigenen Verfassung dem korrespondieren, was die Einheit am All-Einen charakterisiert, weil dieses die Einzelnen sonst nicht einschlösse, sondern nur zusammenfasste.[72] Dieses Einende von All-Einem und Einzelnen liegt nachgerade auf der Hand, weil es bereits von der Beschreibung des Ganzen als eines All-Einen impliziert wird: »Das All-Eine ist jenes selbstgenügsame Eine, das sich ursprünglich in Alles *differenziert* hat oder kraft seines Wesens ursprünglich in Alles differenziert *ist*. Diese Selbstdifferenzierung ist die Eigenschaft, die an die Stelle der ursprünglichen Differenz zwischen der Einheit und den

Vielen getreten ist. [...] Die Vielen sind in ihm als dem All-Einen eingeschlossen und daher mit ihm von der grundsätzlich gleichen Verfassung. Daraus folgt ganz unmittelbar, dass den im All-Einen eingeschlossenen Vielen *gleichfalls* die Eigenschaft der Selbstdifferenzierung zugesprochen werden muss«[73] – das macht den Selbststand der Einzelnen im All-Einen aus und vollzieht sich kraft deren Endlichkeit als Selbsterhaltung. Kommt die alternative Option einer Ursprünglichkeit der Differenz[74] auch zu einer solchen Nobilitierung des Einzelnen (was sie doch eigentlich prätendiert)? Mir will scheinen: Nein! Darum kann gerade die All-Einheit auch dem schärfsten aller Argumente, dem Schwert der Theodizee, standhalten: »Auch die Hinfälligkeit des Einzelnen und sein Gang in ein Ende, das ihm für definitiv gilt, werden vom Gedanken der All-Einheit nicht aufgehoben. Selbst das Leid und die Angst in diesem Vergehen werden von ihm nicht abgestoßen, sondern umgriffen. Denn dass das Einzelne seinen Ort im All-Einen hat, bedeutet nicht das Dementi, sondern die definitive Bestätigung seiner Endlichkeit, die wiederum sein Vergehen und somit alles einschließt, was das Endliche in seinem Vergehen befällt. Insofern bleibt dieser Erfahrungsart immer etwas gemeinsam mit dem Bewusstsein vom Ausstand der Bergung des bewussten Lebens – wenn denn solche Bergung nur das sein könnte, was in den Religionen Erlösung und Beseligung heißt.«[75]

Sofort sei eingeräumt, dass, wer solchermaßen ein Stück monistischen Weges von Parmenides/Heraklit bis Platon und dann nochmals von Spinoza bis Hegel mitgeht, ein – so Henrich wörtlich – »Warnzeichen zu beachten«[76] hat: dass jedes Begreifen des einzelnen Subjekts aus einer solchen ursprünglichen Einheit dem Subjekt nur dann einen Lebenssinn aufschließt, wenn seine Hinfälligkeit darüber nicht gleichsam durch Verunendlichung überblendet, sondern gerade in dieser wahrgenommen und festgehalten wird.[77] Eben dies aber wird jenen leicht fallen, die die basalen Intuitionen des Christlichen, namentlich die Bilder einer inkarnatorisch-kenotischen

Gottespoesie mit sich führen. Nichts steht eindringlicher für jene Fragilität des Einzelnseins als die Ikonen von Betlehem und Golgota. Ohne das Richtmaß ihres semantisch-ästhetischen Potenzials kommt kein theologischer Monismus aus. Umgekehrt aber kann ohne Monismus der hinter diesen Potenzialen stehende christomorphe Gottesgedanke nicht jene Universalität entfalten, die er seit Anbeginn theoretisch wie praktisch beansprucht, denn erst in seinem Licht gewinnen biblische Dicta wie jenes »die Welt ist durch ihn geworden« (Joh 1, 10) oder das »in ihm wurde alles erschaffen« (aus Kol 1, 16) einen Sinn, der den Titel »ontologisch« verdient. Eine Theologie freilich, die sich selbst ernst nimmt, wird nicht umhin können, für die ontologischen Verpflichtungen, die sie mit ihrer Gottrede eingeht, auch intellektuell aufzukommen.

Anmerkungen

1 Assmann, Jan: Moses the Egyptian. The Memory of Egypt in Western Monotheism. Cambridge MA; London 1997. (Moses der Ägypter: Entzifferung einer Gedächtnisspur. München; Wien 1998).

2 Vgl. Stein, Hannes: »Ist eine ‚Spiegel'-Titelgeschichte massiv antisemitisch?«. Interview mit Jan Assmann. In: Die Welt online (13.01.2007). Online: www.welt.de/708288 (Stand: 21.01.2013). – Assmann, Jan: Offener Leserbrief: Assmann distanziert sich. 05.01.2007. Online: www.spiegelkritik.de/2007/01/05/offener-leserbrief-assmann-distanziert-sich/ (Stand: 21.01.2013).

3 Als einschlägiger Beitrag wäre hier auch zu nennen Beck, Ulrich: Der eigene Gott. Friedensfähigkeit und Gewaltpotential der Religionen. Frankfurt a. M. 2008.

4 Vgl. Sloterdijk, Peter: Gottes Eifer. Vom Kampf der drei Monotheismen. Frankfurt am Main. 2007. – Ders.: Du mußt dein Leben ändern. Über Religion, Artistik und Anthropotechnik. Frankfurt am Main. 2009.– Vgl. dazu auch Müller, Klaus: Gottes Zorn, der Menschen Eifer und die theologische Vernunft. Zu Peter Sloterdijks affektanalytischer Gotteskritik. In: Striet, Magnus (Hg.): Wiederkehr des Atheismus. Fluch oder Segen für die Theologie? Freiburg i. Br. 2008. 77-98. – Ders.: Naturalisierung der Religion als Elitenatheismus. In: Lebendige Seelsorge. Alter Glaube und neuer Atheismus 06/2009. 362-367. – Ders.: Gott, Gewalt und die Gegenmittel der Vernunft. Über philosophisch-theologische Religionshege. In: Rahner, Johanna – Grillmeyer, Siegfried – Müller-Zähringer, Erik (Hgg.): Eins im Eifer? Monismus, Monotheismus und Gewalt. Würzburg 2010. 59-82.

5 Vgl. Assmann: Moses der Ägypter (Anm. 1). 174.

6 Vgl. Thonhauser, Johannes: Das Unbehagen am Monotheismus. Der Glaube an den einen Gott als Ursprung religiöser Gewalt? Eine aktuelle Debatte um Jan Assmanns Thesen zur »Mosaischen Unterscheidung«. Marburg 2008. 127.

7 Assmann, Jan: Monotheismus und Gewalt.

8 Vgl. Müller: Gottes Zorn, der Menschen Eifer und die theologische Vernunft (Anm. 4). 87-90.

9 Vgl. Bondeli, Martin – Schrader, Wolfgang H. (†) (Hgg.): Die Philosophie Karl Leonhard Reinholds. Amsterdam; New York 2003. (Fichte-Studien-Supplementa; 16). – Lazzari, Alessandro: »Das Eine, was der Menschheit Noth ist«. Einheit und Freiheit in der Philosophie Karl Leonhard Reinholds (1789–1792). Stuttgart; Bad Cannstatt 2003. (Spekulation und Erfahrung; II, 49).– Henrich, Dieter: Grundlegung aus dem Ich. Untersuchungen zur Vorgeschichte des Idealismus. Tübingen – Jena (1790–1794). 2 Bde. Frankfurt a. M. 2004. Bd. 1. 227-440. – Safranski, Rüdiger: Schiller oder Die Erfindung des Deutschen Idealismus. München; Wien 2004. 308f.

10 Vgl. dazu: Henrich, Dieter: Die Anfänge der Theorie des Subjekts (1789). In: Honneth, Axel u.a. (Hgg.): Zwischenbetrachtungen. Im Prozeß der Aufklärung. (FS Habermas). Frankfurt a. M. 1989. 106-170. – Ders.: Grundlegung (Anm. 9). Bd. 2. 1432. 1434-1449. 1463.

11 Vgl. Henrich: Grundlegung (Anm. 9). Bd. 1. 72. – Über das Verhältnis Reinholds zu Kant und die Wandlungen im Verhältnis zu diesem vgl. Bondeli, Martin: Von Herder zu Kant, zwischen Kant und Herder, mit Herder gegen Kant – Karl Leonhard Reinhold. In: Heinz, Marion (Hg.): Herder und die Philosophie des deutschen Idealismus. Amsterdam; Atlanta 1997. (Fichte-Studien-Supplementa; 8). 203-234.

12 Assmann, Jan: Das Geheimnis der Wahrheit. Das Konzept der »doppelten Religion« und die Erfindung der Religionsgeschichte. In: Archiv für Religionsgeschichte 3 (2001). 108-134. 111.

13 Vgl. Reinhold, Carl L.: Die Hebräischen Mysterien oder die älteste religiöse Freymaurerey. Hg. u. komm. v. Jan Assmann. Im Anhang: Schiller, Friedrich: Die Sendung Moses. 2., erw. Aufl. Neckargemünd 2008. (GegenSatz; 4). 129-156. – Vgl. dazu auch Bondeli, Martin: Reinhold, ein Denker der All-Einheit, ein Pantheist? Zu Jan Assmanns Neuausgabe von Reinholds *Die Hebräischen Mysterien*. In: Athenäum 12 (2002). 253-261. Hier 258.

14 De Giorgi, Fulvio: Der junge Rosmini: sein Interesse für deutsche Kultur und für Kant. In: Krienke, Markus: Rosmini und die deutsche Philosophie. Berlin 2007. 97-110; verweist auf enge Verbindungen dieser Loge zur intellektuellen Szene im Trentino und in Rovereto zur Zeit des dort wirkenden, mit Blick speziell auf Hegel um das Problem des Pantheismus ringenden Rosmini.

15 Vgl. Assmann: Nachwort zu Reinhold: Mysterien (Anm. 13). 157-199. Hier 161f.

16 Reinhold: Mysterien (Anm. 13). 30.

17 Vgl. Reinhold: Mysterien (Anm. 13). 33-34.

18 Vgl. Assmann: Nachwort (Anm. 15). 168. – Ders.: Geheimnis (Anm. 12). 115.

19 Vgl. Schiller: Sendung (Anm. 13). 129-156. – Vgl. dazu auch Safranski: Schiller (Anm. 9). 243. 320-326. Safranski macht nicht zureichend deutlich, dass Schiller bis in lange Teile der Formulierung hinein direkt Reinhold folgt.

20 Vgl. Schiller: Sendung (Anm. 13). 156. – Vgl. aber auch schon, wie Reinhold mit Bezug auf die Hieroglyphen einen Antagonismus von »gedacht« und »geglaubt« thematisiert. Reinhold: Mysterien (Anm. 13). 17. – Vgl. dazu auch Assmann: Geheimnis (Anm. 12). 111-115.

21 Reinhold, Carl Leonhard: Briefe über die Kantische Philosophie. Bd. 1 Leipzig 1790. Bd. 2 Leipzig 1792. Hier Bd. 1. 5.

22 Reinhold: Kantische Philosophie (Anm. 21). Bd. 1. 7.

23 Der Zusammenhang von Vernunft und Glaube bzw. Glauben und Wissen hat Reinhold durchgehend und im Vorfeld der Hebräischen Mysterien besonders intensiv in seinen 89 sogenannten »‚Dr.'-Rezensionen« (1782–1783) beschäftigt. Kim, Yun Ku: Zum Verhältnis von Wissen und Glauben in den »Dr.«-Rezensionen Reinholds. In: Bondeli, Martin – Lazzari, Alessandro (Hgg.): Philosophie ohne Beynamen: System, Freiheit und Geschichte im Denken Karl Leonhard Reinholds. Basel 2004. (Schwabe Philosophica; V). 166-185. Zu beachten ist dabei ebenfalls, dass Reinhold mehrfach auch vor einem Missbrauch der Vernunft warnt. Vgl. ebd. 169f. 184. – Zur entsprechenden Interpretation der Hebräischen Mysterien vgl. auch Roehr, Sabine: Reinholds *Hebräische Mysterien oder die älteste Freymaurerei: Eine Apologie des Freimaurertums.* In: Bondeli – Lazzari (Hgg.): Philosophie ohne Beynamen. 147-165. 157f. 165.

24 Roehr: Reinholds *Hebräische Mysterien.* (Anm. 23). 165.

25 Reinhold: Mysterien (Anm. 13). 41.

26 Reinhold: Mysterien (Anm. 13). 42.

27 Vgl. Schiller, Friedrich: Gedichte. Sämtliche Werke Bd. 1. Berlin 2005. (Berliner Ausgabe). 249-252. – Vgl. dazu Assmann, Jan: Das verschleierte Bild zu Sais. Schillers Ballade und ihre griechischen und ägyptischen Hintergründe. Stuttgart 1999. (Lectio Teubneriana; VIII). 9-54.

28 Reinhold: Mysterien (Anm. 13). 42.

29 Vgl. Assmann: Nachwort (Anm. 15). 165f.

30 Vgl. Assmann: Moses der Ägypter (Anm. 1). 179.

31 Vgl. dazu Mulsow, Martin: Moderne aus dem Untergrund. Radikale Frühaufklärung in Deutschland 1680–1720. Hamburg 2002. 295-307.

32 Assmann: Moses der Ägypter (Anm. 1). 183f. – Vgl. dazu auch Kim: Verhältnis (Anm. 23). 181.

33 Assmann: Moses der Ägypter (Anm. 1). 185f.

34 Vgl. Assmann: Nachwort (Anm. 15). 184.

35 Jacobi, Friedrich Heinrich: Über die Lehre des Spinoza in Briefen an den Herrn Moses Mendelssohn (1785). In: Hammacher, Klaus – Piske, Irmgard-Maria (Hgg.): Schriften über den Spinozastreit. Hamburg; Stuttgart; Bad Cannstatt 1998. (GA; 1,1). 1-146. Hier 20.

36 Vgl. Roehr: Reinholds *Hebräische Mysterien* (Anm. 23). 152.

37 Roehr macht Reinholds Intention auf All-Einheit insgesamt primär an dieser politischen Seite seiner Wortmeldung fest, mir scheint aber, dass diese damit

nicht hinreichend hinsichtlich ihrer Einbettung in die ganze damalige religionsphilosophische Debatte, die ja gerade in ihrer Anfangszeit als deutlich sozialphilosophische geführt wurde, wahrgenommen ist. Vgl. Roehr: Reinholds *Hebräische Mysterien* (Anm. 23). 156f.

38 Vgl. Cassirer, Ernst: Sprache und Mythos. Ein Beitrag zum Problem der Götternamen. In: Ders.: Wesen und Wirkung des Symbolbegriffs. Darmstadt 1994. 71-158. Hier 139. – Assmann: Moses der Ägypter (Anm. 1). 178f. – Müller, Klaus: Gottes Dasein denken. Eine philosophische Gotteslehre für heute. Regensburg 2001. 171-178. – Ders.: Der Monotheismus im philosophischen Diskurs der Moderne. In: Söding, Thomas (Hg.): Nimmt der Glaube die Freiheit? Die neue Debatte um den Monotheismus. Freiburg i. Br.; Basel; Wien 2003. (QD; 196). 176-213. Hier 196-198.

39 Vgl. Zenger, Erich: Das Buch Exodus. 2. Aufl. Düsseldorf 1982. 53.

40 Keel, Othmar: Die Geschichte Jerusalems und die Entstehung des Monotheismus. 2 Bde. Göttingen 2007. (Orte und Landshaften der Bibel; IV,1). 1273. – Vgl. auch die Kurzfassung der Studie: Ders.: Jerusalem und der eine Gott. Eine Religionsgeschichte. Göttingen 2011. – Feldmeier, Reinhard – Spieckermann, Hermann: Der Gott der Lebendigen. Eine biblische Gotteslehre. Tübingen 2011. (Topoi biblischer Theologie; 1). 17-50.

41 Nikolaus von Kues: De docta ignorantia. Übers. und mit Vorwort und Anmerkungen hg. von Peter Wilpert. 3., durchges. Aufl. besorgt v. Hans Gerhard Senger. Hamburg 1979. I, 24. – Vgl. dazu Assmann: Moses der Ägypter (Anm. 1). 179-181.

42 Assmann: Monotheismus und Gewalt.(Anm. 7)

43 Strasser, Peter: Der Gott aller Menschen. Eine philosophische Grenzüberschreitung. Graz; Wien; Köln 2002. 191.

44 Vgl. dazu Meier-Hamidi, Frank – Müller, Klaus (Hgg.): Persönlich und alles zugleich. Theorien der All-Einheit und christliche Gottrede. Regensburg 2010. (ratio fidei; 40). [Dort weitere Lit.!].

45 Die Gründe für dieses Implikationsverhältnis (das übrigens auch umgekehrt für die monistischen Religionen gilt) sind meines Ermessens in der Struktur selbstbewusster Subjektivität zu suchen, sofern man – in den diesbezüglich von Dieter Henrich gespurten Bahnen – Religionen als Weisen der Selbstauslegung bewussten Lebens auffasst. Vgl. dazu ausführlich Müller, Klaus: Streit um Gott. Politik, Poetik und Philosophie im Ringen um das wahre Gottesbild. Regensburg 2006. 209-237. – Ders.: Glauben – Fragen – Denken. Bd. III: Selbstbeziehung und Gottesfrage. Münster 2010. 511-520.

46 Assmann: Monotheismus und Gewalt. (Anm. 7).

47 Der Beitrag von Jan Heiner Tück in dieser Debatte verkennt völlig den philosophischen Gehalt des »als ob«. Vgl. Tück, Jan-Heiner: Verborgene Menschheitsreligion? Jan Assmann oder der Preis des Kosmotheismus. Das »als ob« markiert nicht einfach ein »bloß so tun«, sondern steht im Gegenteil für die epistemisch und normativ hoch aufgeladene Logik der Kantischen Postulatenlehre. Vgl. dazu ausführlicher Müller, Klaus: Streit um Gott (Anm. 45) 226-229. – Ders.: Zum Rationalitätskonzept der Fundamentaltheologie. Analytische

Rationalität und Letztbegründung aus der Theorie der Subjektivität. In: Meyer zu Schlochtern, Josef – Siebenrock, Roman A. (Hgg.): Wozu Fundamentaltheologie? Zur Grundlegung der Theologie im Anspruch von Glaube und Vernunft. Paderborn 2010. 289-306. Hier 297-303.

48 Vgl. Ricœur, Paul: Die Interpretation. Ein Versuch über Freud. Frankfurt a.M. 1974. (stw; 76). 506.

49 Vgl. Wust, Peter: Naivität und Pietät. (Tübingen 1925). Münster 1964. (GW Bd. 2). 181.

50 Vgl. Scheler, Max: Der Mensch im Weltalter des Ausgleichs. In: Ders.: Philosophische Weltanschauung. 3., durchges. Aufl. hg. von Maria Scheler. Bern; München 1968. 89-118. Hier 103.

51 Kurzke, Hermann: Mondwanderungen. Wegweiser durch Thomas Manns Joseph-Roman. Frankfurt a. M. 1993. Nachdr. 2003. 158.

52 Sloterdijk, Peter: Derrida ein Ägypter. Über das Problem der jüdischen Pyramide. Frankfurt a. M. 2007. (Edition Suhrkamp; 2502). 29.

53 Vgl. dazu auch Assmann, Jan: Thomas Mann und Ägypten. Mythos und Monotheismus in den Josephsromanen. München 2006. – Die damit von mir aus systematischen Gründen vorgenommene Einbettung des Mose-Motivs in die Narrative der Abrahams- und der Josephserzählung konvergiert mit den exegetischen Befunden im obigen Beitrag von Lang, Bernhard: Mose und der zornmütige Gott, besonders der Gegenüberstellung des »Mose«- und des »Josef«-Religionskonzepts. Vgl. dazu auch den entsprechenden Hinweis in Sloterdijk, Peter: Im Schatten des Sinai: Über Ursprünge und Wandlungen totaler Mitgliedschaft. Ausführlicher Fassung in Ders.: Im Schatten des Sinai. Fußnote über Ursprünge und Wandlungen totaler Mitgliedschaft. Berlin 2013. (Edition Suhrkamp; 2672).

54 Vgl. dazu auch Kuschel, Karl-Josef: Moses, Monotheismus und die Kultur der Moderne. In: Assmann, Jan: Die Mosaische Unterscheidung oder der Preis des Monotheismus. München 2003. 273-286.

55 Mann, Thomas: Joseph und seine Brüder. Der erste Roman: Die Geschichten Jaakobs. 10. Aufl. Frankfurt 2000. 16.

56 Mann, Thomas: Joseph und seine Brüder. Der zweite Roman: Der junge Joseph. 9. Aufl. Frankfurt a.M. 2000. 42.

57 Mann: Der junge Joseph (Anm. 56). 44.

58 Mann: Die Geschichten Jaakobs (Anm. 55). 53.

59 Mann, Thomas: Joseph und seine Brüder. Der vierte Roman: Joseph, der Ernährer. 9. Aufl. Frankfurt a. M. 2000. 279-280.

60 Assmann, Jan: Thomas Mann und Ägypten. Mythos und Monotheismus in den Josephsromanen. München 2006. 34-35.

61 Corti, Walter R.: Der Mensch im Werden Gottes. Mit Beiträgen von Martin Werner und Jakob Amstutz. Schaffhausen 1988. (Gesammelte Schriften; II). 91-134.

62 Assmann: Thomas Mann (Anm. 53). 208.

63 Assmann: Thomas Mann (Anm. 53). 177.

64 Vgl. etwa besonders markant Mann: Die Geschichten Jaakobs (Anm. 55). 120-121. – Auch Mann: Joseph und seine Brüder. Der dritte Roman: Joseph in Ägypten. 9. Aufl. Frankfurt a.M. 2000. 15. – Mann: Joseph, der Ernährer (Anm. 59). 442-443.

65 Assmann: Thomas Mann (Anm. 53). 36. – Zur Wendung: »Tätigkeit, der ein Auge eingesetzt ist« vgl. Fichte, Johann G.: Darstellung der Wissenschaftslehre aus dem Jahre 1801. In: Ders.: Fichtes Werke. Hg. v. Immanuel Hermann Fichte.. Bd. II. Berlin 1971.1-163. Hier 19.

66 Vgl. Schieder, Rolf: Sind Religionen gefährlich? Berlin 2008. 87f.

67 Vgl. Dell´ Agli, Daniele: Die Matrix und ihre Feinde. Über Paranoia, Patriarchat und die implizite Gewalt des Monotheismus.

68 Vgl. Tück: Verborgene Menschheitsreligion. (Anm. 47).

69 Vgl. dazu ausführlich Müller, Klaus: Aus der Logik der Subjektivität zur All-Einheit. Dieter Henrichs Weg zu einer Metaphysik bewussten Lebens. In: Brachtendorf, Johannes – Herzberg, Stephan (Hg.): Einheit und Vielheit als metaphysisches Problem. Tübingen 2011. 217 – 234.

70 Henrich, Dieter: Endlichkeit und Sammlung des Lebens. Übers. von Shivaun Heath, hrsg. V. Fr. Schweitzer, Tübingen 2009 (Heinrich 2009). 97.

71 Henrich, Dieter: Mit der Philosophie auf dem Weg. In: Ders.: Die Philosophie im Prozeß der Kultur. Frankfurt a.M. 2006. 72-106. Hier 103. – Ders.: Endlichkeit (Anm. 70). 97.

72 Vgl. Henrich: Denken und Selbstsein. Vorlesungen über Subjektivität. Frankfurt a.M. 2007. 267-269.

73 Henrich: Denken und Selbstsein (Anm. 72). 269-270.

74 Philosophisch denke ich diesbezüglich an E. Levinas, theologisch etwa an die einschlägigen Überlegungen bei M. Striet. Vgl. Striet, Magnus: Antimonistische Einsprüche im Namen des freien Gottes. In: Müller, Klaus – Striet, Magnus (Hgg.): Dogma und Denkform. Regensburg 2005. 111-127.

75 Henrich: Mit der Philosophie auf dem Weg (Anm. 71). 104.

76 Henrich: Denken und Selbstsein (Anm. 72). 266. Vgl. 265-266.

77 Vgl. dazu auch Henrich: Endlichkeit (Anm. 70). 99.

# Respektabel, aber falsch – Peter Sloterdijks Verschärfung von Jan Assmanns »Mosaischer Unterscheidung«

Micha Brumlik

*Vorbemerkung*

Jan Assmanns These von der mosaischen Unterscheidung sowie Peter Sloterdijks Verschärfung dieser These, wonach die mosaische Unterscheidung – in den von ihr geprägten historischen Religionen Judentum, Christentum und Islam – von »autogenozidaler Selbstexklusion« in der Ethnogenese zur intoleranten Bildung von Zwangsmitgliedschaften und – in den politischen Religionen von Nationalsozialismus und Stalinismus – zu den katastrophalen Massenmorden der Moderne geführt hätten, ist respektabel und anregend. Respektabel deshalb, weil beide damit in einer Tradition der Selbstkritik jener westlichen Moderne stehen, die spätestens in Horkheimer/Adornos »Dialektik der Aufklärung« einen ersten Höhepunkt erreicht hat. Anregend, weil sie dazu provoziert, erneut über die Grundlagen unserer Kultur nachzudenken. Bei alledem wird man weder Assmann noch Sloterdijk gerecht, wenn man ihre Thesen für identisch hält, gleichwohl sei im Folgenden, um der Stringenz der Debatte willen von einer aus drei Teilen bestehenden »Assmann-Sloterdijk-Hypothese« gesprochen.

Deren erster Teil behauptet (mit Jan Assmann), dass die »mosaische Unterscheidung« – also die Unterscheidung von wahr und falsch in der Religion – eine emergente, welthistorische Singularität gewesen sei, ihr zweiter Teil (mit Peter Sloterdijk) behauptet, dass diese Unterscheidung Legitimationsmuster zur Ausübung von Gewalt bereit halte, zumal gegen die Angehörigen der eigenen Gruppe, ein Umstand, den wiederum Sloterdijk drittens pointiert, wenn er behauptet, dass damit ein »Master Narrative«, ein Deutungsmuster entstanden sei, dass entsprechend Gläubige in ganz besonderer Weise zu unerträglichen, unfasslichen Grausamkeiten und zu Handlungsdispositionen »autogenozidaler Selbstexklusion« geführt habe. Dabei geht es Sloterdijk nicht – wie Assmann – um die Differenz von Religion und Gegenreligion, von Polytheismus und Monotheismus, sondern um die besondere, »sinaitische« Form der Ethnogenese. Daher seien beider Positionen mit ihren unterschiedlichen Akzentuierungen noch einmal skizziert:

So hat Jan Assmann bereits 2003 in einem Diskussionsband zu »Moses der Ägypter«, nämlich dem von ihm herausgegebenen Band »Die mosaische Unterscheidung«[1] deutlich zu machen versucht, dass es ihm nicht um eine Kritik des Monotheismus, sondern »um die historische Analyse seines revolutionären Charakters als einer weltverändernden Innovation«[2] gegangen sei. Nicht sei es ihm um die tatsächlich »recht grobe« Behauptung gegangen, dass der Monotheismus »von Haus aus und notwendigerweise intolerant sei, sondern um den Aufweis, der ihm innewohnenden Kraft zur Negation«, die ihn dann – im Unterschied zu den Religionen des alten Orients – zu einer »Gegenreligion« habe werden lassen. Gleichwohl legte sich Assman auf die Behauptung fest, dass der Monotheismus »die Geschichte seiner Durchsetzung als eine Geschichte der Gewalt in einer Serie von Massakern«[3] erzähle. Assmanns strikte Betonung der Narrativität des Entstehens und Bestehens dieser »Gegenreligion« mitsamt ihrer gedächtnisgeschichtlichen Funktion erhebt damit nicht unbedingt den Anspruch, etwas über die reale Durchsetzung des israelitischen Monotheismus zu behaupten, sondern nur, eine Hypothese über einen weltgeschichtlich neuen Begründungsmodus für (massenhafte) Gewalt aufzustellen.

Andere Akzente setzt Peter Sloterdijk, der 2013 die alttestamentlichen Erzählungen vom Bundesschluss als Grundschriften einer Idee »totaler Herrschaft« im Rahmen entstehender »phobokratischer« Herrschaft zu deuten versucht und damit die Ethnogenese der Juden durch ein Prinzip der »Autosuizidalität« geprägt sieht.[4]

Gleichwohl eint beide Autoren, bei aller Unterschiedlichkeit ihrer Argumentation ein gemeinsamer Gedanke: den der relativen Neuartigkeit des (israelitischen) Monotheismus und der ihm eigenen, entweder nach außen – so Assmann – oder nach innen – so Sloterdijk – eigenen physischen und psychischen Gewaltsamkeit im Unterschied zu den umgebenden altorientalischen Religionen. Ich versuche im Folgenden, den benannten Differenzen zum Trotz, die von mir als »A.S.Hypothese« bezüglich der besonderen Grausamkeit der israelitischen Narrative in drei Argumentationsgängen zu widerlegen:

Erstens gehe ich der Frage nach, ob Assmann und Sloterdijk den methodischen und methodologischen Hypotheken ihrer Hypothese gerecht werden und überhaupt gerecht werden können; Zweitens nehme ich den von Sloterdijk inaugurierten, universalhistorischen Blick auf Grausamkeit und Intoleranz zumal gegen die eigene Gemeinschaft auf, verdichte diesen Blick im Gedanken einer universalhistorischen Grausamkeitslehre (»Atrozitologie«) und versuche zu zeigen, dass gerade in ihrem Rahmen die »A.S. Hypothese« nicht zutrifft, während ich drittens mit einigen Bemerkungen zum Judentum, das mit der vermuteten israelitischen Religion de facto nichts zu tun hat, möglichen missverständlichen antijudaistischen und antisemitischen Lesarten der »A.S. Hypothese« zuvorzukommen.

### *Methodisches, Methodologisches*

Die »A.S. Hypothese« lässt sich grundsätzlich zweifach verstehen:

a. als eine universalhistorische Hypothese über den realen Verlauf der Weltgeschichte, die der Übernahme des singulären mosaischen Narrativs kausale Wirksamkeit beim Ausüben von Intoleranz und Grausamkeit zuschreibt. Und zwar in dem Sinne, dass dort, wo dieses Narrativ nicht vorliegt, die Geschichte weniger grausam verlaufen ist.
b. als eine im Wesentlichen hermeneutisch und textualistisch, bei Assmann deutlicher als bei Sloterdijk gedächtnisgeschichtlich orientierte Annahme, die den textuellen Spuren dieses Narrativs in weiteren Texten folgt, damit aber ihre religionskritische, realhistorische Brisanz verliert.

### *Glaube und Wahrheit in der Achsenzeit*

Beiden Varianten aber liegt Assmanns offensichtlich als realgeschichtlich missverstandene Annahme von der Entstehung der mosaischen Unterscheidung im Ägypten der Echnaton Zeit zugrunde, die er in der Auseinandersetzung mit Rolf Schieder nun ausdrücklich zurückgezogen und für Unsinn erklärt hat. Das »echnatonische« Missverständnis dürfte dem Umstand zuzuschreiben sein, dass Jan Assmann sehr wohl über die fatale Tradition einer letztlich antijudaistischen bis antisemitischen Altorientalistik informiert ist, weshalb er es vermieden hat – historisch stimmig und politisch sensibel – die mosaische Unterscheidung einem im vierzehnten Jahrhundert vor der Zeitrechnung ohnehin noch nicht existierendem (»Früh«judentum) zuzuschreiben. Diesem Gedanken aber scheint – im Unterschied zu Assmann – Peter Sloterdijk zuzuneigen, wenn er einmal freilich das eher unübliche Attribut »altjüdisch« benutzt:

»Ich will im Folgenden« so Sloterdijk zu Beginn seines Beitrags zur Debatte im »Perlentaucher« »auf einige Momente der bekannten Sinai-Episode aus der Exodus-Erzählung des Pentateuchs etwas näher eingehen, um sie als Urszene der altjüdischen Anti-Vermischungspolitik zu charakterisieren.«[5]

Zu fragen ist daher vor allem, ob die ursprüngliche, anfängliche Synthese von Glauben und (unbedingtem) Wahrheitsanspruch einzig den mosaischen Narrativen zuzurechnen ist. Das scheint mir mit Blick auf die »Achsenzeit« nicht der Fall zu sein. Dafür im Folgenden einige Beispiele:

### *Griechische Antike*

So schrieb Parmenides (ca. 549 – 500 v.d. Zeitrechnung):

> »Denn keinerlei schlechte Fügung entsandte dich, diesen Weg zu kommen,… sondern Gesetz und Recht. Nun sollst Du alles erfahren« sagt die Göttin im Lehrgedicht des Parmenides »sowohl der wohlgerundeten Wahrheit unerschütterlich Herz wie auch der Sterblichen Schein-Meinungen..«[6]

Das ist Assmann bekannt, freilich neigt er dazu, den im engeren Sinn »religiösen« Anteil dieser »Philosophie« herunterzuspielen, um so mehr Profil für die von ihm behauptete »mosaische Unterscheidung« zu gewinnen. Vor diesem Hintergrund muss man sich verdeutlichen, dass die »mosaische Unterscheidung« von (praktischer) Wahrheit und Glauben zunächst deren Differenzierung voraussetzt, eine Differenzierung, die später wieder aufgehoben wird. Ob das der Religion der »Griechen«, der »Götter Griechenlands« (Walter F. Otto) entspricht, ist durchaus strittig: So stellt etwa Henning Ottmann zurecht fest, dass »Themis« und »Dike« als göttliche Mächte von Recht und Gerechtigkeit (also von praktischer Wahrheit!) das Denken der Hellenen zumal bei der Begründung, inneren Ordnung und Verteidigung ihrer politischen Gemeinschaften entschieden motiviert haben.[7] Wurde im Namen dieser Religion auch Gewalt gegen Mitglieder der eigenen Gemeinschaft ausgeübt? Sokrates jedenfalls wurde wegen angeblicher Gottlosigkeit in Athen zum Tode verurteilt; ein klarer Fall von religiös juridifizierter Gewalt gegen innere Abweichler.

### *Persische Antike*

Wann genau Zarathustra lebte, ist nach wie vor ungeklärt. Neuere Schätzungen datieren seine Lebenszeit von 618 bis 541 v. Chr.[8] In der ersten Gatha aber heißt es:

> »Mit ausgestreckten Händen vor ihm, der mich stützt, erflehe ich von allen Göttern, oh Weiser, zuallererst den Wohltätigen Geistzustand, lebensspendend durch Wahrheit..«[9]

Zudem liegen – wenn auch nur dünn belegte – Traditionen vor, wonach Anhänger dieses Glaubens, sogar Angehörige eines Königshauses, bereit waren, in einem Glaubenskrieg ihr eigenes Leben und das Leben ihrer Angehörigen aufs Spiel zu setzen, um diesem Glauben treu bleiben zu können. So schrieben die achaemenidischen Könige Persiens ihre Erfolge der Größe ihres Gottes zu.[10]

### *Erstes Zwischenergebnis*

Die Verbindung von Religion und Wahrheit einschließlich der Ermächtigung zur Ausübung von Gewalt zumal gegen Angehörige der eigenen Gruppe wurde in der Achsenzeit keineswegs nur in den mosaischen Narrativen artikuliert und schließlich im sechsten Jahrhundert, unter Esra und Nehemia folgenreich kodifiziert, sondern fand nachweislich auch in anderen Kulturen statt. Zu vermuten ist, dass dies eine allgemeine, evolutionäre Eigentümlichkeit des Übergangs zu voll entwickelten Hochkulturen war.[11]

### *Kausalistische Beweislasten*

Um die volle kulturkritische Beweislast der »A.S.Hypothese« zu erhärten, müssten Assmann und Sloterdijk universalhistorisch anhand eng geführten realen, nicht nur mythischen Quellenmaterials zeigen, dass das mosaische Narrativ in den Köpfen und Schriften grausamer Täter tatsächlich »vorhanden« war, bzw. – abstrakter – dass es tatsächlich eine durch das mosaische Narrativ – und nicht durch andere (textuelle) Ursachen – geprägte Handlungsdisposition war, die zu Intoleranz bis zum Mord (gegen Mitglieder der eigenen Gruppe) führte. In diesem Fall hätte die »A.S. Hypothese« etwa den methodologischen Status von Max Webers Hypothese über den Ursprung des Kapitalismus aus der calvinistischen Prädestinationslehre oder Werner Sombarts Vermutung über den Ursprung des Kapitalismus aus dem Geist des Judentums. Diese positiven Belege aus den Quellen aber sind, soweit ich es überblicke, von Assmann und Sloterdijk bisher nicht erbracht worden. Zumindest aber – dazu mehr in Abschnitt 2, »Atrozitologie« – müssten sie nachweisen, dass Intoleranz und Grausamkeit im Namen Gottes oder der Götter (auch gegen Mitglieder der eigenen Gruppe) in Kulturen, die die mosaische Unterscheidung nicht kennen, ausgeblieben sind.

### *Hermeneutische Naivität*

Indem vor allem Peter Sloterdijk wider besseres Wissen ( »All die genannten Vorgänge haben ihren wahren Ort in den Erzählungen selbst«) die mosaischen Erzählungen gegen eine holistische, kontextualistische und religionshistorische aufgeklärte Lektüre isoliert, ja geradezu herauspräpariert (»Urszene der altjüdischen Anti-Vermischungspolitik«) – und sie nach Isolation von anderen biblischen Schriften als untergründiges Zentralmotiv der »altjüdischen« Religion behauptet, übergeht er die denn doch entscheidende Frage, wie in den historisch entfalteten Texten und Liturgien von Judentum, Christentum und Islam seit der späten Antike auf diese Narrative Bezug genommen wurde. Darauf ist in Abschnitt 3, »Mosaismus und Judentum« noch einmal einzugehen. Zunächst aber ist zu überprüfen, ob es tatsächlich nur diese Tradition war, die Grausamkeiten bis in die Gegenwart generierte.

### *Atrozitologie*

Dem Linguisten und evolutionären Anthropologen Steven Pinker verdanken wir »Eine neue Geschichte der Menschheit«[12], die auf weit mehr als eintausend Seiten empirisch belegt und statistisch plausibilisiert – wenn auch mit Bezug auf die griechische Antike eher ungenau[13] – aus der Perspektive der Soziobiologie auf den für eine westliche Selbstkritik durchaus ganz und gar nicht intuitiven Umstand hinweist, dass über den geschichtlichen Verlauf die »Grausamkeit« abgenommen hat: nämlich dann, wenn man als Maßzahl den Quotienten von Bevölkerungsgröße und Tötungshandlungen zugrunde legt. Im ersten Kapitel setzt sich Pinker mit den auch von Assmann und Sloterdijk thematisierten Grausamkeiten auseinander, um – nachdem er eingeräumt hat, dass die Autoren der Bibel in den erwähnten Grausamkeiten, auch dann, wenn sie tatsächlich nur Fiktionen waren, einem »Kadavergehorsam gegenüber Sitten und Autoritäten« gehuldigt hätten, festzustellen:

»In den letzten Jahrtausenden und Jahrhunderten wurde die Bibel schöngeredet, zur Allegorie erklärt, durch weniger gewalttätige Texte (bei den Juden der Talmud, bei Christen das Neue Testament) verdrängt oder diskret ignoriert.« Und genau darum – so Pinker – geht es. »Die Empfindlichkeit gegenüber der Gewalt hat sich so stark verändert, dass religiöse Menschen ihre Einstellung zur Bibel heute unterteilen. Sie legen Lippenbekenntnisse für die Bibel als Symbol der Moral ab, beziehen ihre Moral aber in Wirklichkeit aus moderneren Prinzipien.«[14]

### *Megatötungen – Dschingis Khan*

Im Jahr 2011 schrieb Pinker ein Vorwort zu dem nicht ins Deutsche übersetzten Buch von Matthew White mit dem zynisch klingenden Titel: »Atrocitology – Humanities 100 deadliest Achievements«[15]. Am Ende seiner umfangreichen Studie publiziert der Verfasser ein »Ranking: The One Hundred Deadliest Multicides«: An der Spitze dieser Liste steht auf Platz 1 der Zweite Weltkrieg mit 66 Millionen Toten, auf Platz 2 aber schon die Feldzüge des Dschingis Khan mit 40 Millionen Toten, auf Platz 3 die Politik Mao Zedongs mit ebenfalls 40 Millionen Toten, auf Platz 4 die Hungersnöte in Britisch- Indien mit ebenfalls 40 Millionen Toten auf Platz 5 schließlich der Untergang der chinesischen Ming Dynastie mit 25 Millionen Toten.

Für unseren Zusammenhang sind insbesondere die Fälle »2 – die Feldzüge des Dschingis Khan« -sowie »4 – der Untergang der Ming Dynastie« – von Interesse, und zwar deshalb, weil bei ihnen zuverlässig ausgeschlossen werden kann, dass das mosaische Narrativ irgendeine Rolle gespielt hat, mehr noch, dass es bei ihnen um »Kriegshandlungen« geht, die im Rahmen polytheitistischer Glaubenssysteme vorgenommen wurden.

Machtergreifung und Angriffskriege von Dschingis Khan wurden durch seine schamanistische Religion legitimiert: Die wiederkehrende Formel zu all seinen Verlautbarungen hieß: »In der Kraft des Ewigen Himmels, im Schutze großer Macht und Erhabenheit.«[16]

Aber sogar dann, wenn man den Blick von global- und universalhistorischen Kontexten abwendet und sich auf die Achsenzeit in Mittelmeerraum und Vorderem – evtl. auch fernem – Orient bezieht, wird man auf eine Fülle grausamer Narrative und Geschehnisse stoßen, die in polytheistischen Kulturen stattfanden.

### *Assyrer*

Die zumal von dem Alttestamentler Erich Zenger immer wieder hervorgehobene Gewalttätigkeit der assyrischen Herrscher, auf welche die Autoren von Büchern der Hebräischen Bibel reagierten,[17] war die von ihnen so verstandene Verpflichtung, im Auftrag ihres aus vielen Göttern bestehenden Pantheons ihren Feinden Unheil anzutun. Eine assyrische Quelle lässt den König der Götter dies sagen:

> »Dann möge Assur, der König der Götter …euch ein schlimmes, unglückliches Los festsetzen und (euch) Vaterschaft, Altwerden, das Erreichen hohen Alters verweigern. Möge Ninlil, seine geliebte Gemahlin, ihn veranlassen, Unheil für Euch zu verkünden und keine Fürsprache für euch einlegen.….Möge Ninurta, Anführer der Götter euch mit seinem grimmen Pfeil niederstrecken, das Feld mit euren Leichen füllen und euer Fleisch den Adlern und Geiern zum Fraß hinwerfen.«[18]

Die diesem Pantheon verpflichteten assyrischen Könige zögerten nicht, im Namen dieser Götter Gewalt auszuüben: So gab der gewiss polytheistische assyrische König Sargon II über seinen Feldzug gegen Urartu zu Protokoll:

> »Ein furchtbares Gemetzel richtete ich in seinem Heere an, die Leichen seiner Krieger zerstreute ich wie Malz, die Niederungen des Gebirges füllte ich mit ihnen an. Ihr Blut ließ ich wie einen Strom die Spalten und Terrassen herabfließen, Niederungen und offenes Land und Hänge färbte ich rot wie Anemonen. Seine Krieger, das Elitekorps seiner Truppen, die Bogenschützen und Lanzenträger schlachtete ich wie Schafe zu seinen Füßen dahin und schnitt ihre Köpfe ab.«[19]

Dass Sargon II. unter Einfluss eines mosaischen Narrativs im engeren Sinne gehandelt hat, dürfte auszuschließen sein – eine Einflussnahme der israelitischen Religion auf die im Namen des assyrischen Pantheons verübte Gewalt ist definitiv auszuschließen. Vielmehr spricht alles dafür, dass mindestens die blutigen Landeroberungs- und Vertreibungsphantasien etwa des Buches Josua literarisch-projektive Reaktionen auf assyrische Kriegshandlungen waren. Freilich: Sargon II und andere richteten ihre intolerante Gewalt – soweit dies den vorhandenen Quellen zu entnehmen ist – nicht gegen Mitglieder der eigenen Gemeinschaft. Tatsächlich schien es zunächst um Demonstrationen zur Untermauerung des eigenen Herrschaftsanspruchs zu gehen:

> »In heftigen Kämpfen« – so etwa ein königliches Zeugnis aus der Zeit Aussurbanipals – »schloss ich die Stadt ein und erstürmte sie, wobei ich 3000 ihrer Krieger niedermachte. Gefangene, bewegliches Gut, Rinder und Schafe schleppte ich fort. Viele Gefangene verbrannte ich, viele Krieger nahm ich lebend gefangen, einigen schnitt ich Arme und Hände ab, anderen Nase, Ohren und Hände, zahlreichen Kriegern riss ich die Augen heraus. Die Lebenden schichtete ich zu einem Haufen, die (abgeschnittenen) Köpfe zu einem weiteren. In die Bäume, die ihre Stadt umgaben, hängte ich ihre Köpfe. Ihre jungen Männer und Mädchen verbrannte ich. Die Stadt selbst zerstörte ich, riss ich ein und ließ ich in Flammen aufgehen.«[20]

### *Ugarit*

Andere Kulturen des alten Orients unterscheiden sich davon nicht wesentlich, auch wenn es gelegentlich eine Göttin selbst ist, die sich so äußert. Ganz und gar im polytheistischen Pantheon verwurzelt war etwa die ugaritische Göttin Anat, von der eine singuläre Freude an äußerster Grausamkeit berichtet wird und von der es in einem Lobgesang heißt:

»Es metzelt und freut sich Anat. Ihr Inneres weitet sich vor Jauchzen; Es füllt sich ihr Herz mit Freude. Das Innere Anats jubelt, als sie ihre Knie eintaucht in das Blut der Soldaten, Ihre Knöchelringe in den Lebenssaft der Knappen. Bis sie satt ist, mordet sie im Hause, metzelt sie zwischen den Tischen« [21]

Anzufügen ist, dass auch die von Assmann gerne als Kontrastfolie aufgerufene ägyptische Religion derlei massenhafte Gemetzel zuließ oder gar legitimierte.[22]

### *Griechische Religion/ Homer*

Seit Nietzsche ist viel über die Abgründe der im Zeitalter der Klassik zur Lichtreligionen verklärten hellenischen, ohne Zweifel polytheistische Religion geschrieben worden. An dieser Stelle soll es nur um die Frage gehen, ob in der Achsenzeit brutale Gewalt – im Unterschied zu den Narrativen der israelitischen Religion – lediglich gegen Angehörige anderer Gruppen und Völker ausgeübt wurde, wie es die Zeugnisse der assyrischen Könige nahezulegen scheinen. Eine kaum realhistorisch nutzbare Erzählung belegt es:

So wird gewiss niemand der Odyssee nachsagen wollen, monotheistisch geprägt zu sein; womöglich wird man sogar Verständnis dafür aufbringen, dass Odysseus die seine Frau behelligenden Freier umbrachte; indes, auch die Geliebten der Freier – Frauen, die lediglich Lust genossen haben – erwartete ein grausames Schicksal, das über bloße Vergeltung hinausging.[23] So der Massenmord an zwölf, der Hurerei mit den Freiern verdächtigen Frauen, der dem Telemachos, der als Odysseus Sohn galt, aufgegeben war:

> »Doch wenn ihr im ganzen Hause Ordnung geschaffen habt, so führt die Mägde aus der gut erstellten Halle und haut sie zwischen dem Rundhaus …mit den langschneidigen Schwertern zusammen bis ihr ihnen allen den Lebensodem geraubt hat… um sie schließlich dem Erstickungstod auszusetzen«

»So sprach er und band das Tau ...an den großen Pfeiler... Und wie flügelstreckende Drosseln oder Tauben sich in einem Netz verfangen, das aufgestellt ist, in einem Busch, wenn sie zu ihrer Ruhestatt streben, jedoch ein bitteres Lager hat sie aufgenommen: so aufgereiht hielten diese ihre Köpfe, und Schlingen waren um all ihre Hälse, damit sie auf erbärmlichste Weise stürben. Und sie zappelten mit den Füßen, ein weniges nur gar nicht sehr lange.«[24]

Handelte es sich bei diesen Frauen um »Mitglieder der eigenen Gruppe« oder um vogelfreie Fremde? Lag gar ein göttlicher Auftrag vor? Oder handelte sich lediglich um die rein private Rache eines – von Adorno und Horkheimer in der »Dialektik der Aufklärung« so charakterisierten – frühen Bürgers? Odysseus, der die Freier hinmetzelte, ist in dieser Hinsicht zwiespältig: einerseits untersagt er seiner alten Pflegerin, ob der getöteten Freier zu frohlocken, andererseits gibt er kund: »Diese vertilgte der Götter Gericht und ihr böses Beginnen«

Tatsächlich: auf diese Weise wurden keine adligen Männer, die Freier in einem immerhin kriegerischen Modus – dem Tod durch Pfeil und Bogen – vom Leben zum Tode befördert – sondern Frauen, Sklavinnen, für die dem Rächer Odysseus sogar seine Pfeile zu wertvoll waren. Sofern man also unter »Mitgliedern der eigenen Gruppe« die eigene Klasse versteht, kannte diese polytheistische Religion keine besonderen Grausamkeiten gegen ihre Mitglieder, gegen Angehörige anderer Klassen indes kannten Rachsucht und Grausamkeit keine Grenzen.

### *Die Gita*

Das »hinduistische« Lehrgedicht »Bhagavadgita«, zweifelsohne ebenfalls »polytheistisch« geprägt, zu datieren, ist schwierig; nach derzeitigem Forschungsstand dürfte es – fernab aller jüdischen, monotheistischen Einflüsse – zwischen dem fünften und zweiten Jahrhundert vor der Zeitrechnung entstanden sein.[25] Dieses Lehrgedicht thematisiert zunächst die Pflicht zur Überwindung des Mitleids bei Angehörigen der eigenen Gemeinschaft, um zunächst zu dem Schluss zu kommen, dass insbesondere die Ermordung der eigenen Sippe unethisch ist und es darauf ankommt, diesen Mordimperativen zu widerstehen. Indem Arjuna sich weigert, seine Verwandten zu töten, gibt er gleichwohl zu Protokoll, dass derlei – ganz ohne Monotheismus – üblich gewesen sein muss:

> »Wenn auch jene, von Habgier in ihrem Bewusstsein getrübt, in der Zerstörung ihrer Sippe keine Schuld erkennen und kein Verbrechen in der Feindschaft gegen Freunde, warum sollten wir nicht die Weisheit besitzen, vor solch einer Sünde zurückzuschrecken, o Janardana, die wir erkennen, dass die Vernichtung der Sippe von Übel ist«[26]

Doch ist dies nicht das letzte Wort des Lehrgedichts zu dieser Frage. Mit Verweis auf die Unwandelbarkeit und Unsterblichkeit der Seele ergeht schließlich doch die göttliche Weisung, in die Schlacht zu ziehen – auch und gerade gegen Mitglieder der eigenen Gemeinschaft:

> »Es gibt kein höheres Gut für den Ksahtrya als die gerechte Schlacht. Wenn sich ihnen eine solche Schlacht von selbst anbietet wie das offene Tor zum Himmel, sind die Kshatryas glücklich.«[27]

Zwar ist hier der Begründungszusammenhang ein ganz anderer als im mosaischen Narrativ: geht es doch hier nicht um die Entgegennahme einer Weisung und deren lebensdienliche Prinzipien, sondern darum, sich den Anforderungen des Lebens durch Weltenthaltung zu entziehen, gleichwohl bleibt es doch auf der Handlungsebene dabei, dass auf göttlichen Befehl Angehörige der eigenen Gruppe umgebracht werden sollen.

### *Zweites Zwischenergebnis*

Es mag sein, dass das isolierte mosaische Narrativ zu den grausamsten Texten der Religionsgeschichte gehört, dass 2. Mose 32 – so Sloterdijk – »einen der schlimmsten Sätze der Religionsgeschichte« enthält, indes: die Religionsgeschichte weist, wie die wenigen Beispiele gezeigt haben, viele derartiger Sätze auf; mit einer »mosaischen Unterscheidung« oder »Monotheismus« haben sie alle nichts zu tun.

### *»Auto-Genozidalität« oder: Peter Sloterdijk und die Makkabäer*

Als ob Sloterdijk dies gesehen hätte, versucht er sein Konstrukt einer »altjüdischen Anti-Vermischungspolitik« durch halbwegs überprüfbare, historische Quellen zu belegen, nämlich durch die Makkabäerbücher, die angeblich »Vernichtungsaktionen gegen assimilationsbereite Mitbürger« thematisieren. An diesen historischen Ereignissen will Sloterdijk das verhängnisvolle Erbe der im mosaischen Narrativ angelegten »Auto-Genozidalität« nachweisen. Freilich: die historische Forschung zu den Makkabäern gibt dieses Ergebnis nicht her. Zunächst unterschlägt Sloterdijk, dass den Feldzügen der Makkabäer die für die damalige, polytheistisch geprägte Kultur der Diadochen in der Tat ungewöhnlich intolerante und grausame Politik des seleukidischen, »polytheistischen« Königs Antiochos Epiphanes gegen das Judentum vorherging. Auf die äußerst verwickelten Vorgänge des innerjüdischen Bürgerkrieges zwischen hellenistisch und jüdisch gesonnenen Judäern, in den der seleukidische König auf Seiten der Hellenisten eingriff, ist hier nicht weiter einzugehen; es genügt, einem ausgewiesenen Experten bezüglich der Ursachen der makkabäischen Erhebung das Wort zu geben:

> »Der genaue Ablauf der Ereignisse um die »Religionsverfolgung« des Antiochos ist sicher nicht in allen Einzelheiten geklärt und ihre Bewertung wird wohl auch immer kontrovers

> bleiben, wenngleich die von Bickermann und Hengel begründete Sicht in der heutigen Forschung dominiert.«[28]

Diese Lesart (Bickermann, Hengel) aber geht davon aus, dass es die Intoleranz der judäischen Hellenisten (der »assimilationsbereiten Mitbürger«) war, die den Aufstand der Makkabäer provozierte. Einen schlüssigen Beweis für ein mosaisches, auto-genozidales Erbe im Judentum liefern die Makkabäerbücher und verwandte Quellen jedenfalls nicht. Von monotheistisch gestimmter »Autogenozidalität« kann hier gerade nicht die Rede sein, eher von kriegerischen Handlungen, die in Form eines Bürgerkrieges in Abwehr paganer Intoleranz vollzogen wurden.

### *Drittes Zwischenergebnis*

Weder kann die »A.-S.Hypothese« zeigen, dass die Synthese von Glaube und Wahrheit lediglich in der biblischen Überlieferung angelegt ist, noch, dass von göttlichen Kräften aufgegebene extreme Grausamkeiten gegen Mitglieder der eigenen Gemeinschaft ausschließlich in dieser Tradition artikuliert, auch tatsächlich verübt wurden. Damit ist die »A.S. Hypothese« im Wesentlichen widerlegt.

### *Mosaische Tradition und rabbinisches Judentum*

So ist endlich, aber das kann jetzt nicht mehr in ausreichender Ausführlichkeit geschehen, nur noch darauf hinzuweisen, dass das Judentum, das als die Religion, die wir kennen, kaum vor der Mitte des dritten Jahrhunderts als »rabbinisches Judentum« seine heutige Form angenommen hat,[29] die von der »A.S. Hypothese« kritisierten Narrative ganz bewusst zurückstufte, sie in andere Traditionen einbettete und liturgisch – im Bewusstsein ihrer Grausamkeit – bearbeitet hat. Es ist weder eine Verdrängung noch eine Projektion, wenn das wichtigste Gebet im jüdischen Gottesdienst, das sog. »Achtzehnbittengebet« eben nicht mit einer Anrufung von Moses, sondern mit den Vätern (im konservativen und liberalen Judentum auch den Müttern) Abraham und Sarah, Isaak und Rebekka, Jakob und Rachel und Lea) beginnt. Moses aber gilt im Judentum als »Moshe Rabenu« – als Moses unser Lehrer, als Mensch mit all seinen Fehlern – und nicht als quasi göttlicher Vorfahre und Stifter. Schon dem Judentum der augustäischen Zeit kam alles darauf an, Moses nicht zu vergöttlichen (eine Gefahr, die in der samaritanischen Religion vorhanden war); d.h. – anders als in Christentum und Islam – einer, einer einzigen Person den Vorzug zu geben.[30] Im übrigen hat die rabbinische Theologie die Spannung zwischen der Erwählung Israels und dem Anspruch Gottes, Gott aller Völker zu sein, durch die Lehre von den noahidischen Geboten gelöst, in denen Gott einen Bund mit allen Völkern der Welt geschlossen hat in dem bemerkenswerter Weise neben allerlei Verboten götzendienerischer Betätigung eine einzige positive Weisung besteht: unter Rechtsverhältnissen zu leben.[31] Vor allem aber hat sich die rabbinische Theologie bewusst der Problematik der Überlieferung sowie dem auch von Sloterdijk benannten Problem der »Einzäunung« gestellt. Im dazu entscheidenden Traktat der »Mischna«, einer im zweiten Jahrhundert bekannt gewordenen Offenbarungsschrift eigenen Ranges heißt es gleich zu Beginn:

> »Moses empfing die Tora vom Sinai und überlieferte sie Josua, Josua den Ältesten der Propheten. Und die Propheten überlieferten sie den Männern der großen Versammlung. Sie sagten drei Worte: »Seid bedachtsam beim Richten, sorgt für viele Schüler und macht einen Zaun um die Tora.«[32]

Später dann heißt es im selben Traktat: »Auf drei Dingen ruht die Welt: Auf Recht, auf Wahrheit und auf Frieden«. Einen Zaun um die Lehre zu machen, kommt in diesem zentralen Text überhaupt erst an dritter Stelle – nach dem Üben der

Gerechtigkeit und der Weitergabe der Tradition. Dieser Vorschlag besagt in aller Harmlosigkeit, weitere Weisungen deshalb aufzustellen, damit man erst gar nicht in Gefahr gerät, die Gottesweisungen vom Sinai zu übertreten. Schließlich war es – noch vor den entsprechenden christlichen Adaptationen – die rabbinische Theologie, die eine Lehre von der Unantastbarkeit und Würde des Menschen entwickelt hat, eine Lehre, die ihre Wurzeln in der schon alttestamentlichen – zwei Jahrhunderte vor den mosaischen Narrativen entstandenen – prophetisch begründeten Lehre universeller Menschenrechte, vor allem beim Propheten Amos hat.[33]

Und was endlich jene – nach Sloterdijk angeblich die »altjüdische« Religion auszeichnende und schließlich auf Christentum und Islam übergehende – Phobokratie mit ihrer spezifisch israelitischen (jüdischen?) Neigung zur »Autogenozidalität« ob nicht eingehaltener sinaitischer Weisungen betrifft, so hat die rabbinische Theologie an deren Stelle die Institution des Versöhnungstages gesetzt, dessen zentrales Prinzip lautet:

> »Übertretungen zwischen einem Menschen und Gott sühnt der Versöhnungstag. Übertretungen zwischen einem Menschen und seinem Nächsten sühnt der Versöhnungstag nur, wenn er sich vorher mit seinem Nächsten versöhnt hat.«[34]

Die in der »altjüdischen« Religion angeblich – wenn auch nur spurenweise vorhandene – autogenozidale Phobokratie ist hier – im Text und in der Liturgie – vollständig in eine Lehre anerkennender, normativer Intersubjektivität überführt und vollständig in die Institutionen des Versprechens und Verzeihens transformiert. Nichts könnte vom Geist eines Gemetzels weiter entfernt sein. Gewiss: auch dies sind nur Texte und ihre symbolische Inszenierung, Liturgien – ob und wie weit sie tatsächliches Handeln und Verhalten von Jüdinnen und Juden im sozialen, politischen und ökonomischen Bereich geprägt haben, ist eine völlig andere, nur durch historische Quellenforschung entscheidbare Frage.

### Ergebnis

Die »A.S. Hypothese« wurde falsifiziert. Weder konnte sie – philosophiegeschichtlich – nachweisen, dass die Verbindung von Glaube und praktischer Wahrheit alleine dem mosaischen Narrativ, zuzurechnen ist, noch hat sie den nur durch realhistorische Quellenforschung nachzuweisenden Beleg erbracht, dass Intoleranz und Grausamkeit auf Geheiß Gottes auf eine ausschließlich oder doch vor allem dem mosaischen Narrativ zugrundeliegende Disposition zurückzuführen ist. Vielmehr konnten umgekehrt instruktive Beispiele aus der Religionsgeschichte dafür angeführt werden, dass polytheistische Kulturen allemal so grausam (und intolerant) auch gegen Angehörige der eigenen Gemeinschaft (Odyssee, Ghita) waren, wie die phantasierten Akteure des nur textuell vorhandenen mosaischen Narrativs.

Ich erkenne damit in der »A.-S.-Hypothese«:

a. einen Mangel an Dialektik bei der Betrachtung geistiger Positionen, d.h. ein Verkennen des Umstandes, dass gerade (!) in der Abarbeitung und Umarbeitung abgelehnter und anstößiger Positionen, neue, geradezu entgegengesetzte Positionen entstehen;
b. einen Mangel an materialistischer Perspektive, d.h. ein Übergehen und Übersehen des Umstandes, dass auch (keineswegs nur!) Begehren und Begierden nach Gütern aller Art Intoleranz und Grausamkeit motivieren sowie
c. ein pseudokausalistisch orientiertes wirkungsgeschichtliches Bewusstsein – d.h. eine Einstellung, die glaubt, aus nur holistisch verstehbaren Textzusammenhängen einzelne Passagen isolieren zu können und diese dann als kausal wirkende Faktoren ohne weiteren Nachweis behaupten zu können. Kritische Religionsgeschichte könnte jedoch auch anders betrieben werden.

Der Religionssoziologe Robert Bellah hat in seinem letzten Werk »Religion in Human Evolution. From the Paleolithic to the axial age«[35] den evolutionären Sprung von archaischen Kulturen zu Hochkulturen durch das Auftreten einer Unterscheidung von »immanent« und »transzendent« charakterisiert. Dabei lässt sich das Entstehen von Staaten mit ihrer territorialen Herrschaftsgewalt und ihrer relativen Verwaltungsrationalität bereits in archaischen Gesellschaften beobachten, Gesellschaften freilich, die ob der noch fehlenden Differenzierung von »Immanenz« und »Transzendenz« gerade so wie Ägypten in vielen Fällen auf der Institution des Gottkönigtums beruhten. Das Beispiel der assyrischen Könige zeigt die eine Seite des Auseinandertretens von »Immanenz« und »Transzendenz«: die jetzt nicht mehr göttlichen Könige sehen sich von unterschiedlichen Göttern ihres Pantheons ermächtigt und beauftragt, Grausamkeit in funktionaler Hinsicht zu verüben. Die ebenfalls nicht göttlichen Stifter, Richter und Propheten Israels aber markieren das widersprüchliche Auseinandertreten von immanenter Gewalt und transzendentem Gerechtigkeitsanspruch. Die mosaischen Narrative belegen durchaus das revolutionäre Auftreten eines neuen Gedankens, freilich keiner »Gegenreligion«, sondern des qualitativen Sprungs eines Transzendenz beanspruchenden Glaubens, der in Teilen noch immer den totalen Herrschaftsansprüchen eines funktional gewaltsamen Gottkönigtums verhaftet ist. Was sich in den mosaischen Narrativen abzeichnet, ist daher – anders als Assmann und Sloterdijk meinen – keine neue Begründung für die Ausübung von Grausamkeit gegen andere oder gegen Angehörige der eigenen Gruppe, sondern der schmerzhafte Prozess einer Einsicht, wonach Wahrheit und Gerechtigkeit nicht von immanenten Instanzen zu erwarten sind. Das politische Denken Israels, das zu einer der Grundlagen der westlichen politischen Tradition wurde[36], hat das Ende dieses Prozesses schließlich im Buch Samuel mit dem Gedanken der Einrichtung eines – nunmehr ausschließlich – weltlichen Königtums kodifiziert;

die in der späten Antike wirkenden Rabbinen haben dies mit der Einsicht »Dina de Malkhut Dina« – das Gesetz des Staates ist gültiges Gesetz – zu einer der Grundlagen der jüdischen Religion erhoben.

Anmerkungen

1 München 2003.
2 a.a.O. S. 37.
3 a.a.O. S. 36.
4 P.Sloterdijk, Im Schatten des Sinai, Berlin 2013, S. 42.
5 http://www.perlentaucher.de/essay/im-schatten-des-sinai.html 21.2.2013, P. Sloterdijk, Im Schatten des Sinai, Berlin 2013, S. 28.
6 Parmenides, Fragmente, in: H. Diels, Die Fragmente der Vorsokratiker, Reinbek 1957, S.44.
7 H.Ottmann, Geschichte des politischen Denkens, Die Griechen von Homer bis Sokrates,Stuttgart 2001, S. 31 f.
8 M.Stausberg Zarathustra und seine Religion, München 2005, S. 23.
9 a.a.O.
10 a.a.O. S.34.
11 R.N.Bellah/H.Joas (Ed.)The Axial Age and Its Consequences. Cambridge, MA 2012.
12 Ffm.
13 M. Zimmermann, Gewalt. Die dunkle Seite der Antike, München 2013, S. 46 f.
14 A.a.O. S. 38.
15 Edinburgh 2011.
16 M. Weiers, Geschichte der Mongolen, Stuttgart 2004, S. 65.
17 E. Zenger, Ein Gott der Rache? Feindpsalmen verstehen , Freiburg 1994.
18 W.Beyerlin (Hg.) Religionsgeschichtliches Textbuch zum Alten Testament, Göttingen 1985, S. 154.
19 E.Cancik-Kirschbaum, Die Assyrer. Geschichte, Gesellschaft, Kultur, München 2003, S. 70.
20 zitiert nach M. Zimmermann, Gewalt. Die dunkle Seite der Antike, München 2013, S. 67.
21 W.Beyerlin (Hg.) Religionsgeschichtliches Textbuch zum Alten Testament, Göttingen 1985, S. 214.
22 Zimmermann a.a.O. S. 74/75.
23 Odyssee, 22. Gesang, 415 f.
24 Homer, Die Odysse, deutsch von Wolfgang Schadewaldt, Reinbek 1958, S. 295 (22, 440-473).
25 Bhagavad Gita, Der Gesang des Erhabenen, aus dem Sanskrit übersetzt und herausgegeben von Michael von Brück, Ffm. 1993.

26 Die Bhagavadgita, In der Übertragung von Sri Aurobindo, Freiburg 1998, S. 49
27 a.a.O. S. 55.
28 P. Schäfer, Das Judentum in der Antike, Stuttgart 1983, S. 61; E. Bickermann, Der Gott der Makkabäer, Berlin 1937; M. Hengel, Judentum und Hellenismus, Tübingen 1973.
29 S.J.D. Cohen, The Beginnings of Jewishness, Berkeley 1999; D. Boyarin, Borderlines. The Partition of Judaeo-Christianity, Philadelphia 2004.
30 »Moses«, in: Encyclopedia Judaica, Vol. 12, Jerusalem o.J. S. 393 – 298.
31 Babylonischer Talmud, Trakatat Synhedrin 56 f.
32 Mischna, Sprüche der Väter I, 1.
33 Prophetisches Völkerrecht und Heiligung des Menschen – Jüdische Wurzeln der Würde des Menschen, in: S.J. Lederhilger (Hrsg.) Gott verlassen – Menschenwürde und Menschenbilder, Ffm. 2007, S. 77 – 90.
34 Mischna, Traktat Joma VIII 9b.
35 Harvard 2011.
36 E. Nelson, The Hebrew Republic. Jewish Sources and the Transformation of European Political Thought, Harvard 2010.

## The Hebrew Bible is a problem set

Marcia Pally

I have watched with interest the discussion on Jan Assmann's work, both his books and his many insightful contributions to Egyptology and to the role of religion and monotheism in western socio-political development. I recognize that I am coming into this particular discussion from the outside, but as I have been invited, I will try to offer a point or two of what I can see. It seems that a few issues keep sending our discussion round in a circle – perhaps not surprising in the investigation of texts that emerge from oral traditions and have been compiled and redacted over centuries, and all this at a distance of two to three thousand years. Nonetheless, it would perhaps be good also to ask why some of the issues before us have been hard to untangle.

I will note a few of these issues as I understand them, beginning with the origins of monotheism, the cultural lenses through which this discussion occurs today, and the links between monotheism, violence, and betrayal of our ideals. In that framework, I think it's important to look at the notion of the biblical »jealous« God and the myths about the violent conquest of Canaan. Doing that requires a few words about the exegetical methods appropriate to the First Testament and the over-arching ethical that emerged from it. (In my comments below, I rely on my reading of the Hebrew Bible and rabbinic texts in the original languages as well as on scholarship that does the same. All translations from the Bible are from the New International Version.)

*Sources of monotheism:*

The first of these knotty issues is the origin of what we might call classic or strong monotheism, the idea that there is but one God universally. This is distinct from the idea that there is but one God for our people, monolatry. This assumes (and observes empirically) that other groups worship other gods, and that this is the way of the world. In the ancient Near East, most tribal groups had their god(s), particular ones associated with particular tribes. This was no different for the Hebrews, who – perhaps lacking in mythic imagination or preferring pantheonic simplicity – had only one, at least in theory. The earliest commandments to this tribe were to worship its own god and not any of the others available. There is no claim at this point of divine universalism; to the contrary, one does not need a command to worship a particular god unless there are others in the neighborhood. This is all unremarkable and typical of tribes of the time, say roughly 1200 BCE to 600 BCE.

In short, even in theory, the Hebrews for much of the time between the exodus and the Common Era were monolatrists (not monotheists) – and not very loyal ones at that. Large sectors of the population, including elites and kings, regularly worshipped gods other than YHWH. Though this exercised the prophets, even their call to worship only one divine would not necessarily have meant strong monotheism but rather only that the Hebrews should stick to their own deity and not flirt around. For better or worse, not a large percentage of the Hebrew population listened to them, which is why there are so many prophets all repeating the same complaint.

The idea that there is only one God universally, as Assmann rightly points out, is an Egyptian invention – though as he also correctly says, it had a rather bumpy reception along the Nile and did not win out against competing ideas of divine plurality. Nonetheless, credit must go where it is due, and the

Egyptians must get it for the initial monotheistic spark. There is no reason to shift the credit (or blame) onto the ragtag Hebrews. Indeed, if there was a group that not only believed in one God but had the power and influence to popularize the idea, it was in the great empire of Egypt, which in wealth, power, and influence was to the Hebrews something like what the US today is to Cameroon. Ideas from hegemonic nations get around – including minority ideas like Egyptian monotheism – even if unintentionally, by cultural sway, and even if not promoted by the ruling monarchist or priestly class.

In any case, the Hebrews of this time were not spreading monotheism around as they lacked the cultural influence to spread much of anything and were themselves weak monolatrists or polytheists, worshippers of YHWH and other deities simultaneously. Two empirical points: the tribes surrounding the Hebrews in Canaan became not a jot more monotheistic as a result of contact with the Hebrews. Rather, the reverse is the case, with the Hebrews courting a gaggle of gods. As Daniel Boyarin, Carsten Colpe, and others note, one of the polytheistic ideas popular among the Hebrews was of a divine duo, the older of which, 'El, grants the younger, Ba'al, sovereignty over the earth and the powers of forgiveness and establishing justice. 'El (meaning God in Hebrew) remained as the name for this double-tiered God, though it is the younger who is credited with theophany, divine descent to earth – thus anticipating, and perhaps contributing to, the story of Jesus.[1]

So I shall suggest, as Assmann and others do, that if you want to credit/blame someone for the first glimmers of monotheism, Egypt of 1200 or so BCE is your best bet. However, the more substantial author of stronger monotheism was the Zoroastrian Persians. As they were rather robust monotheists, they had an interest in informing others of the idea and, with their vast and sophisticated empire, had the ability to do so. They no doubt did inform the Hebrews, who were well-disposed to the Persians owing to Persia's liberation of the Hebrews from the boot and exile of Babylon. Some Hebrews took advantage of the Persian liberation and returned to Israel, though most stayed in Babylon or spread throughout the Near East and North Africa. In this, the sixth century BCE, many Jews in these various locations began to hold to something closer to monotheism. But even at this time it was an iffy proposition, as evinced by continuing prophetic diatribes against polytheistic worship. The prophet Nehemiah and the prophet Ezra (who, coming from Persia-influenced Babylonia, might have appreciated stronger monotheism) had to make an all-out push for centralized religious worship dedicated to only YHWH precisely because such a practice was not yet a given. And even centralizing worship in the newly built second temple would not necessarily have meant a strong, universalistic monotheism but more modestly, that the Hebrew tribes should confine themselves to their own deity.

Among the Hebrews, the idea that there is one universal God begins to emerge stably only in later writings, such as the Book of Daniel. Composed in the second century BCE and back-dated to the sixth, the Book of Daniel was likely a response to the Greek colonization of Israel and the desecration of the temple by Antiochus IV Epiphanes. Its vision of the temple as dedicated only to YHWH, and not Greek gods, is understandable as a reaction against the Greeks throwing their weight around. It is not, however, a reliable indicator of second century religious practice.

All this suggests that in the present discussion on monotheism and violence, the Hebrews do not deserve pride of place as there are two great empires to credit or blame. When modern critics of capitalism, for instance, wish to investigate its abuses and reach, they correctly look at the hegemons of colonial Europe and the US rather than, say, capitalist Costa Rica. Jan Assmann of course has no intention to make the weak, quasi-monolatrist Hebrews the source of world violence and intolerance. But precisely because he does not, talk about the Hebrew Moses as an Egyptian initiator of an exclusionary religion it seems is confusing contributors to this discussion, who are talking past each other. This usually means that key ideas – what people deeply mean, fear, and value – are insufficiently understood. I do hope this can be repaired. But why is it the case?

### The lens of debate

This question leads to another: has much later Christian anti-Semitism colored the lens through which the ancient world is viewed – is the Near East of 1200 BCE being recruited in some way for Europe's anxieties about The Jew, The Other, Islam, religion, modernity, German guilt about the Holocaust, and resentment at feeling guilty. As cultural change is inevitable but slow, modern Europe's assumptions and gut impulses about Jews, while vastly different from what they were in the past, are heirs to a culture whose traces linger for good and ill. The same should be said, for instance, about racism in the US (and anti-Semitism for that matter). Americans unconsciously and consciously carry racist impulses with them – including African Americans and Latinos, who are after all culturally American. (It goes without saying that I include myself in the problem.) Racism will, I hope, fade but cannot unless we Americans are onto ourselves – critical of our assumptions and unconscious moves, of what »feels right« or what we do without thinking.

Perhaps looking a bit more at the lens issues might untangle the following sort of knot: Richard Wolin, Professor of History and Political Science at the CUNY Graduate Center in New York, wrote in an April 2013 Chronicle Review article,[2] that Assmann commendably seeks to investigate the history of anti-Semitism in Europe. Wolin becomes disconcerted, however, when it looks to him that the investigation focuses on why have the Jews have attracted such animus. After all, Wolin holds, if one is interested in anti-Semitism, one might investigate the beliefs of anti-Semites. Choosing to investigate Judaic beliefs looks to Wolin like blaming the victim. He believes Assmann is making a case for classic »blowback« in which anti-Semitism is the Jews' fault because they invented intolerant monotheism. But since Assmann intends neither victim-blaming nor blowback, each author is missing something about the other's case. Something in each lens is blocking the other.

Another instance of the lens issue comes up in Assmann's point about Moses, Egypt, and the Renaissance in Christian Europe. He notes, correctly I think, that the linking together of Egyptian monotheism with Moses has been a modern Christian European trope, begun in the Humanist Renaissance for the laudable goal of defanging an intolerant, warring church. By claiming that monotheism began in naturalist pagan Egypt, these humanists hoped to refute Christian exclusionary claims that led so much persecution and war in early modernity. But the issue of early modern violence concerns Christians, not ancient Judaic theology. To readers like Wolin, if one wants to investigate Christian sectarian violence, it makes more research sense to investigate beliefs or history specific to Christianity. Thus, at least as I observe it, the idea that one should look to Judaic monotheism for the root of anti-Semitism (and violence more generally) – that this and not anything else is the proper phenomenon to investigate – is muddying this exchange because it remains unclear to those with lenses like Wolin's – and, in this volume, Micha Brumlik, for instance. Something in each case is opaque to the other. This is especially unhelpful since Assmann has no intention to blame Jews or otherwise promote anti-Semitism. Indeed, if Wolin is right, Assmann seeks to interrogate it.

At this point, one must take the bull by the horns and say that none of this means that Germans, owing to the Holocaust, should avoid talking about Jews and violence – that Germans should leave Jew-blaming to those with PC bona fides, like Canadians. It does however point up an unproductive circle where the basic values and premises of each position are obscured.

### *Monotheism and violence: A »jealous« and »angry« God*

A further tangle in this discussion is the proposition that monotheism – Judaic or otherwise – has empirically brought more violence to the world than other belief systems or that there is something in it that tends people to mayhem. Wolin and others hold that Assmann says this »something« is the »Mosaic distinction« – the claim of one universal God, which ruins »divine translatability« and thus tolerance of those with different beliefs. This idea first assumes that monotheism is Judaic (the Mosaic distinction), and critics of Assmann ask, if we are investigating whether monotheism per se increases violence, why are we not talking about the »Egyptian« or »Persian« distinction? The second assumption is that monotheism ratchets up human violence because it turns all conflicts into battles over final, universal truths and kindles them with the fuel of intellectual absolutism.

The first point is, as we've seen, doubtful; monotheism – and especially its spread – is best credited or blamed on Persia, with Egypt as runner-up. The second claim, that monotheism yields violent intellectual absolutism, is often attributed to the biblical notion of a »jealous« and »angry« god, which justifies fundamentalist claims to truth and the annihilation of those who disagree. A few issues arise, one being that these attributions of jealousy pertain to internal not external relations – to the Hebrews' relations with their God not with other peoples. Like most tribes, the Hebrews were enjoined to follow their God and not others. In this, there is little difference among monolatrists, monotheists who believe there is one God but many ways to reach him, and polytheists. Indeed, a tribe with forty-seven gods nonetheless worships these forty-seven and not another set. In the Hebraic context, the call is to be faithful to the covenantal relationship with YHWH – a covenant which has clear provisions for the blessing--not intolerant persecution – of other nations.

In describing the covenant between God and Abraham, Genesis 12:3 exhorts, »all peoples on earth will be blessed through you«. Whatever this bond, it is to bless all humankind. The promise is repeated in the covenantal renewal between God and Isaac, »through your offspring all nations on earth will be blessed« (Genesis 26:4) and again between God and Jacob, »All peoples on earth will be blessed through you and your offspring« (Genesis 28:14).[3] The Hebrews may not have been very true to their God, but had they been, their loyalty would have yielded more pious religious practice, not persecution of other tribes – which in fact did not result from stronger monotheism in mid and late antiquity.

Second, it's not clear that »jealousy« in First Testament usage – God's call for Israelite fidelity, as he is caring and faithful to them – is an effective way to teach inter-tribal violence. Relative to other religions of the day and to Christianity and Islam, the Hebrews' faith had a weak proselytizing tradition and none of forced conversion. If one is looking for gods whose conduct might teach side-taking, feuding, and warfare – whose conduct is a model for such behavior – one might consider a menagerie of pantheons through the Roman period (and in African and American civilizations as well) in which gods lie, steal, kill each other, and incite war among humans at the drop of a hat, out of vanity, whim, competition, sexual hanky panky, and envy of all sorts. With these gods, one is right to be worried about jealousy, as they have little compunction against starting a war over it. But this is a polytheistic tradition; YHWH becomes angry only at the Hebrews when they are unfaithful, and punishment that may follow falls upon them. Thus if one is looking for a god who gives added value to inter-tribal violence, it's not clear that YHWH is your man.

Moreover, as Assmann himself notes, there is little historical evidence for special monotheistic violence. Even a short review of the wars, invasions, racial and ethnic persecutions, subjugation, and methods of torture invented in societies before and independent of the Hebraic, in East Asia, Africa, the pre-Columbian Americas, would end the idea that monotheists are more violent than others. For good measure, these civilizations have also been brutally persecutory toward their own people and co-religionists – in the name of the god(s), to placate angry god(s), to feed/serve the god(s), and so on. The Canaanites, before contact with the Hebrews, sacrificed infants on pyres of fire for their god. Moreover, even the wars mythically attributed to the ancient Hebrews were not about universal truth. Theological universalism is an anachronism when speaking of these monolatrists--a concept that would not take hold for centuries, after, as we've seen, Persian monotheism was well underway.

Perhaps the argument is that Mosaic monotheism unleashed intellectual absolutism (and thus more vicious violence) into the world but remained immune to its effects, as there is no evidence that the ancient Hebrews or modern Jews are more violent than polytheists. Those who would make such a claim are obligated to explain how it would work and supply historical evidence to support it. But evidence from what societies? If this nefarious idea was picked up by other monotheists, there is nonetheless no evidence of greater violence on their part. And if it were picked up by polytheists, they too have not been more violent than monotheists.

I do understand that, if one is a priori hostile to monolatrist or monotheistic religion, one might be attracted to a theory that says: belief in one God necessarily makes one intolerant and thus persecutory towards those with other beliefs.

Some contemporary thinkers hostile to monotheism do hold to this, though Assmann is not one of them. Furthermore, however attractive, it's not an idea that holds much water, as the history just reviewed attests.

This has to be taken into account. For, as John Maynard Keynes said when he was criticized for incorporating new data and thus changing his views, »When my information changes, I alter my conclusions. What do you do, sir?« If history has not shown greater records of violence among monotheists, what exactly are the Judaic monolatrists culpable of? This is not a matter of apologetics but of the minimum standards of historical research.

### *Failing ideals*

One argument against monotheism is that its believers are guilty of betraying their ideals of peace and love. This is a frequent question about the Judeo-Christian traditions, and I am sympathetic to it. Indeed, why do we humans hold to the ideals of justice and goodness and do the contrary? Ironically, this has been a prime topic of the Judeo-Christian theodicy, which recognizes the fallenness of humankind and struggles with what can be done to bring us closer to our humane ideals.

Yet blaming human aggression on monotheism is like blaming adultery on the marriage vows. People in all traditions – Buddhist and Shinto, animist and polytheist – betray their ideals. We do so in all arenas of life – the economic, social, and political – and no matter how small or grand the ideals are. This failing is not special or intrinsic to monotheism. We make New Year's resolutions to get to the gym yet we watch TV and eat chips the rest of the year. We say we will have no debt higher than 3 percent (an EU stipulation, for instance) and ignore our own wisdom. We ignore declarations on human rights and the homeless on our streets.

The Abrahamic monotheistic faiths, like several other traditions, at least have regulatory principles to guide humankind towards generosity and care. To begin with, those humanists and other early moderns – who, Assmann rightly holds, were pressing for toleration and peace against the wars of religion – were after all Christians and Jews. The prime advocates of toleration, from Sebastian Castellio (Swiss Reformed) to Baruch Spinoza (Jewish) to John Locke (Puritan then Socinian and possibly Arian), were drenched in Judeo-Christian teachings and with few exceptions were devout believers. It is also banal here to recall the modern religious leaders who dedicated their lives to care and peace, from (the Catholic) Dorothy Day, Cardinal Bernadin, and liberation theologians to (the Protestant) Martin Luther King Jr. and (Anglican) Desmond Tutu and to (the Jewish) Emmanuel Levinas, Martin Buber, and Abraham Joshua Heschel – and all those in the movements they inspired. We might also number the hospitals, schools, prison programs, substance abuse clinics – all the agencies of care that are run by people of (monotheistic) faith. Specifically Judaic laws for aid to the needy, stranger, and enemy will be discussed below.

To sum up the arguments thus far, the Hebrews were not responsible for monotheism, and monotheism breeds neither greater violence nor more frequent betrayal of its ideals than any other systems of belief. Its regulatory principles – including the intrinsic worth of each person who is thus entitled to dignity and inalienable human rights – are what we base our human rights on today. If it is the ideals of significant philosophical systems per se that one doesn't like – on the idea that grand programs and ideals are totalizing and inherently oppressive – then one would have to include ideas like democracy and human rights on that blame-worthy list of things we should avoid.

### *Exegetical methods and biblical texts*

Some of the present muddle might be sorted out by a look at the exegetical methods appropriate to interpreting the Hebrew Bible. There seems to be some notion afoot that it is a blueprint for living or a model one copies. Thus, it should be interpreted as endorsing the conduct described in its pages. (Here, I am far from Assmann's writings but am addressing the discussion of monotheism and violence more broadly.) To explore this, we must look at three sorts of writing: regulations about man/God relations (ritual), regulations about man/man relations (ethics), and biblical narrative.

First, biblical instruction about ritual conduct – bathings, dunking objects in oil or water, animal sacrifice, etc. – were common among believers of many faiths and not unique to monolatry, monotheism, or the Hebrews. Whatever they yield, for good or ill, cannot be limited to one group or belief in a certain sort of god. Second, ethical injunctions enjoin the Hebrews to rather high standards of concern for the needy, including the non-Hebraic stranger and enemy (more, below) – hardly a blame-worthy program.

Third and importantly, the narrative portions of the First Testament are neither blueprint nor model, and the conduct of its characters is not to be mimicked. To say mimicry is the Bible's method is something like saying that because there is a good deal of desert wandering, we today should buy sandals or move to Arizona. To be less cheeky, biblical characters – like other real humans – are sinful and fallen; they cheat, lie, grouse, deceive, murder, and are petulant, scheming, ungrateful, and often mistaken. And those are the good people. Even God loses his temper from time to time and needs someone like Abraham or Moses to calm him down. Yet these two are no bargain either. Abraham sells his wife to another man to save his own skin; God chastens him for it – and then Abraham goes right out and does it again. Moses starts off his career by so losing his temper that he commits murder. Moving on to other biblical heroes: Sarah, out of jealousy, throws another woman and her child into the desert. Jacob (with his mother's help) cheats his father Isaac and his brother Esau, Laban cheats Jacob, Jacob cheats Laban, and Jacob's sons sell one of their brothers, Joseph, into slavery as an upgrade on leaving him to die in a pit. No sooner does God liberate the Hebrews from slavery in Egypt than they grouse about the unsuitable accommodations in the desert; David steals Bathsheba from her husband, whom he sends off to be killed in war ... the list of bad behavior goes on.

The entire tome should come with a user warning label, »Do not try this at home.« But that is the point. It is precisely to address human greed and aggression that the Hebrew Bible is a problem set – a compendium of one miserable personal or societal dilemma after the other, through which its readers are to struggle to derive a code of conduct. The lying, cheating and so on are not to be replicated like Ikea instructions but examined for what they tell us about human nature – as we do with the great works of Faust or Henry IV, in a rather rough analogy. This examination includes plumbing the philological, cultural, and narrative details within one narrative as well as looking at narrative sets and progressing themes so that commonalities, contradictions, and distinctions can emerge. Without this, readers are vulnerable to what Alfred North Whitehead calls »the fallacy of misplaced concreteness«[4] or in Catherine Keller's words, »fallacious factualism.«[5] Far from a totalizing program, the First Testament is an analytic and ethics-building tool. Perhaps passages of the Second Testament can be looked to as models, but not the First – not even Abraham and Moses. And most Second Testament writings too require rigorous scholarship and interpretation.

Assmann and others are concerned, as I am, that people today behave more ethically. Perhaps we should teach the Bible – rigorously examining the dilemmas it poses – much more than we currently do.

### The First Testament wars of conquest

With the general principles of exegesis in place, we can turn to the wars of conquest, divinely authorized to give the Hebrews access to the land of Canaan. These are described in Deuteronomy (written in the eighth to sixth centuries BCE, backdated to the twelfth) and the Book of Joshua (seventh and sixth centuries BCE, also backdated). There is little scholarly argument about the mythic, not historical, nature of these tales. One position holds that the entire conquest narrative is a fiction and that the Hebrews settled into Canaan peacefully and gradually – as had the patriarchs – in small pockets, amid the tribes who were living there and among whom the Hebrews continued to live throughout antiquity. Another holds that in the post-exodus period there were small wars – as there were wars among the non-Hebraic tribes – with varying success, scattered amid the gradual settlement. In either case, there is evidence for neither conquest nor extermination. In the monarchic writings of Samuel and Kings, relations between the Hebraic tribes and their neighbors continue to go well overall, to the extent that David and Solomon invited the Canaanite Tyrians to build the great structures of Jerusalem and the temple itself.

That these tales have little historical validity, however, leaves them still as foundational, nation-building myths reflective, it is argued, of the intolerance and intellectual absolutism inherent in monotheism. Moreover, it is further argued, these wars are considered myths about not any conduct but admirable conduct and so they are used to justify war today. A third argument is that intolerance-based aggression and its justification were new ideas unleashed by the Hebrews into the world, thus perverting tolerant nations to intolerance and violence.

For better or worse, this has little theological or exegetical support. Taking into consideration that these wars are divinely authorized in the narrative texts, there is nonetheless no blanket *imitatio dei* in the Judaic theological tradition. Simply put, even as value-giving myth, God's decision to mandate war in this particular circumstance cannot be replicated by humanity. It is outside the conceptual horizon of the theology. Other, polytheistic religions of the era, including the Canaanite, conceived a greater fluidity between god and humanity and provided such a usurping option. But this is a matter for polytheism not Hebraic monolatry. It is also true that non-Judaic readers, in antiquity and today, may project their ideas about war onto the biblical text, but that would tell us about the reader's theology and little about the theology, problems sets, or ethics of the Hebrew Bible. It is one thing to investigate source texts in light of contextual complexity and quite another to project onto them foreign interpretations that ignore it.

To begin with, as the Hebrew Bible God is omniscient, incorporeal, and out of time and space, there is no direct, God-to-man roll-over from his acts. The First Testament, as the Second, holds that humanity is made in God's image and thus partakes of his being analogously, as humanity can, but respecting the fundamental difference between the divine and human. This »partaking« allows humanity to be morally accountable, to enter in covenant with God and behave ethically to one's neighbors – to love God and others as God loves us. Actions that humanity performs to show symbolically that we are in God's image are described fairly clearly in the Bible itself, such as resting on the seventh day of the week, as God rested after creation. The long list of rituals in the priestly tradition, through which humanity expresses something of God's grandeur (though we are not similarly grand) also falls into this category. But, while humanity may perform these symbolic acts and be stewards of God's creation, it is not the creator. Humanity may not arrogate to itself any act of God that it pleases, but only the acts described. The Hebrew Bible God is even less a model for human conduct than the book's human characters. Thus, while the commandments to love neighbor and God and rest on the Sabbath are clear, there is no allowance to take on other of God's decisions. This is simply a category mistake that divinizes humanity – or in theological discourse, idolatry.

Moreover, in this theological tradition, there has not been, since antiquity, direct communication between humanity and God of the sort there was said to be between YHWH and Abraham or Moses. God no longer issues direct instructions. Thus, whatever the reasons, in this myth, for God's decision, no person since the rabbinic era can decide that contemporary conditions are equivalent and thus call for war. In sum, the decision to violence on divine mandate or model is theologically incoherent.

If one is looking for divine pretexts for violence, one needs several things lacking in YHWH: a divinity whose conduct per se is to be mimicked, who currently whispers in our ears, and who holds that violence is an appropriate *modus operendi* for humanity.

None of these is the case. What we have again is the problem set as the appropriate exegetical form for this material – with war and violence among the most problematized events in the First Testament. Since the writing of Deuteronomy, the very text that inaugurates the conquest narratives, it enjoins believers in the Mosaic God to ask the enemy for peace before commencing any war (Deuteronomy 20:10). This is in the form of a law, not character mimicry. Yet the text reports that no less a person than Moses did just that, defying God's command to war against the Amorites (Deuteronomy 2:26-27). I am not here about to sneak in a mimicry argument but rather note the complexity of the biblical discussion of war. Deuteronomy is the first book of the Deuteronomic grouping (Deuteronomy, Joshua, Judges, Samuel and Kings), which stresses the covenant with God (as described in Deuteronomy), the flourishing that follows from it, and consequences of a breach. At its outset, one finds a law and narrative about prioritizing peace, and these are the antecedent and frame for the upcoming wars. A text that begins a war story with a mandate for peace is not, we can safely say, simple-minded, exclusionist war mongering. Moreover, in parsing the text's layers, the rabbis explain Moses' apparent disobedience (in not killing the Amorites) by saying he informed God that he had learned to ask for peace from God's own words in Deuteronomy 20:10.[6] God is hoist on his own petard, and asking for peace wins the day – and the law. Both the rabbis and Maimonides required such peace requests.[7]

As the tale continues, so does the problematizing of war. First, the basic exhortation to war and extermination is undermined as the Hebrews – even in the mythic narrative – never quite carry it out but rather live among their neighbors throughout antiquity, as one can see throughout the biblical books. Second, in the story of Joshua – the man whose job it ostensibly was to conquer and annihilate the Canaanites – the Gibeonites persuade him to sign a peace treaty by pretending to be not Canaanite but a distant people. When he discovers the trickery, Joshua – though these people are on the supposed wipe-out list and deceived him – upholds the peace agreement because, he declares, an oath of peace before God supersedes the mandate to war, even a divine mandate. Thus in one person one finds both a warrior and a scrupulous observer of preventive peace treaties, even with liars and even risking disobedience before God. Again, the point is not to copy Joshua but to work out what his conduct says about war.

Deuteronomy further constrains human violence by limiting it – unusually for the era – even against the Hebrews' worst enemies, the enslaving Egyptians and the Amalekites, who attacked the Hebrew tribes when they were exposed and helpless, wandering in the desert. Rhetorically speaking, the Amalekites are to be annihilated, but they in fact remain alive and well centuries later in the reign of King David, who pursues them only after they have burnt to the ground the city of

Ziklag and carried off its inhabitants as slaves (1 Samuel 30). David catches up with them and rescues the hostages, but when four hundred Amalekite soldiers ride off, he doesn't ride after them. The point is that David is neither admonished nor punished by God for failing to follow the ostensibly divine mandate to kill the Amalekites.

This is quite a line-up: in the midst of a war story, the Hebrew Bible presents Moses, Joshua, and David, each finding a way out of war. If the purpose of these tales is to justify war, it is a problematic, contradictory presentation, the point of which is, again, not mimicry but analysis of source texts.

The case of the Egyptians is perhaps more striking. Though the Hebrews were enslaved, persecuted, and nearly annihilated by Egypt, the Bible commands that by the third generation after the exodus, Egyptians are to be fully accepted: »Do not despise an Egyptian, because you resided as foreigners in their country. The third generation of children born to them may enter the assembly of the Lord.« (Deuteronomy 23:7-8). This concern is ritualized in the Passover Seder (dinner commemorating the exodus from Egypt), where a mournful moment is set aside – in an otherwise festive, liberation meal – to spill wine in memory of the slain Egyptians. In discussion of the exodus, the rabbis comment that when the angels began to sing at Egypt's defeat at the Red Sea, God became angry, as the drowning Egyptians too are his children, for whom he mourns.[8] A story about grieving for the enemy is an odd way to valorize violence.

All told, the books of Deuteronomy and Joshua contain not only a conquest story that its readers knew was fictive but also problematic accounts of war, high standards of concern for the enemy, and requirements to peace that supersede divine commends to battle.

What then is the role of the battle tales? One must work it out from the problem set, taking into account that the writers of the Hebrew Bible lacked the more abstract, philosophical language of later Greco-Roman thought. They expressed ideas through concrete images and stories, with all that these entail: textual construction and manipulation, exaggeration, hyperbole, omission of details not of interest to the writer's objective, cobbling together contradictory details that are, and so on. »The Hebrew Bible,« Stephen Geller (Jewish Theological Seminary) writes, »unlike the New Testament, does not possess the ready vocabulary and dialectic of the developed Hellenistic tradition that are so evident in the Pauline epistles. Ideas are expressed through manipulation of language and literary devices.«[9]

With this in mind, scholars note that exhortations to wipe out the enemy were a fairly common rhetorical form possible in a nation-building tale. The Moabitic literature has them as well, and the Moabites too never carried them out. But, as myths and fantasies reveal the specific tensions and anxieties of their authors, one might also ask what the fears and anxieties of the Hebrews of this period were. The components of these tales suggest at least two: the internal anxieties associated with trying to work out a highly abstract faith and the more pragmatic fear of assimilation through contact with other tribes and their faiths.

The first is the insecurity that comes from holding to an incorporeal god with no visible manifestation: one does not know what it is or whether it is there, or »there for you« – other than the ephmera of an ancient, voiceless promise that this god will support you, especially with the thing most needed for survival, land. »The dominant emotion of cult is a feeling of stability, order, and confidence, which provides humanity the solace of certainty in the face of the chaos that threatens life. To the ancients, such stability could only come from a link to nature…«[10] Yet since Abram left the land of his fathers – we now appreciate what a risky leap of faith that was – the Hebrews had no place. As exiles and wanderers, they were vulnerable to nature and marauders and dependent on air and narrative. Survival, given the medicine, science, and technology of the late Bronze Age, was difficult to say the least, but survival without a clear god at your back is a high-wire act without a net. No wonder Moses pressed to see God's »face« (impossible of course). No wonder the Hebrews in the desert kept losing their trust in God, needed a pillar of cloud and fire to lead them through, and forged a Golden Calf. It's just magic, but that is the point: it's magic – the material influences the mysterious and divine. Far better than relying on hope and abstraction.

The effort needed to work out a monolatry with such an abstract YHWH was significant – and so too the internal tensions and guilt about straying from it. Temptations to idolatry were ever-present in Judaic monolatry. And highly tempting were the Canaanite faiths positing a fluidity among persons, gods, and land/nature. Here, rather than air and blind faith, one has concrete gods you can get a handle on and an organic there-ness in the land. The Canaanites also practiced divination, where spirits ostensibly reveal divine knowledge, thus creating for the Canaanites a sense of greater control over their environment. Infant sacrifice »through fire« was thought to make babies into messengers to the god of Moloch, a human-divine corridor that too must have been comforting. And they practiced fertility rites (though not necessarily temple prostitution), which gave people – through their own sexual acts – a sense of influence over agricultural production. »[I]in their fertility rites,« Geller notes, »they crossed not only over the human-divine boundary but also over the gulf separating man and nature. They became their land, the female earth, the male seed of fructifying rain. In the mystery of immanence man became god and nature.«[11] Survival seems a bit more certain; at least some level of anxiety is relieved.

Yet it is precisely divine-human blurrings that the nascent Hebraic monolatry resisted. As we've seen, human action cannot replace divine, regarding war, agricultural productivity, or anything else. Nature's bounty comes from God, and one must trust in the invisible and promised. Not only were temptations to idolatry ever-present among these Hebrews but also the exhausting, conflicted effort, both psychological and spiritual, to eschew them. And as we've noted, for the first seven or eight hundred years after the exodus, they did not eschew very well. Much of the population and many leaders as well practiced other religions or combinations of monolatric Judaism and other faiths on the *bamot*, shrines of idolatrous, sexual rites.

A major anti-idolatry reform was begun under King Josiah in the seventh century BCE,[12] and this may be at least part of the spiritual/emotional tensions undergirding Deuteronomy and Joshua, written through this reform era. Far from advocating an attack on real Canaanites – indeed, few Canaanites remained other than the benign Phoenician traders – these tales may be better understood as reflecting an intra-Israelite struggle between Josaic reformers and their opponents. They appear to serve both as ideational/cultural boosts to the reform and as expression of the difficulties prodded by worshiping abstract YHWH rather than more comforting human/divine amalgams – difficulties which the reforms may have worsened. On one hand, the reformers threatened the margin of security that idolatry offered and, on the other, they aggravated the guilt over not having let the security blanket go earlier.

As psycho-cultural challenges of this sort more often than not show up in a nation's myths, we can look to these tales to get some sense of what was afoot. In the eighth to six centuries, the Hebraic kingdoms were disunited, weak (compared to the preceding Davidic period), and both involved in a range of idolatrous religions and ashamed of them. But in the fantastic self-congratulatory conquest stories, they are bravely united nationally and in their devotion to abstract YHWH and gloriously defeat an imagined foe, the »Canaanites« – practitioners of the very nefarious, human-divine blurring rituals that the Hebrews had been practicing for centuries. Projecting their guilt onto the »Canaanites« and routing them, the Hebrews, at least in reading the myths, could feel a bit better about themselves. In an analogy that requires some stretching, if I am a weak, terrible skier and terrified of the slopes, I may – to lift my spirits – fantasize that I've won the ski event in the winter Olympics. But this does not mean that poor skiers should try the Olympic slopes. Exaggerated, heroic tales are not user manuals for living.

The conquest wars are not meant to be enacted in one's neighborhood, or elsewhere. Reading them in context – flanked by concern for the enemy and framed at the outset by requirements to ask for peace that supersede divine mandates to war – prohibits such a literal reading and »misplaced concreteness,« as does the basic problem-set structure of the Hebrew Bible. In reading source texts, one may try to understand them given the contextual complexity but it is not permissible to take them literally or project onto them outside spins *against* or in disregard of these complications.

As people do not directly articulate anxieties and unconscious motives, investigations of these texts cannot offer self-admissions from the era as proof that these are at least part of the ground for the conquest stories. They must work backwards from the problematic presentations – the literary manipulations and contradictions – of the myths themselves. But »it would be equally wrong not to recognize that the dynamic reflects in large part specific needs of covenant religion«[13] of the seventh century BCE. It is otherwise difficult to explain why seventh and sixth century writers would concoct a fantastical tale about a by-gone era, an obvious fiction, at such odds with Deuteronomy's own injunctions to peace and care for the stranger and enemy – and a tale with these specific components: neighborly tribes, now conveniently gone, are re-invented as an arch enemy owing to their practice of the very rites that the Hebrews feel guilty about and are being pressured to give up. The Canaanites serve well as a paper tiger on which to project the Hebrews' own wrongs. Guilt can be assuaged in victory over them in fantasy wars in which no one living has really to fight or die. Rather good, as myths go.

In the seventh century BCE, several societies, including the Egyptians and Greeks, began a process of re-examining their faiths, cultures, and history. The Josaic push to more loyal monolatry may fall in the context of this »Axial Age.« But the proposal that a new sort of monotheism was unleashed that provides other nations with a heretofore unknown sort of intolerance and violence is a hard case to argue.

First, as noted, what Josiah pressed for was monolatry – monotheism needing a Persian boost centuries later and remaining inconstant among Hebrews till even later in the second temple period. Second, the argument gets something about myths and projections a bit wrong. Their undergirding anxieties are not contagious. Ideas get into the air, but individuals and groups need a reason – some affinity – to latch onto one and not another. A culture with nothing in its background to prompt certain anxieties (like those emerging from an abstract deity) or a particular guilt (about idolatry) does not suddenly become infected with such anxieties and guilt through contact with another culture's fictions. By way of illustration, if I suffer anxieties that lead to obsessive-compulsive disorder and continually wash my hands, reading a story I write about it is not likely to make you so. You may be moved by reading of my travails but you are unlikely to go out and buy a jumbo box of soap. The societies surrounding the Hebrews of this period were polytheistic, without an abstract deity to prod anxieties and without guilt about their own religions. It's not clear what cultural receptors they would have for these Hebraic issues.

If on the other hand, a society had (or was developing) its own reasons for exclusionary violence, it might pilfer Hebraic fictions (or any other) for its own purposes. But that tells us something interesting about that society, which in any case would develop fictional and non-fictional justifications for its own violence. And it tells is something about how, in cross-cultural transmission, one society may lift from another, altering the original artifact to suit its own needs. As we've noted, nations throughout the region – before and independent of the ancient Hebrews – had both reason and capability for intolerance and staggering violence. They both generated and shared myths that justified the cruelty. But we have little evidence for a contagion theory where pacific, tolerant cultures, enjoying the benefits of »divine translatability«, became poisoned by the Hebrews' tales. Humanity, to relish its own intolerance and violence, has not seemed to need them.

Here we have the third trouble with the argument that the Hebrews unleashed a new sort of intolerance. Even if neighboring societies might pick up new features of Hebraic culture that are »in the air«, it's not clear what was new. The Josaic-era heightening of anxieties about human-divine blurrings was relevant only to people with an abstract deity – few cultural receptors for that outside the Hebrew tribes themselves. And the Hebraic myths resulting from them do not invent something new, as tribal competition, hatred, and war had long been everywhere in the Mideast, Central Asia, and North Africa. The Hebrews may have done interesting things in their time, but inventing a new intolerant violence in Deuteronomy-Joshua was not one of them. As we've noted, the global presence of inter-group persecution and violence among peoples living before and independent of the Deuteronimic Hebrews makes the claim that the world got it from them a bit curious. Again, this is not a problem of apologetics but of accuracy in historical and literary/philological research.

One final note, a prime aim of the Deuteronimic books is, as we've seen, to encourage the Hebrews to keep the covenant with God and not other deities. In Genesis, this covenant thrice mandates blessings for the nations of the world, which by itself adds to the problems of the conquest wars. But there is a further issue: contemporaneous with the writing of the conquest wars, the prophet Amos reinforces the blessings-to-others idea by holding not that the world's peoples will be blessed through Israel (which makes Israel the first portal of blessing) but that Israel is blessed as other nations are (making other nations at least equally as important.) »'Are not you Israelites the same to me as the Cushites?' declares the Lord. 'Did I not bring Israel up from Egypt, the Philistines from Caphtor and the Arameans from Kir?'« (Amos 9:7). In this passage, God's love for other peoples is the assurance by which the Israelites learn that they are loved as well.

The Arameans cited here worshipped the Canaanite god of 'El. That is, the real people of the Arameans (not the paper-tiger fantasy), who practiced the Canaanite religion, are cited by the covenant-enthusiast Amos – who should be most exclusionary – as brought up into Canaan by God. And it is to them that the Israelites are to compare themselves. This at the very least complicates readings of the anti-Canaanite conquest wars – as worshippers of the Canaanite faith are so praised. And it calls into question the claim that the Deuteronomic-Joshua tales release into the world an intolerant brutality. The opposite is more likely: those who insisted on religious orthodoxy and observance of the covenant believed that its promises would be fulfilled, including the blessing of other nations. Fulfilling the covenant ensures, not voids, this divine commitment.

In sum, the claim that the Mosaic faith was the first or major monotheistic faith is born out neither by the texts nor history. If the claim is that monolatry teaches intolerance and violence, one might look empirically at those who have been most inculcated by it to see if the theory holds. And for this there is little support, as there is no evidence for exceptional Hebraic, monolatric or monotheistic violence. Those who wish to say that a prime feature of the Hebrew Bible – or the conquest wars – is intolerant, exclusionary aggression may do so.

But they should have the confidence of their convictions and say they hold them against philological and historical scholarship and importantly, against the theology of the faith they charge.

### *The broader ethical frame: biblical monotheism, rabbinic monotheism, and change within monotheism*

The wars of conquest, even as myth, are problematized yet again by the overall themes of the Hebrew Bible, which highlight care for the needy, the non-Hebraic stranger, and enemy. Here, just a few examples: Exodus 22:21, for instance, declares, »Do not mistreat or oppress a foreigner, for you were foreigners in Egypt.« In what is sometimes called the Holiness Code (Leviticus 17-26, likely from the first temple period), the law mandates that farmers leave the corners of the fields for Hebrew and other resident poor (Leviticus 19: 9-10). Deuteronomy 24:19-22 repeats this obligation. Leviticus 19:33-34 firmly states, »When a foreigner resides among you in your land, do not mistreat them. The foreigner residing among you must be treated as your native-born. Love them as yourself, for you were foreigners in Egypt. I am the Lord your God.«

These provisions for the non-Hebraic poor are part of the extensive body of Hebrew Bible laws protecting the needy. Again, a few examples – in addition to the famous mandates to leave the corners of one's field for poor, widow, orphan and stranger, and the provisions of *shmitah* and jubilee, which require that every seventh and fiftieth years, debts be forgiven, slaves be manumitted, and fields like fallow. Deuteronomy 23:15-16 prohibits the return of run-away slaves. Exodus 20:22-23:33, one of the chronologically earliest sections of the Bible, prohibits taking interest from the poor (specifically Exodus 22:25). Exodus: 22: 26-27 requires that a garment taken as a loan pledge must be returned by sunset so that the poor have something to cover themselves in the night chill.[14] Psalm 82:3-4 asks that we »Defend the weak and the fatherless, uphold the cause of the poor and the oppressed. Rescue the weak and the needy; deliver them from the hand of the wicked.« Deuteronomy 15: 7-10 enjoins the Hebrews not to follow the poor laws precisely but generously, open-endedly, to give with a generous hand and heart. Failure to fulfill these obligations is considered so grave a sin that it constitutes a breach of the covenant with God. Chastening the rich for this failure is the stuff of the entire prophetic literature, of which this passage in Isaiah (58: 6-7) is representative:

»Is not this the kind of fasting I have chosen: to loose the chains of injustice and untie the cords of the yoke, to set the oppressed free and break every yoke? Is it not to share your food with the hungry and to provide the poor wanderer with shelter – when you see the naked, to clothe them, and not to turn away from your own flesh and blood?«

In addition to the First Testament mandates to care for needy, including non-Hebrews, rabbinic works, of both the Tannaim of the mishnaic period (roughly the first two centuries CE) and the talmudic Amoraim (200-500 CE), raise the level of obligation. This ethical upgrade, recorded in the thousands of pages, is seen in many areas of rabbinical jurisprudence, such as the re-working of capital punishment (technically allowed by the Bible) so that the requirements for invoking it were so high that it could never in practice be carried out. The re-working of the *lex talionis* (»eye for an eye« compensation for bodily injury) into a monetary equivalent likely occurred much earlier, in the period of the Hebrew Bible redaction.[15] Yet the rabbis took pains to re-emphasize the point.

The temple, until its destruction in 70 CE, had extensive alms programs (see, among others, Josephus, Ant. 19:294; Mark 12:41-43; Luke 21:1; m. Shekalim 6:5). After its destruction, through the Roman period and after, the extensive network of synagogues ran what would now be called social services for both the local and transient poor.[16] While concern for the non-Hebrew poor declined as tensions arose between Christians and Jews in late antiquity, Jewish provisions for the needy were on the whole so extensive that Julian, in enjoining the Galatian high priest Arsacius to shore up the poor relief, noted his embarrassment that the Jews and Galilaeans did a far better job than did Rome. »I order,« Julian wrote in 362 C.E., »that one-fifth of this be used for the poor who serve the priests, and the remainder distributed by us to strangers and beggars. For it is disgraceful that, when no Jew ever has to beg, and the impious Galilaeans support not only their own poor but ours as well, all men see that our people lack aid from us.«[17]

I have made this – I hope forgivable – digression into poor relief in service of two points. First, as monotheism became stronger, so too did mandates to care for the poor, stranger, and enemy. I am not suggesting that this correlation proves causality, that strong monotheism of necessity yields concern for others. But it seems strange to argue the reverse – that in the face of the historical correlation, monotheism does not or cannot yield compassion but only intolerance and aggression. At times, monotheism per se and Judaic monotheism specifically do yield care and generosity. Monotheists like all other humans betray their ideals, but not all the time.

Second, it is odd to claim that monotheism – by dint of it being monotheistic – does not evolve. That, everywhere and in all times, monotheistic principles and practices have remained as in the (mythic) twelfth century BCE or (real) eighth to sixth. And not only the same but especially intolerant and violent – so much so that they overrule any later ethical development. And not only that monotheism is itself intolerant and static but so too are all groups in contact with it, who could not at any time over the last two thousand five hundred years slip the grip of an intolerance that was not theirs to begin with.

In short, once the world is polluted by monotheism, peace doesn't have a chance. YHWH would find this undue flattery. Even he gave people free will.

The idea of monotheistic stasis would make monotheism unique among human institutions. Ideas and practices of human creation – be they religious, political, or socio-economic – change through time and from place to place. This is no less true of Judaic monotheism. As we've seen, the theology shifted throughout the exodus, first, and second temple periods from monolatry to monotheism; mandates to aid the needy increased from the Hebrew Bible through the rabbinic eras and beyond. Worship practices shifted from animal sacrifice to study and prayer. Not to mention that the ways Judaism is practiced today in Buenos Aries or Amsterdam differ from each other and from all communities past and elsewhere. The same is true for other monotheisms, Christianity and Islam. Religion changes for all the reasons all other human endeavors do.

### *Concluding thoughts*

Monolatry and monotheism, like all human endeavors, bear our human traits – our capacities for selflessness, beauty, and grace as well as our appetitive, mean-spirited aggression. They can be and have been employed for all human purposes, both nefarious and grand. There is no claim here that either is especially good, just not especially evil (though I would say that aiding the needy is a step in the right direction wherever tradition promotes it).

Religious exceptionalism is the idea that religion differs from all other human efforts – that it is exceptional in that it somehow does not evolve as other human endeavors do and that it is not used for both good and ill. Yet religious – or monotheistic – exceptionalism is a fundamentalist idea. Secular fundamentalism argues that religion/monotheism does not change and so is modernity's ruin. Religious fundamentalism argues that true religion/monotheism does not change and so is modernity's savior. In disregard of history, one blames, the other praises the same fiction. Yet while God may be God, religious practice is a human effort and like all others, can be done for good or evil.

Many of us, deeply concerned about intolerance and violence, want to know who let the cat out of the bag – who started it and who invented its justification so that perpetrators feel right and good. But the proposal that the ancient Hebrews did is optimistic. For it assumes that, were it not for this clever group, the world would be a kinder, more pacific place. Sadly, there is little evidence for this hopeful explanation, as polytheists and monolatrists throughout history have been as exclusionary and terrifyingly vicious.

The source of humanity's violence is human. If one wants something better, I suggest one look to another species – or, as suggested earlier, that we spend a good deal more time studying the Hebrew Bible's problem sets and take seriously its mandates to aid those in need.

Notes

1 See for instance, Boyarin, D. (2012). *The Jewish gospels: The story of the Jewish Christ.* *New York: The New Press*, pp. 32, 33, 43, 45, 49; Colpe, C. (1972). Ho Huios Tou Anthropou. In *Theological dictionary of the New Testament, Vol.* 8. Grand Rapids, MI: Eerdmans, 8: 400-477.

2 Wolin, R., (2013, April 15). Biblical Blame Shift Is the Egyptologist Jan Assmann Fueling Anti-Semitism?
*The Chronicle Review.* http://chronicle.com/article/Biblical-Blame-Shift/138457/

3 The purpose or *telos* of covenant, to bless all nations, is to be distinguished in the Judaic tradition from circumcision, a symbol associated with covenant but not covenant itself. Covenant is a relationship, for which there are several symbols, including the two Mosaic tablets come down from Sinai (the Tablets of the Covenant) and the Arc holding them (the Arc of Covenant). Circumcision is a third symbol, applied to most but not all Jewish males. Jewish hemophiliacs are not circumcised yet are within covenant, as are males born of Jewish

mothers whose families did not for some reason perform circumcision. On the other hand, many men are circumcised yet not in covenant: Abraham's servants and son Ishmael, all circumcised, are among this group, as are the millions of non-Jewish males circumcised at birth as routine hospital procedure. To be obvious, Jewish women are not circumcised and are yet in covenant. One Judaic tradition holds that Jewish females are already circumcised – pre-circumcised so to speak. But many contemporary readings find this unhelpful: that Jewish women have to somehow be Jewish so they are rabbinically declared pre-circumcised seems both teleological and tautological. In any case, most understandings of circumcision hold that it is one among several symbols of covenant but not covenant itself.

4 Whitehead, A. N. (1967). *Science and modern world*. New York: Macmillan/Free Press, p. 51.

5 Keller, C. (2008). *On the Mystery, Discerning Divinity in Process*. Minneapolis, MN: Fortress Press, p.15.

6 See the Rashi commentary on Deuteronomy 2:26 and the original *Midrash Aggadah* which he quotes, *Midrash Aggadah*. (1893). S. Buber (Ed.). Cracow, Poland, comments on Deuteronomy 2:26.

7 See, *The Laws of Kings* 6:1

8 *Midrash Aggadah*, (S. Buber, Ed., Vienna, 1894). Exodus 14:28-29 ; see also, *Exodus Rabbah* (Vilna), Ch. 23; Talmud Bavli, *Tractate Megilah*, 10:2

9 Geller, S. (2005, Jan.). Manna and Sabbath: A literary-theological reading of Exodus 16. *Interpretation* 59, no. 1, p. 12." [note the period after „16.

10 Geller, S. (2005, Jan.). Manna and Sabbath, p. 15.

11 Geller, S. (1990). The sack of Shechem: The use of typology in biblical covenant religion. *Prooftexts* 10, no. 1, p. 10.

12 Josiah was for the period a moderate reformer, attacking only the flagrantly idolatrous priests of the north (longtime political enemies as well). He brought the larger number of idolatrous Judean priests to Jerusalem, where they worked alongside the Aaronite priesthood in the temple – little punishment whatsoever.

13 Geller, S. (1990). The sack of Shechem, p. 12.

14 In Hebrew language Bibles, 22:1 is numbered 21:37, and 22:2-31 is numbered 22:1-30.

15 See, Westbrook, R. (1986). Lex talionis and Exodus 21, 22-25. *Revue biblique, Vol.* 93, nr.1, pp. 52-69.

16 See, Levine, L. (2000). *The Ancient Synagogue; the First Thousand Years*. New Haven: Yale University Press, especially pp. 132-133, 372-373, 580-602.

17 Stern, M. (1980). *Greek and Latin authors on Jews and Judaism. From Tacitus to Simplicius*. Jerusalem: Israel Academy of Sciences and Humanities, pp. 549-50 = No. 482; see also, Hamel, G. (1990). *Poverty and Charity in Roman Palestine: First Three Centuries* C.E. Berkeley, CA: University of California Press, p. 321.

# Monotheismus der Treue. Korrekturen am Konzept der »mosaischen Unterscheidung« im Hinblick auf die Beiträge von Marcia Pally und Micha Brumlik.

Jan Assmann

## *Ist das Konzept der »mosaischen Unterscheidung« antisemitisch?*

Um den Stier bei den Hörnern zu packen, will ich mit dem Vorwurf des Antisemitismus beginnen, den die Theorie der »mosaischen Unterscheidung« schon seit einiger Zeit auf sich gezogen hat und der in einem Essay des New Yorker Philosophen Richard Wolin, den Marcia Pally zitiert, endlich einmal auch explizit und in aller Klarheit erhoben worden ist.[1] Was diesen Vorwurf angeht, möchte ich mich Rolf Schieder anschließen, der in einem Konstanzer Vortrag Anfang des Jahres sagte »Es wäre an der Zeit, den Begriff des Antisemitismus einfach nicht mehr zu verwenden. Nicht nur, weil er sachlich irreführend ist, sondern vor allem deshalb, weil sich der Inkriminierte wie ein Ketzer, aber auch die Inkriminierenden wie die mittelalterliche Inquisition vorkommen müssen.« Nun zielt aber der Vorwurf auch nicht auf meine persönliche, bewusste Einstellung, sondern darauf, dass ich dem Antisemitismus neue Argumente liefere. Vielleicht hätte man diese ganze Debatte um »Monotheismus und Gewalt« in Deutschland gar nicht führen dürfen, weil der Monotheismus nun einmal ein jüdisches Thema ist und jedes kritische Nachdenken über diese Religion (auch wenn es nicht so gemeint ist) automatisch als Kritik am Judentum verstanden wird. Ich muss gestehen, dass mir das nicht bewusst war, als ich *Moses the Egyp-*

*tian* schrieb. Unter »Monotheismus« verstand ich allgemein den Religionstyp, der in der Antike mit der Christianisierung der Alten Welt die »heidnischen« Religionen verdrängte und sich allgemein durchsetzte. Da mich vor allem die Ursprünge dieser Wende interessierten, hielt ich mich an die hebräische Bibel, wiederum im Glauben, es hier mit dem Alten Israel und nicht mit dem (rabbinischen) Judentum zu tun zu haben. Als Ägyptologe blickt man auf die Phänomene eher von ihren Ursprüngen als von ihren Konsequenzen her. Wenn ich mir jetzt, durch Richard Wolin und andere aufgeklärt, meine damaligen Formulierungen anschaue, erschrecke ich selbst. In der Tat, darin muss ich meinen Kritikern Recht geben, habe ich, auf diese Lektüre nicht gefasst, fahrlässig formuliert. So hatte ich in Moses the Egyptian z.B. geschrieben:

> »When Sigmund Freud felt the rising tide of German anti-Semitism outgrowing the traditional dimensions of persecution and oppression and turning into a murderous attack, he -- remarkably enough -- did not ask the obvious question of »how the Germans came to murder the Jews,« but »how the Jew came to attract this undying hatred.«[2]

Mit der Parenthese »remarkably enough« wollte ich meiner Verwunderung über Freuds Fragestellung Ausdruck geben und mich von ihr distanzieren. Wolin aber las das als »praise«:

> »It is in that vein that, in *Moses the Egyptian*, Assmann praises Freud's strategy in *Moses and Monotheism* of asking »how the Jew came to attract this undying hatred.«««

In seinem Brief an Arnold Zweig vom 30. September 1934 hatte Freud geschrieben: »Angesichts der neuen Verfolgungen fragt man sich wieder, wie der Jude geworden ist und warum er sich diesen unsterblichen Haß zugezogen hat. Ich hatte bald die Formel heraus. Moses hat den Juden geschaffen, und meine Arbeit bekam den Titel: Der Mann Moses, ein historischer Roman.« Natürlich muss diese Fragestellung heute vollkommen unmöglich erscheinen, bedeutet sie doch, die Opfer für ihr

Schicksal verantwortlich zu machen. Natürlich liegt die Verantwortung bei den Gastländern und ihrer Unfähigkeit, mit religiösen Minderheiten umzugehen, die sich – bei aller Loyalität gegenüber den Gesetzen des Gastlandes – aus religiösen Gründen weigerten, ihre gesetzlich vorgeschriebene Lebensweise und damit ihre Identität aufzugeben und sich den Sitten und Werten des Gastlandes zu assimilieren und unterwerfen. Das ist ein Problem nicht der Juden, sondern der Gastländer. Etwas völlig Neues ist dann der Rassenwahn, der im Europa des späten 19. Jhs. aufkam und den die Nazis ins Mörderische steigerten. In dieser Lage und aus heutiger Sicht wirkt Freuds Ausgangsfrage politisch derart unkorrekt, dass es unmöglich scheint, sie überhaupt zu zitieren, um sich mit ihr kritisch auseinanderzusetzen. Das hätte ich im Jahre 1995 vorherbedenken und ausdrücklich dazuschreiben müssen. Ich sehe das ein und muss, wenn ich auch den Vorwurf des Antisemitismus von mir weise, zugeben, dass ich fahrlässig formuliert habe.

Allerdings scheinen sich auch nach 1995 die Empfindlichkeiten, was den Holocaust angeht, erheblich verschärft zu haben, so dass man einen Text wie »Moses the Egyptian« heute anders liest als vor 17 Jahren. Auch wenn es völlig richtig ist, dass man in der Wahl seiner Worte gar nicht vorsichtig genug sein kann und dass ich mich hier, where angels fear to tread, unbedingt weniger mißverständlich hätte ausdrücken müssen, ist es kaum zu schaffen, alle Folgen vorherzusehen, in die eine weniger wohlwollende Lektüre die eigenen Sätze vielleicht weiterdenken könnte. Moses Mendelssohn hat dies Verfahren »Konsequenzerei« genannt:

> »Konsequenzerei sollte aus dem Umgang der Gelehrten auf ewig verbannt sein. Nicht jeder, der sich zu einer Meinung verstehet, verstehet sich zugleich zu allen Folgen derselben, und wenn sie auch noch so richtig aus derselben hergeleitet werden. Aufbürdungen dieser Art sind gehässig und führen nur zur Verbitterung und Streitsucht, dabei die Wahrheit selten gewinnet.«[3]

»Verbitterung und Streitsucht« beschreibt präzise die emotionale Tonart von Wolins Polemik.

### *Monotheismus der Treue, Monotheismus der Wahrheit*

Marcia Pally schlägt vor, zwischen einem »schwachen« und einem »starken« Monotheismus zu unterscheiden. Der »schwache« Monotheismus erkennt die Existenz anderer Götter grundsätzlich an, besteht aber darauf, nur einen einzigen von ihnen zu verehren. Der »starke« Monotheismus dagegen bestreitet die Existenz anderer Götter, für ihn gibt es nur einen einzigen Gott. Die Unterscheidung ist zweifellos wichtig, sie ist allerdings auch alles andere als neu. In der Religionswissenschaft wird sie meist unter den Begriffen von »Monolatrie« (=schwacher M.) und »Monotheismus« (starker M.) verhandelt. Pally hat Recht, sie in unserer Debatte zum Tragen zu bringen. Man kann sich aber fragen, ob »schwach« und »stark« hier die richtigen Begriffe sind, um diesen Gegensatz zu charakterisieren. Ich möchte statt dessen vorschlagen, zwischen einem »Monotheismus der Treue« und einem »Monotheismus der Wahrheit« (oder »ontologischem Monotheismus«) zu unterscheiden. Der Monotheismus der Treue ist die Besonderheit der Bibel. Er gilt dem »Gott, der dich aus Ägypten, dem Sklavenhaus, herausgeführt hat.« Es gibt viele Götter, aber nur Einen Retter und Befreier. Diesem Einen gilt die ausschließliche Treue. Der Prophet Hosea hat für diese ganz besondere Bindung zwischen einem Gott und einem Volk die Metaphern der Sohnschaft und der Ehe gefunden. Er ist auch der erste, der das »mosaische Narrativ« (M. Brumlik) erwähnt: »Aus Ägypten habe ich meinen Sohn gerufen« (Hos 11,1). Das Deuteronomium findet später die Form des förmlichen politischen Bündnisses, das keine Metapher, sondern ein Modell für die Sache selbst ist. In dieser bahnbrechenden, vollkommen neuartigen Idee kommen drei Motive zusammen: Gottesbund,

Gottesvolk, und ausschließende Treue, die beide verbindet: gegen die anderen Götter und gegen die anderen Völker. Bei diesem biblischen Monotheismus, den Pally als den »schwachen« kennzeichnen möchte, handelt es sich in meinen Augen um die stärkste Idee, die sich denken lässt, auch wenn sie sich zunächst bei den frühen Propheten als die Stimme einer möglicherweise schwachen oppositionellen Minderheit artikuliert, die gegen die offizielle Religion mit ihren Ba'als- und Ascherakulten ankämpft. Von diesem »schwachen« Monotheismus nimmt Pally überdies an, dass er »unremarkable and typical of tribes of the time« (nämlich von 1200-600 v.Chr.) sei. Was die offizielle und die Volksreligion der vorexilischen Zeit angeht, mag sicher kaum ein Unterschied bestanden haben zwischen dem Jerusalemer Kult und den Bräuchen in Israels Umwelt. Neu aber, einzigartig und revolutionär ist die Idee, die die Propheten und dann auch die Kreise, die hinter dem Deuteronomium stehen, gegen den Widerstand des Königshauses und des breiten Volkes vertreten. Welchem anderen »tribe« der Eisenzeit sollte es verboten gewesen sein, andere Götter zu verehren? Von welchem anderen Volk jener Zeit hätte je ein Gott ausschließliche Verehrung und Treue gefordert? Der »starke« Monotheismus dagegen gilt nicht dem rettenden und befreienden Gott, der mit dem befreiten Volk einen Bund schließt, sondern dem Schöpfer von Himmel und Erde, der es mit der gesamten Menschheit zu tun hat. Diesen Monotheismus gibt es auch anderswo, und Pally wird Recht haben, wenn sie hier persischen (d.h. zoroastrischen) Einfluss vermutet. In der hebräischen Bibel findet er sich erst bei den späten Propheten, Deuterojesaja, Jeremiah, Daniel und anderen. Das ist kein Monotheismus der Treue und Eifersucht, sondern der Einsicht und Wahrheit. Erst hier, mit Bezug auf diesen Gott, ist der philosophische Begriff der Wahrheit am Platz und dieser Monotheismus findet sich denn auch, zeitgleich mit den spät- und nachexilischen Propheten, z.B. bei Xenophanes von Kolophon. Aber auch die altägyptische und viele andere Religionen kennen nur *einen* Schöpfer und Ursprung der Welt, aus dem alles und damit auch die anderen Götter hervorgegangen sind – wobei der Schritt von solchem »kosmogonischen« zum »reinen« Monotheismus von hier aus nicht mehr weit ist.

Man nimmt meist an, dass sich der biblische Monotheismus vom »schwachen« und partikularen Monotheismus der Treue zum »starken« und universalen Monotheismus der Wahrheit entwickelt habe. Das stimmt aber nicht. Die der biblischen Religion eigentümliche Idee des Gottesbundes und des Monotheismus der Treue hat sich vielmehr als so stark erwiesen, dass die erst im Exil aufkommende, vielleicht von Babylonien oder Persien übernommene Idee des Einen welterschaffenden Gottes sich keineswegs an ihre Stelle hat setzen können. Im Gegenteil: es sind die Ideen des Bundes, der Treue, der Befreiung und Verheißung, die das Wesen und vor allem auch den Gefühlsgehalt der biblischen Religion ausmachen und sich im rabbinischen Judentum wie im (vor allem protestantischen) Christentum bis heute ausprägen. Dazu gehört auch die sehr elaborierte Sozialethik, die der Monotheismus in seinen jüdischen, christlichen und islamischen Ausprägungen entwickelt hat. Aber auch die altägyptische Sozialethik darf man nicht unterschätzen, die in manchen Punkten noch über die hebräische hinausgeht.[4] Die Bibel hat in dieser Hinsicht die altorientalischen, insbesondere ägyptischen Traditionen beerbt. Der partikulare Monotheismus der Treue und der universale Monotheismus der Wahrheit existieren in dem komplexen, vielstimmigen Kanon der biblischen Schriften nebeneinander, wobei der Monotheismus der Treue den cantus firmus bildet.

So wie der Begriff der Wahrheit erst mit Bezug auf den ontologischen Monotheismus, so ist wiederum der Begriff der Unterscheidung eher mit Bezug auf den Monotheismus der Treue am Platz. Darin liegt vermutlich der Grund für den Widerstand, auf den der Begriff der »mosaischen Unterscheidung« gestoßen ist. In der Tat geht es hier nicht um »wahr und falsch«, sondern um Treue und Abfall. Gott selbst trifft diese Unterscheidung zwischen »denen, die ihm feind sind« und »denen, die ihn lieben und seine Gebote halten«. Ihren gültigen und geschichtswirksamen Ausdruck findet diese Idee eines Monotheismus der Treue in der Erzählung vom Auszug aus Ägypten, dem »mosaischen Narrativ«, wie Micha Brumlik schreibt. Das ist vermutlich die großartigste und folgenreichste Geschichte, die Menschen je erzählt haben, so wie es sich beim Monotheismus der Treue um die stärkste religiöse Idee handelt, die die Religionsgeschichte kennt. In dieser Geschichte geht es um dreierlei: Befreiung, Bindung (Bundesschluss) und Vereinigung mit Gott (der seinem Volk verheißt, in seiner Mitte zu wohnen). Diese biblische, d.h. jüdische und christliche Form des Monotheismus würde ich »stark« nennen, schließlich hat sie ja mit der Christianisierung des römischen Reichs die Welt verändert und die abendländische Geschichte in geistiger, religiöser und politischer Hinsicht bestimmt.[5]

Ich sehe jetzt klarer und gebe meinen Kritikern darin recht, dass es in jener Unterscheidung, die dem Exodus-Mythos zugrunde liegt und die darum als »mosaisch« bezeichnet werden könnte, nicht um den Gegensatz von »wahr« und »falsch« geht, sondern – soweit die Befreiung aus Ägypten betroffen ist – um »Knechtschaft und Freiheit« und, sobald der Gottesbund geschlossen ist, um den von »Freund und Feind«.[6] Erst im Rahmen dieses Bundes nimmt Gott die Eigenschaften der Eifersucht oder »Zornmütigkeit« (Bernhard Lang) sowie der Huld an, und erst im Rahmen dieses Bundes ist es sinnvoll, von »Unterscheidung« und »Intoleranz« zu reden. Schließlich ist ja Gott selbst »intolerant« gegenüber denen, die ihm feind sind, und diese göttliche Intoleranz bildet die Legitimation, ja geradezu die Verpflichtung zu menschlicher Intoleranz. Diese Intoleranz wird, das soll nicht aus dem Blick geraten, im Verhältnis 1000:3 von seiner erbarmungsvollen Liebe überwogen, deren bewegenden Ausdruck in beiden Testamenten Marcia Pally im letzten Teil ihres Beitrags ausbreitet. Ebenso wenig aber sollten wir vergessen, dass es diese Unterscheidung ist, die in der Perspektive der antiken und mittelalterlichen Apokalyptik am Ende der Zeiten dem Weltgericht zugrunde liegen wird – eine Idee, die zwar (von Daniel abgesehen) noch nicht in der hebräischen Bibel, aber in den auf ihr aufbauenden Religionen Judentum, Christentum und Islam eine tragende Rolle spielt. »Gott ist die Unterscheidung«, wie Thomas Mann schrieb.[7]

Die Unterscheidung zwischen Freund und Feind hat aber nichts zu tun mit der Unterscheidung zwischen Israel und den Völkern, denn sie gilt nur innerhalb des Bundes derer, die sich Treue geschworen haben. Das Konzept des »heiligen Krieges« wendet jedoch diese Unterscheidung in einem allerdings streng beschränkten Nahhorizont nach außen. So gelten die Kanaanäer, insbesondere die Amalekiter, als Gottesfeinde, deren Vernichtung eine heilige Pflicht darstellt. Saul wird von Gott verworfen, weil er den Amalekiterkönig Agag verschont hat, und Samuel, der ihm das verkündet, greift selbst zum Schwert und haut den Amalekiter in Stücke (I Sam 15). Die Szene ist natürlich eine literarische Fiktion und das Institut des heiligen Krieges stellt keine israelitische bzw. monotheistische Besonderheit dar, sondern war im ganzen Vorderen Orient verbreitet (vgl. z.B. die Stele des Moabiterkönigs Mescha aus der Mitte des 9.Jhs.).[8] Keine Fiktion allerdings ist das Blutbad, das die Kreuzritter 1099 mit 70 000 Toten bei der Eroberung Jerusalems anrichteten und das Papst Urban II. mit Verweis auf I Sam 15 rechtfertigte. Die Frage lautet nicht »hat der Monotheismus die Welt grausamer gemacht?«, sondern: »hat der Monotheismus bzw. ‚das mosaische Narrativ' neue Argumente geliefert, Gewalt und Grausamkeit zu legitimieren?« Das lässt sich wohl in der Tat schwer bestreiten. Es genügt ein Blick in das neue Buch des Münsteraner Mittelalterhistorikers Gerd Althoff,[9] um sich einen Eindruck davon zu verschaffen, welche Fülle gewaltlegitimierender Argumente die Päpste des 11. und 12. Jahrhunderts aus der Bibel und gerade aus Texten des Alten

Testaments bezogen haben, um sich größere politische Macht zu verschaffen. Während das rabbinische Judentum diese Texte längst marginalisiert und durch symbolische Auslegungstechniken humanisiert hatte, berufen sich die Päpste jetzt auf Stellen wie I Samuel 15, Exodus 32 (die Leviten, die ihre eigenen Verwandten und Freunde nach deren Tanz ums Goldene Kalb erschlagen) und Numeri 25 (Pinhas, der seinen Landsmann beim Liebesakt mit einer Midianiterin erschlägt). Aus diesen und anderen Stellen der Bibel und Kirchenvätern destillierten die Päpste und Theologen des Hochmittelalters eine neue Gewalttheorie. »Folgen der Gewalttheorie waren die Kreuzzüge, Ketzerkriege und Inquisition« (Althoff). Wolfgang Reinhard hat gezeigt, dass im 16. Jh. die spanischen Conquistadoren »zur Beruhigung des königlichen Gewissens« das 20. Kapitel des Deuteronomiums verlasen, wo bestimmt wurde, wie mit kanaanäischen Städten zu verfahren war (nichts am Leben lassen, alles verbrennen). Vor solcher schriftbezogener Gewaltlegitimierung sind wir bis heute nicht gefeit, zumal sich der Umfang des gewaltlegitimierenden religiösen Schrifttums mit der Entstehung des Islams enorm erweitert hat. Ist das nun ein spezifisches Phänomen des Monotheismus, oder finden sich dergleichen Gewalt-Begründungsverfahren auch in polytheistischen Kulturen? Dazu möchte ich sagen: Es ist weder der exklusive Eingottglaube noch das »mosaische Narrativ«, das allein für diese Formen religiös begründeter Gewalt und Grausamkeit verantwortlich zu machen ist, sondern ein fundamentalistischer Umgang mit der »Schrift«, der Theologisierung und Kanonisierung des Rechts, das zur Kodifizierung des göttlichen Willens hochstilisiert wird. Auf die Schrift berufen sich Esra (Kap. 9f.) und Nehemia (13,23ff.) bei der Scheidung der Mischehen, einer Maßnahme von erheblicher und – wie ich vermuten möchte – in anderen antiken Religionen beispielloser Brutalität. Auf die Schrift beruft sich auch Judas Makkabäus, wenn er seinem grausamen Vorgehen gegen jüdische Städte, die hellenistische Bräuche angenommen hatten, das

13. Kap. des Deuteronomiums zugrunde legt. So wie das Prinzip der Kanonbildung ist auch die Strategie, aus der »Schrift« nicht nur das Recht, sondern geradezu die Pflicht zur Verfolgung und Gewalt abzuleiten, den aus der Bibel hervorgegangenen Religionen eigentümlich.

Nur das rabbinische Judentum macht hier eine Ausnahme. Die Rabbinen haben es verstanden, diese Texte mit Hilfe ihrer verfeinerten Auslegungstechniken zu humanisieren und zu marginalisieren. Das ist nicht nur eine Frage der Machtlosigkeit, die unter den Bedingungen der Diaspora die Ausübung von Gewalt verbietet, denn diese Strategie der Entschärfung und Humanisierung erstreckt sich auch auf das Martyrium, das ja ebenfalls eine Errungenschaft der Makkabäerzeit und gewissermaßen das Gegenstück zur religiösen Gewalt darstellt. Töten und Sterben für Gott und Gesetz gehören zusammen, und beides wird durch die rabbinische Halacha verunmöglicht.[10] Auch der Tendenz zu Spaltung und Absonderung mit ihren schweren sozialen Folgen[11] gebieten die Rabbinen Einhalt. Das rabbinische Judentum hat also die religiöse Gewalt als Problem empfunden und nach Kräften ausgeschaltet. Umso intensiver blieb sie im Christentum und im Islam lebendig, auch wenn man diesen Religionen nicht absprechen kann, sich immer wieder auch um Eindämmung und sogar Abschaffung religiöser Gewalt bemüht zu haben.

Es hat also nichts mit Antisemitismus zu tun, wenn man nach möglichen Quellen religiöser Gewalt fragt und dabei – da es ja um Ursprünge und Anfänge geht – auch die hebräische Bibel heranzieht. Schließlich sind es ja vor allem alttestamentliche Texte, mit denen die Kirche und auch die puritanischen Pilgrim Fathers und Buren ihre Gewalttaten legitimiert haben. Erstens aber haben es (um das noch einmal zu unterstreichen) gerade die Juden verstanden, mit solchen Texten richtig umzugehen, zweitens ist die hebräische Bibel und ganz besonders der Exodus-Mythos nun einmal auch die Grundschrift des christlichen Abendlandes und drittens ist das Problem religiös motivierter und legitimierter Gewalt hochaktuell und kann nicht durch Denkverbote und restriktive Diskursregeln gelöst werden.

### *Micha Brumliks »A.S. Hypothese« und das Problem der jüdischen Selbstausgrenzung*

Leider ist auch Micha Brumliks Beitrag nicht frei von »Konsequenzerei«. Seine Konstruktion der »A.S. Hypothese«, die er so triumphierend falsifiziert, ist dafür ein geradezu klassisches Beispiel. Diese Hypothese ist alles andere als »respektabel«, sie ist nichts als falsch, dies aber auch im Sinne einer Fälschung, denn sie wird nicht von konkreten Personen, sondern von einem synthetischen Konstrukt »A.S.« (gebildet aus Assmann und Sloterdijk) vertreten. Hier werden nun die Linien bis zu der grotesken These ausgezogen, dass die »Mosaische Unterscheidung« zwischen wahr und falsch in religiösem Sinne auf ein Master-Narrativ der Grausamkeit hinauslaufe, aus dem letztlich noch die Massenmorde des Stalinismus und des Nationalsozialismus hervorgegangen seien. Niemand wird im Ernst bestreiten wollen, dass der jüdische Monotheismus sich Recht, Moral und Gerechtigkeit auf die Fahnen geschrieben hat, und dass zumindest Hitler ihn nicht zuletzt aus diesem Grunde gehasst hat. In einer Geschichte der Grausamkeit spielt die Wende zum Monotheismus, von einigen bemerkenswerten Fällen abgesehen, vermutlich eher eine humanisierende Rolle. Dass uns diese Frage überhaupt beschäftigt, hängt nun allerdings damit zusammen, dass wir noch immer oder seit einigen Jahrzehnten wieder verstärkt mit Fällen religiöser Gewalt konfrontiert sind. Das Problem der religiösen Gewalt ist hochaktuell, und wenn wir nach den Ursprüngen dieser Idee fragen, geht es nicht darum, jemandem – und schon gar nicht den Juden – die Schuld an den Folgen zuzuweisen, sondern ihre modernen Erscheinungsformen zu delegitimieren. Da hilft der Hinweis nicht weiter, dass es Gewalt und Grausamkeit in der Geschichte seit eh und je immer und überall gegeben habe und die Polytheisten auch nicht besser waren als die Monotheisten.

Natürlich – da möchte ich Micha Brumlik Recht geben – darf man die Formel von der »autogenozidalen Selbstausgrenzung« (die aber Sloterdijk gar nicht verwendet; er spricht mit Bezug auf Exodus 32 von einem »auto-genozidalen Drama«) so nicht stehen lassen. Das Prinzip der Selbstausgrenzung gehört ohne jeden Zweifel zu den fundamentalen und im eigentlichen Sinne »mosaischen« Unterscheidungen, die im Exodus-Mythos getroffen werden. Gott beruft die Kinder Israels in den Bund mit den Worten: »Werdet ihr nun meiner Stimme gehorchen und meinen Bund halten, so sollt ihr mein Eigentum sein vor allen Völkern, denn die ganze Erde ist mein. Und ihr sollt mir ein Königreich von Priestern und ein heiliges Volk sein.« (Ex 19,5-6). Heiligung heißt Absonderung. Durch den Bund wird Israel zu einem »Volk, das sich abseits hält und sich nicht zu den Völkern rechnet.« (Num 23,9) Diese Selbstausgrenzung hat aber nichts »Autogenozidales«, sondern stellt im Gegenteil das Prinzip dar, durch das sich das jüdische Volk trotz Vertreibung und Verfolgung als einziges Volk der Antike über die Jahrtausende hinweg hat erhalten können. Dahinter steht nicht nur der Gedanke des Bundes, sondern vor allem dessen Fixierung in Gestalt eines Kanons heiliger Schriften von absoluter Verbindlichkeit. Diese unauflösliche Allianz von Bund und Buch geht besonders klar aus der bewegenden Szene hervor, in der die aus dem babylonischen Exil zurückkehrenden Juden einen neuen Bund schließen. Nehemia beschreibt sie in den letzten Kapiteln seines Buches.

Zunächst liest Esra am Wassertor in Jerusalem der versammelten Volksmenge aus der Tora vor, dann feiert »die Gemeinde derer, die aus dem Exil zurückkamen« sieben Tage lang das Laubhüttenfest und liest alle Tage weiter aus der Tora. Zuletzt aber ist von einem feierlichen Bund der Abgesonderten die Rede:

»Am vierundzwanzigsten Tage dieses Monats kamen die Kinder Israels zusammen mit Fasten und Säcken und Erde auf ihnen und sonderten den Samen Israels ab von allen fremden Kindern und traten hin und bekannten ihre Sünden und ihrer Väter Missetaten. Und standen auf an ihrer Stätte, und man las im Gesetzbuch des HERRN, ihres Gottes, ein Viertel des Tages; und ein Viertel bekannten sie und beteten an den HERRN, ihren Gott.« (Neh 9,1-3)

Dann folgt in einem Gebet zunächst eine lange und detaillierte Rekapitulation der Heilstaten Gottes, d.h. des Exodus, und ein Bekenntnis der Sünden des Volkes, das die Verheißung verspielt hatte und aus dem Land vertrieben wurde. Zuletzt ist heißt es:

»Und in diesem allem machen wir einen festen Bund und schreiben und lassen's unsere Fürsten, Leviten und Priester versiegeln. [...]

Und das andere Volk, Priester, Leviten, Torhüter, Sänger, Tempelknechte und alle, die sich von den Völker in den Landen abgesondert hatten zum Gesetz Gottes, samt ihren Weibern, Söhnen und Töchtern, alle, die es verstehen konnten, hielten sich zu ihren Brüdern, den Mächtigen, und kamen, daß sie schwuren und sich mit einem Eide verpflichteten, zu wandeln im Gesetz Gottes, das durch Mose, den Knecht Gottes, gegeben ist, daß sie es hielten und tun wollten nach allen Geboten, Rechten und Sitten des HERRN, unsres Herrschers; und daß wir den Völkern im Lande unsere Töchter nicht geben noch ihre Töchter unsern Söhnen nehmen wollten; So wollen wir das Haus unsres Gottes nicht verlassen.« (Neh 10, 1 und 29-31)

Hier wird in einer feierlichen Zeremonie der Bund der Treue erneut beschworen und eine im eigentlichen Sinne »mosaische Unterscheidung« vollzogen durch die Scheidung der »Mischehen« zwischen jüdischen Männern und kanaanäischen Frauen und durch die Verstoßung der aus dieser Verbindung hervorgegangenen Kinder, und zwar im Sinne der Absonderung und Heiligung, wie sie in der Tora vorgeschrieben wird.

Das neue in dieser Phase des II. Tempels ist die Schrift, die nun in den Rang einer Kodifizierung des göttlichen Willens von höchster, absoluter Autorität aufgerückt ist. Das ist etwas absolut Einzigartiges. Keine andere Religion der damaligen Zeit kennt einen Kanon heiliger Schriften, die unbedingte Befolgung, d.h. Umsetzung in Lebenswirklichkeit verlangen. Diese Schrift ist unter Verwendung älterer Dokumente im Exil entstanden. Sie hat die exilierten Juden zum Volk des Buches gemacht und als solches am Leben erhalten. So hat es auch ohne Staat, Territorium, Tempel und alle anderen Außenhalte seine Identität in Babylon bewahren und nach zwei, drei Generationen nach Jerusalem zurückkehren können. Dort wurden die Heimkehrer dann mit den dagebliebenen Landsleuten konfrontiert, die in Unkenntnis dieser Schrift sich den Landessitten assimiliert und mit den Landestöchtern vermählt hatten. Nun erst kam die »mosaische Unterscheidung« zum Tragen, nicht im Zeichen der Wahrheit, sondern der Treue, Reinheit und Heiligkeit.

Die religiöse Gewalt, d.h. Gewalt im Namen Gottes, die hier im Sinne einer heiligen Verpflichtung und unter großem Weinen und Wehklagen vollzogen wird, ist schriftgestützte Gewalt. Sie wird legitimiert durch Berufung auf einen heiligen, kanonischen Text, der sie hochverbindlich vorschreibt: »Du sollst keinen Vertrag mit ihnen schließen, sie nicht verschonen und dich nicht mit ihnen verschwägern. Deine Tochter gib nicht seinem Sohn, und nimm seine Tochter nicht für deinen Sohn!« Eine solche Schrift hat es vor dem Exil nicht gegeben. Wohl gab es religiöse, historische und literarische Texte, aber sie waren kaum mit dieser absoluten Autorität ausgestattet. Dafür gab es die Propheten, die Israel sagten »was gut ist und was der Herr von dir fordert.« (Mi 6,8) Die Propheten, die das Volk immer wieder zu unbedingter Treue auffordern, wirken – und das ist ganz entscheidend – in Zeiten höchster Bedrängnis und eingetretener Katastrophe. In dieser traumatischen und posttraumatischen Situation erinnern sie an den

Auszug aus Ägypten und begründen ihre Forderung nach Treue mit Gottes Rettung, Erwählung und Verheißung. Gott ist der Einzige, der einst gerettet hat und der jetzt retten kann.

Jetzt, in der Phase des II. Tempels, sind die Schrift und ihre Ausleger an die Stelle der Propheten getreten. Während die Gewalttaten, von denen die Schrift erzählt, als rein literarische Fiktionen einzustufen sind, werden jetzt unter Berufung auf solche Stellen reale Gewalttaten vollzogen. Die Scheidung der Mischehen und die Verstoßung der Kinder hat man durchaus als eine solche einzustufen. Sie war gewiss umstritten, und der Vorschlag hat viel für sich, das Buch Ruth in diese Zeit zu datieren und als einen Gegenentwurf anzusehen.[12] In der Perserzeit und im Frühhellenismus bilden sich auf der Grundlage des entstehenden Schriftenkanons Haltungen heraus, die man in heutiger Terminologie als «fundamentalistisch« bezeichnen könnte.[13] Mit der im Kanon festgeschriebenen Semantik der Treue und Eifersucht kommt die polarisierende Kraft der monotheistischen Religion in ihren politischen und sozialen Folgen zum Tragen. Jetzt entstehen im Judentum auf der Grundlage der Schriften Gemeinschaften und Richtungen, die sich von der Gesellschaft absondern, um in besonderer Strenge und Reinheit nach den Geboten der Schrift zu leben. Dazu gehören neben den Sadduzäern und Pharisäern, den Essenern und der Qumran-Sekte auch Johannes der Täufer und die frühe Jesus-Bewegung.[14] Als ein Grundmotiv dieser Bewegungen kann man das Bedürfnis nach Absonderung und Heiligung feststellen, also das Grundmotiv des Exodus-Mythos oder des »mosaischen Narrativs«. Das Prinzip dieser Selbstausgrenzung ist die Schrift: das theologisierte Gesetz als kodifizierter Wille Gottes. »Der Gesetzgeber«, so liest man im Brief des Aristeas, einer Selbstbeschreibung des Judentums aus hellenistischer Zeit, »von Gott zu umfassender Erkenntnis ausgerüstet, umschloss uns mit nicht zu durchbrechenden Palisaden und ehernen Mauern, damit wir mit keinem der anderen Völker in irgendeiner Hinsicht in Verkehr seien, rein an Leib und

Seele, frei von trügerischen Vorstellungen, den Gott, der allein Gott, allein mächtig ist, im Unterschied zur Schöpfung verehrten [...] Damit wir nun mit nichts uns befleckten und nicht im Verkehr mit Schlechtem verdorben würden, umschloss er uns von allen Seiten mit Reinheitsvorschriften, Geboten über Speisen und Getränke und Hören und Sehen [...]«[15]

Ich räume ein, dass das Konzept der »mosaischen Unterscheidung« im Sinne von »wahr« und »falsch« allzu simplistisch und irreführend war. Eine feinere Analyse der mit dem Exodus-Mythos und dem Monotheismus der Treue verbundenen Unterscheidungen führte zu dem Ergebnis, dass die Gewalt nicht aus der Unterscheidung von wahr und falsch, sondern von Freund und Feind stammt. Es ist diese Unterscheidung, die im Raum des Religiösen problematisch ist, zumal wenn sie sich mit der apokalyptischen Vorstellung eines Weltgerichts verbindet, in dem Gott mit seinen Feinden abrechnet. Es hat sich gezeigt, dass sie von außen in die neue, auf Bindung und Treue beruhenden Religion übernommen wurde: aus der assyrischen Staatsideologie und aus der Semantik des heiligen Krieges. Beides hat in der heutigen Welt keinen Ort, weder in der Religion noch in der Politik. Meine Kritik ist nicht antisemitisch, aber antifundamentalistisch motiviert. Eine Lektüre der heiligen Schriften, die unter Berufung auf archaische Texte diejenigen selig spricht, die Verfolgung ausüben, kann sich die globalisierte Menschheit nicht mehr leisten. Das heißt nicht, die heiligen Schriften abzuschaffen, sondern unsere Lektüre zu humanisieren, wofür gerade der jüdische Umgang mit den Gewalttexten ein Vorbild sein kann.

Anmerkungen

1 Richard Wolin, »Biblical Blame Shift. Is the Egyptologist Jan Assmann Fueling Anti-Semitism?«, in The Chronicle of Higher Education vom 15.4.2013.

2 Moses the Egyptian. The Memory of Egypt in Western Monotheism, Cambridge 1997, S.5.

3 Moses Mendelssohn, Jerusalem oder Religiöse Macht und Judentum [1783], Hamburg: Meiners 2005, S. 86.

4 S. hierzu J.Assmann, Ma'at. Gerechtigkeit und Unsterblichkeit im Alten Ägypten, München 1990.

5 Marcia Pally, die daran interessiert ist, die Differenz des biblischen Monotheismus zu den Religionen der Umwelt herunterzuspielen, gibt auch zu bedenken, dass den Israeliten der damaligen Zeit (des I. und vor allem II. Tempels) die politische Macht fehlte, ihre Ideen in der Welt zu verbreiten. Dazu sei vielmehr Ägypten in der Lage gewesen. Und doch ist es die Bibel und nicht das ägyptische Totenbuch – oder das Gilgamesch-Epos – die die Welt verändert hat. Offensichtlich hat die Macht und Strahlkraft von Ideen nichts mit politischer Macht, Bevölkerungszahlen und territorialer Ausdehnung zu tun.

6 Mit Rücksicht auf die Alarmglocken, die bei vielen Lesern unweigerlich schrillen werden, wenn von der Unterscheidung von Freund und Feind die Rede ist, möchte ich betonen, dass ich hier nicht Carl Schmitt (einen notorischen Antisemiten), sondern die vielleicht prominenteste Stelle der hebräischen Bibel im Blick habe (Ex 20,5; Dtn 5,9).

7 *Joseph und seine Brüder*, Ausgabe in einem Band, Frankfurt 1964, 227.

8 Vgl. Kang Sa-Moon, *Divine War in the Old Testament and in the Ancient Near East*, Berlin/New York, 1989; Th. v.d.Way, *Göttergericht und »heiliger Krieg» im Alten Ägypten*, SAGA 4, 1992.

9 Gerd Althoff, *Selig sind, die Verfolgung ausüben. Päpste und Gewalt im Hochmittelalter*, Stuttgart und Darmstadt 2013 – ich verdanke den Hinweis auf dieses Buch Bernhard Lang. Der provozierende Titel »Selig sind, die Verfolgung ausüben« ist keine polemische Verdrehung der Bergpredigt, sondern ein Zitat aus dem *Liber ad amicum* des Bischofs Bonizo von Sutri.

10 Im Talmud gibt es die Regelung, dass man im Falle von Zwangskonversion das Martyrium nur unter der Bedingung auf sich nehmen darf, dass mindestens zehn Juden dabei anwesend sind; ist das nicht der Fall, soll man übertreten (bT Sabbath 130a), s. Verena Lenzen, *Jüdisches Leben und Sterben im Namen Gottes*, München 1995, 102.

11 Vgl. hierzu Albert Baumgarten (Anm. 14).

12 Höchst wahrscheinlich ist auch die Priesterschrift mit dem Schöpfungs- und Erzväter-Mythos erst in nachexilischer Zeit als Gegenentwurf zum Exodus-Mythos entstanden. »Die Erzvätergeschichten«, schreibt Bernhard Lang, »sind ein Zeugnis des hebräischen Humanismus, einer pazifistischen und fremdenfreundlichen, aller Gewaltanwendung abholden Bewegung aus der Zeit um 500 v.Chr., die mit den Büchern Genesis, Hiob und Rut zur Weltliteratur zählende, idyllischer Dichtung verwandte Werke hervorgebracht hat«, s. Buch der Kriege - Buch des Himmels. Kleine Schriften zur Exegese und Theologie, Leuven: Peeters 2011, 12. Zur universalistischen, inkludierenden Tendenz der Priesterschrift vgl. auch Mary Douglas, Jacob's Tears. The Priestly Work of Reconciliation, Oxford 2004.

13 Marcia Pally wendet sich mit Bezug auf das Judentum zurecht gegen diese pauschale Form der Umsetzung der Schrift in lebensweltliches Handeln: »Far

more importantly, however, the *narrative* portions of the Hebrew Bible are neither blueprint nor model, and the conduct of its characters is not to be mimicked. They – like other real humans – cheat, lie, grouse, deceive, murder and are petulant, scheming, ungrateful and often mistaken. And those are the good guys (gender neutral).« Das gilt für das Judentum wohl schon des II. Tempels, denn die Schriftstellen, die Esra/Nehemia und Judas Makkabäus ihren Aktionen zugrunde legen, sind als »halachisch« (normativ) und nicht als »aggadisch« (narrativ) einzustufen. In der christlichen Auslegungstradition hat man diese Unterscheidung nicht gemacht. Stellen wie Num 25; Ex 32; I Samuel 15, mit denen die mittelalterlichen Päpste und Theologen ihre Gewalttheorie begründeten, sind narrative Passagen.

14 Albert Baumgarten I., Flourishing of Jewish Sects in The Maccabean Era, Society of Biblical Literature, 2005.

15 Brief des Aristeas, 139 und 142, zitiert nach Gerhard Delling, *Die Bewältigung der Diasporasituation durch das hellenistische Judentum* (Göttingen 1987), 9.

# Die Matrix und ihre Feinde. Über Paranoia, Patriarchat und die implizite Gewalt des Monotheismus

Daniele Dell'Agli

»Während die einzelnen Religionen miteinander hadern, welche von ihnen im Besitz der Wahrheit sei, meinen wir, dass der Wahrheitsgehalt der Religion überhaupt vernachlässigt werden darf.«
Sigmund Freud

## *I. Vorgeplänkel: Von Tempelwächtern und Erbsenzählern*

Wer die Debatte um Jan Assmanns Thesen im *Perlentaucher* verfolgt hat, wird rasch zweierlei begriffen haben: 1. Akademiker schätzen Theorien nicht als Werkzeuge zur Analyse komplexer Phänomene, sondern sie betrachten sie als Konstrukte, die je nachdem, ob sie ihnen gefallen oder nicht, verifiziert oder falsifiziert gehören. *Tertium non datur.* 2. Akademiker sind gern unter sich, je enger sie den Kreis der Kompetenzberechtigten ziehen, desto lieber. Das ist keine Frage von Forschungsethiken oder Reflexionsniveaus, sondern des zünftigen Verwaltens von Geheimwissen. Die durchgehende Botschaft im Gestus zumindest der Assmann-Kritiker war: Einmischung unerwünscht. Religionskritik ist, zumal sie den Monotheismus betrifft, Sache von Theologen und Alttestamentlern, Judaisten und Islamwissenschaftlern. Genauso gut könnte man allerdings die Medizinethik Onkologen und Orthopäden überlassen. Natürlich sagt das niemand explizit, aber die seminaristische Versenkung in exegetische Details, das Auftürmen historischen Faktenmaterials, das Einklagen methodisch sauberer Beweislastverteilung, all das suggeriert: hier sind Experten unter sich, hier wird seriös an einem neuen Niveau kritischen Religionsverständnisses gearbeitet. Anspielungen oder Bezugnahmen auf real existierende Bündnisse von Religion und Gewalt sind tunlichst zu vermeiden, Wiedererkennungseffekte entlang der Quellentexte rein zufällig und prinzipiell nicht aussagekräftig.

Dabei dürfte das Ärgernis vor dem eigentlichen Ärgernis, die Provokation vor der eigentlichen Provokation genau dies gewesen sein: dass die – sofort als Affront gegen das Reinheitsgebot des hermeneutischen Kanons aufgefassten – Denkanstöße Jan Assmanns nicht von einem neoatheistisch wütenden »Laien«, sondern ausgerechnet von einem aus den eigenen Kreisen vorgetragen wurden, Repräsentant eines Orchideenfachs, dem er mit seinen Arbeiten zu einer schillernden Neublüte verholfen hat; einem Gelehrten mit umfassenden Kenntnissen in sämtlichen das Altertum und die Religionen der Antike betreffenden Disziplinen einschließlich der für solch geistige Expeditionen erforderlichen Sprachen, und überdies jemand, dem in Temperament und Habitus nichts ferner liegt als zu provozieren oder die Zivilisierungsleistungen der Religionen pauschal infrage zu stellen. Wenn so jemand sich Gedanken um den »Preis des Monotheismus« macht, eine Gewaltgeschichte, die von einer entsprechenden Geschichte der Gewaltrhetorik im Alten Testament vorbereitet wurde, und zu ihrer Ätiologie eine Dekonstruktion der Mosaischen Gesetzgebung aufbietet – dann muss man das *nolens volens* ernst nehmen. Dass er dies nicht als Theologe tut, bedeutet für seine Kritiker allerdings, dass sie nur die Wahl haben, entweder sich auf sein Terrain zu begeben (und die Komfortzone *ex cathedra* beglaubigter Wahrheiten zu verlassen) oder das Thema zu verfehlen (wie der Verlauf dieser Debatte eindrücklich gezeigt hat)[1].

Peter Sloterdijks »Verschärfung« der Assmannschen These hat einiges von dem Unmut der Tempelwächter auf sich gezogen und Assmann, der in vollendeter Höflichkeit seinen

Kritikern immer wieder für die Gelegenheiten dankt, seine Position zu präzisieren, teilweise aus der Schusslinie genommen; doch der Versuch, heterodoxe Philosophie und gediegene Kulturwissenschaft gegeneinander auszuspielen, beruht auf einem Missverständnis. Im Schlusskapitel seines Buchs »Gottes Eifer« greift Sloterdijk »die von Assmann angestoßene Diskussion über die psychohistorischen Kosten monopolistischer Wahrheitsansprüche der nach-mosaischen Religionsentwicklungen« explizit auf, um mit Blick auf dessen Begriff der »Gegenreligion« anzumerken: »Es scheint jedoch, als habe Assmann, dem Eigensinn seiner Themen entsprechend, nur eine Teilmenge des möglichen Bedeutungsgehalts seiner Begriffsprägung aktualisiert.«[2] Dieser Eindruck bleibt auch nach mehreren Büchern und Dutzenden von Essays und Vorträgen bestehen, in denen Jan Assmann sein Thema geduldig umkreist, perspektiviert, an die unterschiedlichsten Traditionsstränge angeschlossen und damit zugleich für alle kulturwissenschaftlich Neugierigen geöffnet hat, wobei es zu seinem archäologisch umsichtigen Denkstil gehört, auf den einen oder anderen *big point* seiner Entdeckungen zu verzichten, wenn die zwangsläufig (weil bis zur Achsenzeit gespannte) lückenhafte Indizienkette nicht bis ins zarteste Glied belastbar erscheint. Ich komme darauf zurück.

Das nächste Ärgernis, wiederum eines vor jedem religionswissenschaftlich zu disputierendem, ist: Assmann hat den Augenschein auf seiner Seite. Als musikalisch Ungläubiger kann ich nur darüber staunen, mit welchem Aufwand davon abgelenkt werden soll, dass die These von der gedächtnis- und ereignisgeschichtlich – auch dieses operativ überaus ergiebige Begriffspaar verdanken wir Assmann – folgenreichen Unterscheidung zwischen dem einen, einzigen und wahren Gott und den vielen falschen Göttern uns noch nach zweieinhalb Jahrtausenden tagtäglich ihre finstere Exekutivlogik unter Beweis stellt. Wer zum Beispiel verstehen will, warum der Mord an einem (als »Abtreibungsarzt« denunzierten) Gynäkologen in Kansas mit Berufung auf die gleiche Höchstinstanz gerechtfertigt wird wie der Mord an einem islamkritischen Regisseur in Holland; warum das politische Programm der Ultraorthodoxen in der Knesseth dem der verhassten Mullahs in Teheran (bis hin zur Geschlechterapartheid) zum Verwechseln ähnlich sieht; warum ein neuer Papst gleich bei seiner ersten Predigt glaubt verkünden zu müssen, dass wer nicht zu Gott betet, zum Satan betet (wenn denn der Appell mehr sein sollte als die Erfüllung des franziskanischen Dürftigkeitsgelübdes auch *in spiritualibus*), und so weiter: der ist gut beraten, die »Mosaische Unterschiedung« (und verschärfend dazu »Gottes Eifer«) zu lesen. Schon die bloße Tatsache der anhaltenden, auch internationalen Aufmerksamkeit, die Assmanns Thesen erfahren haben, beweist, dass er einen wunden Punkt getroffen hat, den mentalitätsgeschichtlichen *Hotspot* einer latent schwärenden, weil virtuos verdrängten, projektiv verschobenen oder schlicht im Stile der Communiqués von Islamverbänden harmlos geredeten Anfälligkeit monotheistischer Gesinnung für Gewalt. In Jan Assmanns eigenen Worten: »Die Aktualität dieser Fragen liegt auf der Hand, denn nicht die Vergangenheit als solche, sondern die Form unserer Erinnerung daran treibt uns um und orientiert unser Handeln. Die Wiederkehr der Religion, die wir seit einigen Jahrzehnten erleben, ist in beängstigender Weise mit Gewalt, Bedrohungsbewusstsein, Hass, Angst und der Produktion von Feindbildern verbunden. Daher können wir der Frage nach einem möglichen Zusammenhang zwischen Monotheismus und Gewalt nicht ausweichen.«[3]

Die Strategien der Abwiegelung sind dabei so originell wie nur irgendeine Passage aus dem Handbuch für Sonntagspredigten. So durften wir uns darüber belehren lassen, dass man in der Bibel, vor allem im Alten Testament, Belege für die ganze Vielfalt der unterschiedlichen Neigungen, Begabungen oder Dämonien des *homo sapiens sapiens* finden kann – vom Hohelied der Liebe bis zu den Liturgien des Massenmords. *So what?* Wogegen soll das ein Einwand sein? Zu prüfen, warum uns heute jene Stellen beunruhigen, die die dunklen, niederen Affekte buchstäblich verherrlichen? Doch schon die unterstellte Symmetrie der beiden Extreme ist trügerisch: Das *Canticum canticorum* hat viele Dichter inspiriert und noch mehr Lesern so manche sublimierungsfähige Endorphinausschüttung beschert; Deuteronomium 32f. hingegen dürfte allenfalls autokratische Massenmörder inspiriert haben; das Hohelied ragt als einsame und reichlich deplatzierte Poesie aus den biblischen Kompilationen hervor (wo man sie lange nicht haben wollte, weil hochgradig des für Salomon typischen, sinnenfreudigen Polytheismus verdächtig); die Hetze gegen Heiden, Götzendiener und Abtrünnige zieht sich hingegen wie ein roter Faden durchs ganze Alte Testament (und wird an Intensität nur noch vom Koran überboten).

Das zweite Entlastungsargument ist uns auch nicht unbekannt: die anderen waren auch nicht besser. Micha Brumlik bietet gar die »Megatötungen« Dschingis Khans gegen den Verdacht auf, Mord und Grausamkeit »im Namen Gottes oder der Götter« sei eine Spezialität des aufs mosaische Narrativ eingeschworenen Kulturkreises. Bei soviel Chuzpe ist man versucht, auf Trotz zu schalten: Was gehen uns die Schandtaten von Mongolen, Ming-Chinesen oder römischen Kaisern an (Marcia Pally legt vollständigkeitshalber noch die Präkolumbianer drauf)? Sollen damit allen Ernstes Kreuzzüge, Ketzerverfolgungen oder Religionskriege in Europa relativiert werden? Doch Brumlik will mehr: er sieht die in der Konsequenz der mosaischen Unterscheidung liegende Hypothese eines dem Monotheismus inhärenten Gewaltgenerators (im Sinne der Erzeugung religiös legitimierter Gewaltbereitschaft) – die Assmann in seiner Antwort an Rolf Schieder teilweise (und ohne Not) zurückgenommen hat – schon dadurch widerlegt, dass es auch in Kulturen, die ihre Freund-Feind-Beziehungen nicht über den religiösen Absolutismus des Sinai-Diktats regulieren, zu gottgefälligen Gewaltorgien gigantischen Ausmaßes gekommen ist.

Nun weiß Brumlik sehr gut, dass man das Muster der mosaischen Ur-Kunde, die Berufung auf eine höchstinstanzliche Unterscheidung von »wahr« und »falsch« (und fügen wir aus der *Genesis* hinzu, von »gut« und »böse«) als Rechtfertigungsgrund für kriegerische Aktionen nicht übertragen kann auf polytheistische Kulturen, die ihren Gottesbezug anders konzipieren. Und genau deshalb können wir bei ihnen nirgends, soweit ich sehe, am allerwenigsten beim mongolischen Schamanismus, von einem Töten »im Namen« oder »im Auftrag« Gottes oder der Götter sprechen. Allenfalls von rituellen Anrufungen vor Kampfesbeginn, um sich entsprechend in Rage zu versetzen beziehungsweise von flankierenden Sakralisierungen der Opfer (*victimae*) als Opfergabe (*sacrificium*) zu Ehren einer Gottheit. Anders gesagt: die **Befehlskette des Zelotentums** (und die steht hier zur Debatte, nicht die Bluträusche exotischer Nomadenhorden) hat stets nur – ob in fiktiver Legende oder mörderischer Realität – für monotheistische Formationen gegolten. In diesem Zusammenhang hätte Brumlik übrigens ruhig erwähnen können, dass der zum Islam konvertierte Tamerlan in den Fußstapfen seines Vorbilds Dschingis Khan seine »Megatötungen« ungleich effizienter, sozusagen systematisch (wenn auch in kleinerem Maßstab) organisierte, weil er sie als heilige Kriege im Dienste Allahs begriff (was ihn nicht daran hinderte, »autogenozidal« auch Muslime massenhaft hinzumetzeln). Bezeichnenderweise erkennen wir heute, sobald wir eine Nachrichtensendung einschalten, mühelos »Handlungsdispositionen« zu Gewalt und Intoleranz, die sich auf das mosaische Präskript, aber keine, die sich auf olympische, babylonische oder schamanistische Drehbücher zurückführen ließen.

Jan Assmann, der sein Leben lang antike Kulturen und ihre Religionen erforscht hat, kommt wiederholt in seinem Werk auf dieses Problem zurück – nicht ohne, wie auch im *Perlentaucher*-Beitrag, zu betonen, dass »die Abwesenheit religiöser Gewalt nicht das Fehlen sozialer und politischer Gewalt bedeutet« – und kommt zu dem Schluss, dass »in heidnischen Gesellschaften Gewalt eine Frage der Macht, nicht der Wahrheit« ist, beziehungsweise dass »die politische Gewalt nicht theologisch begründet wurde« (MSG 24; MU 32). Im emphatischen, exklusiven und zugleich universalen Wahrheitsbegriff des Monotheismus sieht Assmann denn auch das eigentliche Problem von dessen für Theologen schwer erträglicher »intrinsischen Gewalttätigkeit«, die er gleichwohl »nicht als notwendige Konsequenz, sondern nur als eine mögliche, aber abwendbare Gefahr« versteht: »Was in der Unterscheidung zwischen wahrer und falscher Religion angelegt ist, ist nicht Mord und Totschlag, aber doch die Idee der Unvereinbarkeit. Was in einem neuen, emphatischen, auf Offenbarung gegründeten Sinne als wahr gelten soll, schließt alles aus, was damit unvereinbar ist. Im Horizont eines solchen Wahrheitsbegriffs entfaltet sich eine Orthodoxie, die das Falsche festlegt und ausmerzt. Dass das Gefühl der Unvereinbarkeit unter bestimmten Umständen in Intoleranz, und Intoleranz in Gewalt umschlagen kann, ist kaum zu bestreiten.« Doch selbst diese wahrhaft moderate Einschätzung, der sogar Schieder die Qualität eines Brückenschlags attestiert, verdient aus Brumliks Sicht eine gehörige Relativierung. Denn zur Achsenzeit habe es noch andere wirkungsmächtige Verbindungen von Glaube und Wahrheit gegeben, namentlich bei Parmenides und Zarathustra. Leider taugt das esoterische Lehrgedicht des Eleaten als religionspolitische Agenda so wenig, wie man es für die Verurteilung des Sokrates (!) zur Rechenschaft ziehen kann; und ob dem (ebenfalls nur fragmentarisch überlieferten) Zoroastrismus mehr als eine marginale Wirkungsgeschichte in der Literatur und in kleinen, über die ganze Welt zerstreuten Sekten beschieden war, ist nach der Vernichtungswut islamischer Eroberungszüge kaum noch auszumachen.

Der Trick, Ereignis- und Gedächtnisgeschichte kurz zu schließen und die zweite für widerlegt zu erklären, wenn sie nicht mit hinreichend vielen »positiven Belegen« aus der ersten gestützt wird, mag rhetorisch punkten, methodisch geht sie am Kern der Debatte vorbei. Andererseits würde schon die einfache Umkehrung der Beweiserhebung dem Mangel abhelfen: Man schaue sich das historisch gesicherte Wissen zur Ontologie des Grauens, soweit Religionen involviert waren (und das waren sie fast immer) an und prüfe sodann, ob die betreffenden Ereignisse in Handlungslogik und Rechtfertigung dem Muster des mosaischen Narrativs folgen. Literatur mit »Quellenmaterial« gibt es hierzu mehr als genug.[4] Doch damit wäre die Tragweite der Assmannschen Thesen noch lange nicht erschöpft, die Intentionen des Kulturwissenschaftlers deuteten ohnehin in eine andere Richtung. Ich werde im Folgenden einige bislang, nicht zuletzt von Assmann selbst, eher gemiedene Implikationen der Problematik ausleuchten und zuspitzen, um ihre Brisanz auch jenseits der Konventikeln von Fachtagungen zu verdeutlichen.

## *II. Haupt- und Nebenschauplätze I: Paranoia*

> »Psychologie weiß, dass wer das Unheil sich ausmalt, es irgend auch will.«
> Theodor W. Adorno

Wiederholt hat Jan Assmann seine Kritiker darauf hingewiesen, dass es ihm primär um *Gedächtnisgeschichte* geht, die nicht fragt »wie es eigentlich gewesen war, sondern wie und warum es erinnert wurde.« (MU 127, vgl. MSG 21f.) Gegenüber einer Ereignisgeschichte, deren Fakten ohnehin umso schwerer greifbar werden, je weiter man chronologisch zurückgreift, bedeutet dies keine Einschränkung oder Abschwächung der Virulenz seiner Analysen, im Gegenteil: Wenn Gedächtnisgeschichte – als Langzeitwirkung von »semantischen Paradigmen«, die in jeder Generation neu aktualisiert werden – mithin auch Mentalitätsgeschichte und Psychohistorie meint, dann gibt es keinen Grund, die Hypothek einer monotheistischen Spur der Gewalt in der Geschichte auf singuläre Massenmorde oder periodisch wiederkehrende Verbrechen (Ketzerverfolgungen, Hexenverbrennungen, et cetera) zu reduzieren. Aus heutiger Sicht erweist sich die implizite Gewalt, die den Prozess einer religiösen Modellierung des Zivilisationsprozesses begleitet hat, als die ungleich bedeutsamere.

Als Kern des monotheistischen Paradigmas lässt sich mit Jan Assmann die in den ersten vier Geboten kodifizierte »Mosaische Unterscheidung« bestimmen, die erstmals eine Religion als »Gegenreligion« im Verhältnis zu allen »primären«, zuvor existenten polemisch abgrenzt, indem sie den einen Gott als einzig wahren gegen die vielen falschen Götter der anderen positioniert. Diese Unterscheidung etabliert eine Orthodoxie, die im Lauf ihrer Rezeptionsgeschichte weitere Unterscheidungen wie die zwischen Rechtgläubigen und Ungläubigen, Juden und Heiden, Christen und Ketzern, generell zwischen Freunden und Feinden generieren sollte. Assmann nennt die Urszene dieser Begründung ein Narrativ, eine »sinnstiftende Erzählung«, die sie de facto für alle, die ihrer Direktive gefolgt sind, auch war (und ist). Nun gehören Erzählungen ursprünglich ins Reich der Mythologie, wo sie seit jeher dem Sog der Verwandlung unterliegen. Erzählungen werden weitergesponnen, mit anderen Erzählungen zu einem Roman oder zu einer genreübergreifenden Sammlung von Texten verflochten, die je nach Überlieferungsmodus durchaus – wie der Talmud – verbindlich und prägend für das kollektive Gedächtnis der betreffenden Sprachgemeinschaft werden können. Wenn ein Text wie die Offenbarung am Sinai hingegen – eine Verlautbarung von eindeutig diktatorisch-erpresserischem Charakter – sich über zig Generationen um kein Jota verändert, weil sie unantastbare und unvergängliche Gesetzeskraft beansprucht, dann nimmt sich die Klassifizierung als »Narrativ« geradezu kuschelig aus. Der Verdacht ist, dass die dualistische Matrix dieses Paradigmas als regulative Idee ein ganzes, bis heute wirksames Dispositiv steuert, das wiederum (in Gestalt von Gesetzen, Institutionen, Diskursen et cetera) narrativkonforme Denk- und Verhaltensmuster stabilisiert.

Zu Recht betont Jan Assmann in diesem Kontext die entscheidende Rolle der Schrift, doch es ist eine besondere Schrift: »Das Gesetz gilt, weil es geschrieben steht. Die Schrift informiert nicht, wie Recht gesprochen werden soll, sondern sie spricht Recht, und dieser performative Anspruch macht beim Recht nicht Halt, sondern beansprucht in jedem Satz autoritative und normative Verbindlichkeit für alle Aspekte des Lebens.« (MSG 48) Genau dies ist – zusammen mit der ultimativen Fixierung der Glaubensinhalte – »das umstürzend Neue an dem exklusiven Monotheismus, dass er nicht nur eine Sache des Kultus und vielleicht auch des allgemeinen Weltverhältnisses ist, sondern die gesamte Lebensführung, Festtag und Alltag, bis ins kleinste Detail regeln will.« (MSG 46) Die »äußerste Form eines Lebens im oder nach dem Gesetz, eines Ausagierens der zum ‚Drehbuch der Lebensführung' verinnerlichten Schrift« ist denn auch konsequenterweise das Martyrium: »Das ist ebenso wie sein Gegenstück, das Töten für Gott, ein Phänomen, das nur im Horizont des exklusiven Monotheismus und seiner Devise ‚Keine anderen Götter!' denkbar ist.« (MSG 49)

Das liest sich selbst in deskriptiv unaufgeregter Diktion als die Ungeheuerlichkeit, die sie ist. Wie kann Religion nicht nur die – von ihr selbst angemahnte – Tötungshemmung suspendieren, sondern sogar den Selbsterhaltungstrieb, die mächtigste Naturverankerung unseres Daseins, außer Kraft setzen? Von der Skandalisierung dieser anthropotechnisch nicht zu überbietenden Gewalt religiöser Gehirnwäsche könnte viel für den Umbau des monotheistischen Dispositivs abhängen. Halten wir zunächst mit Assmann fest, dass der »exklusive Monotheismus« in Wahrheit eine Inklusionsmaschine ist: in dem Maße, wie sie die Lebensführung jedes Anhängers total zu erfassen und zu konditionieren trachtet, sperrt sie ihn in eine nicht nur semantisch geschlossene Welt ein. Dieser Einschluss gelingt mit einer Reihe von psychopolitischen Erziehungsmaßnahmen, die allesamt, direkt oder indirekt, auf die Urszene am Sinai verweisen. Da wird zunächst, wie schon ausgeführt, der Glaube zum alles bestimmenden Lebensinhalt in Theorie und Praxis totalisiert. Durch die Unterscheidung von Gläubigen und Nichtgläubigen[5], beziehungsweise von Richtig- und Falschgläubigen verschiebt sich zweitens die anthropologisch bis dahin übliche Grenzziehung zwischen Freund und Feind dramatisch: Feind ist jetzt nicht nur, wer mich angreift, nach meinem Besitz, Leben oder Territorium oder nach der Macht in meinem Gemeinwesen trachtet, sondern schon jeder, der nicht meinen Glauben (und das heißt meine gesamte Lebensweise) teilt. Schon die pure Tatsache, dass der Andere anders lebt, macht ihn zum Feind. Und weil es nur einen richtigen Glauben (und einen richtigen Gott) gibt, ist der Andere ein Ding der Unmöglichkeit, eine Beleidigung Gottes. Von hier aus werden später die Missionsbefehle ergehen, diesen unmöglichen Zustand zu beseitigen: durch Unterwerfung, Konversion oder Ausrottung.[6]

Das für solche »thymotischen« (Sloterdijk) Spitzenleistungen erforderliche Größenselbst entsteht drittens durch die Konstruktion eines allmächtigen, omnipräsenten und daher unbesiegbaren Gottes samt anschließender Verinnerlichung dieser Projektion und ihrer Attribute zum stets autosuggestiv (und pädagogisch) abrufbaren Aufputschmittel. Stabilisiert wird die Zuversicht in die eigene Überlegenheit viertens durch das – individuelle wie kollektive – Bewusstsein der Auserwähltheit, das auch Niederlagen und Rückschläge im Vertrauen auf die richtige Wahl und den richtigen Kurs ertragen, wenn nicht umdeuten hilft; sowie fünftens durch den – aus der Hypostase eines allwissenden Regisseurs resultierenden – Prädestinationsglauben und die damit gesetzte Kontingenzleugnung: Es gibt keinen Zufall, alles was geschieht hat einen Grund und eine Absicht; mehr noch: alles was geschieht wird aufgezeichnet und muss eines Tages vor einem Gericht verantwortet und beurteilt werden. »Entscheidend ist das Wörtchen alles. Totalisierung ist die Droge der Paranoia.«[7]

Natürlich sind selbst solche geschlossenen Systeme vor Erschütterungen nicht gefeit. Wer sich auserwählt weiß, als Gesandter Gottes die Menschheit zu erlösen, muss sich im Bund mit der höchsten Macht zwangsläufig für unverwundbar halten. Jesu Verwunderung darüber, dass sein Vater ihn am Kreuze im Stich ließ, ist daher nur allzu verständlich. Angetreten war er mit dem mosaischen Anspruch: »Ich bin der Weg, die Wahrheit und das Leben« (Joh. 14,6). Das entsprechende Rekrutierungsprogramm, das von seinen Anhängern gebieterisch verlangt, Frau und Kinder, überhaupt Familie und allen Besitz aufzugeben und sein Leben »gering zu achten«, hätten Sekten, Geheimdienste oder Al Qaida nicht präziser formulieren können (Lk 14. 26, 33). Unmittelbar darauf folgt eine abgeschwächte Version jenes Salzgleichnisses aus der Bergpredigt, dessen »phobokratischer«[8] Unterton gern überhört wird. In der Lutherübersetzung von Mt V,13 lautet es: »Ihr seid das Salz der Erde. Wenn das Salz dumm wird, womit soll man salzen? Es ist hinfort zu nichts nütze, denn dass man es hinausschütte und lasse es die Leute zertreten.« Luther macht hier aus der schlichten – wenn auch falschen – sensorischen Beschreibung »*evanuerit*« = »verflüchtigte sich«, also »verlor seinen Geschmack« (wie es in der Jerusalemer oder der Zwingli-Bibel übersetzt wird) ein »dumm werden«, was auf das Salz bezogen zwar dumm oder sinnlos klingt, aber sofort einleuchtet, wenn man sich den metaphorischen Kontext vergegenwärtigt, den er damit unterstreicht: Wenn ihr – gemeint sind die Aposteln – dumm werdet, das heißt das Salz, die Würze eurer Reden, in denen ihr meine Botschaft verkündet – sich verflüchtigt, seid ihr zu nichts mehr nütze, weil ihr eurem Auftrag nicht genügt, und dann soll man euch wegwerfen und zertreten.

Fürwahr: so und nicht anders spricht der autokratische Führer, dessen Ungeist noch die menschenverachtenden Regularien von *Opus Dei* durchweht.[9] Es ist hier nicht der Ort, die schizoiden Botschaften der zwischen Drohung und Versprechen schwankenden jesuanischen Tora-Auslegung, die sinnigerweise wieder auf einem Berg erfolgte (oder dort lokalisiert wurde) *en détail* vorzuführen; fest steht, dass sich auch die scheinbar philantropischen Anweisungen ins Muster totalitärer Herrschaft fügen, insofern sie – von Jüngern *und* Gläubigen – Unmögliches verlangen. So wenn im Stil des zehnten Gebots, das schon bloßes Begehren zum Frevel erklärt, bereits das lüsterne Anschauen einer Frau dem Ehebruch gleichgestellt wird (was im Islam zur Rechtfertigung der Burka dient); oder gar nach aberwitzigen Aufforderungen zum Selbsthass (Mt V,38) die Pflicht zur schlechterdings unerfüllbaren Feindesliebe eingeschärft wird. Zu Recht merkt Christopher Hitchens hier an, dass mit derlei Überforderungen die Mitglieder einer Organisation nicht nur angehalten werden, sich ständig in Selbstvorwürfen, Selbstgeißelungen und Schuldgefühlen aufzureiben, sondern zwecks Selbstentlastung auch abtrünnige andere zu denunzieren. Unter solchen Vorzeichen sind viele Theokratien, »vom mittelalterlichen Rom bis zum modernen wahabitischen Saudi-Arabien« zu einer Mischung aus »spirituellem Polizeistaat und spiritueller Bananenrepublik« verkommen.[10]

Einen anderen Aspekt pathogener Überforderung erkennt Gerhard Vinnai an den Glaubenszweifeln der Rechtgläubigen selbst, die an einer Welt voller Gewalt und Ungerechtigkeit, die eklatant der Vorstellung einer von Gott sinnvoll eingerichteten Schöpfung ebenso widersprechen wie dem stellvertretenden Erlösungstod Jesu und die ausgebliebene Wiederkehr des Messias. In der zunehmenden Dogmatisierung der christlichen Lehre durch die Kirchenväter diagnostiziert Vinnai sehr richtig eine Abwehrreaktion auf diese Zweifel: »Die kirchlichen Institutionen haben Jahrhunderte lang mit Gewalt den Kampf gegen Glaubenszweifel geführt, sie haben Tabus aufgerichtet, die die Gläubigen dazu gezwungen haben, Glaubenszweifel zu verdrängen. Aber äußere Zwänge und die innere Angst vor der Verzweiflung bei der Abweichung vom rechten Glauben können Glaubenszweifel nie zum Verschwinden bringen. Die verdrängten Zweifel kehren wieder, indem sie an denen bekämpft werden, die als Andersgläubige oder Ungläubige den einen Gott nicht akzeptieren. Die Intoleranz von Christen hat nicht zuletzt damit zu tun, dass sie ihren eigenen auf die anderen verschobenen Unglauben an diesen bekämpfen.«[11]

Von der anthropoiden Projektion einer Instanz, die alles sieht, was ich mache, bis hin zu ihrer Umdeutung als guter Führer, Hirte oder Aufseher (die Geschichte des theogenen Masochismus ist noch zu schreiben); vom manichäischen Exklusivismus (»Wer nicht mit mir ist, der ist gegen mich«, Mt 12,30) bis hin zum absolutistischen Wahrheitsbesitz (»Die Partei hat immer recht«)[12]; von der Konstruktion einer lückenlosen Feindesfront bis hin zur »Verinnerlichung von Gewalterwartungen«; von den Reinheits- und Entmischungsgeboten (etwa dem Verbot von Mischehen) bis hin zur Kontingenzleugnung als Halt und Sinnressource: Es bedarf keiner speziellen Ausbildung, um in diesem Fahndungsprofil klassische Elemente eines Wahngebildes zu identifizieren, das der Psychopathologie unter dem Titel **Paranoia** vertraut ist. Und so problematisch es ist, Erkenntnisse aus der Individualpsychologie auf Kollektive und ihre Symbolsysteme zu übertragen, so erfreulich ist es, dass sich in letzter Zeit disziplinenübergreifend die Ansätze mehren, die sich von Warnschildern des Typus »Vorsicht Religion! (Schongehege)« nicht länger davon abhalten lassen.

Den Weg hierzu hatte Karl Jaspers bereits 1929 gebahnt, als er die kanonisch gewordene Definition prägte, derzufolge Wahngebilde an folgenden Merkmalen erkennbar sind: »1. Die außergewöhnliche Überzeugung, mit der an ihnen festgehalten wird, die unvergleichliche subjektive Gewissheit. 2. Die Unbeeinflussbarkeit durch Erfahrung und durch zwingende Schlüsse. 3. Die Unmöglichkeit des Inhalts.«[13] Fügen wir noch hinzu, dass die Unkorrigierbarkeit der wahnhaften Ideen aus ihrer Totalisierung zum Ganzen des Selbst- und Weltverständnisses resultiert, dann erkennen wir unschwer die Quintessenz der bereits skizzierten Implikationen des mosaischen Narrativs. Selbstredend hat dieses in der Geschichte der Monotheismen diskontinuierliche und verschlungene Rezeptionswege erfahren, die es sinnlos machen, von ursächlichen Verantwortlichkeiten zu sprechen; aber wenn man nach einer unhintergehbaren Referenz für die zahllosen **Autorisierungsstrategien** »im Namen Gottes« (jede erdenkliche Schandtat zu begehen) sucht, dann wird man stets auf die mosaische Bindung des Glaubens an die Wahrheit zurückverwiesen, die allererst dessen Steigerung zur unbezweifelbaren Gewissheit ermöglicht hat. Die Spuren dieses narzisstischen Größenwahns können wir bis zum Unfehlbarkeitsdogma des Papstes oder den Abschiedsvideos »Berge versetzender« (oder eben Türme sprengender) Selbstmordattentäter verfolgen.[14]

Nun gibt es psychische Dispositionen für die jeweils situativ gebotene Feinderkennung und -abwehr im Dienste der Selbsterhaltung (als anthropologisches Potential); und überall dort, wo es Einzelnen gelingt, an die Spitze einer Hierarchie zu gelangen, stellen sich paranoide Reflexe zum Zweck der Machterhaltung ein. Elias Canetti bezeichnet Paranoia deshalb als eine »Krankheit der Macht«[15]. Völlig unerforscht sind bislang indes die Erscheinungsformen einer generalisierten Paranoia, wenn sie zum strukturierenden Weltmodell im Sinne eines Dualismus des wahren/falschen Glaubens (= Lebens) wird. Auch ist – trotz Freud – die infantilisierende Rolle der Religion bei der Konditionierung von Sinnerwartungen, die Perpetuierung eines archaisch-kindlichen Bedürfnisses nach Erklärungen fürs Kontingente des Schicksals unterbelichtet geblieben. Immer deutlicher hingegen zeichnet sich das kulturgeschichtlich einzigartige Verhängnis der dualistischen Entweder-Oder-Logik in ihrer christlichen Ausführung als apokalyptischer Kampf zwischen Gut und Böse.[16] Für die große Bühne der offiziellen Weltgeschichte gilt Peter Sloterdijks Fazit, dass »erst seit dem Auftritt des Bösen in der christlichen Theologie sich von einer gemeinsamen Geschichte von Religion und Terror sprechen lässt.«[17] Martin Buber erläutert denselben Vorgang als Dynamisierung des Glaubensbegriffs vom eher abwartend-passiven Modus des Judentums zum aktiv-beschleunigenden des Christentums.[18] Und zwar ausgerechnet anhand der gefährlichsten Losung der Bewusstseinsgeschichte: »Alles ist dem Glaubenden möglich« (Mk 9,23, Mt 17,21). Tatsache jedoch ist, dass dieses missionstaktische Inzitament ohne das am Sinai geschlossene Bündnis mit dem Allmächtigen nie ausgegeben worden wäre.

Der Historiker und Psychoanalytiker Charles B. Strozier fasst in seiner Studie über Gewalt und Religion das paranoide Bewusstsein des Fundamentalismus dahingehend zusammen, dass es »grandios und megalomanisch ist und immer eine apokalyptische Sicht der Geschichte hat.[19] Seine Selbstwahrnehmung als Opfer verbucht es als »negative Grandiosität: ich bin eigentlich großartiger als mein Peiniger, ich bin der Schöpfer, ich bin Napoleon, ich bin Jesus.« Auch Strozier betont die zentrale Rolle der Projektion: »Der Paranoide versteht die geheime Welt des Bösen ganz genau, die er in seinen projektiven Schemata konstruiert hat. Die rigide dualistische Auffassung schützt gegen das Bösartige und versieht das Selbst mit Tugend und Rechtschaffenheit. Der andere wird dann zur Verkörperung des Bösen... In extremeren Fällen, wenn die Fantasie zur Tat wird, fühlt der Paranoide mehr als bloß Erlaubnis zu töten. Es wird zur Obligation.« Die Gefahr, dass gewaltförmige Fantasien zur Aktion drängen, hängt zum einen mit ihrem kontraphobischen Charakter zusammen, »dem Gefühl: ‚Ich muss den bösen anderen bekämpfen, bevor er mich angreift.‘« Zum anderen wird die Paranoia von einer apokalyptischen, wörtlich einer Enthüllungssucht getrieben, die nicht zu befriedigen ist. In Canettis Worten: »Der Paranoiker leidet an einem Verwandlungsschwund, der von seiner eigenen Person ausgeht...

Wo immer er eine Maske wegzieht, steckt ein Feind dahinter. Um des Geheimnisses willen, das er hinter allem vermutet, um der Demaskierung willen, wird ihm alles zur Maske. Er lässt sich nicht täuschen, er ist der *Durchschauer*; das *Viele* ist *Eins*. Mit der zunehmenden Starrheit seines Systems wird die Welt an anerkannten Figuren ärmer, es bleibt nur übrig, was ins Spiel seines Wahns gehört.«[20]

Man erkennt in diesem »Verwandlungsschwund« unschwer das fragwürdige Erfolgsmodell des Monotheismus wieder, die Vielfalt und den Polymorphismus der präexistenten Götterwelt auf eine einzige, unsichtbare, abstrakte Wesenheit zu reduzieren. Mit der mosaischen Gesetzgebung am Sinai beginnt eine bis heute andauernde Geschichte der Verdrängung und der Wiederkehr des Verdrängten, die sowohl die Entwicklung des logozentrischen Subjekts als auch die Akteure realhistorischer Konflikte als »Grundgefühl der Paranoia, umstellt zu sein von einer Meute von Feinden, die es alle auf einen abgesehen haben«[21] begleiten sollte. Die Tragik des Judentums dürfte nicht zuletzt darin liegen, für dieses »Grundgefühl«, das die herausfordernde Abgrenzung gegenüber den »Primärreligionen« ursprünglich organisiert hat, in den wechselnden aber zumeist feindseligen kulturellen und politischen Konstellationen seiner Geschichte immer wieder neue Berechtigung erfahren haben zu müssen. Und wenn nach Auflistung aller rationalen und hinlänglich bekannten Gründe für den Konflikt mit den Palästinensern heute Dauer, Intensität, Verbissenheit und Ausweglosigkeit der Situation sich nicht restlos erklären lassen, dann hilft es vielleicht, sich zu vergegenwärtigen, in welcher mentalitätspsychologischen Falle die Kontrahenten sitzen. De facto sehen sich die Juden am Ursprungsort ihrer Kultur wieder umzingelt, doch nicht von religiös permissiven Polytheisten, sondern von militanten Anhängern ihrer eigenen Ein-Gott-Allein-Gesinnung, die, als könnten sie den Sekundärstatus ihrer Religion nicht ertragen, den Erfindern ihres Gottes den Garaus machen möchten. Als hätte es noch eines Beweises für die Gewalt einer Matrix bedurft, die über Jahrtausende hinweg stets identische Kopien derselben wahnhaften Mentalität hervorbringt und noch heute Geborene auf beiden Seiten für bikamerale[22] Eingebungen aus der Eisenzeit in Haft nimmt.[23]

### *Haupt- und Nebenschauplätze II: Polytheismus, Idolatrie, Patriarchat*

»Tantum religio potuit suadere malorum.«

Lukrez[24]

Reden wir also von den Feinden des Monotheismus. Wem genau gilt diese apotropäische Formation aus Abgrenzung und Abwertung, Paranoia und Projektion; was sind das für Kräfte oder gar Mächte, die das monomythisch gewonnene und sogleich in symbolischer Alternativlosigkeit erstarrte Selbst im Kern bedrohen? Jan Assmanns Auskunft ist klar: »Mit der monotheistischen Wahrheit kam zwar nicht ‚der' Hass, aber eine neue Art von Hass auf die Welt, der ikono- beziehungsweise theoklastische Hass der Monotheisten auf die zu Götzen erklärten alten Götter und der antimonotheistische Hass der durch die Mosaische Unterscheidung ausgegrenzten, zu Heiden erklärten Anderen.« (MU 95) Ausschlaggebend für die Begründung der neuen »Gegenreligion« ist der Bruch mit den »primären«, polytheistischen Religionen Kanaans und ihren Kulten. Die Rekrutierung ihrer Anhänger kommt daher einer Konversion gleich: »Hinter dem Anti-Kanaanismus des Deuteronomiums… steht also das Pathos der Konversion, … die Angst vor dem Rückfall und die Entschlossenheit, den Heiden in sich auszurotten.« (MDG 53) In diesem Zwang zur Entscheidung, der Pflicht zur Erinnerung und ständigem inneren Nachvollzug und der Angst vor Rückfall und Vergessen wurzeln die Motive der Gewalt, die tief in die Fundamente der kulturellen Semantik monotheistischer Religionen eingelassen sind.« (MDG 51)

Im Zentrum dieses Kampfes steht das, was Assmann »die Perhorreszierung der Idolatrie« nennt: ein »Akt polemischer Kontrastdistinktion... mit dem sich das frühe Judentum von dem abgrenzt, was nun erstmals in der Religionsgeschichte als ‚Heidentum' konstruiert wird... Ursprünglich geht es weniger um die Nichtabbildbarkeit Gottes als um das Verbot von Bildern überhaupt. Nicht die Unangemessenheit der Bilder in bezug auf den unsichtbaren, allumfassenden, transzendenten Gott, sondern die gefährliche, verführerische Eigenmacht der Bilder wird kritisiert. Keine Wesen dieser Welt, in der Luft, auf der Erde oder im Wasser, dürfen abgebildet werden, weil jeder Umgang mit Bildern unausweichlich in Anbetung endet und diese Anbetung ebenso unausweichlich anderen Göttern und einen Treuebruch darstellt, da Jahwe nicht abgebildet werden kann.«[25] So richtete sich der ikonoklastische Furor der Propheten[26] gegen die *asherim*, die Bildnisse der Asherah, der ältesten kanaanitischen Gottheit, Gemahlin von El und Mutter von Baal und Mot (vergleichbar der ägyptischen Isis oder der sumerischen Nammu).

Die Verfälschung von Idolatrie und Polytheismus, ihre Denunziation als Fetischkult beginnt schon damit, dass nicht zwischen den Bildnissen und der in ihnen vergegenwärtigten Fruchtbarkeitsgöttin unterschieden wurde. Und wieder können wir den klassischen Projektionsmechanismus beobachten: den Götzenbildern der Heiden wird unterstellt, sie seien tote Dinge bar jeder lebendigen Göttlichkeit. Dann hätte man sie aber nicht erbittert bekämpfen müssen; in Wahrheit fürchtete man sich vor der Verführungsmacht der Idole (deren Kult in diesem Fall von Salomon selbst um 1000 v. Chr. in Jerusalem eingeführt worden war) und zweifelte an der Präsenz des eigenen, in erhabener Unsichtbarkeit entrückten Gottes. Seiner »radikalen Außerweltlichkeit entspricht die radikale Schriftlichkeit der Offenbarung: Diesen Schritt hat das Christentum mit seiner Inkarnationstheologie rückgängig gemacht. So gesehen erweist sich das Idolatrieverbot als die radikalste aller

Exkarnationen … In der ikonoklastischen Engführung, die alles auf die Schrift konzentriert, setzt sich ein monopolistischer Zug fort, der schon die Josianische Reform kennzeichnete. Ein Gott, ein Volk, ein Buch, ein Tempel, ein Medium.«[27]

Wenn wir also über den Preis des Monotheismus reden, einen Preis, den wir heute noch zahlen, sollten wir nicht von der Geschichte jener Abstraktion schweigen, die mit dem Bilderverbot begann. Auch sie, wie sollte es anders sein, eine Geschichte der Gewalt. Jan Assmann formuliert seine These zum anthropotechnischen Sinn des Bilderverbots (zum Beispiel Dt. 4, 16-20) vorsichtig: Indem er jede figürliche Darstellung verbietet, »richtet er sich gegen das symbiotische Weltverhältnis des Kosmotheismus, gegen die Bilder als Form der Welt-Verstrickung. Der Mensch ist über die Schöpfung versetzt, nicht in sie hinein. Er soll sie nicht anbeten im Gefühl seiner Schwäche, sondern sie frei und unabhängig verwalten.«[28] »Aber wenn man dieses Verbot annahm«, kommentiert Freud diesen Paradigmenwechsel, »musste es eine tiefgreifende Wirkung ausüben. Denn es bedeutete eine Zurücksetzung der sinnlichen Wahrnehmung gegen eine abstrakt zu nennende Vorstellung, einen Triumph der Geistigkeit über die Sinnlichkeit, streng genommen einen Triebverzicht mit seinen psychologisch notwendigen Folgen.«[29] Allmählich wird klar, warum der Kampf gegen den Rückfall immer wieder aufs Neue gefochten werden musste. Zum einen soll jede neue Generation mit strengen Reglementierungen und drastischen Strafen vor den gottlosen Reizen der Bilderwelt und der Sexualität, überhaupt dem Freiheitsdrang der noch ungerichteten Triebimpulse bewahrt werden. Die deuteronomische »Entschlossenheit, den Heiden in sich auszurotten« (MU 53), hatte seit jeher alle Mittel einer Schwarzen Pädagogik aufzubieten, um das Menschenkind, das, wie neuerdings auch die Neurowissenschaft zeigen kann, als idolatrisches Tier, also gewissermaßen als Heide geboren wird, ins Korsett orthodoxer Lebensführung zu zwängen.[30]

Das heißt im Umkehrschluss: Mit jeder antiautoritären Erziehungsgeste schwindet die Macht mosaischer Religionen. Und das Konfliktpotenzial zwischen den verfeindeten Parteien. Es war Theodor Reik, wiederum ein jüdischer Psychoanalytiker, der in seinem zu Unrecht vergessenen Standardwerk zum religiösen Fundamentalismus »Der eigene und der fremde Gott«[31] die Psychodynamik religiöser Intoleranz aus den restriktiven Verhaltenskodizes des Monotheismus abgeleitet hat: Je repressiver ein Glaubenssystem das Innenleben seiner Anhänger konditioniert, desto mörderischer ihr Ressentiment auf alle anderen, die ausleben dürfen, worauf sie selbst verzichten. Genau diesen Projektionsmechanismus nehmen die Verfolgungs- und Vernichtungsbefehle in den heiligen Schriften, insbesondere im Koran, vorweg, um ihren Adressaten die affektive Grundstimmung vorzugeben, die sich endogen aus Frustration über die Einschränkungen ihrer Lebensführung ohnehin aufgestaut hätte. Reiks Analyse ist deshalb auch allen anzuempfehlen, die schlechte Einwanderungspolitik mit Multikultitopoi wie Xenophobie oder Rassismus (Islamophobie) verbrämen: ein freischwebend aufgeklärtes Bewusstsein neidet einem zwanghaft gläubigen gar nichts, am allerwenigsten die als sichere Orientierung gepriesene Abschottung vor der Erfahrungsvielfalt einer modernen Welt.

Doch es gibt noch einen anderen Kampf, einen anderen Grund, warum es »dem Monotheismus nie gelang, die kosmotheistische Option ganz zu verdrängen.« (MU 105) Mit dem Verbot der Vielgötterei und ihrer Idolisierung kommt ein Prozess zum vorläufigen Abschluss, der bereits im dritten Jahrtausend begonnen hatte und den man als die folgenreichste zivilisationsgeschichtliche Umwälzung bezeichnen darf: die Etablierung des Patriarchats.[32] Jan Assmann nähert sich dem Thema wiederholt bis auf Sichtweite, vor allem in seiner Auseinandersetzung mit Freuds »ebenso brisantem wie problematischem Buch«, dem er konzediert, »den Monotheismus als psychohistorisches Problem erschlossen zu haben«, (MU 119) ohne jedoch zu dessen »patritheistischer« Generalthese Position zu beziehen. Immerhin gibt es keinen wissenschaftlich zureichenden Anhaltspunkt dafür, dass es je eine matriarchal organisierte Gesellschaft gegeben hat, jedenfalls nicht in einem dem Patriarchat äquivalenten Sinn. Dass aber mit der Zerstörung der letzten Reste von Isis- und Aschartekulten eine kulturelle und gesellschaftliche Abwertung der Frau bis zur Bedeutungslosigkeit einherging, liegt nicht nur logisch auf der Hand, sondern lässt sich an der – dank sakraler Weihen – praktisch uneingeschränkten Verfügungsgewalt des Patriarchen über sie und die Kinder genau rekonstruieren.

Freud wiederum hegt zwar keinen Zweifel daran, dass mit dem Bilderverbot »die matriarchalische Gesellschaftsordnung von der patriarchalischen abgelöst wurde, womit auch ein Umsturz der bisherigen Rechtsverhältnisse verbunden war«; doch die Bewertung dieses »Umsturzes« fällt zwiespältig aus. Er betont einerseits, wie schon gesehen, einen »Sieg der Geistigkeit über die Sinnlichkeit, also einen Kulturfortschritt, denn die Mutterschaft ist durch das Zeugnis der Sinne erwiesen, während die Vaterschaft eine Annahme ist, auf einen Schluss und auf eine Voraussetzung aufgebaut.« Auf der anderen Seite macht er sich keine Illusionen darüber, dass in der »Religion des Triebverzichts… Gott der Sexualität völlig entrückt und zum Ideal ethischer Vollkommenheit erhoben wird«[33]. Die mit der Abschaffung der Isis- und Ascharte-Kulte einhergehende Entgöttlichung der Sexualität in der »Vaterreligion« scheint ihm sogar das eigentlich Problematische zu sein. Klaus Heinrich kommt in seiner Freud-Vorlesung zu ähnlichen Ergebnissen: »In der Tat müssen wir davon ausgehen, dass der mit dem auf Lokalgöttinnen eifersüchtigen Gott des alten Israel verknüpfte Kult realhistorisch in einem Vorgang der Unterdrückung von Fruchtbarkeitskulten durchgesetzt worden ist: dass in Kanaan mit der Abschaffung der *teraphim*, der kleinen tönernden, zu Götzinnen erklärten Idole… die Abschaffung der Priesterinnen als ein repräsentativer, nämlich die Unterdrückung der Frauen insgesamt legitimierender Akt Hand in Hand ging.«[34]

Nach alledem ist es nicht abwegig, in der »Mosaischen Unterscheidung« von wahrem Gott und falschen Göttern eine Freund-Feind-Bestimmung der »Geschlechterspannung« (Klaus Heinrich)[35] zu erkennen. Der eine wahre, gute Gott bekämpft, ja bekriegt die falschen Versuchungen der ohnehin durch die Paradiesgeschichte zum Inbegriff des Bösen erklärten Weiblichkeit. Und wenn sich die Verhältnisse nicht so protofeministisch sauber entwirren lassen: wieso hat sich erinnerungs- und realgeschichtlich – trotz katholischen Marienkults – genau dieser psychosexuelle Manichäismus durchgesetzt? Und warum liefert der real existierende Islam die ultimative Evidenz für diesen Verdacht? Natürlich hat der Monotheismus das Patriarchat nicht erfunden. Aber die Sakralisierung historisch kontingenter und für – zumindest als **egalitäre** – unvereinbar erklärter Ansprüche der Geschlechter sowie die Entrückung ihres hierarchisierten Antagonismus in eine Sphäre religiöser Unangreifbarkeit: diese Fixierung kulturell (wenn auch in weitaus engeren Grenzen als von den Queer Studies propagiert) formbarer Potenziale; diese nunmehr zweieinhalb Jahrtausende währende Blockierung einer entscheidenden Triebfeder des Zivilisationsprozesses gehört zweifellos zu den drückendsten Hypotheken des Monotheismus. Natürlich hat der Monotheismus die Eifersucht nicht in die Welt gebracht; aber sehr wohl zum Eifersuchtswahn gesteigert durch die Sakramentalisierung der Zweierbeziehung nach dem Modell der exklusiven Monolatrie (keine anderen Götter neben mir!) in der Ehe; die unnötige Dramatisierung des Seitensprungs dürften unzählige Liebende mit dem Tod bezahlt haben; vollends pervers war dessen mit Höchststrafen versehene Kriminalisierung, wenngleich die in Dt 22,22 vorgesehene Steinigung vermutlich nur im Islam (und nur für Frauen) zur Anwendung gekommen ist.

Wer also von »Monotheismus und Gewalt« spricht, sollte die von sakralisierten Gewaltverhältnissen schon familiär perpetuierte (psychische, soziale, physische) Gewalt ebenso wenig verschweigen wie die Gewalt der von aller Weiblichkeit (in sich und in der Gesellschaft) abgespaltenen und sich gegenseitig in Revier-, Macht- und Glaubenskämpfen massakrierenden Kriegermännchen. Gewalt, allgemeiner noch, eines mühsam gebändigten Eros, der sich nie damit abfinden konnte, lediglich zur tierischen Reproduktion der Gattung funktionalisiert zu werden.[36] Und so töricht es ist, diese Zusammenhänge immer noch zu leugnen, so wenig bieten sie dem politisch korrupten Gendermainstreaming Stoff zu triumphierenden Viktimisierungsdiskursen. Es versteht sich von selbst, dass diese gewaltdurchtränkte Fixierung der Geschlechterspannung zwar nicht ohne massive Einschüchterung und Repressionen einst ihren Anfang genommen haben dürfte, jedoch nicht ohne Einverständnis und »passive« (duldende, sich arrangierende, umdeutende, aber auch listig delegierende) Komplizenschaft der Frauen sich über so einen langen Zeitraum reproduzieren konnte.

Die Annahme einer psychosexuellen Matrix im Zentrum des monotheistischen Dispositivs ist so gesehen eine verräterische Metapher, weil sie eine subtile Rache der usurpierten Schöpfungsmacht indiziert (*matrix* lat. = Stammmutter, Gebärmutter). Und so reizvoll es wäre, mit Peter Sloterdijk »die ganze Bühne um 90 Grad zu drehen« und endlich von der »Wiederkehr des Unverstandenen« im Begriff der Religion zu handeln[37], so unerledigt scheint mir noch das Freud'sche Modell einer Wiederkehr des Verdrängten zu sein. In der jüdischen Tradition nahm diese bezeichnenderweise esoterische Züge an. Bekannt ist die Apostrophierung Israels (des ganzen Volks) als Braut Jahwehs; weniger bekannt hingegen die patriarchatskritische Figur der Schechina (wörtlich »Einwohnung Gottes in der Welt«), die im Talmud zwar noch allgemein Gottes Präsenz und Aktivität in der Welt bezeichnet, in der Kabbala jedoch als ein weiblicher Aspekt Gottes erscheint. Gershom Scholem zufolge[38] treten ab dem Buch Bahir Züge der Schechina als Ort der Psyche, als »Ursprung der Seele in der Sphäre des Weiblichen in Gott selbst« in den Vordergrund, begleitet von den weiteren Vorstellungen von der Ambivalenz der Schechina und von ihrem Exil.« Ambivalenz bedeutet ein Schwanken zwischen »den Gewalten der Gnade und des Gerichts. Die richtende Gewalt in Gott ist aber der eigentliche Ursprung des Bösen als einer metaphysischen Realität, die aus der Hypertrophie dieser Gewalt sich herschreibt.« Was für ein Satz aus der Feder des berühmten jüdischen Religionsphilosophen! Auch von ihm ausgehend erscheint das Verhängnis der mosaischen Unterscheidung (als Voraussetzung jener Hypertrophie), die Verquickung von Monotheismus und Gewalt, unabwendbar. Das Bündnis mit Gott wurde mit einem Schisma zwischen den Geschlechtern erkauft. Die zur symbolischen »Ambivalenz« verdampfte Geschlechterspannung überlebt in der Idee des »Exils der Schechina«: »In der Kabbala besagt diese Idee: *Etwas von Gott selber ist von Gott selber exiliert* (i.O. kursiv)… « und gemeint ist (ich kürze Scholems Darstellung ab) »die Trennung des männlichen und weiblichen Prinzips in Gott«, die mit der »Trennung des Baums des Lebens und des Baums der Erkenntnis« im Paradies begann und deren Aufhebung, also das Ende des Exils »die Wiedervereinigung Gottes und seiner Schechina« gleichbedeutend mit der Erlösung wäre. Auch für die Kabbala gilt allerdings – wie für alle sympathischen Kollateralgewinne des Monotheismus, die letztlich darin konvergieren, seine starre Monomythie zu überwinden –, dass diese, mittlerweile vom Vergessen bedrohte Tradition mystischer Underground geblieben ist, ohne je breitenwirksame Resonanz zu erlangen.

### *III. Nachsorge: Weder Noch*

Die Diskussionen um Jan Assmanns Thesen zum Gewaltpotenzial des monotheistischen Wahrheitsanspruchs sowie seine ergänzende Rekonstruktion – man muss beides gemeinsam lesen – des vergleichsweise toleranten altägyptischen Kosmotheismus haben von Anfang an Widerspruch herausgefordert, in dem sich offen oder verdeckt – wundert sich noch jemand? – ein antipolytheistischer und idolophobischer Affekt artikuliert. Die Konstellation ist nicht neu, schon in den achtziger Jahren polemisierten Jacob Taubes (und Richard Faber) gegen Odo Marquards (und Hans Blumenbergs) Rehabilitierung des griechischen Polytheismus als erste und einzig demokratiekompatible, weil Gewaltenteilung mythologisch präfigurierende Religionsform.[39] Die Akteure sind jetzt andere (neben den Autoren der *Perlentaucher*-Beiträge müsste man vor allem Friedrich Wilhelm Graf nennen)[40], die Argumente sind im Wesentlichen dieselben geblieben, ihre falschen Voraussetzungen auch.

Erstens: die Grundlagen unserer Ethik seien jüdisch-christlich kodifiziert, wer den Geltungsanspruch des Monotheismus infrage stellt, öffne dem Relativismus der Lebens-, Glaubens-, Denk- und Rechtsformen Tür und Tor. Tatsache ist, die ersten vier Gebote des Dekalogs sind Gottesdienstregeln, für das Zusammenleben der Menschen nicht mehr brauchbar, ja ausgesprochen schädlich, wie man derzeit in Israel sieht; Nr. 5-9 (nicht töten, nicht stehlen, nicht ehebrechen, nicht lügen) sind universell, mit und ohne Religionen, bezeugt; Nr. 10 gehört, wie letztlich auch das achte in den Katalog pathogener Überforderungen der Gläubigen (siehe oben). Für die Regelung zwischenmenschlicher Umgangsformen reicht eine Vulgärfassung des Kantischen Imperativs (*was du nicht willst, dass man dir tut...*) ohnehin vollkommen aus. Eine ethisch-rigorose Umsetzung insbesondere von 1-4 jedoch hätte dem Abendland einen Gottesstaat schariatischen Typs beschert, wäre das Judentum nicht durch die Diaspora und das Christentum nicht durch griechische Aufklärung und römisches Recht »zivilisiert« worden. Hinzu kommt Freuds gewichtiges Argument, wir würden bei einer Sakralisierung etwa des Tötungsverbots »riskieren…, dass wir dessen Befolgung von dem Glauben an Gott abhängig machen.«[41] Vom Risiko, dass dieses Verbot systematisch übertreten wird, wann immer dies im Sinne der übergeordneten Gottesdienstgebote opportun erscheint, ganz zu schweigen.

Zweitens: Die Erfahrung des Nationalsozialismus habe gezeigt, wohin verwildertes Heidentum führe. Tatsache ist, dass Hitler, der die Germanen bei Wagner kennen gelernt hatte und für Himmlers Totenkopf-Folklore nichts übrig hatte, eine streng katholische Erziehung durchlief.[42] Die amoralischen (Selbst-)Zerstörungsenergien des Dritten Reichs wurden vielmehr in der Kombination von preußischer Bürokratie, katholischem Antisemitismus und neoimperialer Großmannssucht nach dem Vorbild des Heiligen Römischen Reiches Deutscher Nation freigesetzt. »Die Unfehlbarkeitserklärung begründete die totale Kirche, bevor es einen totalen Staat gab«[43]; im Führerprinzip kehrte der Caesaropapismus als Grand-Guignol-Karikatur wieder. Im Übrigen stand dem ägyptischen Kosmotheismus ebenso wie dem mediterranen Polytheismus nichts ferner als kulturelle Gleichschaltung oder völkische Rassenhygiene. Man kann darüber streiten, inwiefern mit der – weltweiten – Renaissance des Sports und seiner massenmedialen Spektakularisierung sowie generell mit der Instrumentalisierung der noch relativ jungen Filmkunst damals Motive einer neuheidnischen Psychopolitik – Benjamins berühmte »Ästhetisierung der Politik« – die Dramaturgie des Weltgeschehens zu verändern begannen.[44] Doch abgesehen davon, dass diese Entwicklung kein NS-Spezifikum war, wissen wir zu wenig über *prima vista* vergleichbare Inszenierungen der Macht in der Antike, denn:

Drittens: das Christentum hat, wie Jan Assmann hellsichtig erläutert, die zunächst zur Revision des (für potenzielle

Anhänger unattraktiven) Bilderverbots assimilierten (ägyptischen, griechischen, römischen) Kulte durch eine Technik, die er »normative Inversion« nennt, dem kulturellen Vergessen überantwortet: »Diese Form der Erinnerung überlagert das Bild der anderen Kultur mit dem Gegenbild der eigenen. So zerstört sie alle Reste authentischer Erinnerungen und Überlieferungen und ersetzt sie durch polemische Konstruktionen wie Idolatrie, Heidentum, Polytheismus. In der monotheistischen Tradition des Abendlandes war diese Strategie des Vergessens so wirkungsvoll, dass wir noch immer weit von einem wirklichen Verständnis des Polytheismus entfernt sind.«[45] Darum kann »Kosmo-« oder »Polytheismus« derzeit kaum mehr bedeuten als einerseits »die aktive Erinnerung an ein helleres religiöses Klima, in dem die Gifte der Feinderklärung an alternative Kulte, vor allem die bilderverehrenden Religionen, noch nicht in die Umwelt eingeleitet waren.«[46]

Andererseits eine kulturhistorische Referenz für die medientechnisch inflationäre Bilderproduktion, deren Faszination bislang und meistens eher behelfsmäßig in Kategorien der Idolatrie beziehungsweise des Starkults beschrieben wurde. *Cum grano salis* spricht Hans Belting in diesem Zusammenhang von einer »aufgeklärten Idolatrie«.[47] In eine ganz andere Richtung, die einer parodistischen »Umbesetzung« (würde Hans Blumenberg sagen), weist Milan Kunderas Ableitung des Starkultes aus dem Auserwähltheitsbedürfnis, wenn die imaginäre Exklusivität des narzisstischen Performers die symbolische Exklusivität des religiösen Adepten ablöst.[48] Das mosaische Ressentiment wiederum beweist seine ungebrochene Deutungsmacht etwa in der Wendung vom »Tanz ums Goldene Kalb«, die immer herhalten muss, um die Auswüchse eines geistlosen Materialismus zu geißeln (zuletzt bei Franziskus an die Adresse der Finanzmärkte). Und unter neuer Flagge ist jene Gesinnung nach Europa zurückgekehrt, die Roms bunten Götterbasar einst mit dem Slogan »Hure Babylon« chiffrierte, und heute den jungen Frauen und Mädchen ganz ungeniert »Huren!« zubellt, wenn sie ihre sexuellen Reize nicht verhüllen. Da kann man es schon als »Fortschritt in der Sinnlichkeit« verbuchen, wenn die Phantasmen einer deregulierten Sexualität die Dekonstruktion des Patriarchats aus dem Tempel des Herrn direkt ins Domina-Studio führt.

Angesichts dieser Gemengelage scheint Jan Assmanns Diagnose sich zu bewahrheiten: »Die Devise ,Keine anderen Götter!' bleibt gültig, auch wenn an die Stelle der anderen Götter der Teufel, der Materialismus, die Sexualität, das Streben nach Macht und Reichtum und andere Verführungen dieser Welt treten, die dem einen Gott bei all seiner Einheit und Einzigkeit Konkurrenz machen.« (51) Es gehört eben zur Funktionsweise der monotheistischen Matrix, die Suggestion ihrer eigenen Alternativlosigkeit *ad infinitum* zu reproduzieren und gegen Anfechtungen ihres Geltungsanspruchs empfindlich zu reagieren. Darum wird Kompromissformeln des Typs »Sowohl-als-auch« kaum mehr als die Konservierung des Status quo vergönnt sein. Denn zum einen befinden sich die Kontrahenten auf psychohistorisch, ethnopolitisch und demografisch ungleichzeitigen Entwicklungsstufen und würden ein Moratorium entsprechend unterschiedlich auslegen; zum anderen lehrt die Geschichte, dass es nur eine Frage der politischen Machtverhältnisse ist, ob der paranoide Tonus der Fixierung auf Offenbarungswahrheiten auf ein Minimum »schlechthinniger Abhängigkeit« gedimmt bleibt – um weiterhin unauffällig Triebschicksale zu verpfuschen –, oder ob er ihre Geltungsansprüche aggressiv in Herrschaftsansprüche umformuliert. Die »Intoleranz-Reste« (Sloterdijk) sind und bleiben Intoleranz-Kerne, solange schon Kleinkinder durch die seltsamen Rituale ihrer Eltern zur Reproduktion der immergleichen Dualismus-Module angehalten werden – »Religionsmündigkeit« heißt das einzige Oxymoron, das es zu rechtsstaatlicher Paragraphenwürde gebracht hat.

Letztlich kann man nur geduldig auf die Modernisierungsdynamik setzen, die seit über einem Jahrhundert daran arbeitet, das Dispositiv *in toto* zu erodieren. Immerhin ist das agonale Patriarchat dabei, sich je nach Weltgegend und ethnischem Milieu entweder auf »autogenozidalem« Wege oder schlicht diffusionsdynamisch – durch Zerfall traditioneller Familienstrukturen – abzuschaffen. Nicht minder wichtig ist die – zumindest in Europa – schrumpfende Bildungsferne all der Schäfchen, die mangels alternativer Sinn- und Erfahrungsressourcen bislang der Führungskompetenz ihrer Hirten blind vertrauten. Auseinandersetzungen wie die um Jan Assmanns Thesen geführte können zum einen dazu beitragen, die Erinnerung wach zu halten, dass Religionen nur »Toleranz üben, solange sie noch schwach oder im Stadium der Auflösung begriffen sind«[49]; zum anderen das Bewusstsein dafür schärfen, dass die vielgepriesenen Humanisierungsleistungen unter monotheistischer Ägide weitaus ärmlicher ausfallen und ihr Preis wesentlich höher veranschlagt werden muss als bislang vermutet. Auch deshalb dürfen die im Verlauf der beschriebenen Desintegrationsprozesse frei werdenden religiösen Energien nicht länger an irgendeinen »Wahrheitsgehalt« gebunden werden. Dessen Entkopplung beziehungsweise Neutralisierung (und nicht bloß »Einklammerung«, wie Assmann vorschlägt) ist unabdingbar, soll eines Tages der Übergang zu dem von Sloterdijk anvisierten anthropotechnischen »Modus« gelingen, Religionen als »spirituelle Übungen mit immunsystemischen Charakter«[50] nicht nur zu betrachten, sondern auch als solche zu praktizieren: frei von ferngesteuerten Programmen, die einzig dazu ersonnen wurden, deren Ausführende vor den Versuchungen und Gefahren des Erwachsenwerdens (mit Freud zu reden) zu immunisieren. Das ist leichter gesagt als getan und die reflexhafte Abwehr solch einer Perspektive ist selbst Teil des Problems. Zweieinhalbtausend Jahre lang hat die monotheistische Austrocknung des Imaginären, respektive seine Exilierung in mystische und ästhetische Gefilde Entwurfspotenziale verkümmern lassen, die immer noch fehlen, wenn es darum geht, andere als die dogmatisch kodifizierten Quellen von

Transzendenzerfahrungen zu erschließen – obwohl solche instinktsicher von musikalisch Ungläubigen weltweit im Umgang mit Kunst und Philosophie, Wissenschaft und Natur längst aufgesucht werden. Das wäre aber Gegenstand einer anderen Religionsdebatte, einer polythematischen, transdisziplinären, metadiskursiven, posttribologischen et cetera. Bis dahin gebe ich einem Dichter, einem Zeitgenossen, das letzte Wort:

»Ich habe den Fehler nicht
machen müssen weil

der sagt
ich bin der Fehler
der ich bin

lasset uns den Fehler machen
ein Bild
das uns gleich sei.«

Paul Wühr: »*Grüß Gott ihr Mütter, ihr Väter, ihr Töchter, ihr Söhne*« (1976)

Anmerkungen

1 Die Debatte spiegelt nicht zuletzt die nach wie vor an deutschen Universitäten luxurierende Überrepräsentation theologischer Lehrstühle – mehr als doppelt so viele wie philosophische bei weniger als halb so viel Studenten – wider. Die Insolvenz obsoleter Symbolsysteme kann offenbar auch verwaltungstechnisch verschleppt werden

2 Peter Sloterdijk: *Gottes Eifer*, Frankfurt/M 2007, S. 206.

3 *Monotheismus und die Sprache der Gewalt*, Wien 2006, S. 19 (fortan MSG abgekürzt). Assmanns vielzitiertes zentrales Werk *Die Mosaische Unterscheidung*, München 2003, wird MU abgekürzt. Zur Einführung in die Thematik eignet sich sein Vortrag *Zum Ursprung und Wesen religiöser Gewalt* (von der Uni Münster als Audio- und Videomitschnitt online gestellt).

4 Karlheinz Deschner: *Kriminalgeschichte des Christentums*; Ibn Warraq: *Warum ich kein kein Muslim bin*; Victor und Victoria Trimondi: *Krieg der Religionen*; Peter Sloterdijk: *Gottes Eifer* sowie *Zorn und Zeit*; einen konzisen Überblick gibt Friedrich Pohlmann im (online verfügbaren) SWR2-Essay *Die Weltreligionen und die Gewalt*.

5 Hier setzt die Kritik von Ulrich Beck an, der in der Aufladung dieser Unterscheidung durch den Dualismus von Gut und Böse die Lizenz zur Entfesselung des Gewaltpotentials erkennt. *Der eigene Gott*, Frankfurt 2008, S. 77. In Thesenform zusammengefasst auch als Online-Artikel in der *Zeit*.

6 Diese Konsequenz hat in aller Radikalität der Islam gezogen. Um die schöpfungstheologischen Widersprüche, die sich daraus ergeben, dass »die anderen« auch Kreaturen Gottes sind, der ja kaum gewollt haben mag, dass sie nicht an ihn glauben, konnte sich diese bellizistische Rohfassung mosaischer Religion bislang nicht kümmern. Dafür haben ihre Eroberungszüge im Mittelalter vergleichbar brutale Reaktionsbildungen des Katholizismus herausgefordert: »Tötet sie alle, Gott wird die Seinen schon erkennen!« lautete der Kampfruf der französischen Armee 1209 beim Einmarsch in Bésier, der Hochburg der Katharer, deren 20.000 Einwohner restlos hingemetzelt wurden (obwohl nur 400 von ihnen praktizierende Häretiker waren). Heute geht die Sonderung von Recht- und Falschgläubigen geräuschloser von sich: es genügt, das Kondomverbot auch in aidsverseuchten Regionen ostentativ zu proklamieren und es dem Teufel (dem Virus) zu überlassen, die Sünder zu bestrafen. Für »Megatötungen« im Dienst der Religionshygiene winkt dem verantwortlichen Papst demnächst die Heiligsprechung (was sonst?).

7 Manfred Schneider: *Das Attentat*, Berlin 2010, S.15. Manfred Schneider verdanken wir eine großangelegte »Kritik der paranoischen Vernunft«, als deren Grundzüge er »Fatumsgewissheit und artifizielle Deutung« (S.23, 181) zum Zwecke der »Kontingenzleugnung« ausmacht. Umso schmerzlicher vermisst man eine Auseinandersetzung mit den Providenz- und Prädestinationslehren des Christentums.

8 Der von Peter Sloterdijk in die Debatte eingeführte Begriff der *Phobokratie* erlaubt es fortan, die sadomasochistische Grundstruktur religiöser, politischer und pädagogischer Totalitarismen in einem Atemzug zu nennen.

9 Vgl. Escrivà de Balaguer: *Der Weg*, Köln, 1978, dazu Hubertus Mynarek, *Die Neue Inquisition*, Marktheidenfeld 1999.

10 Christopher Hitchens: *Der Herr ist kein Hirte*, München 2009, S. 257f.

11 Gerhard Vinnai: *Begünstigt die christliche Religion die Gewalt?* (online abrufbar).

12 Peter Sloterdijk hat die Logik solcher Selbstermächtigung von den »standrechtlichen Aufwallungen« Jahwehs bis zum revolutionären Exterminismus sowjetischer und maoistischer Prägung verfolgt: *Zorn und Zeit*, Frankfurt 2006, Kap. 2 und 3, Zitat S. 142.

13 Karl Jaspers: *Das Realitätsbewusstsein und die Wahnideen*, in »Allgemeine Psychopathologie« (1.Aufl. 1913).

14 Die spezifisch islamische Verschärfung des paranoiden Glaubenssyndrom habe ich an anderer Stelle analysiert: *Schläft ein Krieg in allen Köpfen*, in: *Merkur 1/2002*; (unter www.dellagli.de online abrufbar).

15 Elias Canetti: *Herrschaft und Paranoia*. In: »Masse und Macht« (1. Aufl. 1960).

16 Vgl. die bedrückende Bestandsaufnahme von Victor und Victoria Trimondi: *Krieg der Religionen*, München 2006.

17 *Zorn und Zeit*, a.a.O., S.146.

18 Martin Buber: *Zwei Glaubensweisen* (1950), Gerlingen 1994.

19 Charles B. Strozier: *Die fundamentalistische Denkweise. Psychologische Überlegungen zu Gewalt und Religion*. In: M. Leuzinger-Bohleber, P.-G. Klumbies (Hg.): »Religion und Fanatismus«, Göttingen 2010, S. 57-76. Ähnlich Hans-Peter Kapfhammer: *Religiöser Wahn und wahnhafte Religiösität in religiösen Gruppierungen*, in PTT 2/2008, S. 123-136.

20 *Masse und Macht*, a.a.O., S. 523.

21 a.a.O., S. 526.

22 Genau genommen rechtshemisphärische Stimmen, die linkshemisphärisch als Befehle wahrgenommen und ausgeführt werden. So jedenfalls Julian Jaynes in seinem kulturhistorisch fundierten, neuropsychologisch spekulativen aber ungemein anregenden Werk *Der Ursprung des Bewusstseins*, Reinbek 1993. Bislang ist seine Theorie die einzige, die ein schlüssiges Erklärungsmodell für die Phylogenese jener absonderlichen Zustände der Trance, Besessenheit, Psychose et cetera, die stets religiöse »Erleuchtungen« auszulösen pflegen.

23 Diese Bemerkungen mag als antisemitisch missverstehen wer will und damit nur ein weiteres Beispiel für die beschriebene Paranoia liefern, in diesem Fall jener des ritualisierten Anti-Antisemitismus, der wahlweise Walser, Grass oder Augstein, unter Vorbehalt auch Assmann und Sloterdijk an den Pranger stellt, nur um seinem Eifer am falschen Ort irgendeine Existenzberechtigung zu sichern.

24 *Soviel Böses vermochte die Religion anzurichten* (*suadere* wörtlich: »einzugeben«). »De rerum natura«, I, 101.

25 Jan Assmann: *Religion und kulturelles Gedächtnis*, München 2000, S. 97.

26 Tiraden gegen ihre Kulte bei Ezechiel (Ez 8), später Jeremiah und Isaia (47,I, III, 13-15).

27 a.a.O., S. 99.

28 ibid

29 Sigmund Freud: *Der Mann Moses und die monotheistische Religion* (1939), GW XVI, S. 220.

30 In Europa wird auch dieses Erbe fast nur noch von moslemischen Einwanderern ausagiert, mit weitgehend rechtswidrigen Praktiken wie Prügelstrafen, Zwangsehen, Verhinderung von Mischehen, willkürliche Ausschulungen beziehungsweise selektiven Unterrichtsboykott der Mädchen et cetera.

31 Theodor Reik: *Der eigene und der fremde Gott*, Frankfurt 1972 (1923), S. 215f..

32 Eine souveräne Darstellung dieses Prozesses gibt Gerda Lerner: *Die Entstehung des Patriarchats*, Frankfurt 1995. Grundlegend außerdem die Arbeiten von Marija Gimbutas, vor allem *Die Zivilisation der großen Göttin*, 1991/1996; sowie neuerdings Harald Haarmann: *Das Rätsel der Donauzivilisation*, München 2011.

33 a.a.O., S. 221, 226. Ähnlich Theodor Reik, a.a.O. S. 175.

34 Klaus Heinrich: *Dahlemer Vorlesungen 7: Psychoanalyse*. Frankfurt u. Basel 2001, S. 98. Vgl. auch seine Kritik der alttestamentlichen Anthropomorphismuskritik in *Dahlemer Vorlesungen 2: Anthropomorphe*. Frankfurt u. Basel 1986, S. 314f.

35 Diese glückliche Begriffsprägung verwendet Klaus Heinrich erstmals in *Geschlechterspannung und Emanzipation*. In: *Das Argument* Nr. 23, 1962. Vgl. dazu Reimut Reiche: *Geschlechterspannung*, Frankfurt 1990.

36 Einen instruktiven Überblick zu den religionskulturell unterschiedlichen Zugriffen auf die Sexualität gibt Barnulf Kanitscheider: *Religion und Sexualität in interkultureller Perspektive* (online zugänglich).

37 Peter Sloterdijk: *Anthropologische Aufklärung*, Rede zur Verleihung des Lessing-Preises 2008 (online unter SWR1 Essay). Wiederaufgenommen in ders.: *Du mußt dein Leben ändern*, Frankfurt 2009 (Einleitung).

38 Gershom Scholem: *Zur Kabbala und ihrer Symbolik*. Frankfurt 1973 (1960). Zitate S. 143f.

39 Odo Marquard: *Lob des Polytheismus*. In: *Abschied vom Prinzipiellen*, Stuttgart 1981; Hans Blumenberg: *Arbeit am Mythos*, Frankfurt 1979; Jacob Taubes: *Zur Konjunktur des Polytheismus* (1983) in: *Vom Kult zur Kultur*, München 1996; Richard Faber: *Der Prometheus-Komplex*, Würzburg 1984.

40 Friedrich Wilhelm Graf: *Moses Vermächtnis*, München 2006; *Missbrauchte Götter*, München 2009.

41 Sigmund Freud: *Die Zukunft einer Illusion* (1927), GW XIV, S. 364.

42 Hierzu hält man sich besser an Friedrich Heer: *Der Glaube des Adolf Hitler* (1968), Frankfurt, Berlin 1989. Die Standard-Biografie von Ian Kershaw ist wohl vor allem deshalb hoch gelobt worden, weil der irische Katholik die heikle Kontamination systematisch heruntergespielt hat.

43 Richard Faber: *Lateinischer Faschismus*, Berlin Wien 2001, S. 50.

44 Alles Wissenswerte hierzu bei Peter Reichel: *Der schöne Schein des Dritten Reiches*, München 1991.

45 Jan Assmann: *Moses der Ägypter*, München 1997, S. 279.

46 Peter Sloterdijk: *Gottes Eifer*, a.a.O. S. 211.

47 Hans Belting: *Idolatrie heute*. In: »Der zweite Blick«, hrsg. von Hans Belting und Dietmar Kamper, München 2000.

48 Milan Kundera: *Die Langsamkeit*, München 1995, S. 50f.

49 Theodor Reik, a.a.O., S. 217.

50 Peter Sloterdijk: »Anthropologische Aufklärung«, a.a.O.

# Müssen monotheistische Religionen intolerant sein? Drei Ringe, Drei Betrüger und der Diskurs der religiösen Vielfalt im Mittelalter

Dorothea Weltecke

## *Einleitung*

Viele Religionskritiker der Gegenwart erklären religiöse Gewalt mit einer scheinbar griffigen Theorie: Religionen seien notwendig intolerant. Und aus dieser Intoleranz folge unabwendbar Gewalt. Die Ursache scheint auf der Hand zu liegen. Religionen vertreten absolute Wahrheitsansprüche. Ungebremst und roh trete uns die Natur der sogenannten monotheistischen Religionen im Mittelalter entgegen. Damals hätten die Religionen die politische Macht und die geistige Deutungshoheit besessen und seien noch nicht durch Aufklärung und Säkularisierung eingezäunt und gezähmt gewesen. Sie seien daher, ihrer Eigenart gemäß, ignorant, selbstbezogen und kompromisslos feindselig gegenüber anderen Religionen gewesen. Dies könne man an den Kreuzzügen, dem Dschihad oder der Inquisition erkennen. Um so mehr sei die Rückkehr der Religionen zu bedauern.[1] Diese Erklärung ist ein bemerkenswerter Rückfall in metaphysische Argumentationsstrategien, noch dazu bei einem Begriff, der »Religion«, der seinen Kritikern eigentlich gegenstandslos erscheint.

Die dominante Vorstellung von der inhärenten Gefährlichkeit von monotheistischen Religionen ist selbst dort – oder auch gerade dort – verbreitet, wo die Existenz von Religionsgemeinschaften in der gegenwärtigen Gesellschaft gewünscht und organisiert wird. Religion muss aus dieser Perspektive eingehegt, also gepflegt, aber auch kontrolliert werden.[2] Die sozialen Träger der inhärenten Gewalt werden unterschiedlich identifiziert. Vielfach gelten vor allem die religiösen Massen als gefährlich. Von dem vernünftigen Diskurs der Gelehrten, einem elitären Kreis, erwarten manche, das durch die monotheistischen Religionen verursachte Gewaltpotential auflösen zu können. Dagegen steht die Vorstellung, dass es gerade die politischen und religiösen Eliten sind, die die immanente Gewalt zum Zweck der Machtausübung für sich nutzen. Hier wird unter der Bevölkerung das Potential erwartet, im sozialen Miteinander die von den Eliten entsicherten Bomben zu entschärfen.[3]

Fragen wir mit historischen Methoden, ob die Annahme zutrifft, dass Religionen intolerant sein müssen. Dazu gilt es zu bestimmen, ob der Begriff »Toleranz« die Beziehungen zwischen den Religionen hinreichend beschreibt. Auch ist zu klären, wie es sich mit dem »absoluten Wahrheitsanspruch« in den Religionen verhält. Der Annahme gemäß, dass das Mittelalter die Epoche der Religionen ist, versprechen Beobachtungen zu dieser Zeit besonders gut verallgemeinerbare Erkenntnisse.

### *Der Ausgangspunkt: Die gegenwärtige Debatte*

Die Erfahrung lehrt, dass viele Anhänger monotheistischer Religionen intolerant und einige, auch hier mitunter zahlreiche, im Namen der Religion gewalttätig waren und sind. Was dies für die Religionen aussagt, ist umstritten. Theologen der drei monotheistischen Religionen haben sich in den vergangenen Jahrzehnten gegen die Religionskritik verwahrt, dass solches Verhalten religiös zu begründen sei. Doch andere Theologen haben in der Vergangenheit zu Abgrenzung, Intoleranz und Gewalt aufgerufen oder tun es jetzt.

Als Belege werden in der gegenwärtigen Debatte von Religionskritikern wie von ihren Anhängern vielfach besonders prominente Passagen aus Bibel und Qoran zitiert. Die Lektüre erfolgt dabei oft aktualisierend und normativ; das heißt, die Offenbarungsdokumente gelten als Handlungsanleitung. Dagegen spielen die Lektüretraditionen der Jahrhunderte nach der Kanonisierung der Offenbarungsdokumente kaum eine Rolle und daher auch nicht die Frage, ob diese Jahrhunderte überhaupt solche Lektüren favorisierten. Es soll an dieser Stelle bereits angemerkt werden, dass dies nicht der Fall war.

Zentraler Punkt des Anstoßes der Gegenwart ist der absolute Wahrheitsanspruch der Religionen, aus dem sich die Intoleranz notwendig ableitet. Die »Mosaische Unterscheidung« von Jan Assmann hat diese These elaboriert entfaltet. Die Unterscheidung zwischen wahr und falsch ist bei ihm die Folge der Entscheidung für den Glauben an einen Gott, die in der Unterscheidung zwischen wahrem Gott und falschem Götzen als Gründungsmoment des Monotheismus resultiert. Dies wiederum führe zu unübersetzbaren Glaubensinhalten und Überzeugungen, somit zur Einteilung der Menschheit in Gläubige und Ungläubige.

Man hat vermutet, dass Jan Assmann mit dieser Theorie die weitergehende These unterstützt hätte, dass monotheistische Religionen deshalb auch notwendig gewalttätig sein müssten. Dies muss als Missverständnis gelten. Assmanns Theorie hat dagegen die Aufmerksamkeit für wichtige Charakteristika der Religionsgeschichte geschärft und den sozialen Preis des Monotheismus benannt. Für das Mittelalter möchte ich jedoch Differenzierungen fordern. Im Augenblick weiß ich noch nicht, welche Folgen für die Theoriebildung sie haben.

### *»Gläubige« und »Ungläubige«?*

Sicher, es gab diese binäre Kategorie, die Unterscheidung zwischen »Gläubigen« und »Ungläubigen«. Man konnte sie sehr scharf machen. Aber sie war weder ubiquitär noch unveränderlich. So waren die Konsequenzen dessen, was man mit dem Begriff »Ungläubiger« verbinden konnte, zu Zeiten ganz unterschiedlich.[4]

Was die damit verbundene Anthropologie betrifft, so wird es nicht schwer sein, polemische Autoren zu finden, die die Angehörigen anderer Religionen entmenschlichen, sie mit Dämonen, mit Monstern oder mit Tieren gleichsetzen.[5] Diese Belege werden häufig herangezogen; sie sind wichtig. Sie können hier als bekannt vorausgesetzt werden. Bedeutet dies jedoch, dass die »Ungläubigen« vogelfrei waren und ausgerottet werden mussten, wie dies heute sowohl von radikalen religiösen Gruppen wie von Religionskritikern aus den Offenbarungsdokumenten abgeleitet wird?

Mitten in der Kreuzzugszeit beschreibt der epische Roman *Willehalm* aus dem 13. Jahrhundert von Wolfram von Eschenbach eine Haltung dem Anderen gegenüber, die die gemeinsame Menschlichkeit betont und Morden außerhalb des Kriegsziels verurteilt. Hier wird der Andere als tapfer, ritterlich und treu gekennzeichnet. Familien- und Liebesbande verbinden hier die Eigenen und die Anderen. Daraus ergeben sich die Probleme, die in diesem Roman verhandelt werden.

Sie kulminieren in einer großen Rede einer Dame Gyburg vor dem Kriegsrat, bevor die Christen gegen das heidnische Heer ausziehen, in dem sich nahe Verwandte von Gyburg befinden. Gyburg bittet die Christen in ihrer Not, die Heiden zu schonen, denn alle Menschen, auch die Christen, waren vor der Geburt Heiden. Auch sie selbst war eine Heidin, bevor sie Willehalm liebte und den Krieg zwischen seinen und ihren Verwandten verursachte. Alle Menschen sind Gottes Geschöpfe, betont sie. Dass Wolfram keineswegs eine Mindermeinung oder eine besonders kritische Avantgarde repräsentiert, sondern vielmehr mit seinen Äußerungen grundsätzlich im Rahmen anerkannter Theologie stand, wurde in der lebhaften Forschungsdiskussion zu diesem Text festgestellt.[6] Trotz seines Respekts vor dem Anderen wich er dabei kein Jota von den exklusiven Wahrheitsansprüchen seiner Religion ab.

Hier zeigt sich somit eine Denkfigur, die den Gegensatz zwischen »gläubig« und »ungläubig« durch eine universale Kategorie auf einer anderen Ebene, die gemeinsame Geschöpflichkeit und die gemeinsame Geburt als Heide, überbrücken kann. Anders als es in der öffentlichen Debatte über Kreuzzüge mitunter scheint, führten diese und andere Ableitungen aus der Theologie dazu, dass lateinisches Recht und Theologie dafür hielten, dass der Heide sein Land und sein Leben zu Recht besitzt. Er durfte nicht mir-nichts-dir-nichts mit Krieg überzogen werden. Sowohl unter christlicher als auch unter muslimischer Herrschaft war es bei Strafe und aus religiösen Gründen verboten, Muslime und Juden bzw. Juden und Christen im eigenen Land einfach umzubringen.

Das Leben eines Angehörigen dieser unterlegenen Religionen hatte einen rechtlich geringer bemessenen Wert, aber es hatte einen. Der Schutz von Besitz, Leib, Leben und Religionsausübung der monotheistischen Minderheiten wurde im Islam und im lateinischen Europa ähnlich gedacht. Er wurde als Vertrag bzw. als Privileg zwischen Überlegenen und Unterlegenen verstanden. Der Schutz war von den Unterlegenen mit Unterwerfung und Steuern abzugelten. Dieses Rechtsverständnis war theologisch begründet.[7] Dieser Schutz verhinderte bekanntlich Kriege und Massaker nicht, aber das haben auch moderne, säkulare Ethiken nicht zu leisten vermocht. Hier geht es um die Überprüfung theoretischer Annahmen über die monotheistischen Religionen.

Hinzu kommt, dass die Kategorie »gläubig« versus »ungläubig« nur eine unter verschiedenen möglichen Unterscheidungen gewesen ist, vornehmlich als Vereinfachung. Rechtstexte und Theologie unterschieden in Wirklichkeit erheblich mehr Gruppen als »Gläubige« und »Ungläubige«. Es gab geradezu eine Obsession des Klassifizierens. Menschen hatten ohnehin einen unterschiedlichen Rechtsstatus, ob sie Männer oder Frauen waren, frei oder unfrei, einer bestimmten Gruppe oder einer bestimmten Ethnie angehörten und so fort. Auch die vermeintlichen »Ungläubigen« standen nicht alle auf derselben Stufe. Aus lateinisch-christlicher Sicht wurde etwa zwischen Muslimen, Juden und Häretikern unterschieden, aus muslimischer Sicht zwischen Juden und Christen, Polytheisten und Apostaten. Die historische Differenzierung zwischen den Angehörigen der unterschiedlichen Gruppen sowohl auf der normativen als auch auf der praktischen Ebene ist keine Quisquilie, sondern sie gehört zum Grundbestand des Verhältnisses der mittelalterlichen Religionen untereinander. Sie muss also auch in der theoretischen Debatte mit einbezogen werden.

### *Intoleranz? Toleranz?*

Problematisch für die Charakterisierung der mittelalterlichen Religionen ist, dies bahnte sich bereits im vergangenen Abschnitt an, der Begriff »Toleranz«. »Toleranz« ist in der gegenwärtigen Debatte vor allem ein Topos der Selbstvergewisserung. Der Begriff ist positiv besetzt, gleichzeitig dient er der Ausgrenzung. Dies funktioniert umso besser, als »Toleranz« häufig nicht klar definiert wird. Politische, soziale und ethische Ebenen werden angesprochen und mit normativen Erwartungen verbunden, ohne dies jeweils klar methodisch durchzuführen.[8]

Religiöse Toleranz ist in politisch-pragmatischer Hinsicht das Hinnehmen einer als falsch oder sogar feindlich bewerteten Religion inmitten der eigenen Herrschaft. So gesehen waren mittelalterliche Gesellschaften tolerant. Allerdings blieb ihnen auch oft nichts anderes übrig, weil die Anhänger der unterlegenen Religionen bisweilen die Bevölkerungsmehrheit bildeten. Intolerant wären mit dieser Definition jene Herrscher und Gesellschaften, die in ihren Grenzen tatsächlich für religiöse Uniformität sorgten bzw. diese durchzusetzen vermochten. Solche wird man zwischen 500 und 1500 immer nur punktuell finden. In der Praxis lässt sich in dieser Epoche in Eurasien jede Abstufung zwischen religiöser Gewalt und friedlichem Zusammenleben beobachten, doch nur selten Monoreligiosität.

Der Begriff Toleranz aber lässt erstens solche Differenzierungen nicht zu. Zweitens ist die pragmatische Ebene gewöhnlich nicht gemeint, wenn »Toleranz« im Zusammenhang mit den Religionen angesprochen wird. Nicht einmal ein ethisch-religiös begründetes passives Aushalten von oder interessiertes Interagieren mit als falsch angesehenen religiösen Anschauungen ist gemeint. Auch dafür würde man im Mittelalter viele Beispiele finden. Vielmehr wird darunter oft die zustimmende Bejahung der anderen Religionen, die Abschaffung absoluter religiöser Überzeugungen überhaupt verstanden. Dass ein solcher Toleranzbegriff für die Gegenwart philosophisch begründbar ist, wurde mit guten Argumenten bestritten.[9]

Im Mittelalter gab es diese Ideologie der religiösen Toleranz nicht. Zwar kann man in der lateinisch geprägten Welt die Ansätze einer Theorie des tugendhaften Aushaltens und Duldens finden, die sich um das Wort »tolerare« bzw. »tolerantia« anlagert.[10] Allerdings begründete diese die komplexen, Minderheiten duldenden Rechtsverhältnisse im Islam und im Christentum nicht, die oben angesprochen wurden. Diese wurden, wie erwähnt, aus anderen Wurzeln der Theologie und dem religiösen Recht abgeleitet, die hier nicht im Einzelnen zu verfolgen sind. Andererseits galt damals, gerade weil sie sich nie flächendeckend verwirklichen ließ, die Einheit der Religion als höchstes Ideal. Sie schien unabdingbar für die Verwirklichung des im Mittelalter so hoch gewichteten und so selten verwirklichten Ideals des Friedens. Religiöse Toleranz als solche wurde paradoxerweise erst dann zu einer ausformulierten Philosophie, seitdem die monoreligiöse Situation nicht nur erträumt, sondern realiter mit Gewalt erzwungen werden konnte - also in der europäischen Neuzeit.

### *»Unübersetzbarkeit«?*

Bei Jan Assmann ist mit »Intoleranz« ein unübersetzbarer Gegensatz von Überzeugungen gemeint; hier wird die Ebene der Überzeugungen und Lehren angesprochen. Aber was genau war im Mittelalter unübersetzbar? Wohl wird man schnell mittelalterliche Polemiker finden, für die nicht einmal ein Vergleich der Religionen in Frage kam. Doch hatte sich zugleich ein Diskurs gebildet, in dem genau dies zur Voraussetzung wurde. Ein oft zitiertes Beispiel ist die Parabel von den drei Ringen. Giovanni Boccaccio (1313-1375) erzählte diese Geschichte des liebenden Vaters, der einen wertvollen Ring besitzt und zwei weitere fälscht, um diese drei Ringe seinen Söhnen zu vererben, die er alle gleich liebt. Die Söhne beginnen nach seinem Tod über die Echtheit der Ringe zu streiten.

Die philologische Forschung ist schon lange damit befasst, die Wurzeln dieser Geschichten zu suchen. Die genaue Zahl ist schwer festzustellen, etwa dreißig Versionen werden öfter genannt. Inzwischen ist man davon abgekommen, eine Urfassung rekonstruieren zu wollen. Stattdessen wird die Geschichte auf ihren Wanderungen zwischen den drei Religionen verfolgt. Als Oberbegriff könnte man sie als »die Geschichten von den Dreien und dem Einen« bezeichnen. Sie zerfallen in zwei Untergruppen. Die erste sind die Schatzgeschichten. Hier werden die Religionen durch Perlen, Ringe oder wertvolle Edelsteine repräsentiert, die gefälscht oder verwechselt werden.

Die älteste mir bekannte Version stammt von einem Oberhaupt der sogenannten Kirche des Ostens (Nestorianer), einer Kirche in der syrisch-aramäischen Liturgietradition, aus

Bagdad. Der Verfasser war Patriarch Timotheus (780-832). Seine Fassung steht ganz am Ende seines Dialoges zwischen dem Patriarchen und dem Kalifen Al-Mahdi. Er erzählt, eine Perle, die jedermann zu haben wünschte, wurde in einen dunklen Raum geworfen. Alle greifen danach, fast alle erwischen nur einen wertlosen Stein vom Boden. Aber erst wenn das Licht entzündet wird, werden sie die Wahrheit erfahren.

Ein zweiter Typ dieser Geschichten sind Geschichten über Menschen. Die Religionen werden etwa von drei Kameraden, Pilgern, Weisen oder Töchtern repräsentiert. Wie bei Boccaccio zu sehen, werden die beiden Formen oft verbunden. Bei Boccaccio selbst sind die drei Ringe mit den drei Söhnen korreliert. Als Repräsentanten der drei Religionen treffen sich die Protagonisten in manchen Fassungen der Geschichte auf einem Weg, in anderen in einem Wald. In allen Versionen interagieren sie. Meist konkurrieren sie miteinander oder legen sich gegenseitig herein. Manche Versionen zeigen die Protagonisten auf derselben Augenhöhe, andere auf verschiedenen hierarchischen Ebenen.

In vielen Varianten wird betrogen. Besonders radikal geschieht dies in einer Version, in der nun die Propheten selbst, Moses, Jesus und Mohammed, die Menschen in die Irre führen. Dass diese Fassung inhaltlich zu den Geschichten von den Dreien und dem Einen dazugehört und deren Konstellation spiegelbildlich verkehrt, wurde schon im 16. Jahrhundert beobachtet. In der europäischen Neuzeit wurde dieser Satz als Ausdruck von Atheismus verstanden. Dies gilt allerdings für die mittelalterliche Epoche noch nicht. Hier funktionierte er als Polemik, zuerst gegenüber religiösen Strömungen, die außerhalb der drei monotheistischen Religionen standen. Zoroastrier, Manichäer und pagane Gruppen seien nur als Beispiele für die vielen nichtmonotheistischen Richtungen benannt.

Die ältesten Belege stammen aus dem 10. Jahrhundert. Der Satz wurde Anhängern einer neuen religiösen Bewegung, der Qarmaten in Bahrain, zugeschrieben, die die Wahrheitsansprüche von Judentum, Christentum und Islam gleichermaßen ablehnten. Auch als der Satz im 13. Jahrhundert in Europa auftauchte, wurde er einigen religiösen Gegnern in der Absicht unterstellt, diese zu desavouieren. Die Belege sind vor dem 16. Jahrhundert extrem selten, man kommt mit allen arabischen, persischen und lateinischen Beispielen auf gerade eine Handvoll.[11]

Diese Geschichten von den Dreien und dem Einen verfolgten ähnliche Strategien. Die meisten zeigen den klaren Sieg einer Partei. Manche scheinen auf den ersten Blick unentschieden. Allerdings wird auch hier die Existenz des Einen betont. Die Wahrheit muss den Protagonisten der Geschichte jedoch nicht unbedingt bekannt sein. In einer weniger bekannten Variante wird erzählt, wie Sultan Saladin vor seinem Tod seinen wertvollen Tisch aus einem einzigen Edelstein in drei Teile teilt. Er weiß nicht, welcher der drei Götter der mächtigste ist, und also will er allen zu gleichen Teilen huldigen. Der historische Sultan Saladin (1137/8-1193) wurde im mittelalterlichen Europa für seine Tapferkeit und seine Großmut sehr bewundert. Unser Erzähler, der Chronist Jans Enikel (gest. nach 1302) unterläuft diese Bewunderung, indem er ihn als Narren kennzeichnet, der, weil er sich nicht entscheiden kann, seinen Schatz zerstört.[12]

Manche Varianten sind außerordentlich komplex gebaut, was man sicher von Boccaccios Version sagen kann. Bei Boccaccio wird sie in einen Rahmen eingebettet. Er erzählt ein Treffen zwischen dem Juden Melchisedek und einem mächtigen muslimischen König; auch bei ihm ist das Saladin. Sein Saladin möchte Geld für seine Kriege aufbringen. Sein reicher Untertan Melchisedek möchte aber seinen Reichtum nicht teilen. Die Frage, welche Religion die wahre sei, die Saladin Melchisedek stellt, ist hier, anders als bei Patriarch Timotheus, ganz offen eine Falle. Melchisedek rettet sich mit der Ringparabel. Boccaccio rahmt diesen Zweierdialog nochmals ein. Er wird von einer christlichen Erzählerin vorgetragen, die durch ihre Religionszugehörigkeit wieder die Dreizahl komplettiert. Sie erklärt, dass es ihr mit der Geschichte nicht um die Wahrheit von Religion gehe, sondern um die Taten von Menschen.

In der Geschichte, die Jans Enikel erzählt, sprach Saladin von drei Göttern. Die Version von Boccaccio funktioniert dagegen nur, wenn ein und derselbe Gott für alle drei Religionen vorausgesetzt wird. Diese Varianten sind erheblich zahlreicher. Bei der Betrachtung der Geschichten von den Dreien und dem Einen zeigt sich also: Als Gründungsmoment des Monotheismus mag die Unterscheidung zwischen dem einen Gott und den falschen Götzen wesentlich gewesen sein – in der mittelalterlichen Welt war diese Unterscheidung theologisch nicht vorrangig. Man konnte gut davon ausgehen, dass die anderen an *denselben* Gott glaubten.

Zu den wichtigen Gemeinsamkeiten der unterschiedlichen Versionen zählen die Elemente des Betrugs oder des Irrtums. Die Erzählungen spielen mit der Spannung zwischen Wissen und Nichtwissen, auch zwischen Macht und dem Eigensinn des Machtlosen. Wichtig ist das Element der Ähnlichkeit der Symbole für die drei Religionen. Als religionsvergleichende Aussage ist dies bemerkenswert. Denn es beweist, dass die Glaubensauffassungen der Religionen tatsächlich für viele übersetzbar waren und dass man erzählerisch damit spielen konnte.

Wie war das möglich? Die Epoche von 500 bis 1500 war entscheidend für die Ausbildung der drei Religionen, ihrer Theologie, ihrer Institutionen. Der Islam war nicht mit dem Tag des Auszugs aus Mekka ausgebildet. Auch die beiden älteren Religionen, Judentum und Christentum, veränderten sich seit 500 massiv und in Schüben immer wieder. Alle drei spalteten sich in unterschiedliche Richtungen. Alle drei waren auch das Produkt inner- und interreligiöser Auseinandersetzungen mit den Religionen, Philosophien, Kulturen und Völkern Eurasiens. Sie sind historisch untrennbar miteinander verflochten.

Dieser Prozess wurde von einem vielstimmigen Sprechen begleitet und geformt. Um Bibel und Qoran legte sich im Mittelalter ein kompliziertes Gespinst aus Interpretationen, das seinerseits teilweise kanonischen Status erhielt – Talmud, Kirchenväter, Hadith, Kommentare, Rechtsschulen, Liturgien, Praktiken, Erbauungsliteratur und so fort. Wie sehr diese Schicht wiederum zwischen den Religionen verflochten ist, wird seit einigen Jahren intensiv erforscht. In der populären Kultur wie in der spekulierenden Theologie entfalteten sich Diskurse um die religiöse Vielfalt als Realität und ihre Einheit als Ideal. Die Geschichten von den Dreien und dem Einen sind also keine Zeugen für eine verborgene Gegenposition, sondern des Diskurses der religiösen Vielfalt allgemein. Sie vereinfachen ihn und bringen ihn auf griffige Formeln.

### *»Absoluter Wahrheitsanspruch«?*

Ist in diesem Diskurs die Entscheidungsfrage nach der absoluten Wahrheit das einzige Kriterium und was ist darunter zu verstehen? Die Geschichten von den Dreien und dem Einen legten bereits nahe, dass die Antworten sehr viel dialektischer ausfielen. Praktisch jedes mittelalterliche Genre konnte sich mit der religiösen Vielfalt beschäftigen, sie erklären und bewerten: feindlich, probend, vergleichend, untersuchend, spielerisch, polemisch, parodistisch und so fort. Recht als wissenschaftliche Disziplin der Erörterung und die erzählende Literatur wurden bereits genannt. Historische Werke erläuterten die Entstehung der Religionen. Man wollte wissen, ob und in welcher Weise Gott für die Vielfalt der Religionen verantwortlich war und wie er sich zu den unterschiedlichen Gruppen verhielt. Polemische und apologetische Schriften befassten sich theologisch-systematisch mit den Lehren.

Dazu gehören auch die mittelalterlichen Religionsdialoge und dialogischen Traktate, wie das Gespräch zwischen Timotheus und al-Mahdi, die man als elaborierte Versionen der Geschichten von dem Einen und den Dreien verstehen kann. Sie spiegeln die historisch tatsächlich gelebte Praxis des religiösen Diskutierens auf gehobener[13] wie auf banal alltäglicher Ebene. Oft haben sie eine literarisch ausgefeilte Form.[14] Die Autoren vergleichen die theologischen Positionen in der Absicht, die eigene Religion zu verteidigen. Dabei genügt keine einfache Verdammung der anderen. Die Darstellung musste vielmehr realistisch und kompetent sein, sonst machte sie sich in der Konkurrenz lächerlich. Wenn es also auch genug Polemiker gab, die an der absoluten Wahrheit ihrer eigenen Religion nie den Schimmer eines Zweifels hegten und die diese Sicherheit lärmend herausposaunten: Die Religionen bestimmten ihr Verhältnis erwiesenermaßen nicht nur mit einer Entscheidung zwischen »wahr und falsch«. Wieder lässt aber diese Kategorie keine weitere Präzisierung zu.

Doch liegen inzwischen von anderer Seite differenzierende Vorschläge vor: Theologen haben Ende des 20. Jahrhunderts drei abgestufte Kategorien für das Verhältnis zwischen ihren Religionen entworfen. Sie gehen über den reinen Gegensatz zwischen »wahr und falsch« hinaus. Man unterscheidet zwischen a) exklusivistischen Lehren (außer mir irren sich alle), b) Inklusivisten (die anderen haben zum Teil recht) und c) Pluralisten (jeder hat recht).[15] Zahlreiche Zeugnisse von mittelalterlichen Exklusivisten haben sich erhalten. Vor allem auf sie wird in der gegenwärtigen Debatte immer wieder Bezug genommen; sie sollen hier daher nicht wiederholt werden. Doch auch für die anderen beiden Kategorien finden sich Beispiele.

Tatsächlich war in Wirklichkeit nicht der Exklusivismus, sondern der Inklusivismus im Grunde die vorherrschende Methode, das Verhältnis der Lehren der drei Religionen untereinander zu beschreiben. Insgesamt wurden die gemeinsamen Wurzeln und der Bestand gleicher Kategorien und Überzeugungen weithin anerkannt. Dass alle denselben Gott verehrten, wurde, wie erwähnt, von zahlreichen Theologen vertreten. Theologen der drei Religionen grenzten diese auch von anderen ab, wie etwa von den Buddhisten. Ob eine inklusive oder eine exklusive Argumentationsstrategie gewählt wurde, hing mitunter vom Schreibanlass ab. Derselbe Autor mochte daher durchaus zu Zeiten verschiedene Positionen einnehmen.

Typische Beispiele für Inklusivismus sind die meisten der genannten literarischen Religionsgespräche und der vergleichenden Traktate. Dabei gingen auch Ausnahmeautoren wie Ibn Kammuna (ca. 1215-1285) oder Nikolaus von Kues (1401-1464) in diesen Texten nicht über die Grenzen anerkannter inklusivistischer Theologie hinaus. Von der Überlegenheit ihrer eigenen Religion waren sie überzeugt. Ferner wurden in der Mission oder in der Diplomatie inklusive Argumente vorgebracht; der Nutzen versteht sich von selbst. Ohne Inklusivismus wäre schließlich die Adaption der antiken Wissenschaften in das spekulative Denken aller drei Religionen – zuerst im 8.-10. Jahrhundert in Mesopotamien und dann im 11.-13. Jahrhundert in Europa – gar nicht möglich gewesen: Die Voraussetzung dafür war, dass man die Aussagen heidnischer Denker in mancher Hinsicht und auf bestimmte Prinzipien bezogen als wahr anerkannte. Man traute überdies Angehörigen anderer Religionen zu, diese Philosophen richtig zu kommentieren und zu übersetzen. Und man las die Werke der anderen.

Ein solcher dogmatischer Inklusivismus konnte, wie erwähnt, oft Respekt vor anderen Religionen theoretisch entfalten, aber dies war keine notwendige Folge. In interreligiösen Beziehungen konnte Inklusivismus vereinnahmen, vor allem aus der besseren Machtposition heraus. Er konnte abwerten, indem er zwar die Richtigkeit der anderen Lehren anerkannte, doch sie nun für überholt erklärte. Christen formulierten dies gegenüber Juden, Muslime gegenüber Christen und Juden. Auf einer exklusivistischen Position zu beharren, war daher etwa für den jüdischen Theologen Juda Halevi (1075-1141) eine Maßnahme des Selbstschutzes für seine unter Druck geratene

Gemeinde. Normative Abwertungen von »Intoleranz« gewinnen für seinen Exklusivismus kein Verständnis.

Selbst für Pluralismus finden sich Beispiele, in interner wie in externer Perspektive: Sowohl im Judentum als auch im Christentum und im Islam bildeten sich im Mittelalter unterschiedliche Strömungen heraus, die zu starken internen Konflikten führten. In Publikationen der gegenwärtigen Debatte findet sich verbreitet die Vermutung, dass diese innerreligiösen Friktionen noch schwerer zu überwinden seien als interreligiöse.

Es trifft zu, dass die mittelalterlichen Konfessionen bis heute bestehen. Absolutheitsansprüche der Konfessionen gegeneinander konnten nicht weniger scharf formuliert werden, als gegenüber anderen Religionen. Auch waren die Normen gegen interne Abweichung in den Offenbarungsschriften und auch in den später entstandenen Rechten außerordentlich scharf formuliert. Anders als Angehörige anderer Religionen hatten Abweichler, Apostaten bzw. Häretiker namentlich im Kirchenrecht wie im islamischen Recht kein Recht auf Schutz des Eigentums und des Lebens. Sie wurden immer wieder auch gewaltsam verfolgt. Im 13. Jahrhundert wurden im lateinischen Christentum Inquisitionstribunale zur Identifikation häretischer Bewegungen eingerichtet. Mitte des 13. Jahrhunderts wurde die Todesstrafe für Häresie als Verbrechen an der Majestät Gottes eingeführt und die Blasphemie in der lateinischen Welt als Verbrechen kriminalisiert.[16] Allerdings war dies keine Aktualisierung des »Sinai-Komplexes« im Sinne der Theorie Peter Sloterdijks, die totale Ausgrenzung des inneren Gegners gemäß den Erzählungen der Bestrafung der Tänzer um das Goldene Kalb.[17] Sondern es ist eine historisch erklärbare, noch dazu ziemlich späte Innovation nach dem Modell des römischen Rechtes.

Überhaupt wird man sowohl rechtlich wie praktisch wieder differenzieren müssen. Erstens haben Juden und orientalische Christen kein Gewaltrecht gegenüber Apostaten, Blasphemikern und Häretikern etabliert, auch wenn Modelle dafür in den Offenbarungsdokumenten und im römischen Recht vorlagen. Zweitens gab es zwar zwischen Rabbaniten und Karaiten massive Polemiken, doch sprach man sich gegenseitig das Judesein nicht ab. Dies gilt auch für das östliche Christentum. Christen verschiedener Konfessionen lebten in den Städten unter muslimischer Herrschaft zusammen; sie konkurrierten, aber sie nahmen einander als Christen wahr. Diesem Gedanken folgten auch die lateinischen Missionare und Diplomaten, die im 12. und 13. Jahrhundert Beziehungen zwischen der westlichen und den östlichen Kirchen aufnahmen.[18] Die lateinische Kirche bekämpfte zwar (nicht erfolgreich) die Häresie in ihrem eigenen Herrschaftsbereich, aber auch sie akzeptierte die östlichen Kirchen als christliche Gesprächspartner. Muslime mussten sich vielerorts mit der Existenz der unterschiedlichen Gruppen abfinden und namentlich in großen Städten ihr Zusammenleben organisieren.[19] Auf die gesamte eurasiatische Verbreitung der drei Religionen bezogen war auch hier interner Inklusivismus neben Exklusivismus eine verbreitete Haltung.

Die erste pluralistische Bewegung im Christentum lässt sich im 12. und 13. Jahrhundert ausmachen. Sie entstand 700 Jahre nach der Etablierung der parallelen Kirchen und Konfessionen. Diese sind die chalkedonischen Kirchen (Lateiner und Orthodoxe), die Kirche des Ostens (Nestorianer) und die sogenannten miaphysitischen Kirchen (Kopten, Armenier, Syrisch-Orthodoxe). Führende miaphysitische Theologen erklärten jetzt dogmatische und rituelle Differenzen zwischen den christlichen Kirchen als einfache Varianten derselben Theologie. Gerade diese Unterschiede waren im 5. und 6. Jahrhundert als absolut unhintergehbar gewertet worden. Mit dieser Methode wurden nun die bestehenden Unterschiede respektiert und integriert. Sie brauchten nicht aufgehoben zu werden. Lehren als *gleichwertig* zu erklären, ohne auf ihrer Gleich*artigkeit* zu bestehen, war ein Weg des versöhnenden Denkens, der im Mittelalter erfunden wurde.[20] Der interreligiöse Pluralismus argumentierte ähnlich. Unterschiedliche Lehre und Praxis wurden als einfache Varianz desselben verstanden. Allerdings überschritt interreligiöser Pluralismus die Grenzen dessen, was religiöse Autoritäten als rechtgläubig zu tolerieren bereit waren, und ist daher sehr viel schwieriger historisch zu rekonstruieren.

Nicht zuletzt konnten die Religionen als theologische Systeme und soziale Institutionen ihre Überzeugungsfähigkeit ganz einbüßen. Im 6. Jahrhundert lehnte der Arzt Burzoe aus dem Iran alle verfassten Religionen ab. Er gilt als Urheber der persischen Fassung einer Sammlung von indischen Parabeln mit dem Namen »Kalila wa-Dimna«. Diese Sammlung verbreitete sich im Mittelalter über ganz Eurasien. Der Ich-Erzähler Burzoe behauptet in der Einleitung zu dieser Sammlung, dass er nach der wahren Religion geforscht habe; bis Indien hatte ihn diese Suche geführt. Doch überzeugten ihn die Religionsvertreter nicht. Sie alle behaupteten, die Religion sei ihnen offenbart worden, und sie befanden sich miteinander in endlosem Streit. Deshalb folgte der Arzt einem eigenen spirituellen Weg, mit dem er den Willen Gottes zu tun und sein Leben im Jenseits gut vorzubereiten hoffte.[21] Solche Beispiele von Verweigerung gegenüber dem Klerus und die Suche nach individuellen Wegen sind eine der treibenden Kräfte der mittelalterlichen Religionsgeschichte. Sie hat immer wieder interne Kritiker, originelle Denker und neue religiöse Lehren und Bewegungen hervorgebracht.[22]

Und damit ist ein weiteres Problem mit der Theorie von der Notwendigkeit der Intoleranz angesprochen, das hier bereits angeklungen ist: Letztlich ging es um die Frage, ob man das richtige *tat*. Wichtig war für die Zeitgenossen, auch diejenigen, die die hochspekulativen Theologien gar nicht verstanden, noch sich dafür interessierten, dass die eigene Religion einen mit Gott in Beziehung brachte, im Leben wie nach dem Tod. Auch dieses Anliegen zeigt sich empirisch anders, als die

Theorie vom »Sinai-Komplex«, die zu Recht besonderes Gewicht auf dieses Treueverhältnis legt, erwarten lässt. Tatsächlich lässt es sich im Verhältnis zu den anderen Religionen und Konfessionen wiederum mit den Kategorien »exklusivistisch«, »inklusivistisch« oder »pluralistisch« beschreiben.[23]

Aus der Sicht vieler Theologen schmorten alle, die nicht ihrer eigenen Religion angehörten, unweigerlich auf ewig in der Hölle. Diese exklusivistische Position kann als bekannt vorausgesetzt werden; vor allem in diesen letzten Jahren wird sie von fundamentalistischen Strömungen stark gemacht. Aber auch dass einige Ungläubige Gottes Nähe, Heil oder Belohnung im Jenseits erfahren können, war in allen drei Religionen von anerkannten Theologen durchaus denkbar. Entscheidend war im lateinischen Christentum und im Islam, ob jemand die Botschaft Christi bzw. Mohammeds gehört hatte. Für die jüdische Seite darf der ebenso anerkannte wie einflussreiche Moses Maimonides (1135/8-1204) nicht unerwähnt bleiben, für den es unproblematisch zu denken war, dass die Rechtschaffenen unter den Völkern in der zukünftigen Welt auch bei Gott sein würden.[24]

Während diese inklusivistische Lösung breit anerkannt war, blieb eine andere, pluralistische, im Islam und im Christentum ausgegrenzt, doch auch diese wurde immer wieder geäußert: Gott, der Allbarmherzige, konnte unmöglich eine solche Menge an Muslimen und Juden geschaffen haben, um sie alle in die Hölle zu verdammen, sagten mitleidige europäische Zeitgenossen des 13. Jahrhunderts. Gott musste also auch ihr Streben zu ihm annehmen und anerkennen.

Ein Hans Becker aus Mainz gab 1458 vor der Inquisition zu Protokoll, dass seiner Ansicht nach in Wirklichkeit sogar die Kirche häretisch sei, weil sie die Häretiker, die Juden und die Heiden verdamme. Aber das sei alles Unsinn, eine formale Taufe sei gar nicht nötig für das Heil, und Juden und Heiden würden durch den Heiligen Geist, den auch sie haben, gerettet werden. Wohlgemerkt, Hans Becker war aus seiner eigenen

Sicht ein frommer Mann! Frömmigkeit und Pluralismus schlossen sich auch hier nicht aus. Diese Meinung wurde immer wieder in theologischen Werken bekämpft, bis zum Ende des Mittelalters. Sie blieb also trotz der Ausgrenzung eine individuell vertretene Position. Auch muslimische Autoren erklärten es als falsch, wenn jemand nicht glaubte, dass nur der Islam wahr sei, und andere Religionen für gleichwertig hielt.[25] Auch hier lebte diese Haltung gleichwohl fort.

### *Schluss*

Die mittelalterlichen Religionen vertraten nicht nur absolute Wahrheitsansprüche. Sie unterschieden ferner nicht nur zwischen »Gläubigen« und »Ungläubigen«. Sie haben auch nicht alle und ständig Gewalt gegen interne Abweichler ausgeübt. Weitergehend lässt sich sagen, dass die monotheistischen Religionen nicht notwendig intolerant sind. Wir müssen das Verhalten ihrer Anhänger offenbar als so widersprüchlich hinnehmen, wie sie sich zeigen. Sowohl religiöse Eliten, weltliche Herrschaften, als auch die Bevölkerungsgruppen wiesen dieses unterschiedliche Verhalten und die verschiedenen Positionen auf. Historisch gesehen haben die Religionen im Mittelalter normativ und praktisch sehr vielfältig schattierte Beziehungen untereinander entwickelt, die sich mit einfachen Gegensatzpaaren nicht beschreiben lassen. Die tatsächlichen Lektüren der Offenbarungsdokumente, ihre Kommentartraditionen und der Diskurs der religiösen Vielfalt dieser Jahrhunderte muss für die Theoriebildung über monotheistische Religionen einbezogen werden.

Jenseits der Traditionen begeben sich Menschen immer wieder auf die Suche nach dem Ursprünglichen und Authentischen. Die Suche nach dem »Eigentlichen« durch aktualisierende Lektüre in Bibel und Qoran betreiben heute vielfach Religionskritiker und religiöse Fundamentalisten. Dass dies die

»wahren« Lektüren seien, ist die programmatische Behauptung beider Lager. Dass ihre Lektüren nicht die einzig möglichen sind, war hier historisch zu zeigen.

Zu den Fehlschlüssen der gegenwärtigen Debatte gehört sowohl auf Seiten der radikalen Bewegungen als auch auf Seiten der Religionskritiker, dass aus einer Ablehnung der anderen Religion notwendig eine Ablehnung des anderen Menschen resultiere. Wir erfahren, dass dies allerdings die Folge sein kann. Doch konnten und können exklusivistische Positionen in der Praxis sehr wohl Respekt vor dem anderen Menschen beinhalten.

Heute wie damals wurde die multireligiöse Wirklichkeit durch Machtinteressen, Hierarchien und ungleiche Teilhabe an Diskursen strukturiert. Die religiösen und politischen Eliten im Mittelalter versuchten offenbar, in einer multireligiösen Welt aus ihrer Sicht zwischen Skylla und Charybdis hindurchzusteuern. Sie wollten Recht und inneren Frieden herstellen, aber sie wollten auch ihre stets labilen Gruppengrenzen stabilisieren. Inklusivismus war deshalb eine unter anderen, exklusiveren Positionen, verbreitete Haltung und Praxis. Interreligiöse pluralistische Positionen wurden als deviant ausgemacht, doch bediente sich der hochtheologische, interkonfessionelle Pluralismus tatsächlich derselben Denkoperationen.

Die »Mosaische Unterscheidung« hat einen wesentlichen Mechanismus in den monotheistischen Religionen identifiziert. Aber dieser ist viel dynamischer als angenommen. Man konnte immer wieder neue Unterschiede zu unhintergehbaren religiösen Gegensätzen erklären. Aber man konnte auch zuvor unüberwindliche Gegensätze als Unterschiede umdefinieren, die nur teilweise oder gar nicht zu trennen brauchten. Dies wurde nicht aus einer säkularen Relativierung der Religionen, sondern aus den Theologien selbst begründet.

Die religionsphilosophischen Theorien, die die Gewalt als notwendige Aktualisierung der Offenbarungsdokumente oder metaphysisch aus den Religionen selbst erklären, halten der empirischen Überprüfung nicht stand. Stattdessen müssen die innerweltlichen Strukturen identifiziert werden, die je spezifisch die Dramatisierung der Gegensätze und die Gewalt verursachten oder die Wogen wieder glätteten.

## Anmerkungen

1 Für viele: Onfray, Michel (2006), *Wir brauchen keinen Gott. Warum man jetzt Atheist sein muss* (Traité d'athéologie, Paris 2006). Aus dem Französischen von Bertold Galli (München).

2 Oebbecke, Janbernd (2010), ‚Der Islam als Herausforderung für das deutsche Religionsrecht', in Heinrich Böll Stiftung (ed.), *Muslimische Gemeinschaften zwischen Recht und Politik. Dossier* (Berlin), 3-12, hier 6: „Dieser Effekte wegen lässt sich das System der positiven Neutralität auch als „Religionshege" qualifizieren. Der Staat fördert, er unterstützt, aber er kontrolliert auch, und ohne Zwang auszuüben, bindet er an seine Standards. Die auf Ewigkeit gerichteten Verheißungen der Religion können für die Gläubigen schwerer wiegen als weltliche Sanktionen durch den Staat. Deshalb birgt jede Religion ein Gefahrenpotential. Weil das so ist, muss der Staat sich und seine BürgerInnen vor Entwicklungen in den Religionen schützen, die den Rechten seiner BürgerInnen und dem Bestand seiner Ordnung gefährlich werden können. Dieser Schutz fällt in einem kooperativen System leichter."

3 In dieser Richtung denken Daniel, Norman (1960), *Islam and the West: The Making of an Image* (Edinburgh); Moore, Robert Ian (2008 (zuerst 1987), *The Formation of a Persecuting Society: Authority and Deviance in Western Europe* (Malden /Mass.: Blackwell).

4 Griffel, Frank (2000), *Apostasie und Toleranz im Islam. Die Entwicklung zu al-Ġazālīs Urteil gegen die Philosophie und die Reaktionen der Philosophen* (Diss. Berlin, 1998) (Islamic Philosophy, Theology and Science. Texts and Studies; Leiden, Boston); Soffer, Yossef (2011), ‚The Theological Majlis and religious otherness in medieval Islam', in Katell Berthelot (ed.), *The quest for a common humanity. Human dignity and otherness in the religious traditions of the Mediterranean* (Studies in the history of religions; Leiden: Brill), 219-35, hier: 227-8.

5 Z.B. Patschovsky, Alexander (1998), ‚Feindbilder der Kirche. Juden und Ketzer im Vergleich (11.-13. Jahrhundert)', in Alfred Haverkamp (ed.), *Juden und Christen zur Zeit der Kreuzzüge* (Vorträge und Forschungen; Sigmaringen), 327-57.

6 Schnell, Rüdiger (1991), ‚Die Christen und die „Anderen". Mittelalterliche Positionen und germanistische Perspektiven', in Odilo Engels and Peter Schreiner (eds.), *Die Begegnung des Westens mit dem Osten. Kongressakten des 4. Symposions des Mediävistenverbandes in Köln 1991* (Sigmaringen), 185-202. Die Übersetzung der theologisch womöglich fragwürdigen Passage in dieser Rede ist nach wie vor strittig. Überzeugend scheint mir die Argumentation von Steinmetz, Ralf-Henning (1995), ‚Die ungetauften Christenkinder in den „Willehalm"-Versen 307, 26-30', *Zeitschrift für deutsches Altertum und deutsche Literatur*, 124, 151-62, die Schnells

Kontextualisierung in einem wichtigen, doch hier nicht entscheidenden Detail in Frage stellt.

7 Linder, Amnon (1997), *The Jews in the Legal Sources of the Early Middle Ages* (Detroit: Wayne State University Press); Friedmann, Yohanan (2003), *Tolerance and Coercion in Islam. Interfaith Relations in the Muslim Tradition* (Cambridge).

8 So schon Asad, Talal (2001), ‚Reading a Modern Classic: W. C. Smith's The Meaning and End of Religion', *History of Religion*, 40, 3, 205-22, hier: 212: "But apart from the fact that 'intolerance' may refer to conduct or to creed, to legal discrimination or to popular hatreds, this thesis rests on careless thinking."

9 Forst, Rainer (2003), *Toleranz im Konflikt. Geschichte, Gehalt und Gegenwart eines umstrittenen Begriffs* (Frankfurt a.M.).

10 Schreiner, Klaus (1990), „Duldsamkeit" (tolerantia) oder „Schrecken" (terror). Reaktionsformen auf Abweichungen von der religiösen Norm, untersucht und dargestellt am Beispiel des augustinischen Toleranz- und Gewaltkonzeptes und dessen Rezeption im Mittelalter und in der frühen Neuzeit', *Religiöse Devianz. Untersuchungen zu sozialen, rechtlichen und theologischen Reaktionen auf religiöse Abweichung im westlichen und östlichen Mittelalter* (Ius commune, Sonderhefte. Studien zur Europäischen Rechtsgeschichte; Frankfurt am Main), 159-210; Patschovsky, Alexander (1998), ‚Toleranz im Mittelalter. Idee und Wirklichkeit', in Alexander Patschovsky and Harald Zimmermann (eds.), *Toleranz im Mittelalter* (Sigmaringen), 391-402.

11 Madelung, Wilferd (1959), ‚Fatimiden und Baḥrainqarmaṭen', *Der Islam*, 34, 34-88; Niewöhner, Friedrich (1988), *Veritas sive Varietas. Lessings Toleranzparabel und das Buch von den drei Betrügern* (Heidelberg); Barbara Roggema, Marcel Poorthuis, und Pim Valkenberg (eds.) (2005), *The Three Rings. Textual studies in the historical trialogue of Judaism, Christianity and Islam* (Publications of the Thomas Instituut te Utrecht; Leuven, Dudley, MA), 257-85; Weltecke, Dorothea (2010), *„Der Narr spricht: Es ist kein Gott". Atheismus, Unglauben und Glaubenszweifel vom 12. Jahrhundert bis zur Neuzeit* (Campus Historische Studien; Frankfurt).

12 Anders interpretiert Ferrari, Fulvio (2009), ‚Der „frum heiden" und sein kostbarer Tisch: Jans Enikels Erzählung um Saladins Tod und die Darstellung des muslimischen Ostens in der deutschen Literatur des Mittelalters', in Bernd Springer und Alexander Fidora (ed.), *Religiöse Toleranz im Spiegel der Literatur: Eine Idee und ihre ästhetische Gestaltung* (Literatur: Forschung und Wissenschaft; 2009), 83-91.

13 Soffer, Yossef (2011).

14 Bernard Lewis und Friedrich Niewöhner (eds.) (1992), *Religionsgespräche im Mittelalter* (Wolfenbütteler Mittelalter-Studien) Wiesbaden.

15 Für einige zentrale Schriften dazu s. Huang, Yong (1995), ‚Religious Pluralism and Interfaith Dialogue. Beyond Universalism and Particularism', *International Journal for Philosophy of Religion*, 37, 3, 127-44.

16 Segl, Peter (ed.), (1993), *Die Anfänge der Inquisition im Mittelalter. Mit einem Ausblick auf das 20. Jahrhundert und einem Beitrag über religiöse Intoleranz im nichtchristlichen Bereich* (Köln; Weimar; Wien); Schwerhoff, Gerd (2005), *Zungen wie Schwerter – Blasphemie in alteuropäischen Gesellschaften 1200-1650* (Konflikte und Kultur; Konstanz).

17 U.a. Sloterdijk, Peter (2007), *Gottes Eifer. Vom Kampf der drei Monotheismen*, (Stuttgart).

18 Richard, Jean (1998), *La papauté et les missions d'Orient au moyen âge (XIIIe-XIVe siècles), 2. éd., augmentée d'une postface* (Collection de l'école française de Rome; Rome École Française de Rome); Hamilton, Bernard (1980), *The Latin Church in the Crusader States. The Secular Church* (London).

19 Weltecke, Dorothea (2013), ‚Zum syrisch-orthodoxen Leben in der mittelalterlichen Stadt und zu den Hūddōyē (dem Nomokanon) des Bar 'Ebrōyō', in Peter Bruns and Heinz Luther (eds.), *Orientalia Christiana. Festschrift für Hubert Kaufhold zum 70. Geburtstag* (Wiesbaden: Harrassowitz), 537-67.

20 Pinggéra, Karl (2000), ‚Christologischer Konsens und kirchliche Identität. Beobachtungen zum Werk des Gregor Bar Hebraeus', *Ostkirchliche Studien*, 49, 3-30.

21 Nöldeke, Theodor (1912), *Burzōes Einleitung zu dem Buche Kalīla waDimna* (Schriften der wiss. Ges. in Strassburg; Strassburg); Blois, François de (1990), *Burzoy's Voyage to India and the Origin of the Book of Kalilah wa Dimna* (London).

22 Stroumsa, Sarah (1999), *Freethinkers in medieval Islam. Ibn al-Râwandî, Abû Bakr al-Râzî, and their impact on Islamic thought* (Leiden: Brill).

23 Khalil, Mohammad Hassan (2012), *Islam and the Fate of Others. The Salvation Question* (Oxford u.a.).

24 Zu Maimonides s. Stroumsa, Sarah (2009), *Maimonides in his world. Portrait of a mediterranean thinker* (Princeton: Princeton UP); Stünkel, Knut Martin (2013), *Una sit religio. Religionsbegriffe und Begriffstopologien bei Cusanus, Llull und Maimonides* (Würzburg).

25 Khalil (2012).

# Über Religion, Wahrheit und Gewalt

Reinhard Schulze

## *Der normative Eigensinn der Moderne*

Jeder Versuch, die Begriffe Gott, Religion, Monotheismus, Moses, Gewalt, Glauben, Wahrheit und Falschheit zusammenzudenken, führt zwangsläufig zu einer Theorie hoher Komplexität, die kaum noch einen Wirklichkeitsverweis beanspruchen kann. Das ist die Crux dieser Theorien: Als Narrative haben sie einen hohen Erklärungsgehalt, der zugleich dem einen Sinn gibt, was verallgemeinert wird; zugleich aber begegnen sie ihrer Verallgemeinerung oft dadurch, dass sie scheinbar aussagekräftige Beispiele rhetorisch als pars pro totum anführen und so den Eindruck erwecken, dass diese Beispiele die Gesamtheit des Narrativs rekapitulieren. Ein zweites kommt hinzu. Die Narrative verfolgen oft eine Doppelstrategie. Zum einen erzählen sie eine große Geschichte, die nicht selten bis in die Frühgeschichte der Menschheit zurückreicht. Zum anderen anthropologisieren sie ihren Betrachtungsgegenstand und bestimmen diesen wenigstens als Teil einer *conditio humana*, wenn nicht sogar als die *conditio humana*. Solche Narrative sind kein Privileg der Moderne. Sie finden sich in zahlreichen Gründertexten zeitgenössischer Religionen. So wird im Koran eine bis Adam zurückreichende Menschheitsgeschichte erzählt, aus der zugleich die *conditio humana* abgeleitet wird. Diese bestehe in der Befähigung des Menschen, den Einen Gott anzurufen und zu dienen.

Gerade die Begriffe »Religion« und »Gewalt« sind beliebte Gegenstände einer narrativ ausgestalteten Anthropologisierung. Beide Begriffe werden als Teil einer *conditio humana* gesetzt, die den Menschen zu einem *homo religiosus*, einem »religiösen Menschen« und/oder einem *homo necans*, einem »mordenden Menschen« machen. Der Sache nach handelt es sich hier um normative Ableitungen von Begriffen, die der Kennzeichnung einer Wesenhaftigkeit des Menschen dienen. Die historischen Narrative erfüllen dann die Funktion festzustellen, wie der Menschen mit diesen seinen Seinsbedingungen umgegangen ist. Manch einer meint feststellen zu können, dass der Mensch im Laufe seiner Geschichte seine Gewalt bändigen konnte oder dass Krieg als formalisierte Gewalt durchaus einen zivilisatorischen Sinn gehabt hätte. Nicht anders wird das Religiöse diskutiert. Es geht also oft um den anthropologischen Sinn eines auf den Begriff gebrachten Sachverhalts.

Die Verflechtung der Narrative zu Gewalt und Religion zu einer Geschichte gehört schon seit dem 18. Jahrhundert zu den Standardprozeduren, um Religion und Gewalt sinnstiftend zu bewältigen. Wie nicht anders zu erwarten, stehen sich hier zwei Narrative diametral gegenüber: die einen behaupten, die Religion habe den Menschen befriedet oder der Wille des Menschen, in Frieden zu leben, habe Religion gestiftet. Die andere sind davon überzeugt, dass Religion Gewalt oder Gewalt Religion begründet habe. Da es sich stets um Narrative handelt, die auf einer Theorie hoher Komplexität berufen, entziehen sie sich grundsätzlich einer Überprüfbarkeit.

In der aktuellen Debatte nun wird die Frage nach der Verflechtung von Religion und Gewalt historisch eingeengt. Dies zeigt sich an den fünf Fragen, um die es hier in der Debatte geht: (1) Gibt es eine Relation zwischen Religion und Gewalt, sodass beide Begriffe zum Explanandum des jeweils anderen werden können (s.l. »religiöse Gewalt« beziehungsweise »gewalttätige Religion«)? (2) Ist Monotheismus eine Ordnung, die einen Gott allein zur Wahrheit erklärt? (3) Gibt es eine Beziehung zwischen religiöser Gewalt und Monotheismus? (4) Wenn ja, hängt diese von einer Differenzierung zwischen wahr/falsch oder von anderen Unterscheidungen wie Freund/Feind oder frei/unfrei ab? (5) Und schließlich: Ist diese Unterscheidung spezifisch (mosaisch) oder achsenzeitlich?

Diese Einengung hat zwangsläufig zur Folge, dass die Möglichkeit einer Überprüfbarkeit zunimmt. Zwar bleibt auch in dieser Debatte der Verallgemeinerungsgrad noch sehr groß, doch belegen die Beiträge in diesem Band, wie sehr darum gerungen wird, durch eine Historisierung einen Plausibilitätsgewinn zu erzielen. Im Folgenden werde ich nun nicht versuchen, diese Historisierung zu vertiefen. Vielmehr geht es mir darum zu begründen, warum ich den Bezug zum Monotheismus für problematisch halte, warum die von Jan Assmann herausgearbeitete wahr/falsch-Unterscheidung grundlegend, warum diese aber nicht genealogisch als mosaisch zu interpretieren ist, warum sich Gewalt tatsächlich im Rahmen der wahr/falsch-Unterscheidung spezifisch auslegen und neu begründen kann, warum diese Relation aber nicht in die Neuzeit und Gegenwart fortgeschrieben werden kann, kurzum, warum also gegenwärtige Verhältnisse nicht in einen genealogischen Zusammenhang zu vorneuzeitlichen Ordnungen gebracht werden können. Kurzum, ich werde versuchen zu zeigen, dass die Frage zur Relation von Monotheismus beziehungsweise Religion und Gewalt falsch gestellt ist.

Die Vermischung von normativen Ableitungen und historischen Rekonstruktionen verweist einmal mehr auf den Geltungsanspruch des normativen Eigensinns der Moderne. Offenbar braucht die Moderne »ihre« Geschichte, um sich selbst normativ auslegen zu können. Sie braucht ihre Geschichte, um ihre Gewalt zu verstehen. Dieser hegemoniale Anspruch spiegelt sich in der Begriffswelt, die die Moderne (hier einschließlich der Neuzeit) seit dem 17. Jahrhundert hervorgebracht hat. Diese Begriffe erheischen Geltung, insofern sie als Theorien über die Welt gedacht werden, die ihrerseits Gültigkeit über alle Zeiten hinweg beanspruchen. Die Begriffe, die in dieser Debatte verhandelt werden, sind allesamt Teil des Gefüges des normativen Eigensinns der Moderne: Gott, Monotheismus, Religion, Gewalt, Glauben, Transzendenz, Immanenz, Poly- beziehungsweise Kosmotheismus. Wie selbstverständlich diese Begriffe scheinen, zeigt sich in der Tatsache, dass sie in der Debatte nur selten explizit definiert werden. Manche dieser Begriffe sind neuzeitliche Neologismen, andere sind durch theologische, soziologische und politische Theorien radikal neu semantisiert. In allen Fällen entfalten diese Begriffe eine Normativität, durch die der hegemoniale Aneignungsakt durch Deutung vergangenen Geschehens und damit die Selbstauslegung der Moderne möglich werden. Es ist kaum zu bestreiten, dass diese Begriffe für die Auslegung der Moderne Geltung haben und funktional sind, zumal sich die Ordnung, die diese Begriffe bilden, zugleich durch diese Begriffe bestimmt ist.

Sucht man den Ursprung der Begriffe des Eigensinns der Moderne, so findet man ihn nur in der Moderne. Ist es ein Zufall, dass der Begriff Monotheismus zeitgleich mit der Neudeutung der Monarchie im späten 17. Jahrhundert in England Geltung erlangte, als König wie Gott in ihrer Absolutheit, Einzigartigkeit und Monopolstellung wohl definiert wurden? Ist es ein Zufall, dass in dem Moment, wo man begann, Religion normativ auszudeuten (und damit sich ihrer zu vergewissern), Klassifikationen und später Taxonomien der »Religion« mittels einer Vielzahl von -theismen und/oder attributiven Unterscheidungen entstanden? Sicherlich nicht. Die -theismen schufen eine normative Ordnung, die jede Tradition anerkannte, sofern sie neuzeitlich oder modern sein wollte. Natürlich nahm der Monotheismus eine überragende, hegemoniale Stellung im Gefüge der -theismen ein. Die Taxonomie erfolgte später stets in Differenz zum Monotheismus.

Die Debatte ist insofern hochmodern, als die Relation der Begriffe des normativen Eigensinns der Moderne neu verhandelt wird; dies besagt nichts anderes, als dass die konventionelle Selbstauslegung der Moderne zur Disposition steht. Dazu braucht die Debatte aber offensichtlich wieder die Geschichte. Der historische Ort, in dem sich die Moderne heute spiegelt, reicht immer weiter in die Zeit zurück: War es lange Zeit die Spätantike, die mit der Postmoderne in einen Sinnzusammenhang gebracht wurde, so geht es seit einigen Jahren um die sogenannte Achsenzeit und nun um einen kaum noch konkret historisch bestimmbaren Zeitraum, in dem sich ein Monotheismus entfaltet habe.

### *Eine Deontologie der Gewalt?*

Der hegemoniale Geltungsanspruch des normativen Eigensinns der Moderne kennt eine dominante Begründungsfigur, nämlich die Suche nach dem Ursprung. Hegels Ansinnen, dass es vollkommen gleichgültig sei, woher etwas komme, denn allein gelte die Frage: ist es wahr an und für sich? wird nun ersetzt durch die Auffassung, dass Geltung nicht an und für sich existiere, sondern herkünftig, ursprünglich und mithin genealogisch zu denken sei.

Das läuft dann so: Von einem der Attentäter des 11. September 2001, Muhammed ʿAtā wird ein »Testament« überliefert, in dem er seine geplante Tat ganz offensichtlich als Handeln im Auftrag Gottes deklariert. Man weiß, dass ʿAtā hier eine Deutung übernahm, die von dem palästinensischen Prediger ʿAbdallāh ʿAzzām (1941–1989) in den 1980er Jahren in Pakistan propagiert worden war. ʿAzzām hatte festgeschrieben, dass der physische Kampf gegen die Ungläubigen Teil der islamischen Kultordnung sei. Er sei sogar »besser als das Gebet«. 'Azzām begründete seine Aussage unter anderem mit einer Auslegung des Koranverses 2:190: »Und kämpft auf dem Wege Gottes gegen diejenigen, die gegen euch kämpfen! Aber begeht keine Übertretung! Gott liebt die nicht, die Übertretungen begehen«, die von dem marokkanischen Gelehrten Taqī ad-Dīn al-Hilālī (1894-1987) in den frühen 1970er Jahren vorgeschlagen worden war:

»Der Jihâd (heiliger Kampf) für die Sache Allahs (mit der vollen Kraft an Zahl und Waffen) hat im Islâm die höchste Bedeutung erhalten und ist einer seiner Säulen (auf denen er steht). Durch den Jihâd wird der Islâm begründet, wird Allahs Wort wird überlegen gemacht (sein Wort lautet La ilaha ill Allah, das meint, dass niemand das Recht hat, angebetet zu werden außer Allah), und wird seine Religion (Islam) verbreitet. Durch das Ablassen vom Jihâd (Allah schütze uns davor) wird der Islâm zerstört, und fallen die Muslime in eine mindere Position; ihre Ehre geht verloren, ihre Länder werden gestohlen, ihre Herrschaft und Autorität verschwinden. Der Jihâd ist eine Pflicht im Islâm für jedem Moslem, und er, der versucht, aus dieser Pflicht zu entkommen, oder ihn nicht in seinem innersten Herzwunsch vollzieht, stirbt mit einer der Qualitäten eines Heuchlers.«

Die Formulierung »Durch den Jihâd wird der Islâm begründet« wurde von ʿAzzām personalisiert gelesen. Jemand könne in sich den Islam nur verwirklichen, sprich Muslim sein, wenn er auf dem Wege Gottes kämpft. Die Aufgabe des Kampfes wäre dann gleichsam die Zerstörung des Islam in einem selbst. Diese existenzialistisch anmutende Setzung könnte auf den Satz reduziert werden: »Ich bin Jihadi, deshalb bin ich«, wobei die Seinsaussage mit dem Begriff Islam gleichgesetzt wird. Islam ist also hier das Dasein in Wahrheit; er ist Daseinswahrheit; der Einzelne ist demnach nur dann in Wahrheit existent, wenn er in sich den Islam durch den Kampf verwirklicht, sprich bewahrheitet.

Exegeten der Handlungen des Terroristen ʿAtā suchten nun nach dem Ursprung seiner Selbstdeutung und fanden sie zunächst »im Koran«. ʿAtās Verweis auf Koran 2:190 begründete die Annahme, dass der Vers für sein Handeln verantwortlich sei. ʿAtā habe sich der Normativität dieses Verses unterworfen. Doch damit nicht genug: Man fragte, was denn dieser Koranvers ausdrücke? Die Antwort war schnell gefunden: Es ist der gewalttätige Geltungsanspruch einer absoluten Wahrheitsordnung gegen alle ihre Feinde. Doch woher kommt dieser Geltungsanspruch? Darauf gab es zwei Antworten: Entweder liegt es am Islam, oder es hat grundsätzlich etwas mit dem Monotheismus zu tun. Im ersten Fall wäre der islamische Monotheismus schuld. Im letzteren Fall wäre der Ursprung für ʿAtās Handeln in einer Zeit zu suchen, die 2700 oder mehr Jahre zurückliegt.

Natürlich werden die Rückverweise auf Ursprünge kaum noch als Kausalzusammenhänge gedacht. Ein Satz wie »Muhammad ʿAtā hat das Flugzeug in einen der beiden Türme des World Trade Centers geflogen, *weil* es einen Zusammenhang zwischen Monotheismus und Gewalt gibt«, ist nur möglich, wenn man den Monotheismus als Skandal ansieht. Ein Satz hingegen wie »Muhammad ʿAtā hat das Flugzeug in einen der beiden Türme des World Trade Centers geflogen, weil es einen *Zusammenhang zwischen Islam und Gewalt* gibt«, erscheint vielen als plausibel. Wenn dann die Spezifität des Islam in der Radikalisierung des Monotheismus gesehen wird, dann lautet der Satz: »Muhammad ʿAtā hat das Flugzeug in einen der beiden Türme des World Trade Centers geflogen, weil es einen Zusammenhang zwischen radikalem Monotheismus und Gewalt gibt«.

Die Genealogie der Gewalt von Muhammad ʿAtā wird so von manchen auf die Stiftung des Islam zurückgeführt. Doch an diesem Punkt wird Halt gemacht. Natürlich könnte man genealogisch weiter zurückdenken, zurück in vorislamische Zeiten, doch wird hier in der Frage der Gewalt eine Grenze gezogen, die sich dadurch ergebe, dass der Islam eben ein »radikaler Monotheismus« sei, der die dem Monotheismus »inhärente« Gewalt nicht bändigen, nicht humanisieren könne. Im Unterschied zum Christentum könne der Islam den eigenen Monotheismus nicht differenzieren. Fast scheint es, als ob der Islam das Gewaltproblem des Monotheismus überhaupt erst freigelegt habe. Dies hatte schon Friedrich Schleiermacher (Über die Religion, Erläuterungen zur vierten Rede) vermutet, doch erst im Kontext der ultra-religiösen islamischen Gemeinschaften in den frühen 1990er Jahren wurde das Thema Monotheismus und Gewalt wieder aktuell. So wird in dieser Debatte der Islam oft dann angesprochen, wenn es um die Plausibilisierung der Beziehung von Monotheismus geht. »Vor solcher schriftbezogener Gewaltlegitimierung«, schreibt Jan Assmann, »sind wir bis heute nicht gefeit, zumal sich der Umfang des gewaltlegitimierenden religiösen Schrifttums mit der Entstehung des Islams enorm erweitert hat.« Tück geht explizit von diesem Zusammenhang aus: »Die Frage, wie islamistische Selbstmordattentäter dazu kommen, die ‚Rache Gottes' an seinen vermeintlichen Feinden innergeschichtlich zu vollstrecken, hat den Blick zurück auf die Quellen der monotheistischen Religionen gelenkt und die Frage nach deren Gewaltträchtigkeit neu angestoßen.« Es galt nun zu unterscheiden zwischen einem guten und einem bösen Monotheismus. Böse ist er dann, wenn er sich reflexiv nicht selbst relativiere, also den im Begriff ausgedrückten Geltungsanspruch nicht durchsetze. Böse sei er gerade dann, wenn er seinen Begriff in Gewalt übersetze oder sich ins Politische verkehre.

Nun geht es in dieser Debatte ja nicht vorrangig um die Beziehung von Monotheismus und Gewalt an sich, sondern um die Verkettung einer Genealogie der Gewalt mit einer Genealogie des Monotheismus. Diese wie auch immer gestaltete Historisierung des Monotheismus ist das eigentliche Problem in der aktuellen Diskussion. Niemand wird wohl sagen, dass Gewalt und Monotheismus über einen gleichen Herkunftsort verfügten. Es geht eher um die Spezifikation der Gewalt, die durch den Monotheismus erfolgt sei und die sich durch Attribute wie »religiös« oder »monotheistisch« markieren lasse. Es geht also um die Frage, ob durch Religion und dann im Besonderen durch den Monotheismus eine spezifische normative Begründung von Gewalt, mit der religiöse beziehungsweise monotheistische Menschen ihr Gewalthandeln rechtfertigen, gestiftet wurde. Es geht natürlich nicht um die Frage, ob Religionen die Welt grausamer gemacht hätten. Vielmehr handelt die Debatte von jener Gewalt, die »im Namen Gottes« vollzogen wurde und wird, für die es eine schriftbezogene Aufforderung gibt und die hierdurch eine »neue Form« gefunden habe.

Was wäre dann also »religiöse Gewalt«? Gewalt im Namen Gottes oder Selbstvergöttlichung? Oder ist beides dasselbe? Auf dass religiöse Gewalt sei, bedürfte es also (a) einer expliziten normativen Aussage Gottes und (b) Gewalthandlungen, deren Subjekte sich auf diese Aussage beziehen. Wenn heute jemand sagt: »Gott hat mir befohlen, meine Feinde zu töten« und dieser jemand tötet dann auch Menschen, dürfen wir mit Fug und Recht davon ausgehen, dass der Täter subjektiv seine Handlungen als religiös attribuiert (und sich deshalb von der Verantwortung freispricht). Es handelt sich also um ein Motiv. Religiöse Gewalt müsste demnach im instrumentellen Sinne »mittels Religion motivierte Gewalt« sein. Sie ist natürlich nicht »durch/von Religion« motiviert, denn das hieße, dass die passivische Aussage: »Er wurde durch Religion zu Gewalt motiviert« in eine transitive Aussage: »Die Religion hat ihn zur Gewalt motiviert« transformiert werden könne. In der Hermeneutik eines Gewalthandelns deutet der Begriff »religiöse Gewalt« richtig das Motiv des Handelnden, der den Bedingungen des vermeintlichen Satzes »Gott hat mir befohlen, meine Feinde zu töten« genügt. Auf dass diese nur hermeneutisch zu bestimmende religiöse Gewalt *monotheistisch* sei, müsste also (a) Gott diesen Befehl deshalb erteilt haben, *weil* er einzig sei und (b) Gott diesen Befehl in einer Schrift so verbriefen, dass der Gewalthandelnde sich auf diese Urkunde berufen könne. Es müsste also eine logische Beziehung zwischen Befehl und Selbstdeutung Gottes als *einzig* geben. Eine solche deontologische Auffassung liegt zum Beispiel vor, wenn Koran

8:57 »Wenn du sie nun im Kampf zu fassen bekommst, dann verscheuche mit ihnen auch diejenigen, die hinter ihnen dreinkommen! Vielleicht lassen sie sich mahnen« mit dem Hinweis gedeutet wird: »Gott hat das Töten der Ungläubigen, wenn man sie im Kampf antrifft, befohlen.« Tatsächlich gibt es Auslegungen des Verses in diesem Sinne, doch finden wir sie erst im Kontext ultra-religiöser Gemeinschaften seit den 1990er Jahren. Die explizite Aussage, Gott habe das Töten der Ungläubigen befohlen, ist erst seit den 1970er Jahren belegt.

Nun wissen wir, dass in der islamischen Tradition die deontologischen Gebote die Funktion hatten, einen Rahmen immanenter Regeln zu definieren, durch die die Grenze zwischen Kultordnung und profaner Ordnung bestimmt werden konnte. Die koranische Aufforderung zum Kampf ist wohl kaum so zu verstehen wie von ʿAzzām in den 1980er Jahren propagiert. Die Imperative in Koran 2:190-1 wurden nicht als Teile der Wahrheitsordnung verstanden, sondern als Schutzvorschriften für die Geltung des Kults, in dem die Wahrheitsordnung bestätigt wurde. Es heißt eben nicht: »Ich bin dein Gott, so kämpfe/töte!« Der Kampf und das Töten erfolgten so nie im Namen Gottes. Die alte Formel »im Namen Gottes« (arabisch *bi-smi llāhi*) kann ja in vierfacher Hinsicht verstanden werden: (a) als Beeiden, (b) als Handeln in Vertretung, (c) als Wunsch nach göttlichem Wohlgefallen und (d) als Objekt einer Anrufungshandlung (also den Namen Gottes über etwas aussprechen und dieses damit Gott übergeben). Die Relationierung von Monotheismus und Gewalt setzt also eine semantische Beziehung zwischen »töten« und »im Namen Gottes« voraus. Töten könnte dann gedacht sein als Handlung, in der Gott der Zeuge ist, als Handlung in Vertretung Gottes, als Handlung, wobei der Handelnde göttliches Wohlgefallen erfleht, oder als Handlung, über die der Name Gottes angesprochen wird, um sie ihm zu übergeben. Doch kenne ich keinen einzigen vormodernen Text, in dem diese semantische Beziehung überhaupt hergestellt wird.

Das soll natürlich nicht heißen, dass in der islamischen Tradition Gewalthandeln nie im Sinne eines »Gott will es« vollzogen wäre. Im Gegenteil, die Vorstellung, dass Gewalt Gotteskult sein könne oder gar sein müsse, ist recht alt und nicht ein Proprium ultra-religiöser islamischer Eiferer. So hatte schon 1109 der Damaszener Prediger as-Sulamī die Muslime dazu aufgerufen, die Kreuzfahrer deshalb zu bekämpfen, weil der Kampf gegen sie zugleich ein Kampf für das jenseitige Heil des Kämpfers sei. »Der wichtigste Vorrang gilt Ernsthaftigkeit im Gehorsam zu Gott und im harten Kampf aufrichtig zu sein. (Gottes) Worte sind in etwa Folgendes: ‚O ihr, die ihr treu seid, beugt euch und werft euch nieder im Gebet, dient eurem Herrn und tut Gutes! Vielleicht werdet ihr gedeihen.' Und dann sagte er: ‚Müht euch um Gott, wie es ihm zukommt' [Koran 22:77–78].« Die entsprechende arabische Formulierung ist im Koran allerdings deutlich auf den Kult bezogen und allenfalls auch zu übersetzen als »streitet für Gott, so wie es ihm zukommt«, doch ein Kriegsgeschehen ist an dieser Stelle gewiss nicht gemeint. Immerhin macht das Zitat aus der Predigt von as-Sulamī deutlich, dass es schon im 12. Jahrhundert Versuche gegeben hat, den koranischen Aufruf, auf dem Wege Gottes zu streiten, als Ausdruck einer Katharsis gelesen wurde. Doch offenbar entsprach as-Sulamīs Sicht nicht der der Allgemeinheit und schon gar nicht der der Herrscher der damaligen Zeit. As-Sulamīs Deontologie der Gewalt fand auch kaum Nachahmer. Erst zum Ende des 20. Jahrhunderts etablierte sich ein normativer Eigensinn des Islam, der im Koran und der Prophetentradition die Vorschrift für eine Gewaltpraxis erkannte.

### *Wahrheit, Richtigkeit und die t-Wahrheit*

Nun geht es bei der Beziehung zwischen Monotheismus und Gewalt nicht nur um die Frage, ob ein Nur-Ein-Gott-Kult besonders gewaltsam ist, sondern um die Affirmation einer

Nur-Ein-Gott-Aussage als, wie Jan Assmann sagt, »absolute, geoffenbarte metaphysische Glaubenswahrheit«, die von Erfahrungswahrheiten, mathematischen Wahrheiten, historischen Wahrheiten und lebensdienlichen Wahrheiten zu unterscheiden ist. Und es geht um Varianten der wahr/falsch-Unterscheidung, die sich auf frei/unfrei oder Freund/Feind beziehen. Es geht damit grundsätzlich darum, ob durch Unterscheidung Innovation eintritt. Unterscheidung ist hier nicht analytisch gedacht, sondern als tatsächliche epistemische Figur, durch die eine Rede eine andere Geltungsgestalt erlangt, durch die Aussagen über das Subjektive (»er/sie ist wahr«, das heißt in moralischer Hinsicht wahrhaftig) in Aussagen über das Objektive (»es ist wahr, dass er/sie ...«) transformiert werden.

Wir müssen zunächst fragen, was diese »absolute, geoffenbarte metaphysische Glaubenswahrheit« eigentlich meint. Die seit der Spätantike gebräuchliche Formel von der *veritas absoluta* wird also um die Prädikate »geoffenbart« und »metaphysisch« erweitert. Zweifellos ist der Koran ein Text der sich explizit als herabgesandte Wahrheit versteht (z.B. Sure 17:105). Doch was wird mit den Begriffen wahr und falsch erfasst? Offensichtlich geht es um mehr als um die Feststellung einer Richtigkeit. Der Begriff Richtigkeit bezeichnet gemeinhin eine Korrespondenz zwischen einem Sachverhalt und einer Norm, einem Zeichen oder einer Proposition. Diese Richtigkeitsbeurteilung gehört sicherlich zu den ältesten Formen der Wahrnehmung.

Das Attribut »wahr« kann selbstverständlich auch auf eine Korrespondenztheorie hin bestimmt werden. Dann ist der Unterschied zu »richtig« kaum gegeben. Der Wahrheitsbegriff, um den es hier aber geht, ist ein anderer: Gemeint ist ein Wahrheitsbegriff, der aussagt, *dass* Wahrheit sei, dass es daher nur *eine* einzige Wahrheit gebe und dass Wahrheit damit eine unbedingte Geltung des als »wahr« Bezeichneten mit einschließe. Wahrheit bestehe dann in vollständiger Unabhängigkeit von demjenigen, der den Geltungsanspruch beurteilt. Da

Wahrheit als seiend erachtet wird, kann sie das Subjekt einer Aussage sein (K. 43:29 »bis die Wahrheit zu ihnen kam«, 12:51: »denn die Wahrheit zeigte sich«, 7:118: »da wurde die Wahrheit sichtbar«). Es geht also um ontologische Wahrheit, die sich in Worten zeigt (2 Sam 7:28). Dieser Status unterscheidet sich deutlich von der Richtigkeit. Noch weiter eingeengt wird der Wahrheitsbegriff dadurch, dass er sich auf Worte bezieht. Es geht also um Aussagen, die wahr sind und zugleich Auskunft über die Wahrheit, die unbedingte Geltung verlangt, geben.

Kernpunkt der sogenannten mosaischen Unterscheidung ist nun die Behauptung, dass erstens in dem Moment, wo dieser und nur dieser Wahrheitsbegriff auf *einen* Gott allein bezogen wird, dieser Gott einen Geltungsanspruch erhebt, der ihn allein zur Wahrheit mache, und dass zweitens dieser Moment historisch sei. Anders ausgedrückt: Es muss (a) einen Wahrheitsbegriff geben, der auf eine Wahrheit referiert, durch den dann (b) dem durch diesen Begriff unabhängig vom Beurteiler attribuierten Objekt eine unbedingte Geltung zugeschrieben wird (cf. K. 22:62: »Gott ist die Wahrheit«) und (c) diese Deutung einen historischen Ursprung habe. Ein Viertes kommt hinzu: Das Objekt, das nun die Eigenschaft »wahr sein« hat, muss, um wahr zu sein, jenseits aller Richtigkeit liegen; da gemeinhin Richtigkeit die Korrespondenz von Wirklichkeit und Zeichen oder Propositionen bezeichnet, unterliegt sie der Beurteilung. Beurteilbar ist aber nur das, was »in der Welt« ist. Also kann nur das wahr sein, was unabhängig von der Richtigkeit ist und damit notwendig jenseits der Grenzen der Welt liegt. Um diese Wahrheit kategorial von anderen Bedeutungen zu unterscheiden, soll sie im folgenden t-Wahrheit genannt werden.

Die t-Wahrheit ist damit ein Differenzpartner der Richtigkeit. Zugleich erhebt sie einen hegemonialen Anspruch darüber, was richtig sein kann. »Richtig ist nur das, was wahr ist.« Verfechter eines hegemonialen Standpunkts der Richtigkeit (hierzu wären islamische Juristen zu zählen) hingegen werden sagen: »Wahr ist zunächst nur das, was richtig ist.« Indem sich nun die t-Wahrheit dadurch auslegt, dass sie die Richtigkeit in der Welt bestimmt, wird sie deontologisch oder besser normativ. Eine t-Wahrheit, die sich normativ und so gesetzlich deutet, beansprucht über eine Erzwingungsgewalt.

Es besteht so kein Zweifel, dass eine t-Wahrheit wegen ihres hegemonialen Anspruchs in einem spezifischen Verhältnis zu Gewalt steht und hierdurch Gewalt neu semantisiert. Sie kann nur verstanden werden als Auffassung, die mit der Richtigkeit ein Differenzierungspaar bildet. Was den semantischen Gehalt des Begriffes, aus dem sich das Differenzierungspaar ergab, anbetrifft, so lässt er sich für frühere Sprachen allenfalls noch lexikalisch bestimmen, doch eine adäquate semantische Bestimmung lässt sich kaum noch nachvollziehen. Im Hintergrund dürfte vielleicht ein Begriff von »Treue« gestanden haben. Nun zeichnen sich Differenzierungen dadurch aus, dass die jeweiligen Differenzierungspartner eigentlich keine Partnerschaft pflegen, sondern Hegemonie beanspruchen. Die Hegemonie einer t-Wahrheit über eine Richtigkeit war aber selten unbestritten. Frühere muslimische Juristen, die sich als Sachwalter der Richtigkeit wähnten, anerkannten zwar die t-Wahrheit als sinnvolle Rahmenordnung, doch blieb die Bestimmung konkreter Richtigkeit davon unberührt. Richtig war dann zunächst das, was nützlich und gültig war. So verlangte die (in diesem Falle durch die Prophetentradition ausgelegte) t-Wahrheit, dass ein Apostat hinzurichten sei; diese Rahmenordnung aber war nicht nützlich, sodass Juristen sie zwar kommentierten, aber in ihren Setzungen nicht konkretisierten. Dies wieder hatte zur Folge, dass die Zahl von Menschen, die explizit wegen Apostasie getötet wurden, bis in das 15./16. Jahrhundert hinein recht gering war. Es ist also nicht so, wie Sloterdijk meint, wenn er schreibt: »Noch der heutige Islam ist vom Problem der Apostasie (*ridda*) geradezu besessen, wie unter anderem ein fatales Urteil des Fatwa-Ausschusses der Al-Azhar-Universität in Kairo, der angesehensten Institution des sunnitischen Islam, von 1978 bezeugt: Nach diesem sind noch heute Apostaten unter gewissen Umständen als Verräter an Allah zu töten.« Es geht hier um das Wörtchen *noch*: Sloterdijk liest die Rechtsmeinung des damaligen Präsidenten der Fatwa-Kommission der Azhar, ʿAbdallāh al-Mišadd (es ging um eine zum Christentum konvertierten Ägypter), als wäre sie Ausdruck eines uralten islamischen Willens und übersieht, dass das Apostasieproblem in der islamischen Tradition erst in der Neuzeit Bedeutung erlangte. Ein anderes Beispiel. Die in diesem Falle wieder durch die Prophetentradition ausgelegte t-Wahrheit verlangte, dass Ehebrecher zu steinigen seien. Doch entsprach auch diese Regelung wohl nicht der Richtigkeitsbeurteilung der Juristen. Der erste überlieferte Bericht über die Steinigung in der altislamischen Welt stammt aus der Zeit kurz nach 1675.

Zumindest in der alten islamischen Tradition hatte es die t-Wahrheit schwer, sich gegen den Geltungsanspruch der Richtigkeit durchzusetzen. Dies zeigte sich besonders dann, wenn Juristen die Aussage »wahr ist nur das, was richtig (gültig/nützlich) ist« selbst als Regel der Wahrheitsordnung definierten und damit ihre Rechtsinterpretation (*šarīʿa*) der Nützlichkeit unterstellten. Dass Richtigkeitsbehauptungen nicht notwendig harmlos sein müssen, versteht sich von selbst. So war es für muslimische Juristen richtig, dass ein Mörder unter den Bedingungen der *talio* getötet wurde. Auch war es für sie richtig, dass Kriegsgegner getötet wurden. Die Humanisierung einer Wahrheitsordnung bestand so der Sache nach in der »Richtigstellung der Wahrheit«: Die Richtigkeitsbeurteilung bändigte den Geltungsanspruch der Wahrheit. Richtigkeit beruhte nicht auf einer axiomatischen Annahme, aus der Wahrheit abgeleitet wird, sondern auf einem sozialen Common Sense über Nützlichkeit und Gültigkeit.

Wir haben es also mit der grundlegenden Unterscheidung zwischen t-Wahrheit und Richtigkeit zu tun. Wenn nun das Transzendente als Ergebnis eines Differenzierungsprozesses innerhalb des Feldes des Sakralen ist, dann ist dieser Wahrheitsbegriff unmittelbar verbunden mit der Ausformulierung von Behauptungen über eine Transzendenz. Dieser Differenzierungsprozess generierte die Abtrennung der Wahrheit von der Richtigkeit, wobei Richtigkeit unter dem Hegemonieanspruch der Wahrheit niemals mehr die Richtigkeit sein kann, die zuvor die Gültigkeit einer Sakralordnung (das heißt die »Treue«) gekennzeichnet hatte. Diese Wahrheitsordnung konnte, musste aber nicht »vergöttlicht« werden. *Wie* die Wahrheitsordnung angesprochen wurde, hing immer von den Bedeutungskonventionen ab, die in einer Tradition vorherrschten. Ein Merkmal aber war über alle Traditionen hinweg konstant. Der Charakter der t-Wahrheit bedingt, dass sich seine Eigenschaft (»wahr«) nur in einer Wahrheit auslegen konnte. Diese konnte aber durchaus verschiedene performative Ebenen haben (zum Beispiel in dualistischen oder trinitarischen Ordnungen, in wiederkehrenden Welten und Äonen und so weiter). Eine spezielle Auslegung lag dann vor, wenn sie mit einem semantischen Konzept erfolgte, das in der Sakralordnung einen Gott bezeichnete. Das erhöhte natürlich die Akzeptanz. In den frühen koranischen Offenbarungen legte sich die Wahrheitsordnung fast durchweg als »Herr« (*rabb*) aus, nicht als »Gott« (*ilāh*). Erst später legte sich die koranische Offenbarung durch den Begriff *allāh* aus, durch die sich die semantische Referenz zu den Göttern der Sakralordnung ergab. Zugleich aber bedeutet dieser semantische Bezug die Profanisierung der Götter, da der Begriff Gott nun nur noch als Auslegung der Wahrheitsordnung gedacht werden konnte. Die profanisierten Götter verloren zwar ihren Ehrentitel »Gott«, nicht aber ihre performative, behauptende Kraft. Sie wurden nicht einfach vergessen, sie nahmen nur nie die Eigenschaft, »wahr« zu sein, an.

Eine Wahrheitsordnung, die sich mit dem lexikalischen Begriff »Gott« bezeichnet, musste, um wahr zu sein, diesen Gott als den Einen auslegen. Insofern nun die Wahrheit Besitz von den Göttern ergriff, wurde sie zur Göttlichkeit. Meines

Erachtens ist es ein Fehler, diese Göttlichkeit (oder besser diesen t-Gott) genealogisch auf Traditionen zurückzuführen, in denen es eine lokale sinnstiftende Verehrung nur eines Gottes gab. Dies legt zumindest die koranische Tradition nahe. Ob es dabei jemals wirklich einen Unterschied zwischen der Ein-Gott-Verehrung (Henolatrie) und einer nur-ein-Gott-Verehrung (Monolatrie) gegeben hat, ist hier nicht wichtig. Bedeutsamer ist, dass diese auf einen Gott bezogene Verehrung im Kontext der Sakralordnung vollzogen wurde. In dem Moment, wo sich die Wahrheitsordnung als Göttlichkeit auslegte, kam es sicherlich zu einer semantischen Überlagerung, sodass retrospektiv ein genealogischer Zusammenhang zwischen dem t-Gott und dem Gott, der allein verehrt wurde, ausgemacht wurde. Dies verschleiert aber den epistemischen Bruch, der sich in dem Moment auftat, wo sich die Sakralordnung in einer Transzendenz/Immanenz-Ordnung ausdifferenzierte.

Die t-Wahrheit erschuf sich eine eigene Ordnung jenseits der Sakralordnung und des Götterkults. Sie erschuf aber keinen Monotheismus. Dieser Prozess konnte auch die Deutung der Götterwelten einschließen, musste es aber nicht. Einen zwingenden Zusammenhang zwischen der Hegemonie einer transzendenten Wahrheitsordnung und dem sakralen Götterkult gibt es nicht. Unter bestimmten Bedingungen kann sich die Wahrheitsordnung in einer Kultwelt zum Ausdruck bringen, doch bedeutete dies zugleich eine Umdeutung dessen, was bislang als Götterkult verstanden wurde. Konventionell trat die Wahrheitsordnung daher nicht in einen Gegensatz zum sakralen Götterkult, sondern rahmte ihn ein durch eine transzendent-immanent-Unterscheidung. Sofern diese Unterscheidung hegemonial wurde, spaltete sich das semantische Feld des Götterkults auf: Die Götter wurden nicht abgeschafft, sondern in ihrem Wirkungsfeld auf die Innerweltlichkeit beschränkt. Zusätzlich wurde eine Göttlichkeit abstrahiert, die als Repräsentation der transzendenten Wahrheitsordnung angesehen wurde.

Eine solche Wahrheitsordnung kann ohne weiteres den Götterkult anerkennen, ja, sie kann den Götterkult sogar zum Gegenstand der Wahrheitsordnung machen. Dies drückt nur den hegemonialen Geltungsanspruch der Wahrheitsordnung aus. Der Götterkult hingegen kann sich nur schwerlich gegen die Wahrheitsordnung wehren, außer dieser mit Indifferenz zu begegnen oder diese zu leugnen. Letzteres ist natürlich nur dann der Fall, wenn der Hegemonieanspruch der Wahrheitsordnung eine Selbstdeutung des Götterkults verlangt. In diesem Fall aber ist der Kontext der Selbstdeutung eine Leugnung der Wahrheitsordnung. Der sakrale Götterkult ist dann nicht mehr das, was er einmal war.

Durch die transzendent-immanent-Unterscheidung trat also die Wahrheitsordnung neben den Götterkult. In einigen Fällen deutete sich die Wahrheitsordnung mit Begriffen, die dem Götterkult eigen waren, und das ist natürlich zunächst der Begriff für einen Gott selbst. Sofern sich die Wahrheitsordnung als göttlich auslegt, sollte von Göttlichkeit gesprochen werden. Wir haben es dann mit einem Gefüge von Göttern und Göttlichkeit zu tun. Da Letztere Wahrheit ist, kann sie aus der Sicht ihrer Protagonisten stets nur im Singular existieren.

Da die Wahrheitsordnung nur als Rede über sie existiert, hat sie zunächst keinen Kult. Sie findet ihre Bestätigung nur in der Rede über sie. Um sich Geltung zu verschaffen, muss die Wahrheit sich selbst in einer Rede (*logos*) offenbaren. Dafür gibt es mehrere Möglichkeiten: Sie kann sich selbst erzwingen, indem sie die Erkenntnis des Menschen vernünftig werden lässt, oder die kann sich in einer ihr eigenen Rede offenbaren. In einigen Fällen wie im Neuplatonismus kann sie auch beides kombinieren, oder sie kann dem Menschen offenbaren, vernünftig zu sein.

Nun waren die Bewahrer derjenigen Traditionen, die die epistemische Unterscheidung zwischen transzendent und immanent vollzogen, gewiss nicht notwendig Philosophen. Die Philosophie ist ja nur eine Gestaltung dieser Unterscheidung.

Mehrheitlich machten die von den Konventionen Gebrauch, die bislang den sakralen Götterkult bezeichneten. Hierzu gehört natürlich in erster Linie der Begriff Gott selbst. Doch selbst dann, wenn die Wahrheitsordnung mit einem Begriff für Gott gleichgesetzt wird, ist sie nicht bedeutungsgleich mit dem Begriff Gott, der im Götterkult gebraucht wurde. Ein solcher transzendenter Gott reproduziert auch nicht die Machtposition eines obersten Gottes in einem Pantheon; in einigen Fällen eignete er sich den Namen eines Gottes an, was dann zu Verwirrung führen konnte: Als in mittelmekkanischer Zeit der sich die im Koran offenbarende t-Wahrheit als ar-Rahmān zu erkennen gab, schienen viele der Meinung gewesen zu sein, dass es sich doch um einen Gott des Götterkults, in dem es einen Gott namens ar-Rahmān gab, handelte. Die sich offenbarende Wahrheitsordnung reagierte hierauf und machte *ar-rahmān* (als »der Gnadenspender«) zu ihrem Attribut; sich selbst gab sie nun nur noch als die Göttlichkeit/der Gott (*allāh*) zu erkennen. Hier wurde kein »Hochgott« aus dem Pantheon isoliert, sondern die Wahrheitsordnung »vergöttlicht«. Kompromisse waren nicht zu verhindern: Da sich die t-Wahrheit nun als Göttlichkeit auslegte, brauchte es einen konventionellen performativen Zusammenhang, der die Göttlichkeit zum Ausdruck brachte. Die t-Wahrheit musste also *nolens volens* einen Kult anerkennen. Wahrheitsordnungen konnten sich immer nur im Rahmen ihrer Traditionen auslegen. Diese bildeten einen Gebrauchszusammenhang, der zu ihrer Umdeutung führte. Sofern eine Wahrheitsordnung hegemonial war, las und überlieferte sie ihre Tradition in ihrem Sinne. Das betraf dann auch den Kult, auf den sich die t-Wahrheit bezog.

Es gibt keinen Zweifel daran, dass die transzendent-immanent-Unterscheidung erfolgreich war. In fast allen der großen Traditionen, die heute als Religion definiert werden, wurde diese Unterscheidung vollzogen. Der Nachteil aber lag darin, dass sie (a) den Götterkult nie ganz ersetzen konnte, (b) sich immer wieder neu erfinden musste und (c) nur begrenzt größere Teile einer Bevölkerung so integrieren konnte, dass der Götterkult ganz verschwand. Dem stand der Vorteil gegenüber, eine Ordnung zu repräsentieren, die Hegemonie über alle Formen der Partikularität ausüben und so selbst die Deutungshoheit über den Götterkult beanspruchen konnte. Die Wahrheitsordnung war stets eine hegemoniale Ordnung, die sich noch dadurch verstärken konnte, wenn sie mit einer realen Herrschaft korrespondierte. Dies war aber keinesfalls die Bedingung für die Hegemonie der Wahrheitsordnung.

### *Wahrheit und Gewalt*

Dies führt nun zur Frage nach dem Zusammenhang zwischen transzendenter Wahrheitsordnung und Gewalt. Zweifellos ist eine Wahrheitsordnung hegemonial. Hegemonien äußern sich in Machtvollzügen. Mithin verfügen alle Wahrheitsordnungen über eine *potestas*, oder anders gesagt, die Wahrheit ist *potestas*. Als Macht muss die Wahrheit also die Möglichkeit haben, sich durchzusetzen. Doch ist Wahrheit auch Gewalt (*violentia*)? Nach Kant wäre sie es, »wenn sie auch dem Widerstande dessen, was selbst Macht besitzt, überlegen ist.« Gewalt ist also nur gegeben, wenn sie sich durchsetzt. Auf dass Wahrheit ist, muss sie dem Lügner mit Gewalt begegnen. Duldet sie die Lüge, gibt sie sich selbst preis. Doch die Wahrheit kann sich nicht selbst vollstrecken. Eine »intrinsische« Beziehung der Wahrheit zur Gewalt ist also nur dann gegeben, wenn sie in ihrer Ordnung die Befehle und den Zwang einschließt, die der Wahrheit Geltung verschaffen. In diesem Fall hätten wir es mit einer erzwingenden Gewalt transzendenter Wahrheit zu tun. Wenn die Wahrheit sagt: »Ich bin die Göttlichkeit, zerstört die Götter«, dann haben wir es mit einer solchen erzwingenden Gewalt zu tun, denn wenn sich der Wahrheitstreue weigert, die Götter zu zerstören, leugnet er die t-Wahrheit. Wenn die t-Wahrheit deontologisch verstanden sagt: »Ich bin die Göttlichkeit, so tötet, die, die mich leugnen«, dann ist der Fall klar. Hier ist Gewalt unmittelbar mit dem Geltungsanspruch der Wahrheit verbunden. Etwas anderes ist es, wenn Verfechter der Wahrheitsordnung sich selbst berufen sehen, diese mit Gewalt durchzusetzen. Für sie handelt es sich natürlich um legitime Gewalt, denn sie verletzt nicht das Recht, gegen die sie sich richtet, sondern stellt das Recht der Wahrheit her.

Nun ist Gewalt unter den Bedingungen der transzendent-immanent-Unterscheidung natürlich nicht identisch mit der Gewalt, die in der Neuzeit und Moderne unter völlig anderen epistemischen Bedingungen definiert wird. Gewiss ist formal es dasselbe, wenn im 3. Jahrhundert jemandem der Kopf abgeschlagen wurde und wenn jemand in der Französischen Revolution guillotiniert wurde. Der Tatbestand ist der gleiche; beide Handlungen können als »köpfen« beschrieben werden, beide Handlungen richteten sich gewiss gegen den Willen desjenigen, der geköpft wurde. Doch handelt es sich um Manifestationen *einer* Gewalt?

Die Götter, die im sakralen Götterkult verehrt wurden, waren gerne für Gewalt zu haben. Wenn zum Beispiel Sargon II. (721–705) von sich sagte: »Aššur, Nabu (und) Marduk, die Götter, meine Helfer, haben mir ein Königtum ohne gleichen verliehen. (...). Mit der Kraft Aššur's, Nabu's und Marduk's, der großen Götter, meiner Herren, die meine Waffen erhoben hatten, schlug ich die Gesamtheit meiner Feinde nieder.« dann behauptete er, mit der Kraft eines sakralen Götterkults zu handeln. Was unterscheidet dies von der Gewalt, die im Namen einer Wahrheitsordnung ausgeübt wurde? Doch gewiss die Situation, die dann gegeben ist, wenn sich die Gewalt gegen Verfechter einer anderen *Ordnung* richtet. Nehmen wir einen Wahrheitstreuen an, der Gewalt ausübt. Wenn er sie gegen *seine* Feinde ausübt, unterscheidet er sich kaum von Sargon II. Wenn er hingegen Gewalt gegen Menschen ausübt, die *er* als Feinde der Wahrheitsordnung bestimmt hat, dann übt er die Gewalt der Wahrheitsordnung aus. Ähnlich wäre es, wenn

Sargon II seine Gewalt gegen andere deshalb ausübte, weil sie *nicht* Nabū, Aššur oder Marduk verehrten und deshalb *deren* Feinde wären. Ich weiß nicht, ob assyrische oder babylonische Herrscher ihr Gewalthandeln jemals im letzteren Sinne beschrieben und begründet hätten. Entscheidend ist in jedem Falle, *wessen* Feinde es sind, gegen die Gewalt ausgeübt wird.

Aus der hier debattierten Frage ist also die Zuspitzung auf später als monotheistisch definierte Traditionen wenig hilfreich. Einfacher ist es, die Frage so zu formulieren: Stiftete eine Weltdeutung, die auf der Wirklichkeit einer t-Wahrheit beruhte, Gewalthandeln? Wenn ja, radikalisierte sie dieses Gewalthandeln? Wenn ja, unterschied sich dieses Gewalthandeln von jenem, das in Kontexten ohne t-Wahrheit vollzogen wurde? Wenn ja, was ist der Unterschied?

Es ist fraglos richtig, dass Gewalt durch den Bezug zur Wahrheitsordnung radikal werden kann und dass es Unterschiede in der Hermeneutik der Tat gibt, die von den epistemischen Ordnungen abhängen, in deren Rahmen sie vollzogen werden: So kann sich eine Gesetzgewalt der Wahrheitsordnung unterstellen, Herrschaftsgewalt kann sich als Exekutive einer Wahrheitsordnung oder als ein durch den Common Sense der Götter gestütztes Strafgericht deuten oder kann sich nachträglich als Exekutive einer Wahrheitsordnung begründen, eine Kultgewalt kann sich als Ausdruck einer Gottesdienerschaft deuten, eine Sakralgewalt kann sich als Gabe an die Götter verstehen oder eine Jurisdiktion sich als Exekutive einer Wahrheitsordnung auslegen.

Die t-Wahrheit liebte es, sich mit Drohgebärden und Erinnerungsnarrativen an gewaltsame Strafen Treue zu erzwingen. Das war »systemimmanent«, denn eine t-Wahrheit, die nur noch eine reduzierte Kultperformanz hatte, brauchte eine Daseinsbestätigung jenseits der Kultordnung. Alte Erinnerungsnarrative waren hier funktional. In dem Maße, wie sich die t-Wahrheit ihrer Tradition bediente, legte sie sich auch in den Erinnerungsnarrativen dieser Tradition aus. Eine t-Wahrheit brauchte auch und gerade Erinnerungsnarrative, die in einer Sprache der Gewalt ausformuliert wurden. Aber als historisches Geschehen können diese Narrative nicht gelesen werden. Sie haben ja ihren Sinn nur dadurch bekommen, dass sich die t-Wahrheit ihrer bedient und sie diese durch diesen Gebrauch neu semantisiert. Je wilder die Erinnerungsnarrative, desto mehr Geltung verschaffte sich die Wahrheitsordnung. Andererseits kann es natürlich sein, dass in diesem Bericht die t-Wahrheit überhaupt noch keine Rolle spielte und dass hier der Geltungsanspruch der Kultzentrierung auf einen Gott gemeint ist. Dann aber gehört der Bericht nicht in die Diskussion um die Wahrheitsordnung, sondern müsste Teil der Diskussion der Sakralordnung sein.

Es ist nun zweifellos so, dass diese Kontexte die (semantische) Bedeutung der Gewalt bestimmen, nicht aber die Ausführungsform der Gewalt. Daher unterscheiden sie sich in ihrer Bedeutung je nachdem, ob sie im Kontext von Hervorrufungshandlungen sakraler Kultwelten, von Bezeugungshandlungen einer Wahrheitsordnung, von Glaubenshandlungen einer Religionsordnung oder von Seinshandlungen einer post-religiösen Welt sind. Außer der Ausführungsform gibt es somit als *tertium comparationis* nur die Tatsache, dass alle diese Gewalten eine Bedeutung haben, die jenseits des konkreten Handlungsvollzugs liegt.

Die Diskussion um die Frage der Beziehung von Monotheismus und Gewalt muss also aufgeteilt werden. Die erste Frage betrifft die vorneuzeitliche Wahrheitsordnung, die zweite die neuzeitliche Religionsordnung. Wie ich zu zeigen versuchte, übernahm die Wahrheitsordnung in dem Moment, wo sie sich als Göttlichkeit auslegte, ein Prärogativ der Götter, nämlich zornig zu sein und strafen und vergelten zu können. Sie unterschied zwischen Treue und Untreue, Bewahrheitung und Lüge. Sie verlangte Gehorsam und stattete sich mit einer normativen Ordnung aus, der Zwang bedeuten konnte. Sie konnte verlangen, dass die Untreuen zu bekämpfen oder gar zu töten seien. Gewalt war also nicht Gabe, sondern Beweis der Treue. Doch keine Tradition, in der die Transzendenz-Immanenz-Unterscheidung vollzogen wurde, legte sich ausschließlich so aus. Vielmehr beschränkte sich die Wahrheitsordnung selbst, indem sie ihre Strafdrohung und ihre Gewalt auf das Ende aller Zeiten verschob. Andererseits aber begründete die t-Wahrheit die Möglichkeit einer spezifischen Klassifikation der Menschen nach Freund und Feind und die Möglichkeit der Selbstauslegung der Wahrheitstreuen, als Zeichen ihrer Treue die Wahrheit durchzusetzen. Die t-Wahrheit nun entschied nie, ob von dieser Möglichkeit Gebrauch gemacht wurde.

Die Frage ist also, ob die Kontextualisierung durch eine Wahrheitsordnung Gewalt radikalisierte. Radikalisierung hieße hier (a) quantitative Zunahme, (b) qualitative Brutalisierung, (c) Bestimmung desjenigen, gegen den Gewalt ausgeübt wird, als Feind der Ordnung, die die Gewalt ausübt, ohne dass dieser die Möglichkeit hat, sich selbst als Freund oder Feind zu definieren, und/oder (d) hegemoniale Stellung über andere Deutungen von Gewalthandlungen.

Damit haben wir aber die Frage auch historisch eingegrenzt. Sie gilt nur, solange eine Wahrheitsordnung (hier immer bezogen auf die t-Wahrheit) hegemonial ist. In dem Moment, wo sich eine Wahrheitsordnung (meist als Religion-Säkularität-Ordnung) ausdifferenziert, ändert sich der Kontext, der Gewalt bedeuten kann, radikal. Dies bedeutet aber zugleich auch, dass religiöse Gewalt, die es nur unter den Bedingungen der Religion-Säkularität-Unterscheidung geben kann, nicht mit Gewalthandeln, das sich durch eine Transzendenz-Immanenz-Unterscheidung auslegte, identisch ist. Ein genealogischer Rückbezug religiöser Gewalt im Rahmen des Dreißigjährigen Krieges auf die christliche Wahrheitsordnung des Mittelalters oder gar auf den »Monotheismus« ist so nicht möglich. Kurzum, religiöse Gewalt kann es nur geben, wenn Religion als normative Ordnung den Deutungskontext der Handelnden bestimmte. Dies aber setzt die Differenzierung der alten Wahrheitsordnung in eine Religions- und eine Gesellschaftsordnung voraus; dieses Gefüge aber ist neuzeitlich oder gar erst modern. Religiöse Gewalt ist damit immer eine Gewalt in der Neuzeit und in der Moderne. Ursächlich ist dann der Kontext der Moderne, nicht das jeweilige Traditionsgefüge, das sich als Religion normativ auslegt.

Wir müssen also zunächst entscheiden, welchen epistemischen Raum wir betreten wollen, wenn wir einen normativen Kontext für Gewalt ausfindig machen wollen. Folgenden Feststellungen sind hier hilfreich:

a) Von religiöser Gewalt kann sinnvoll nur dann gesprochen werden, wenn Religion die normative Ordnung eines Traditionsgefüges bildet. Historisch gesehen kann es religiöse Gewalt also frühestens seit dem 16./17. Jahrhundert geben.
b) Da Monotheismus Teil der normativen Religionsordnung ist, kann keine vorneuzeitliche Tradition sinnvoll mit diesem Begriff beschrieben werden.
c) Da die epistemischen Ordnungen die Auslegung von Traditionsgefügen kontextualisieren, müssen die Traditionen entsprechend diesen Ordnungen intern unterschieden werden.
d) Da diese epistemischen Ordnungen auch hegemonial und damit gewalttätig sein können, ist die Auslegung einer Gewalthandlung, sofern sie im Kontext einer solchen Ordnung erfolgt, von ihnen abhängig.
e) Da die Beziehung zwischen t-Wahrheit und Gewalt geprüft wird, ist es sinnvoll, sich auf die Wahrheitsordnung zu beschränken.

### *Folgen der Wahr/Falsch-Unterscheidung*

Die Selbstauslegung einer hegemonialen Wahrheitsordnung braucht nicht zwingend Götter oder besser einen Gott. Sie kann sich sehr unterschiedlicher Traditionen bedienen. Wie der koranische Mikrokosmos oder auch die griechischen Traditionen zeigen, kann sogar davon ausgegangen werden, dass die Selbstauslegung in einer Gottheit erst sekundär ist. Die Auslegung eines Gottes als Wahrheit, dessen Ordnung dann die Wahrheitsordnung ist, setzt die t-Wahrheit/Lüge-Unterscheidung voraus. Offenbar war hier der schon angesprochene pragmatische (zufällige) Zusammenhang maßgeblich: Denn dort, wo der Götterkult eine henolatrische Zuspitzung erfuhr und hierdurch sogar hegemonial werden konnte, ergab sich eine Passung zwischen Götterkult und Wahrheitsordnung. Die Vergöttlichung der Wahrheit (und parallel die Verteuflung der Lüge) transformierte aber notwendig den Gottesbegriff. Der Gott der Wahrheit war eben kein Gott. Dort, wo es keine Zuspitzung des Götterkults gab, legte sich die Wahrheitsordnung in eigenständigen Redeformen aus.

Die dogmatische Anerkennung einer sich in Göttlichkeit auslegenden t-Wahrheit wird in der islamischen Tradition *tawḥīd* genannt. Hierbei handelt es sich um einen terminologischen Neologismus, der wohl im 8. Jahrhundert gebräuchlich wurde. Der lexikalischen Bedeutung nach bezeichnet der Begriff eine »Ver-eins-ung«, also einen Henotisierung. Das Henotisieren bezog sich natürlich nicht auf Wahrheitssysteme, sondern auf die wissentliche Bekundung und die Repräsentation des Eins-Seins Gottes und damit auf das Wissen des Menschen. Der Gottestreue henotisiert sein Wissen von der Göttlichkeit, indem er das Proprium der Göttlichkeit, eins zu sein, als Wahrheit bestätigt. Das Eins-Sein ist also die t-Wahrheit. Islamische Dogmatiker diskutierten dies dann in dem Sinne, dass die Wahrheit das Proprium der Göttlichkeit definiere und dass die Göttlichkeit nicht das Proprium der Wahrheit sein könne. Wenn aber die Wahrheit die Eigenschaft der Göttlichkeit ist, so ist auch die Göttlichkeit der Wahrheit unterworfen. Die Kategorie »eins« bezieht sich also nicht auf einen Gott, der sich seiner Konkurrenten entledigt hätte, sondern auf die Göttlichkeit. Da sie wahr ist, ist sie, und da sie ist, ist sie wahr. Das Sein der Göttlichkeit kann nur eins sein, denn verschiedene Sein-e (also nicht bloß Seinsweisen) sind undenkbar. Die »Eins«-Aussage bezieht sich demnach auf die t-Wahrheit, die sich in der Göttlichkeit auslegt. Diese Konfiguration der Deutung der t-Wahrheit erlaubte es muslimischen Dogmatikern, andere Traditionen, die ebenfalls die Transzendenz-Immanenz-Unterscheidung vollzogen haben, anzuerkennen. Sie gestattete es muslimischen Philosophen wie Ibn Rušd (Averroes) zu behaupten, dass sich die t-Wahrheit sowohl in dogmatischer, wie in philosophischer Hinsicht auslegen kann. Logischerweise ist dann auch der, der die rhetorische, dialektische und demonstrative Beweisführung leugnet, jemandem, der die Wahrheit leugnet, und damit jemandem, der die Prinzipien der Dogmatik leugnet, gleichgestellt. Andererseits seien die verschiedenen Denkweisen über die Welt nicht so absolut von einander entfernt, dass man einige davon für Leugnung erklären könnte und andere nicht. Muslimische Dogmatiker konnten daher andere Traditionen, die die Transzendenz-Immanenz-Unterscheidung vollzogen hatten, selbst dann anerkennen, wenn sie nicht die Henotisierung teilten, sondern »dualisierten« (Manichäer, Zoroastrier) oder gar »triplizierten« (Christentum). Bedingung für die Anerkennung war allerdings der Vollzug einer Transzendenz-Immanenz-Unterscheidung.

Dies ermöglichte nun eine zweite Strategie, die Hegemonie der t-Wahrheit abzuschwächen. Die erste Strategie bestand ja im Geltungsanspruch der Richtigkeit gegenüber der Wahrheit, dem sich vor allem bestimmte Juristen verschrieben hatten. Die zweite Strategie bestand in der Relativierung des Geltungsanspruchs der Auslegung eigenen Wissens als Spiegelung der t-Wahrheit. Gewiss, muslimische Dogmatiker betrachteten dualistische oder triplizistische Auslegungen als Zeichen für Unaufgeklärtheit oder bisweilen schlicht für Dummheit, da eine Pluralisierung der Seinswahrheit unmöglich sei. Die Henotisierung genoss daher ein Privileg, das sich auch in einer sozialen Privilegierung wiederholte.

Historisch gesehen gingen aber beide Strategien nicht immer auf. In dem Moment, wo die Wahrheitsordnung als alleinige Referenz der Urteils- und damit der Normenbildung angesehen wurde und diese Deutung wiederum Geltung beanspruchte, da sie der Beleg für die Treue zur Henotisierung sei, bot sie einen wirksamen Rahmen für die Ausübung von Herrschaftsgewalt, die sich dann gegen Anhänger anderer Traditionen, aber auch gegen Juristen richtete. Unter den Bedingungen der alten Transzendenz-Immanenz-Unterscheidung gab es kaum eine andere Möglichkeit, Herrschaftsgewalt jenseits persönlicher Machtansprüche zu interpretieren als durch den Verweis auf eine Wahrheitsordnung. Begründet wurde dies axiomatisch, also auch durch den Verweis auf eine Wahrheitsordnung. Nur handelt es sich nicht um eine t-Wahrheit, sondern um eine Wahrheit der Immanenzordnung, da zumindest für Theoretiker wie Ibn Haldūn (gest. 1406) Herrschaftshandeln immer immanente Gewalt ist. Einen Gott als Erzwinger einer Ordnung kannte er nicht.

Ganz anders dachten islamische Dogmatiker, die den Geltungsanspruch der Wahrheitsordnung zu entgrenzen suchten und das Dasein selbst mit der Wahrheitsordnung in Übereinstimmung bringen wollten. Diese Auffassung bedingte erstens eine Integration des Rechts in die Deontologie, also die Setzung, dass die Wahrheit das Richtige bestimme, zweitens eine nominalistische und kasuistische Wirklichkeitsauffassung, wonach sich die Wahrheit in einzelnen, nicht abgeleiteten Regeln auslege und drittens die Übertragung der Erzwingungsgewalt an den Einzelnen, sofern er den ersten beiden Bedingungen genügte. Dies aber war im 14. Jahrhundert zunächst bloße Theorie, verfochten von berühmten Gelehrten wie dem Syrer Taqī d-Dīn Ibn Taymīya (1263-1328). Legitime Herrschaft sei nur dann gegeben, wenn sie ihre erzwingende Gewalt mit der sich in der Sunna deutenden Wahrheitsordnung in Übereinstimmung bringe. Dies ermöglichte nun nicht nur die Weiterung eines Widerstandsrechts, sondern auch die Selbstermächtigung, eine der Sunna konforme Ordnung durchzusetzen. Allerdings gewann diese Auffassung erst im 16. Jahrhundert an Bedeutung, als frühe islamische Puritaner Gemeinschaften bildeten, die für sich eine so legitimierte Erzwingungsgewalt reklamierten (zunächst in den Zentren des Osmanischen Reichs, dann auch in Indien und im 17./18. Jahrhundert auch in den Provinzen der islamischen Reiche).

Das Eigentümliche der t-Wahrheit ist, dass sie Wissenswahrheit und nicht Glaubenswahrheit war. Sie unterlag damit der Exegese und zugleich den deduktiv-rationalistischen Diskursen, mit denen Wissen gestaltet wurde. Für islamische Dogmatik waren die Wissensgestaltungen, mit denen die Wahrheit ausgelegt wurde, theoretischer Natur. Der Erfassung und Zusammenstellung der Normen hingegen war empirischer Natur, insofern die einzelnen Setzungen der Normen aus einem empirisch fassbaren Bestand an Überlieferungen (sei es die Prophetentradition, sei es die Gewohnheit) gefasst werden konnten. Die Wahrheit konnte sich so nicht einfach als empirisch fassbare Größe darlegen. Sprache und Logik bestimmten demnach die Möglichkeit, die Wahrheit zu erkennen. Daher war die Wahrheit selbst in gewisser Hinsicht theoretisch. Der Vorteil der t-Wahrheit ist, dass sie nicht empirisch überprüfbar ist; ihre Schwäche ist, dass sie sich in einer empirisch überprüfbaren Welt keine Geltung verschaffen kann. Solange also die t-Wahrheit nicht behauptet, die Wirklichkeit zu sein, ist ihre Macht begrenzt. Sie kann sich erst dann entfalten, wenn sie der Wirklichkeit ein Ende bereitet, und das ist erst beim Jüngsten Gericht der Fall. Zumindest für muslimische Gelehrte, aber natürlich nicht für alle, konnte sich die Gewalt der Wahrheit nicht unmittelbar in der Wirklichkeit zeigen.

### *Das Problem der Historisierung*

Damit wären wir wieder bei der Ausgangsfrage dieser Diskussion. Sie sollte aber lauten: Definiert, stiftet oder beglaubigt eine t-Wahrheit in besonderer Weise Gewalt? Die Antwort ist: Ja. Entscheidend ist aber für mich der modale Ausdruck »in besonderer Weise«, der sich auf die Verben definieren, stiften oder beglaubigen bezieht. Nicht die Gewalt und nicht ihre Qualität sind das Besondere, sondern der Modus, in dem sie hervorgerufen werden.

Nun stellt sich die Frage, seit wann es eine t-Wahrheit gegeben hat, die sich in besonderer Weise der Gewalt bediente. Da der Begriff Monotheismus ausfällt, kann die Antwort auch nicht auf einen »Ursprung« des Monotheismus bezogen werden. Wir müssen also danach Ausschau halten, seit wann es Belege für eine Ordnung gibt, die auf einer t-Wahrheit beruht.

Wie ich zu zeigen versuchte, steht der t-Wahrheit die Richtigkeit als Differenzierungspartner gegenüber. Eine t-Wahrheit kann es nur dann geben, wenn sie sich von der Richtigkeit unterscheidet. Der Ausgangspunkt ist damit nicht die Unterscheidung zwischen richtig und falsch, sondern – im Gefolge der Ausdifferenzierung von »treu« in ein neues Paar wahr (ἀληθής) / richtig (ὀρθός) – die Unterscheidung t-Wahrheit und Lüge. Diese Ausdifferenzierung kann, muss sich aber nicht in einer analogen Ausdifferenzierung von falsch (ψεῦδος) spiegeln. »Falsch« kann also das Antonym von wahr und richtig sein. Als Antonym von »wahr« meint »falsch« aber immer die Lüge oder das Leugnen.

Es gibt – soweit ich es überblicken kann – keine Sprache, die »wahr« und »richtig« eindeutig lexikalisch differenziert. Für beide Konzepte wird eine Vielfalt von Wörtern benutzt, deren Gebrauch erst klärt, ob »wahr« oder »richtig« gemeint ist. In philosophischen Systemen wird dies eher gemacht als in anderen Wissensfeldern. Eine Tendenz lässt sich aber feststellen: Dort, wo die t-Wahrheit im absoluten Sinne explizit angesprochen wird, wird sie eher durch ein mehr oder weniger eindeutig erscheinendes Lexem ausgedrückt. Die t-Wahrheit bildete sich in Bedeutungen ab, die vordem entweder auf Treue, Standhaftigkeit oder Dauerhaftigkeit verwiesen oder eine Extension des Richtigkeitsbegriffs darstellten. Kurz: Entweder semantisierte sich die t-Wahrheit a) in der Richtigkeit / Gerichtetheit / Gerechtigkeit, b) in der Dauerhaftigkeit / Treue oder c) als Negation einer Verborgenheit. Im ersten Fall ist die Differenzierung schwieriger zu rekonstruieren als im zweiten und dritten Fall. Wir können uns damit behelfen, dass immer dann, wenn als Antonym die Lüge impliziert ist, von Wahrheit die Rede ist. Nun kann wohl kaum behauptet werden, dass »lügen« ein neues Konzept der Wahrheitsordnung darstellt. Lügen konnte man schon vorher. Das Neue ist also erst dann gegeben, wenn durch die wahr/richtig-Unterscheidung das Wahre einen absoluten Rang einnehmen konnte und damit die Eigenschaft zum Sachverhalt machte, wenn also das Wahre zur Ordnung wurde. Aus Lüge wird dann Leugnung. Dies scheint mir, und hier stimme ich Jan Assmann völlig zu, die epistemische Voraussetzung dafür gewesen zu sein, dass sich diese Wahrheit singulär in einem Gott deuten konnte. Zwei Einschränkungen möchte ich allerdings machen. Erstens handelte es sich hierbei nicht um eine Äquivalenzbeziehung, denn eine Singularisierung im Rahmen eines Götterkults führte nicht zwangsläufig zu einer Wahrheitsordnung. Zweitens besteht die epistemische Differenzierung der Sakralordnung (also die ‚mosaische Unterscheidung') nicht in einer wahr/falsch-Unterscheidung an sich, sondern in der Umdeutung dieser alltagssprachlichen Unterscheidung als Vollzug der Transzendenz-Immanenz-Unterscheidung. Denn die Transzendenz-Immanenz-Unterscheidung kannte auch noch andere Vollzüge, man denke nur an die Unterscheidungen von Moral und Recht, von deduktivem Wissen und Erfahrung oder von dem Allgemeinen und dem Besonderem.

Fragt sich nun, auf wann die Ausdeutung von wahr/richtig als Wahrheitsordnung (sprich als t-Wahrheit) zu datieren ist. Hinsichtlich des Koran befinden wir uns auf sicherem Boden: Die frühen mekkanischen Verse sind Selbstoffenbarungen der Wahrheitsordnung, die Hegemonie (auch über den Götterkult) dadurch beansprucht, dass sie alles Seiende ihrer Macht unterstellt und damit am Ende der Tage das Seiende vernichten will. Die epistemische Einrahmung von Weltdeutungen durch eine Wahrheitsordnung kann für das Neue Testament und für größere Teile des Tanakh vorausgesetzt werden. Sie dürfte auch schon Teile der Awesta bestimmt haben. Auf die buddhistischen Definitionen einer »absoluten Wahrheit« und einer konventionellen Wahrheit sowie auf die vier logischen Wahrheitskategorien kann ich mangels Kompetenz nicht eingehen. Die buddhistische *satya*-Ordnung gehört aber sicherlich auch in die Klasse dieser Wahrheitsordnungen, die sich allesamt in logischen Systemen reproduzierten.

Um den Zeithorizont besser bestimmen zu können, sollen nochmals die Ausgangsbedingungen dieser Diskussion rekapituliert werden. Wenn nach einer Relation zwischen Traditionen und Gewalt gefragt wird, dann muss also zwischen den epistemischen Ordnungen unterschieden werden, die sich in den Traditionen auslegten. Sakral-, Wahrheits- und Religionsordnungen definierten spezifische Bezüge zur Gewalt, die der »Logik« der sie tragenden Episteme unterstand. Natürlich konnte Gewalt auch immer im Rahmen des jeweiligen Differenzpartners ausgeübt werden (profane Gewalt, Gewalt innerhalb einer Immanenzordnung, Gewalt einer Gesellschaftsordnung). Eine Theorie hoher Komplexität, die Aussagen zu allen drei hier behandelten epistemischen Ordnungen macht, ist zwar gedanklich möglich, aber letzten Endes sinnlos. Sie könnte allenfalls in Sätzen wie »jede Ordnung begründet und/oder stiftet Gewalt« oder »jede Ordnung legt sich in Gewalt aus oder nutzt Narrative der Gewalt, um sich Geltung zu verschaffen« erfolgen. Eine Theorie, die zwischen den epistemischen Ordnungen zwar differenziert, aber die Gewaltbezüge vergleicht, braucht ein tertium comparationis. Dieses könnten sein: Regeln und Normativität, Gestaltung, Umfang und/oder Opfer. Man könnte also formulieren: Sakrale Gewalt ist im Unterschied zur religiösen Gewalt (ich überspringe hier einmal die Gewalt im Kontext der Wahrheitsordnung) grausamer, aber weniger exzessiv. Oder man könnte sagen: Im Unterschied zur Sakralgewalt gründet die Gewalt im Rahmen der Wahrheitsordnung auf einer Norm, die die Gewalt erzwingt. Angesichts des sehr widersprüchlichen historischen Befundes sind solche Verallgemeinerungen fehl am Platz. Genauso verbieten sich Rückführungen wie: »Die religiöse Gewalt der Moderne ist in einer bestimmten normativen Wahrheitsordnung begründet«. Nun ist offensichtlich, dass alle epistemischen Ordnungen Gewalt normativ begründen und stiften, sich durch Gewalt auslegen, sich durch Gewaltnarrative in Erinnerung bringen und Gewalt dulden. Keine der Ordnung legt normativ fest, dass die Gewalt lediglich ihrem Differenzierungspartner zugehörig sei.

Jegliche Theorie hoher Komplexität, mit der eine Beziehung von Monotheismus und Gewalt modelliert und begründet werden soll, scheitert an ihren Voraussetzungen. Da der Monotheismus eine normative neuzeitliche Religionsordnung darstellt, die sich ihrer selbst und ihres Geltungsanspruchs dadurch vergewissert, dass sie das Vergangene als ihre Geschichte deutet, taugt er nicht, um die epistemischen Gestaltungen durch Traditionen, die vorneuzeitlich sind, auf den Begriff zu bringen. Das Gleiche gilt auch für den Begriff »Polytheismus«. Wenn also von Monotheismus und Gewalt die Rede ist, dann kann es sich nur um eine Theorie handeln, die neuzeitliche und moderne Geschehnisse verallgemeinert. Entsprechend kann der Begriff »religiöse Gewalt« nur auf die Neuzeit bezogen werden.

Die theoretische Verallgemeinerung, die historisch bis in das 13. Jahrhundert v. Chr. zurückreicht, kann sich also nur auf die ordnungsstiftenden Episteme beziehen. Die weitestgehende Frage wäre also: Stiften Episteme Gewalt, legen sich Episteme in Gewalt aus oder bedürfen Episteme der Gewalt, um ihren Geltungsanspruch durchzusetzen? Der theoretische Grundbegriff ist damit die Ordnung der Episteme. Unter Epistemen sind nicht nur Ordnungen gerechtfertigten theoretischen Wissens zu verstehen, sondern jegliche Ordnungen, die geregelte Deutungsprozeduren umfassen und die Bedingungen der Möglichkeit des Erkennens definieren. Episteme sind also Erkenntnis- und Wissensordnungen zugleich, die sich immer nur in konkreten Praktiken, Gestaltungen und Machtvollzügen fassen lassen. Eine Relation von Epistemen zu Gewalt ist allenfalls in dem Sinne zu bestimmen, wo die Episteme Ordnung generieren und damit Macht gestalten. Wenn also ein theoretischer Zusammenhang zwischen Epistemen und Gewalt bestimmt werden kann, kann dies nur im Kontext einer spezifischen epistemischen Ordnung geschehen. Die maximale Größe der Verallgemeinerung kann sich somit nur auf distinkt bestimmbare Episteme beziehen.

Epistemische Ordnungen sind historisch und nicht anthropologisch. Sie zeichnen sich durch einen stetigen Zuwachs an Komplexität durch Differenzierung aus. Eine sehr frühe epistemische Ordnung bildete sich auf der Grundlage der Differenzierung symbolischen Wissens in ein sakrales und ein profanes Feld. Sofern das Sakrale als Ordnung Geltung beanspruchte, deutete es sich auch in Gewalt (Opfer). Die sakrale Gewalt ist also die Gewalt, die die Sakralordnung als Machtvollzug auslegt und diesen ebenso wie andere performative Gestaltungen des Sakralen rituell durchsetzt. Diese Ordnung wurde fast immer als richtig und damit als gerecht bestimmt. Falschhandeln war daher im Kontext des Sakralen verletzen und gewaltsame Unterdrückung. Eine völlig neue Situation entstand mit der epistemischen Differenzierung der Sakralordnung mittels einer Transzendenz-Immanenz-Unterscheidung. Diese Unterscheidung bezog sich zwangsläufig auf die alte

Richtigkeits-/Gerechtigkeitsordnung, indem Richtigkeit transzendiert und damit zur t-Wahrheit werden konnte. Die t-Wahrheit ist also nicht nur transzendierte Richtigkeit/Gerechtigkeit, sondern zugleich eine Neudeutung von Richtigkeit, indem ihr nicht mehr das Verletzen ihrer Regeln, sondern die Lüge und das Leugnen gegenübergestellt wurden. Wann und wie sich diese Differenzierung herausbildete, lässt sich allenfalls nur noch erahnen. Sie hat sich sicherlich auch nicht als »Revolution« ausgestaltet, sondern war wohl eher ein schleichender über Generationen andauernder Prozess, der nach und nach Geltung über andere Deutungstraditionen erhob. Ich vermute, dass im 7. bis 5. Jahrhundert v. Chr. diese epistemische Ordnung, die hier Wahrheitsordnung genannt wird, allmählich eine hegemoniale Stellung gewann (zumindest im östlichen Mittelmeerraum, in den Gebieten des Fruchtbaren Halbmonds und in Persien sowie in Indien und wohl auch in China).

Die Brechung der epistemischen Ordnung seit der Frühen Neuzeit schuf einen grundsätzlich neuen Deutungszusammenhang für die Gewalt. Die Ausdifferenzierung der Wahrheitsordnung in die zwei normativen Felder, die später als »Religion« und als »Gesellschaft« begriffen werden sollten, konfigurierten Geltungsansprüche in völlig anderer Hinsicht. Beide Begriffe adressierten Ordnungen, deren autonome Rationalität im Kern noch auf dem transzendenten Wahrheitsbegriff beruhten, diesen aber in eine jeweils spezifische Sinnstruktur einbetteten. Gewalt unter neuzeitlichen Bedingungen unterschied sich so fundamental von den Gewaltdeutungen, die sich im Kontext der Wahrheitsordnungen vollzogen. Die Freisetzung einer unkontrollierten, vergemeinschafteten und subjektivierten Wahrheit konnte sich in Gewalt auslegen. Erst diese konstituierte religiöse Gewalt. Religiöse Gewalt ist also jenes Gewalthandeln, durch das sich ein vergemeinschafteter und subjektivierter Wahrheitsbegriff und damit die Gemeinschaft und das Subjekt Geltung erzwingen. Religiös ist Gewalt dann, wenn a) der Handelnde sein Tun als Auslegung einer subjektivierten Wahrheit, also als Glaubenstat begreift und b) sein Tun sich gegen jemanden richtet, der deshalb sein Gegner ist, weil er einer Religion zugehörig angesehen wird. Die Opfer des Gewalthandelns werden demnach analog vergemeinschaftet und subjektiviert gesehen, insofern ihnen selbst der »Unglaube« innewohne, wobei tatsächliche subjektive Selbstdeutungen des Opfers keine Rolle mehr spielen. Das Opfer musste also nicht erst seine leugnende Untreue gegenüber einer Wahrheitsordnung gestehen, um dann als Ketzer verbrannt zu werden, sondern es war Opfer, weil es einer Gemeinschaft des Unglaubens zugeschrieben wurde.

Die Suche nach dem Ursprung von Religion und Gewalt, das Postulat eines inhärenten Zusammenhangs von Religion und Gewalt, wie auch die Spezifikation dieser Suche hin auf eine Sonderrolle des Monotheismus bei einer Radikalisierung der Gewalt erweisen sich somit als Teil eines normative Eigensinns der Moderne, die ihre eigene Gewaltsamkeit zu bewältigen versucht. Das Gewalthandeln ultra-religiöser Gruppen erscheint dann als Aufflackern eines Urproblems und eben nicht als Problem der Gegenwart. Bedenklich an diesen Narrativen ist die Tatsache, dass sie dazu dienen können, die Moderne aus der Verantwortung der durch sie gestifteten real existierenden Gewalt zu entlassen und die Verantwortung für die Gewalt in längst vergangenen Zeiten zu verlagern. Eine genealogische Rückbindung terroristischer Gewalt, durch die sich Einzelne als Islam identifizieren, an frühere islamische Traditionen ist somit nur in der Logik dieser Gewalthandelnden möglich. Auch sie bedienen sich solcher großen Narrative, um ihr Tun zu rechtfertigen. Eine wie immer auch gestaltete Historisierung, die eine tatsächliche sachliche Verknüpfung frühislamischer Traditionen einer Wahrheitsordnung mit einer ultra-religiösen islamischen Selbstinszenierung postuliert, übersieht die tiefen epistemischen Brüche, die in der islamischen Traditionsgeschichte bestehen und die jede Form der genealogischen Rückbindung von selbst verbietet. Wenn dies schon für die relativ kurze Geschichte der islamischen Tradition richtig ist, dann gilt dies im besonderen Maße für Traditionsgeschichten, die bis in den Beginn des ersten Jahrtausends vor Christi zurückreichen.

Quellenhinweise

Die Rechte für die Texte dieses Bandes liegen bei den jeweiligen Beiträgern. In veränderter Form sind die Beiträge ebenfalls auf www.perlentaucher.de erschienen.

Wir danken dem Suhrkamp Verlag für die Abdruckgenehmigung für die Kapitel 3 bis 5 aus: Peter Sloterdijk, Im Schatten des Sinai. Fußnote über Ursprünge und Wandlungen totaler Mitgliedschaft. Suhrkamp Verlag Berlin 2013.

